隈研吾・東大最終講義
10の対話

くまの根

隈研吾 編

東京大学出版会

The Roots of Kuma's Works:
Ten Last Lectures at the University of Tokyo

Kengo Kuma, editor

University of Tokyo Press, 2021
ISBN978-4-13-063818-0

はじめに

僕は基本的に講義というものが好きではない。自分から一方的にしゃべるのは、自分の持っているものを見せるだけの行為なので、自分にとってはきわめて退屈である。書くという行為を行っているときは、時間的に余裕があるので、あれこれ思いついたり、考えを深めるという余裕もあるけれど、講義という形式にはそんな余裕がないので生産的ではないのである。

その意味で、書くよりももっと楽しいのは、人と話すことである。話していると、様々に刺激があって、こちらもいろいろと思いつき、思ってもいなかったデザインのアイデアが生まれたりもする。だから僕は、設計を行うときも、基本的には対話という形式を採用することにしている。

最終講義も講義のかたちをとらずに、対話にすることにした。対話の相手として、一人だけを選ぶのも難しいので、僕の人生の節目節目で刺激を受けてきた一二人の方をお呼びして、一〇回の対話を行うことにした。

人選においては、失礼な言い方を許してもらうとすれば、お年寄りを優先した。僕より若く刺激的な方もたくさんいるのだが、彼らとはこれからも対話するチャンスが山ほどあるのだから、今回は見送った。年配の方とは、突然お別れが来るとも限らない。双方が元気なうちに、彼らと対話して、僕の生きたこの六五年を総括して、僕の根っこを一緒に掘ってみようと考えたのである。そのためには、「最終講義」という枠組みは、きわめて有効である。「最終講義」とでも銘打たない限りは、六五年間を総括するなどという大げさな話は、お互い照れ臭くて、できるわけがないのである。

僕が生まれた一九五四年から二〇二〇年までの六五年は、工業社会から脱工業社会の移行期である。二つの時代を補助線とすることで、僕という建築家のコアにせまってみようという図式である。それは同時に、その二つの時代のハザマを生きた建築家としての僕を補助線として、二つの時代の本質、その差異について考えることになるかもしれない。建築というメディアは、様々な意味で、その時代の経済、文化、政治すべての側面を含んでのトータルな実像を映す鏡でもあるので、僕の建築を取っ掛かりにして、二つの時代を見比べるのは、なかなかに楽しい発見的作業となった。そのプロセスを通じ、僕は創作者であると同時に、なかなかにいじわるな観察者かもしれないということに、図らずも気づくことになった。

隈研吾

くまの根――隈研吾・東大最終講義 10の対話――目次

04 街づくりとクラフト 107

05 緑と建築 143

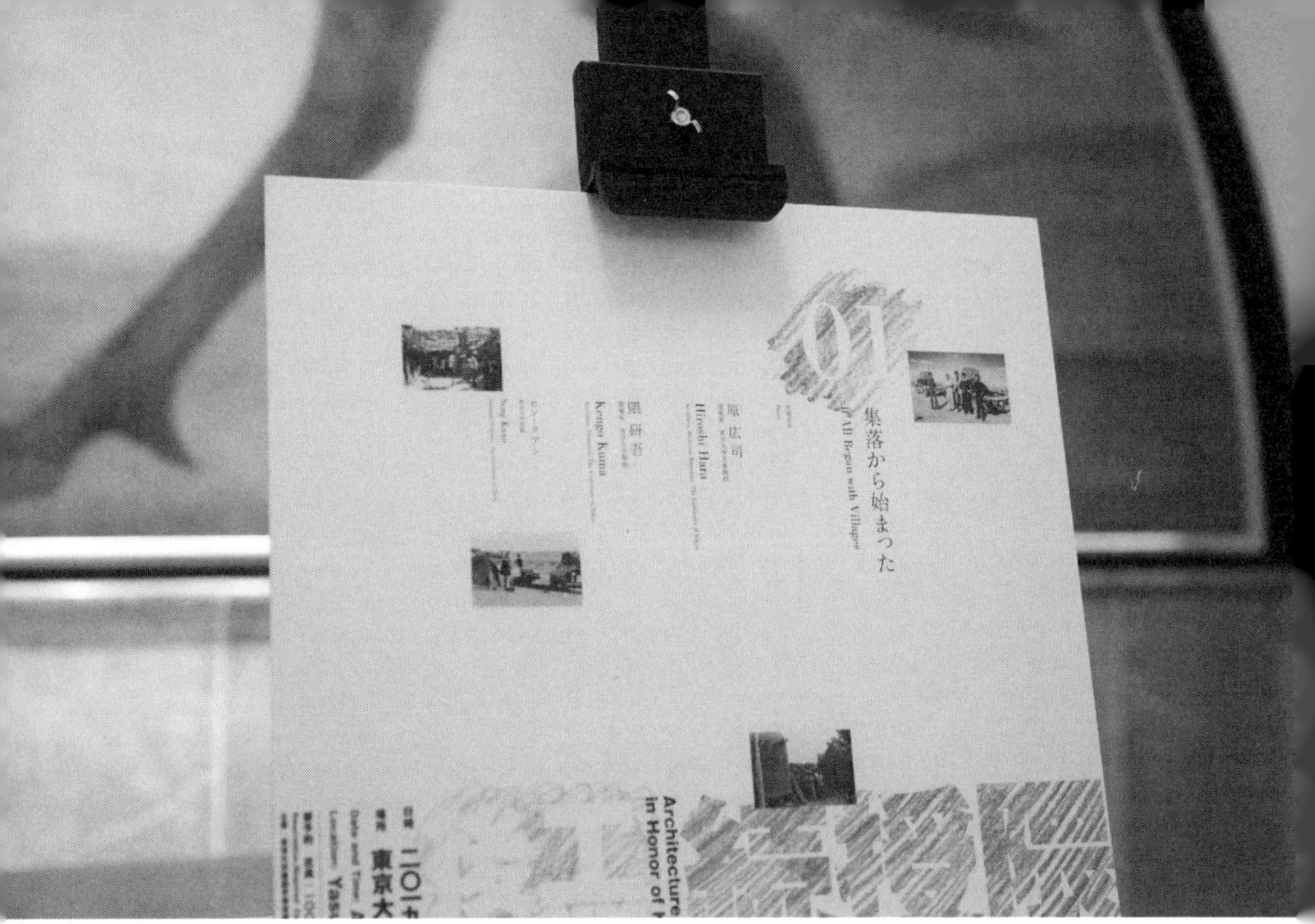

01 It All Began with Villages

集落からはじまった

原広司（建築家、東京大学名誉教授）

×

セン・クアン（東京大学特任准教授）

二〇一九年四月二〇日

講演1

隈研吾の原点となった集落調査

原広司

隈研吾――最終連続講義の第一回目は原広司先生にご登壇いただきます。僕は一九七八年に東京大学工学部建築学科から大学院に進学する際、原先生の研究室を選びました。じつは当時、僕はこのまま建築の道に進むべきか、ポジティブに捉えられずにいました。原研究室を選んだのも、この頃原研究室では世界中の辺境で集落調査を行っていて、それが僕には建築の世界での唯一の希望に見えたからです。集落調査に参加することで自分の道が拓けるかもしれないと漠然と期待し、原研究室の門を叩きました。そして修士二年の冬にサハラの集落の調査旅行に同行しました。結果的にこれが僕の人生を方向づける旅となります。原研究室で過ごした二年間は僕の原点なのです。それでは原先生、よろしくお願いします。

原広司――今日はまず「隈研吾が集落で見た風景」をみなさんと一緒に見て、私たちが集落調査でやってきたことをお話しし、その後議論をできればと思います。

私は物事を構造的に捉えたり、それを数学の概念で解釈する方法をよく用います。例えば

はら・ひろし
建築家、東京大学名誉教授。一九三六年川崎生まれ。一九六四年東京大学数物系大学院建築学専攻博士課程修了、工学博士。同年、東洋大学工学部建築学科助教授。一九六九年東京大学生産技術研究所助教授。一九八二年同教授。一九九七年同大学を退官。一九七〇－九八年設計活動をアトリエ・ファイ建築研究所と協働。一九九九年原広司＋アトリエ・ファイ建築研究所に改名。建築作品に《梅田スカイビル》（一九九三年）、《京都駅ビル》（一九九七年）など。著書に『空間〈機能から様相へ〉』（岩波書店、一九八七年）、『集落の教え１００』（彰国社、一九九八年）など。

出来事の推移を図式化する手段としてマイクロデュレーション（Micro-Duration）という方法があります。どこで、誰が、どのように、何を、どの期間に行うか、こうした出来事の推移を、「Γ *where (who, how, what) when*」という表記法によれば、ある出来事を指し示すことができるでしょう。また、こうした表記法をうまく展開していけば、隈さんを含めた私たち観測者が西アフリカで何を見たかを、図式的に示すことも可能でしょう。例えば隈さんが集落調査で見た風景を図式として描写することも可能です［fig.1］。建築は人々のさまざまな出来事を体現するものであり、この図式は建築に内在する出来事を共有する手段として、設計のプロセスに用いることもできます。この例は、集落調査が建築計画学というジャンルに多少なりとも貢献する側面を挙げたのですが、今日は、建築を専門とする方もいらっしゃると思われますので、大いなる建築家隈研吾が見合った風景をスタートに、追体験してみようと思います。

原研究室では一九七一年から七九年まで、五回にわたって地中海地域、中南米地域、東欧・中東地域、インド・ネパール地域、西アフリカ地域で集落調査を行いました。先ほど隈さんも触れられたように、隈さんは修士二年のときに第五回調査旅行に参加し、一九七八年一二月から七九年一月にかけて、当時から文化人類学の分野では主要な研究対象地だった西アフリカのサバンナの集落を調査しました。このときのメンバーは私、藤井明さん、佐藤潔人さん、隈さん、竹山聖さん、山中知彦さんの六人です。移動手段として、砂漠走行用に改造したスバル社の四輪駆動車レオーネ二台を日本から運搬しました。私たちはアルジェリアの首都アルジェを出発し、ニジェール以南のサバンナ地域を目指すルートをとりました。

じつはモロッコ、アルジェリアといった北アフリカ地域は、第五回調査に先立ち、第一回の地中海調査の際に一度足を運んでいました。このときの経験からアフリカの集落

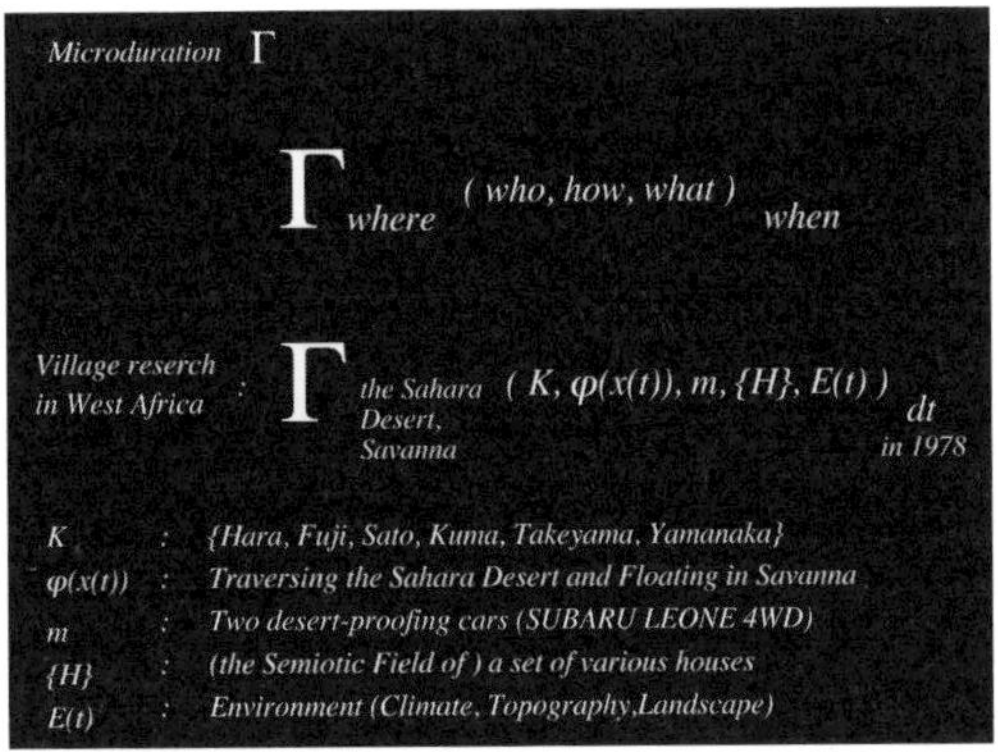

Microduration Γ
Γ where (who, how, what) when
Village reserch in West Africa : Γ the Sahara Desert, Savanna (K, φ(x(t)), m, {H}, E(t)) dt in 1978
K : {Hara, Fuji, Sato, Kuma, Takeyama, Yamanaka}
φ(x(t)) : Traversing the Sahara Desert and Floating in Savanna
m : Two desert-proofing cars (SUBARU LEONE 4WD)
{H} : (the Semiotic Field of) a set of various houses
E(t) : Environment (Climate, Topography,Landscape)

fig.1——マイクロデュレーションという方法

もじっくり見る必要があると感じていたのです。まずは第一回調査で訪れたモロッコ、アルジェリアのアトラス山中の集落についてお話しします。この二か国をはじめとする北アフリカには、先住民族ベルベル人の伝統的な集落クサール(Ksar)がいくつかあります。クサールは中庭型の住居が密集し、要塞化した集落で、スペインやモロッコ、チュニジアにあるメディナ(旧市街)の原型とされています。クサールに住むベルベル人は川岸に発達したオアシス(内陸川)を利用して農耕を営んでいます。彼らの住居は庭を壁で囲んだ形式で、農地である水域を侵さないように注意してオアシスの周縁に建てられています。例えばモロッコのイフリ(Ifri)[fig.2]やタザントゥット(Tazenntoute)[fig.3]は、川沿いの農地に近接しており、ロの字をした中庭型の住居が密集している、日干しレンガでできた土の結晶体のようなたいへん美しいクサールです。

アルジェリア北東部に位置するオウエド・リエール(Oued Rhir)は完全な砂漠地帯の集落で、吹き寄せる砂に建物と畑が覆われてしまう厳しい環境です。そのため手作業で砂を取り除くことが砂漠の労働のひとつとなっており、掘り起こされた砂が堆積されて丘が形成されていたり高台になったりする。砂が吹いては建物に押し寄せ、それを取り除く、このサイクルによって、住居はどれも歪んだ形をしています。

集落調査をするきっかけとなったガルダイア

さて、サハラ砂漠の北縁に近く、アルジェリア中部に位置するムザッブ(M'zab)の谷には現在たいへん美しい五つの集落(あるいは小都市)があります。そのなかのひとつ、ガルダイア(Ghardaia)[fig.4]こそ、私たちが世界の集落を調査しなくてはならないと駆り立てられるきっか

fig.2——イフリ(モロッコ、一九七二年)

fig.3——タザントゥット(モロッコ、一九七二年)

けとなった集落です。ガルダイアは小山の斜面に沿って住居が密集し、その頂にモスクがそび え立っています。ちなみにル・コルビュジエは、一九三〇年代に北アフリカを旅した際にガルダイアも訪れていますが、彼が用いる建築のボキャブラリーはだいたいこの場所で見ることができます。

例えば、《ロンシャンの礼拝堂》（一九五五）の窓は、それぞれ厚いコンクリートの壁が、インテリア側でいかにも光が射し込んでいるかのように、角錐台状にえぐられています。こうした窓が数多く並べられて、ゴシック建築のステンドグラスの窓に代わる新しい表現になっているのですが、この窓の原型は、ガルダイアに見ることができます。また《ユニテ・ダビタシオン》には古い集落のもつ形が現れています。そして「ピロティ」や「ルーバー」、「屋上庭園」など、彼の建築の代名詞はすべてガルダイアから影響を受けていると思われます。ル・コルビュジエはここで得たボキャブラリーをうまく展開し、インドのプロジェクトなどに応用した。ボキャブラリーを自分自身の内面だけで生み出したわけではなく、ガルダイアから得てもいたのです。インドのシャンディガールでは、掌の形をシンボルに使いましたが、これは、ガルダイアのそれぞれの住戸の戸に貼られている「ファティマの掌」に通じています。ル・コルビュジエは、「ピューリズム」の時代に、造形言語（今の言葉で言えば〈記号〉）を考えていた人ですから、記号を移植しようとした意図はたいへん興味深いと思います。

ガルダイアはアルジエから南に六〇〇キロメートルの位置にあります。ベルベル人は、アフリカの地中海側に住んでいた民族ですが、書き文字の文化を欠いたためにアラビア語を活用し、アラブとの融合がはかられ、一般にマグレブ文化と

fig.4——ガルダイア（アルジェリア、一九七二年）

呼ばれる文化を築き、スペインにも影響を与えたことはよく知られた事実です。ムザッブの谷の小都市群は、先ほど述べましたメディナ（日本ではカスバと呼ばれてもいた）を、小山の地形に合わせて、中央にモスク、周縁に城壁をもつ都市パターンとして、一〇世紀末あたりから実現され始めたと伝えられています。時が経つに従って、古い城壁の外に新しい城壁が築かれたので、樹木の年輪のような成長過程が可視的な、求心的な都市が現存するのです。

ここで重要なのは、すべての住居は必ずモスクが見える配置で建てられていることです。この美しい秩序は、神がすべてを見通していることを象徴的に表しています。ジェレミー・ベンサムやミシエル・フーコーによる一望監視装置「パノプティコン」の原型とも言えるかもしれません。また、かつては集落の周囲に緑地があり、この二つは領域を棲み分けていたと思われますが、緑地に住居が入り込み、アーバンスプロールと同じ現象が起こっていました[fig.5]。

ガルダイアには広場があり、市場が開かれることもあります[fig.6]。アーチ型のアーケードが広場を囲み、その外側は迷路のように複雑に入り組んでいる。敵が侵入した際にすぐに追ってこられないようにするためです。これはイスラム文化圏の広場で見られる典型的な形態ですが、広場は単に自由に立ち入ることができる場所であるだけではなく、そこから多方面へ逃げることができる防衛の手段としてもあるのです。

集落を部分的に見ると、矩形プランの住居が密集しており、一部の住居の壁が青く塗られて

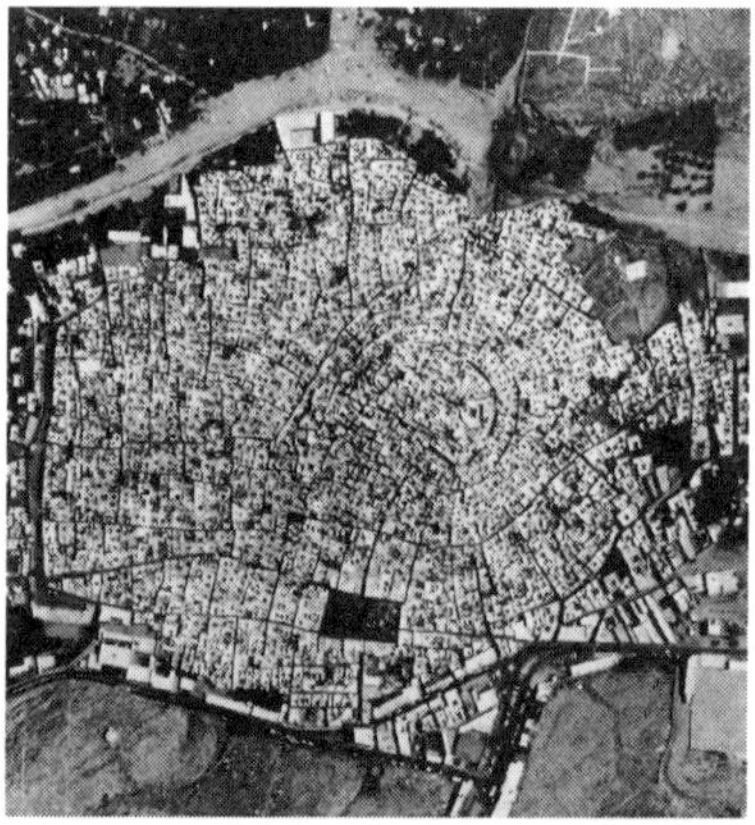

fig.5——ガルダイアの空撮（一九七二年）

fig.6——ガルダイアの市場（一九七二年）

います。この青はハエを避ける効果があるとされていますが、燐光を発するような非常に美しい風景をつくっています。

第五回調査では、ムザッブの五つの集落のひとつベニ・イスガン（Beni Isguen）［fig.7］を見て回りました。航空写真を見るとカエルの卵のように一つひとつの住居が中庭をもっているのがわかります［fig.8］。外側から集落を見ると住居が乱立しているようですが、やはりすべての住居からモスクの塔が見える原則に従っている。

そして高台からムザッブの谷全体を俯瞰すると、五つの集落が谷を挟んで互いに向かい合い、背後にはなだらかな台地の稜線を望む、壮大な風景が広がっています。たいへんうまくできた秩序で集落が構成されており、重要な歴史的な遺産であることがわかります。

サバンナの集落——住棟、穀倉、コンパウンド

私たちはニジェールからブルキナファソ、ガーナ、コートジボワールへと移動しました。このサバンナ一帯には、集落調査の母胎と言えるほど固有な特性をもつ集落が多く分布しています。ムザッブの谷を発ち、アルジェリアを南下するサハラ砂漠の道中には集落らしい集落はありません。ところがニジェールに入ると、いきなり都市的なスケールの集落、アガデス（Agadez）が見えてくる。アガデスは新市街地と

fig.7——ベニ・イスガン（アルジェリア、一九七二年）

fig.8——ベニ・イスガンの空撮（アルジェリア、一九七二年）

旧市街地、そしてそれらの周囲に点在する遊牧民のテントサイトで構成される集落です。砂漠植物のトゲを表現した装飾が施されているアガデスモスク(Grande Mosquée d'Agadez)が目を引きます[fig.9]。

アガデスから東へ数キロメートルの位置に円形プランの住棟で構成された集落、アゼール(Azzel)[fig.10]があります。台所、寝室、倉庫、仕事場など、一つひとつの住棟が機能ごとに独立し、低い木柵で囲まれている。囲まれた住棟群が居住単位で、この住居形式をコンパウンドと言います。原則として夫、妻、子どもたちがそれぞれひとつの住棟を所有するので、家族の成員が増加すると住棟も増加します。一方男性は成人すると住んでいたコンパウンドを出て新たな住棟に住み、結婚を経てそのコンパウンドを拡張する。コンパウンドはまるで細胞のように分裂し外側に増殖しながら維持されます。

アゼールの南西に位置する集落アカブーヌー(Akabounou)[fig.11]も同様に、円形プランの住棟が木柵で囲まれたコンパウンドです。私たちが調査を行ったのはちょうど乾燥期で、集落の周囲にはとうもろこし畑が一面に広がっているのがよく見渡せました。アカブーヌーには巨大な穀倉がいくつかあります。土で築かれた巨大な壺のような形をしており、帽子のような蓋で閉じられた上部の開口から穀物を出し入れします。一見しただけでは何の建物なのかわからない穀倉群が集落の風景を特徴づけています。

ニジエールから南西のブルキナファソに入ると、数十キロメートルの間隔で明らかに住居形式が異なる集落が見られるようになります。ブルキナファソで最初に調査した集落、ボグー(Bogue)[fig.12]には、見事なコンパウンドが形成されていました。ここでは細胞分裂型のアゼールよりも規模が大きく、二〇から三〇もの住棟が連なってコンパウンドをかたちづくっており、

fig.9——アガデスのモスク(ニジェール、一九七八年)

fig.10——アゼール(ニジェール、一九七八年)

fig.11——アカブーヌー(ニジェール、一九七八年)

大家族が居住していることがうかがえます。住棟に囲まれた中庭に円錐形の屋根をかけてつくられた作業場は、ボグー特有の要素です。

ボグーからブルキナファソの首都ワガドゥグー（Ouagadougou）を越え、その北にルグビン（Rougoubin）[fig.13]という集落があります。ルグビンは住棟の構法がほかの地域と異なるのが特徴です。ニジェールの集落の円形プラン住棟は、中央の掘立柱を支柱として構造材を井型に架けてドーム状の形をつくり、葦などの植物で壁を編む構法が主流でした。ルグビンの住棟もプランが円形であることは共通しているのですが、円筒状の躯体を土でつくり、その上に植物素材の屋根をかける構法です。このようにしてつくられた住棟はニームと呼ばれるサバンナの高木のそばに立っています。ニームもまた屋根のような機能を果たし、樹冠と建物が一体となったエコロジカルなアーバー・スペース（東屋）を形成している。住棟の前にはザンデと呼ばれる軒下空間が設けられ、内部と外部の緩衝領域になっています。人々はサバンナの強い日差しを避けるようにザンデで憩う。こうした空間の豊かさは、環境や建築をつくるうえで、私たちに非常に重要な示唆を与えるものだと思います。

ここまで円形プランの住棟が特徴的な集落を見てきましたが、ザバ（Zaba）をはじめとした矩形プランの住棟や穀倉をもつ集落もあります。ザバには住棟に比べて背の高い穀倉が見られます[fig.14]。穀倉はアカブーヌーと同様に上部の開口に帽子のような蓋が被せられています。その姿はここでもやはり集落の風景の重要な要素となっています。

ザバの西に位置するサオ（Sao）[fig.15]もまた、矩形プランの住棟や穀倉が微高地の裾野に貼り付くように密集している集落です。遠くから見ても多くの

fig.13——ルグビン（ブルキナファソ、一九七八年）

fig.12——ボグー（ブルキナファソ、一九七八年）

fig.14——ザバの穀倉（ブルキナファソ、一九七八年）

穀倉が立っているのが目を引きます。これらに近づいてみると、建物の表層には表面にはトゲのような突起が施されていました。この構法は、アガデスの塔でも見られました。住居の間のオープンスペースには小さなバザールが開かれており、さらにはいくつかの井戸や共同の作業場、モスク、家畜小屋などもあって、さまざまな要素から集落が成り立っているのがわかります。

サオの東に位置する集落、テナド(Tenado)には巨大なコンパウンドがあります[fig.16]。この集落では小さな住棟が寄り集まるのではなく、直径七、八メートルほどの大きな室と、直径三メートルほどの小さな室を組み合わせることによってコンパウンドの輪郭が形づくられていました。今はわかりませんが、当時テナドの人々は一夫多妻制をとっており、そのため各世帯には妻の家族ごとにユニットが設けられ、それがコンパウンドのなかで個々に領域を形成していました。ひとつのユニットは室と前庭で構成されていました。また共用の中庭が広くとられており、ここには穀倉やかまどが複数設けられていました。テナドの集落は

fig.15——サオ(ブルキナファソ、一九七八年)

fig.17——テナドの集落(ブルキナファソ、一九七八年)

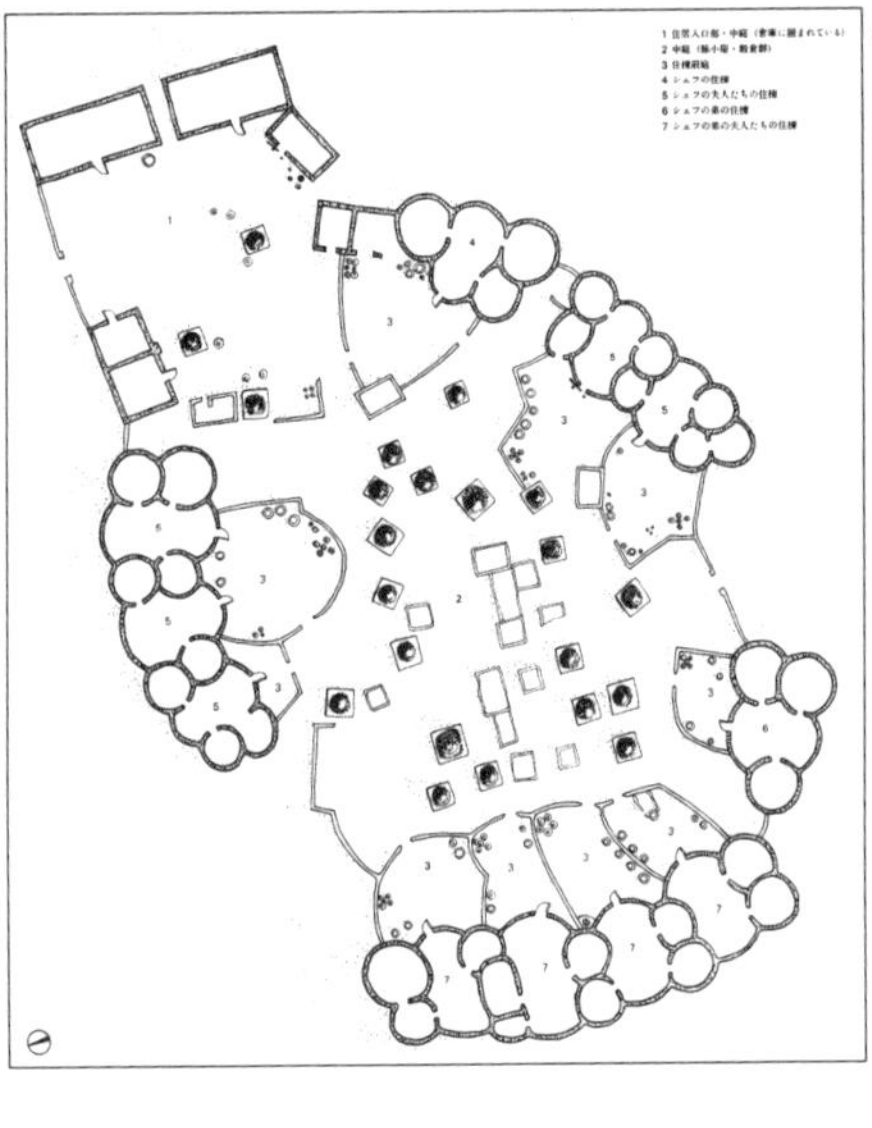

fig.16——テナドのコンパウンド

壁に囲まれており、外側からはまるで巨大なひとつの建造物に見えるのですが[fig.17]、なかに足を踏み入れてみると、こうした多様な生活風景に遭遇することになりました。このコンパウンドの平面図は私がフィールド・ノートを描いたのですが、プラン全体を描出してはじめて、内部の組織がわかりました。

サバンナの集落——離散型、世界で共有されるもの

ここまでブルキナファソの集落を見てきましたが、さらに南下してガーナとの国境を越えると、約五〇キロメートル先の草原地帯にスンブルング(Sumbrungu)[fig.18]と呼ばれる集落が現れます。ここでは、円形プランの住棟と矩形プランの穀倉によってコンパウンドが形成されており、この形式はサバンナの集落の典型と言ってもいいでしょう。そしてスンブルングには個々のコンパウンドが広い間隔をもって配置されているという重要な特徴があります。私たちはこのような集落を、離散型集落(Discrete Village)と呼んでいます。「離散」というとあまりいい意味で捉えられないかもしれませんが、こうした例は富山県の砺波平野の散村のように、日本でも見ることができます。スンブルングのコンパウンドの中庭には各棟の間に、五〇センチメートルから八〇センチメートルほどの、またぐのに少々苦労する高さの閾がいくつか設けられています。これには腰掛けたり、家畜の侵入を防いだり、洪水の際に水を防いだりと、さまざまな機能があるようです。その閾を越えた先には、這って入らなくてはならないほど小さな入り口の住棟があり、その先にもさらに閾がある。このようにコンパウンドにはさまざまな場所に「閾」が存在しており、空間に多層的な構造が与えられています。壁の内部に設けられた閾の

fig.18——スンブルング(ガーナ、一九七八年)

多層性と、壁の外部のコンパウンドがもつ離散性との対比がスンブルングの特徴と言えるでしょう。

最後にコートジボワールの集落、キエロ（Kielo）をご紹介します。この集落はガーナ、ブルキナファソと国境を接する地域に位置しています。矩形プランの住棟で構成されたコンパウンドが幹線道路で結ばれ、広範囲に離散しているのが特徴の集落です[fig.19]。住棟の内部、とくに台所はほとんど真っ暗と言っていいほど閉ざされた空間で、部屋の片隅に小さく穿たれた窓からわずかに光が入っている程度でした[fig.20]。そしてどこか冷えた空気をもっている。私はこの空間にどこか日本の住まいの原風景に通じる美学を感じました。逆に言えば、日本の伝統だと思っているものは世界のどこかにも伝統的に存在していると言える。誰もが遠く離れた場所のことなど知らずに集落をつくって生きてきたはずなのに、世界のあちらこちらで同じような考え方をする人々が存在し、じつは世界の集落は複雑な類似性のネットワークで結ばれている。各地の伝統は世界で共有できるものであると考えることができます。

fig.19——キエロ（コートジボワール、一九七九年）

fig.20——キエロの住棟内部（コートジボワール、一九七九年）

「方言を話す」サバンナの集落

以上が隈さんとともに調査したサバンナの集落のお話です。私たちはこのようにできる限り多くの集落を見ることを重視し、これまでも世界各国の集落を調査しました。多くの集落を見ることで、ある規則を発見したり、集落間の関係を総体的に捉えることができるわけです。例えばイランには山から人工的に水を引き、果樹園や畑を潤す人工オアシスに支えられたいくつかの集落があります。これらの集落は、中庭を壁で囲む形式や、ドーム屋根といった共通項をもっている。またモスクや公衆浴場、貯水池、風車などの諸要素もほとんど標準化された形式であり、「標準語を話す」集落と捉えられます。一方でこれまで見たサバンナの集落では構成要素（円形プラン住棟、矩形プラン住棟、穀倉など）などがどれも集落ごとに異なった形をしており、標準化された形式がない。サバンナの集落は「方言を話す」のです。

しかしこうした方言を話すサバンナの集落も、それぞれのコンパウンドがもつ構成要素、さらに構成要素の部分（屋根、壁、脚部など）とレベルを分け、記号として図式化できる［fig.21］。すると集落どうしの形態の関係性が見えてきます。複雑な集落間にもネットワークが存在していることが図式として導き出せるようになります。

集落調査は冒険でありスポーツである

原研究室の集落調査は研究の一環とはいえ、半分くらいは冒険の感覚でした。広大な土地を車で延々と移動するために、日本から車を船で輸送して現地で受け取る。こうした方法は一九七〇年代にようやく可能になりました。しかし異国の人間は当時まだ危険にさらされることも多く、旅人はみな秘密裏に行動することが多かったように思います。ムザッブの谷の集落、ベニ・イスガンの航空写真は、建築の調査

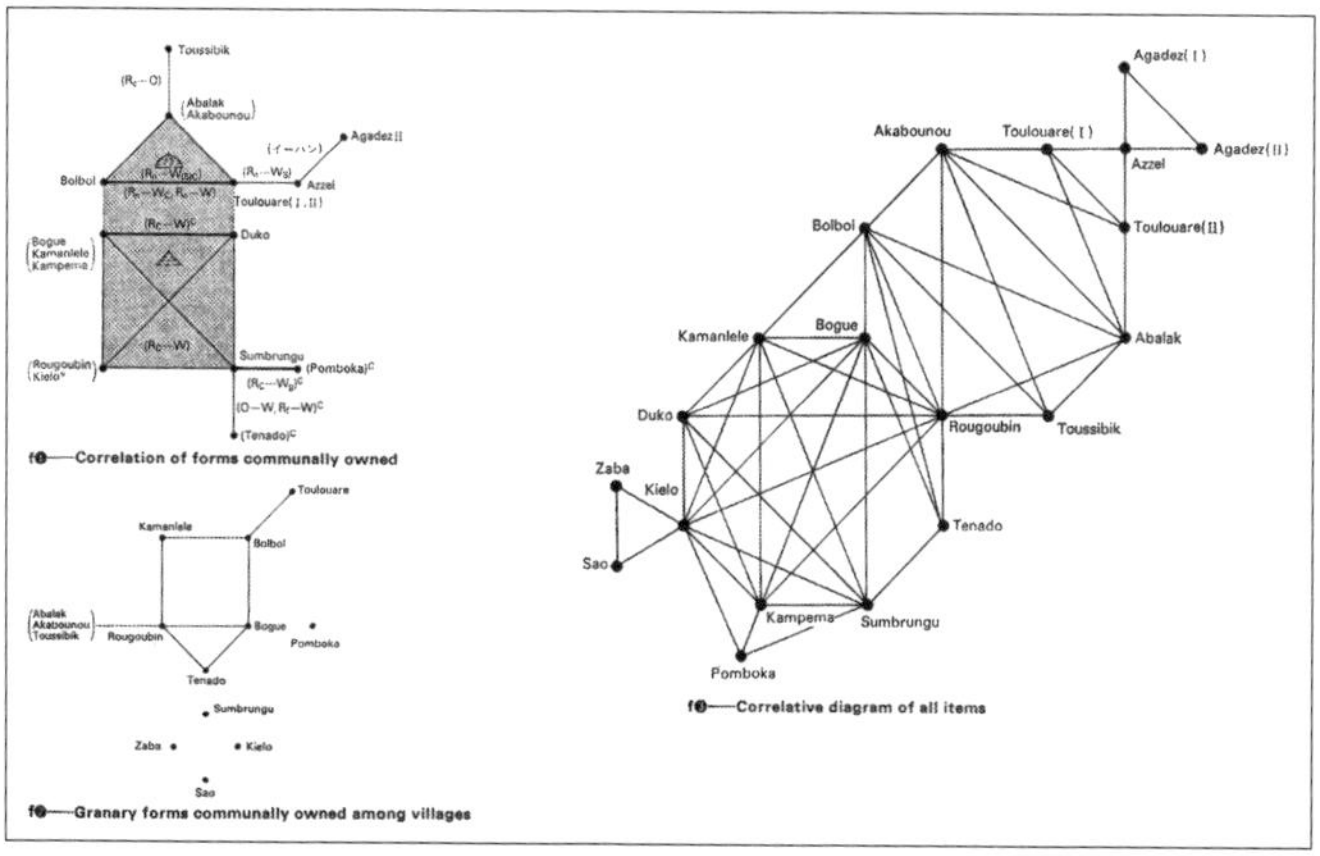

fig.21——集落間ネットワークの図式化

をしていた他国の旅人からもらった写真です。私たちがこれを持っていることが見つかってはまずいので、調査中は車のシートの下に隠して移動していました。しかし、ガルダイアを調査する際に航空写真を入手できたことは私たちにとって大きな意味をもちました。集落の平面を事前に把握できたのです。

アルジェリア南部の町、タマンラセット(Tamanrasset)では、各国から集まった旅人たちがオートバイや四輪駆動車、改造したトラックなどでサハラを越えようとして、出発前にたいそう盛り上がっていました。サハラ越えはもっともおもしろいスポーツなのです。何しろ延々と続く砂漠を走破しないといけません。砂漠を走っていると車がスタック(タイヤが砂のなかに埋まること)し、抜けられなくなることが頻繁に起こる。スタックするたびにタイヤの下に鉄板を敷き、再び走り出せるように引き上げる。砂漠ではこの繰り返しです。そして砂漠を走行中は、前を走るグループに何か問題が起これば、彼らをやりすごして追い抜いてはならないルールがありました。

実際、私たちの前を走っていたフランス人グループのオートバイが故障したことがありました。そのオートバイがたまたまヤマハ製だったので、日本人のあなたたちなら直せるだろうと言われました。何とも無茶苦茶な話に思えますが、調査メンバーの一人だった佐藤潔人さんは熱心な自動車乗りで、運転技術はもちろん、自動車修理の腕ももっていました。そこで私は、彼にオートバイを直してあげられないかと訊ねましたが、彼によると修理をするためには故障したオートバイと平常なオートバイを同時に解体して故障の原因を探らないといけない。失敗すると平常なほうも動かなくなる危険があると言って修理をためらっていました。そうこうしているうちにだんだん大勢の人が集まってきて修理に着手せざるをえない状況になりました。それではやるか、と彼は意を決してオートバイを解体し始めた。一時間ほど手を動かし続け、ついに故障箇所を発見して修理を完了させたのです。そのとき、サハラ砂漠の真ん中で歓声と拍手が巻き起こり、フランス人のグループは涙を流して彼に感謝していました。

それ以外の局面でも佐藤さんのメカニック技術は大いに役立ちました。車二台でサハラ砂漠を縦断する際、一台は佐藤さんが運転し、もう一台を隈さん、竹山さん、山中さんの三人が交代で運転していました。佐藤さんが運転していた車は何の問題も起こりませんでしたが、旅も終盤に差し掛かったころ、もう片方の車の車軸が折れてしまった。それもまた佐藤さんが見事に修理し、どうにか車を日本へ送り返すところまで面倒を見てくれました。彼のおかげで私たちは継続的な集落調査ができたと言っても過言ではありません[fig.22]。

このように集落調査は冒険であると同時に、とてもおもしろいスポーツのようなものです。今日ご来場のみなさんも機会があればぜひサハラ縦断に挑戦してみてください。

fig.22——一九七八－七九年の西アフリカ調査(山中知彦撮影)
左より、藤井明、佐藤潔人、隈研吾、竹山聖、原広司。

鼎談

集落調査から学んだ仕事のリズム

原広司 × セン・クアン × 隈研吾

隈研吾——原先生、ありがとうございました。僕は二〇一八年の春に開いた展覧会「くまのもの　隈研吾とささやく物質、かたる物質」（二〇一八年三月三日－五月六日、東京ステーションギャラリー）で、三〇年に及ぶ世界各国のプロジェクトを、素材やマテリアルごとに整理して展示していました。原先生にそれを見ていただいたとき、「隈は建築の設計を始めてからも、ずっと集落調査をやっている」とご指摘を受けました。そこで、ああそうかと合点がいったのです。例えば建築設計の仕事では、施工の現場へ行くことは集落調査と似ています。現場で施工状況を確認して打ち合わせをし、また別の現場に向かう一連のリズムは、集落調査のリズムとほとんど変わりません。僕は集落調査でそのリズムを体得し、今でもそれを生かして仕事をしていると言えます。

　文化人類学の分野では同じ集落に何か月も滞在し、その住人と親交を深めて家族関係を聞き出す調査方法が一般的です。しかし原先生の調査では、集落を客観的に捉えるために、数多くの集落を調査することが重要でした。サバンナでは一〇〇か所に及ぶ集落を図面化しましたが、アルジェリアから縦断するルートの途中で通り過ぎる集落の数は一〇〇どころではありませ

セン・クアン（Seng Kuan）
東京大学特任准教授。研究のテーマは、一九四五年以降の日本における建築理論。二〇一一年ハーバード大学博士課程修了。編著書に、*Kenzō Tange: Architecture for the World* (Seng Kuan and Yukio Lippit eds., Lars Müller, 2012)、*Kazuo Shinohara: Traversing the House and the City* (Seng Kuan ed., Lars Müller, 2021)がある。

ん。次々と道中に集落が現れる。原先生は「あれだ」と指して、ほとんど直感的に集落を選んでいるようでした。そして午前中に一か所、午後に一か所のペースで、どんどん図面化しました。調査の記録は月刊『SD』（鹿島出版会）から五冊の別冊として発表されています（その後、二〇〇六年に『住居集合論I・II』（鹿島出版会）として二冊の合本版が復刊）。スピード勝負のなかでこれだけ正確な記録を残すのは至難の業です。ところが、計画都市のようなグリッドプランに基づく幾何学もない、土着的な集落の複雑な形態を、原先生は瞬時に読み取り図面化する。集落内の配置や住居の平面、断面などが詳細に描かれる様子を見て、先生のスケッチブックのなかで奇跡が起こっているのではないかと、僕ら学生は驚きと尊敬とともに眺めていました。原先生はもっとも記録が取りづらい部分をすべて自分で図面化されていました。僕らはその脇でウロウロしながら見よう見まねで調査の仕方を学んでいきました。

　また、民族社会に入っていくときの物怖じしない姿勢からも多くを学びました。当時は現在ほど世界が緊張関係にありませんでしたが、今同じようなことをすれば、生きて帰れない可能性だってあるでしょう。なにせアフリカの未開の集落ですから、相手は何らかの

武器を持っているかもしれません。逆に現地の人にとっては異国の人間がいきなり車で乗り付けてくるわけですから、向こうも最初は唖然としている。相手が武器を持っているかもわからない状況ではお互い慎重になり、空気が張り詰める。ところが、シーンと静まり返ったお見合い状態のなかを先生はどんどん分け入るのです。すると警戒心をもたない子どもたちがわらわらと集まってくる。僕らもニコニコと笑みを浮かべながら、贈り物として用意していたボールペンを渡す。すると突然、周りの子どもたちもみんな一気に集まってくるんです。その様子を見ている大人たちに向かって、原先生がフランス語で「Je voudrais voir.（見せてもらえませんか）」と呼びかけて、自分の眼を指すんです（笑）。文法的には正しいのでしょうが、それが何とも唐突な言い方で、このときの様子はいまだに忘れられません。向こうには伝わっていたかどうかはともかく、悪い人ではないことはどうやら理解してもらえたようでした。そこからは止められない限りどんどん集落に分け入り、家のなかにまで入って実測していきました。今思うと未開の地でそんなふるまいをすればどんな目に遭ってもおかしくありません。よくそんな勇気があったと思います。三時間ほどのうちに詳細な図面を描き上げ、膨大な数の写真をとった僕らは、さようならと言って去る。あまりに急な来訪者の滞在は住民たちにとっても寝耳に水の出来事だったでしょう。

　原先生のよその土地での物怖じしない姿勢や、何とかなるだろうという楽観的な思考は、今でも僕の仕事に生きています。とくに海外の仕事は見ず知らずのクライアントからメールで依頼を受けるケースが多いので、最初は文面からいろいろなことを推察せざるをえない。現地に足を運び、相手と対面してから、それならやってみようかと判断するわけです。これは人に対するある種の信頼がないとなかなかできないだろうと思いますが、今日の先生の言葉を借りると、世界には共有できるものがあると考えていたんだと思います。広大な世界のさまざまな場所に必ず共有するものがある。こうした絶対的な信頼感も僕が集落調査を通して教わったことのひとつです。

原広司――そもそも集落調査は言葉も何もかも通じない環境ですから、ときには笑ったら殺されてしまいかねないような状況にも出くわしましたね。

隈――サバンナのとある集落に入ったときのことですね。調査を始める前に、僕らはその地域のパラマウント・チーフ（最高首長）のもとに連れていかれたのです。

その場には通訳が現れ、僕らとパラマウント・チーフとの間を取りもってくれたのですが、その男性がびっしょりと汗をかいて緊張しており、その様子からもパラマウント・チーフが高い地位にあることがうかがわれました。またパラマウント・チーフの家には冷蔵庫が設置されていました。この冷蔵庫はおそらく裕福であることの象徴なのでしょう。集落には電気は通っていないので、実際はただの箱なのですが(笑)。その家にはイミテーションの果物がたくさんありました。集落の周辺に果物もいくらでもなっているのに、イミテーションが飾られている(笑)。これもまた裕福であることの象徴なのです。そしてイミテーションが置かれたテーブルに出されたのはネズミとコウモリを調理した料理でした。とても口にする気になれなかったのですが、ここで食べないと殺されるかもしれない。冷蔵庫が置いてあることのおかしさに笑いをこらえつつ、殺される恐怖で何とか腹におさめ、パラマウント・チーフとの謁見を終えたのでした。

現代社会の予兆としての離散型集落

隈——鼎談からは建築史家のセン・クアンさんにもご参加いただきます。センさんは二〇一八年より隈研究室に参画されています。

セン・クアン——よろしくお願いします。近年、世界的に、とくに西洋においてグランドツアーという概念への関心が高まりを見せています。建築家自身が先史的な場所へ旅をし、学ぶという長い歴史が建築にはあります。例えば一九世紀新古典主義の建築家カール・フリードリッヒ・シンケルが代表的な人物でしょう。シンケルは、ドイツからイタリアに下り、ローマだけではなくカプリ島やシチリア島にも訪れ、南イタリアの農家を描いた美しいドローイングを残しています。二〇世紀に入ると、原先生も講演でお話しされていた、ル・コルビュジエによる有名な東方への旅が挙げられます。ル・コルビュジエは旅のなかでパルテノン神殿やアクロポリスといった有名な建造物や場所のスケッチを描いているのですが、一方で、シンケルと同様、トルコやギリシャで彼が出会ったヴァナキュラーな建築のスケッチも残しています。日本でも、戦後に活躍した世代の建築家の何人かがヴァナキュラーな集落を巡る旅に出ていました。例えば槇文彦さんは一九五九年から一九六一年にかけてグラハム財団の助成を受けて旅をしています。そしてイラン、アルジェリア、モロッコ、トルコ、インド、そして東南アジアの国々への旅を経て、《代官山ヒルサイドテラス》などに応用された「群造形」のアイディアが生まれたのです。篠原一男さんも一九七〇年代にアフリカ、南米、そしてヨーロッパを旅しています。しかし原先生や槇さんとは対照的に、篠原さんは自身の旅についての書籍を出していません。CCA北九州で開催された篠原さんの回顧展「通りと人影」展（二〇〇六年一〇月）にあわせて出版された小さなカタログに、旅行中に撮影された写真が掲載されているのみです。旅行で得た知見から何か大きな理論を生み出すようなことはしなかったのでしょう。

集落調査の旅について原先生にお聞きしたいことはたくさんあるのですが、まずは調査をまとめた書籍を世に出されたタイミングについてお聞きしたいと思います。集落調査の紀行文である『集落への旅』（岩波新書）は興味深いことに一九八七年という、バブル経済の真っ只中の時期に出版されていますね。当時の日本では、どんどん巨大な建築物がつくられる状況にあったわけです。このような時代的な背景や、出されたタイミングについて、お話を伺えればと思います。

原――私が学生時代を過ごした一九五〇年代後半、大学で教わる外国の建築といえば、パルテノン神殿やバシリカ式教会、ゴシックのノートルダム大聖堂、バロックの教会など、基本的にヨーロッパ由来の壮大な建築が中心でした。しかし他方では次第にヴァナキュラー建築や土着的な集落に関する書籍が流通し始めていた時代でもありました。その後一九六四年に出版されるバーナード・ルドフスキーの『建築家なしの建築（Architecture Without Architects）』のように、ヨーロッパとは異なる世界への意識が周囲でも芽生えつつあった。こうしたなかで私も、世界には未開の集落が存在するようだと漠然と意識するようになりました。先ほどお見せしたガルダイアやサバンナの集落は、ル・コルビュジエの見た世界でもあり、文化人類学の研究者も注目していました。私もそうした集落を自分の目で確かめたかった。まだ誰も見たことがない、地図にすら載っていないような集落がきっとあるに違いないと考え、一九七〇年代の十年間を集落調査に費やしたのです。

集落調査を始めた当時、私は東京大学生産技術研究所（生産研）に助教授として所属していました。生産研は建築の技術的、環境的研究の先端を行く環境でした。それは同時に、集落調査について理解を得ることがなかなか難しい環境でもあったということです。集落研究は建築の主流から外れた分野だと認識されていたからです。幸いなことに、恩師である池辺陽先生が唯一人背中を押してくださりました。当時は長期の調査旅行というと休暇をとって行くしかありませんでしたが、三回、四回と調査を重ね、皆さんが研究を進めるうちに少しずつ研究の意義を理解されるようになりました。

隈——そうですね、集落研究は今でこそ学問として広く認知されていますが、僕らは当時変わり者と見られていたのではないかと思います。そもそも当時の生産研は名前の通り工業化社会を肯定しサポートする立場にありました。そのなかで周りの先生方の目には、世界の辺境へ出かけて集落を調査する原先生の姿勢は逆行するものとして映っていました。時代に逆行する流れのなかである種の緊張感が生まれ、原先生の集落調査を科学的な研究として位置づけるための士気が僕らのなかで高まっていたように思います。

原——先ほどサバンナの離散型集落に触れましたが、私がこの形式をはじめて見たのは中米でした。離散型集落は基本的に耕地一帯に住居が点在しているのですが、肥沃ではない土壌のために、休耕地である場合が多いのです。日本の散村のように豊かな農地があるのではなく、厳しい自然のもとに生きる人々がいる。そして住居と住居の間は意思を疎通できる程度の距離が保たれており、たとえ離れていても私たちが集落のなかに入って行くと、住民はみんな反応するのです。離散しているけれど、まるでインターネットのように、集落全体がネットワーク化されているような世界でした。こうした世界像は、現在情報技術の分野で実現していますね。私たちが一九七〇年代に南米やサバンナで見た複雑な離散型集落は、未来に訪れる社会の予兆的な存在であったとも解釈できるでしょう。

他方、工業化社会は建築を自然から切り離し、人間に適応する環境を新たにつくり上げてきました。しかしそうした行いはいずれ公害や環境破壊を招くだろうと予測されていましたし、当時すでに現実のものとなり始めていました。こうしたなかで私は集落調査を通じて、人間が自然と調和することの重大さに気づきました。何

とかして自然と調和した生活を築かねばならないことを理解し始めたのです。集落ではいかなる過酷な自然環境下であっても、生活を続けるために自然の潜在力(power of nature)を最大限に引き出した建築をつくることが求められます。そうした親自然的な建築や住まいのあり方は、集落から大いに学ぶべきことだと思います。

もちろん、集落に対してもその時代ごとの解釈の違いがあっていいと考えています。一八歳の年齢差がある私と隈さんも、当然違った捉え方があるでしょう。さらに下の世代の人たちが集落研究をしたら、また違った理解や解釈が生まれるだろうと思います。私たちが集落調査をしていた一九七〇年代と現代では、環境問題の認識や自然の見方も違いますし、離散型集落で見たネットワーク化した世界はすでに現実のものとなった。時代が変わって再び集落に目を向けたとき、また違った見え方がしてくるのではないかと思うのです。集落はいろいろな解読ができるので、若い人たちにはこれからその都度更新していってほしいと思います。

隈――日本の集落を観察する研究のパイオニアは二川幸夫さんと伊藤ていじさんによる『日本の民家』(美術出版社、一九五七–五九)だと思います。そして伊藤ていじさんの解説だけをまとめて書籍化した『民家は生きていた』(美術出版社、一九六三)が出版されたのは、まさに一九六四年東京オリンピックの直前で、新幹線や高速道路が相次いで建設された、著しい経済成長とともに社会があった時代です。日本各地の集落や民家の写真を二川さんが撮り、伊藤さんが文章を書いていたのは日本の社会がこうした状況へと突き進んでいた時代でした。そこにはある種のノスタルジーを見て取れるかもしれませんが、原先生はそうしたノスタルジーとも違う視点で集落を見ていました。あくまでも科学的な視点で集落を観察し、そこに宿る構造や未来の社会を構築するための原理を見出したいと、熱く語り続けていました。

また、ルドフスキーの『建築家なしの建築』もやはり著名な集落研究ですが、原先生は彼の集落に対するまなざしにも違和感をもっておられました。たしかにルドフスキーは、自分が生きる近代化されたヨーロッパの世界とはまったく異なった、夢のような世界として集落を捉えていたように思います。しかし同時に、その視点は集落を劣っているものと見下すような姿勢と紙一重です。原先生は、僕らの生きる世界と集落は同一の地平に存在し、同じ原理を共有しているはずであると唱え、インターナショナルでフラットな視点で集落を捉えていました。

ものの設えから人々の営みを想像する

セン――今日のレクチャーでお見せになった素晴らしい写真を拝見して、そこに人々の姿が写っていなかったことに気がつきました。一方で集落の形態的な力が端的に伝わってくる写真だと感じました。これらの集落で、例えば実際に人々の行動をトレースするなどの試みを行ったのかを教えていただきたいです。と言いますのも、グラフィックデザイナーの粟津潔さんの仕事を思い出したのです。粟津さんは『建築に何が可能か』(学芸書林、一九六七)など、原先生の書籍のデザインを手がけられています。そして彼の自邸《粟津邸》(一九七二)を原先生が設計されるなど、お二人は交流関係にあったかと思います。また粟津さんは、槇さんが一九六一年に手がけた大阪の「堂島再開発計画」のために、一九六一年から一九六三年に美しいドローイングを制作されました。そこには、建物の間を行き交う人々の軌跡のようなものが描かれています。そのようなドローイン

グを制作した粟津さんと、人々の行動をトレースしたり描写することについて議論をされたりしたのでしょうか。

原——正直に白状しますと、私たちは、集落での人々の生活をトレースするような試みはしておりません。私たちは、集落の傍を「通り過ぎる」だけしか、考えておりません。従って、そうした態度は研究とは言えない、と批判されれば、その通りですと答えるほかありません。ただ、ここのところがたいへん重要なところですが、にもかかわらず建築は出来事である、と言えると思われます。つまり、言いかえれば、現象です。西アフリカの集落群は、何らかの部族を単位として、それぞれに特徴のある形態をもつ住棟や穀倉をつくっている。これは〈変形〉と言えるかもしれないし、比喩的に「それぞれに方言を話そうとしている」と言ってもよいでしょう。

と言うのは、例えば、イランの人工オアシスの集落群（今日はそこまで説明できませんでしたが）では、「みんな標準語を話そうとしている」。集落に出現する建築的要素の形態の共有をはかろうとします。つまり、西アフリカの集落群とイランの集落群は、現象の上で極めて対比的であると言えます。この対比は、「通り過ぎる」だけの者にも、見えるのです。こうした見方を私は、様相論的な解釈の一例であるとし、ほかにもさまざまな見え方、解釈があるだろうと考えております。

隈——原先生が描いたテナドの平面図［fig.16参照］を見ると、独創的な室の配置のほか、かまどが忠実に描かれていることに気づきます。一夫多妻制のテナドは四人の妻に一人の夫という大世帯で構成されている。その構造を示すものとしてかまどが重要な役割を果たしています。夕方になると、四人の奥さんはそれぞれのかまどで料理をつくります。料理の種類はそれほど豊かではなく、どのかまどでも同じようなシチューがつくられています。夫が妻Aの家に行く日は、彼とAさんの子どもたちが同じ住棟でご飯を食べ、そのまま一晩その家で過ごします。ご飯だけ食べて違う妻の家に行くのはご法度だというのですね。このように僕らが生きる世界とはまったく違う生活が集落にはあり、かまどはさまざまな意味をもって存在しているのです。穀倉の形が微妙に異なっているのも、収納している穀物の種類によるものなのか、帰属しているグループの差異によるものなのかはわからないのですが、集落には非常に複雑な「ものの世界の豊かさ」が存在します。その「もの」が原研究室の図面に正確に示されています。

世界の情勢を学ぶこと

隈——原先生は研究室でも「離散的」という言葉を使っておられました。日本の社会はトップの人間が向く方向に全員が従う全体主義的な密着型社会で、それをどうにか離散的な状態に変えられないかと研究室で議論をしていました。数学の先生を招いて議論した際には、「離散」と「密着」の間に存在する「短冊(Strive)」の概念を教わりました。数学の世界には短冊状につながる緩やかな状態があるという。このほかにも数学の世界ではさまざまな状態が定義されており、私たちはそういう世界観を得ることに価値を見出していました。研究室に数学者や文化人類学者など他分野の研究者を招いて起こる領域を横断した議論は、今でこそ珍しくはありませんが、当時の建築分野でこうしたことをやっていたのは原先生だけでした。それが原研究室の原動力になっていたのです。そもそも原先生が集落調査を始めようと思われたきっかけは何ですか。

原——集落調査のきっかけは、一九六〇年代の終わりごろの、学生を中心とした反近代の文化的な運動にあります。これはたいへんな出来事でして、この講堂も急進的な学生やセクトによって占拠されていました。とくに、教鞭にあった人たちは、一様に悩んだと思います。今さら説明するまでもなく、近代建築は、集落を否定し、抽象芸術がそうであったように、すべての人々に供する普遍的建築に向かって進み出しました。こうした事態にあって私の研究室は、否定された集落をもう一度見直すべきだと決心して、調査を始めたのですね。

それで、どうだったのか。先ほどから話題になっている「離散型集落」は、それまでの眼には、とまっていなかったでしょうね。もちろん散村は古くから、また世界中で認識されてきた当たり前の解釈ですが、メキシコやグァテマラで見られる「離散型集落」は、ライプニッツの「モナド」のような、予定調和的、あるいは相互交通可能な住居集合になっていると解釈できる。「交通」はライプニッツの概念をそのまま用いていますが、インターネットを携えているといった意味合いです。実際にはすべての住居が相互に声が届く、あるいは身振りで合図を送り合える距離内に収まっているような配置で、時に休耕せざるをえないような土地の上に住居が配置されている。離散位相の構造をもつ距離空間とすれば、すべての住居(点)間の距離は同

じで、住居(点)は開かつ閉。実際にはありえない集落形式で、仮想の集落。私が書いた『集落の教え100』(彰国社、一九九八)の第三項が、この離散型集落についてで、標語が「離れて立つ」。厳しい環境において、自立と連帯の同時存在を可能にするユートピアです。西アフリカに見られる散村が、離散型集落であるかは、微妙ですね。

この連続講義のタイトルは「工業化社会の後にくるもの」ですが、後の時代を考えるにあたって『Newsweek日本版』(二〇一九年一月二二日号)に掲載されていた興味深い記事があります。「二〇三〇年の世界経済を牽引する国は」という、二〇三〇年の世界における、経済的に上位を占める国を図示した記事です。これによれば、まず一位が中国、二位がインド、三位がアメリカとなっています。一位と二位は中国が一三億九〇〇〇万人、インドが一三億四〇〇〇万人と、圧倒的な人口規模を占めていることからも自明だと思います。続くアメリカが三億三〇〇〇万人、四位のインドネシアも人口二億六〇〇〇万人ですね。以降はトルコ、ブラジル、エジプト、ロシアと続き日本は九位です。この順位が示す各国がどういう国なのかは勉強しておくべきだと思います。上位の国を見ると、まず中国は現在の情勢を見ていれば二〇三〇年に一位であることは容易に想像できるでしょう。インドの急速な経済成長を知っている人も多いと思いますし、カースト制度をはじめとする歴史や文化も日本ではよく知られているところかと思います。アメリカの政治、経済の情報は日本でも連日報道されています。ではインドネシアはどうでしょうか。バリ島などの観光リゾートがあり、地理的な理解は多少進んでいるとは思いますが、経済状況や歴史、文化について知っている人は少ないのではないでしょうか。トルコ、ブラジル、エジプトについても世界史の断片的な知識以上のことを知る人は少ないはずです。二〇三〇年を迎えたときにこうした国々の知識をもっていない状態は望ましくありません。しかし、集落調査を経験するとその国のことをよく知るようになります。私より下の世代では布野修司さんや陣内秀信さんがインドネシアや中国、タイ、イタリア、地中海地域など、世界各国の集落や都市の調査をしていました。今私たちは改めて世界を勉強し直さなければならないと思います。

隈——原先生は昔から、私たちは勉強が足りないと言

い続けていました。自分が知っていることの範囲はごく一部の狭い領域に限られているから、別の分野の人たちを招いてともに勉強しようとする。当時からほとんどの建築家は自分の領域や美意識に絶対的な価値観を置いて説教を垂れるばかりで、原先生のような姿勢の建築家はなかなか見られなかった。

セルフビルドのおもしろさを学ぶ

セン――近年、建築の分野でカントリーサイド（地方）という概念への関心が高まりを見せています。この関心には様々な側面があるのですが、ひとつに、数年前に世界の五〇パーセント以上が都市化されたという事実があります。建築の分野ではアーバニゼーションの問題について長らく議論されてきました。しかし世界的に地方よりも都市の方が多くなっている現在、関心の対象が都市から地方へと移ってきているのです。原先生は根源的に都市的な見地から集落を捉えようとされていたと思います。都市についての新しい知見を求めて、行き着いた先が世界の辺境だったのですね。

原――集落の教えは都市での生活にも何かしらの意味を投げかけるだろうと考えています。都市と集落では生活様式などは当然異なりますが、集落の概念は場所にかかわらず展開できる。例えばニューヨークには一ヘクタールあたり八〇〇人という高い人口密度のスラム街があり、リオデジャネイロには一ヘクタールあたり二〇〇〇人とさらに高密度な貧民街、ファベーラがあります。このような住民自らスラムをつくって棲む都市のあり方と、ムザッブの谷に密集したクサールをつくる集落のあり方は、高密度に住処をつくる人間の原理を共有しています。

隈――僕が大学院に入りたてのころ、原先生は千葉県で《ニラム邸》（一九七八）を設計していました。ところが着工して間もなく工務店が工事を放棄して逃げ、施工者がいなくなってしまう事態が起きた。すると原先生は僕たち研究室の学生が残った工事を進めるよう指示したのです。原先生は当時、仕事や研究で多忙を極めていた時期であるにもかかわらず、自分が工事の陣頭指揮をとるというので、僕らも文句を言えない（笑）。朝六時から夜中の一二時まで工事に関わりました。工務店は道具類をすべて持って逃げたので、基礎を打つための生コンクリートもミキサーもない状態でし

た。ですから手練りで生コンクリートをつくり、それを流し込む。そのとき、自分たちの手で施工した経験は、何でも自分たちでつくることが当たり前の集落の世界とつながっているように思えました。

原――二〇〇三年にウルグアイの首都モンテビデオで実験住宅をつくるプロジェクトを実践し、集落で学んだ離散型の住居モデルを都市でも提案したいと考えました。世界で最も遠い距離にある場所で活動をすることについて考えていたこともあり、地球上で東京と正反対に位置にあるモンテビデオを選んだのです。現在はインターネットによって遠く離れた場所とも容易に連絡を取り合うことが可能です。しかし、建築をつくるのはフィジカルな営みですので、距離の克服はひとつの課題と言えるでしょう。現地でセルフビルドによって建てることを提案し、現地の学生や大学教員も一緒になって作業しました。

　実際につくってみて、これもひとつの「工業化社会の後」のモデルになるのではないかと考えました。私たちがかつてコンクリートを用いて建築をつくっていた時代と対照的でおもしろいのではないかと思いますね。離散型集落は、中南米が発生源ですから、「あなたたち自身の手で、実験的につくりなさい」「それではつくります」ということで、モンテビデオ、コルドバ、ラパスの三棟を、「実験住宅ラテン・アメリカ」というタイトルで、セルフビルドでつくりました[fig.23]。この住宅は、インスタレーションですが、最初は木造で原型を設計したところ、彼らは軽い材料は住居である気がしないと言うので、一階をコンクリートブロック、二階を木製パネルで、テントを活用して、私も施工陣に加わって実現しました。実験的な住居あるいはその集合は、日本でなら不動産の論理の外、例えば、見捨てられた地方なら、将来をさまざまに考えられますね。

fig.23――実験住宅ラテン・アメリカ
上から、モンテビデオ（ウルグアイ、二〇〇四年）、コルドバ（アルゼンチン、二〇〇五年）、ラパス（ボリビア、二〇一〇年）。

隈――「工業化社会の後」の実現のためには、建築を自分たちでつくることや自分たちで運ぶことができるサイズの物でつくることが大きな意味をもつように思います。僕が東大で主宰した研究室の十年間で最も力を入れたのは原寸大のパビリオンの制作で、それも実際に自分たちで運べるサイズの部材やユニットで組み立てることを試みました。これを僕は建築の民主化と呼んでいます。こうしたパビリオンの制作は日本だけでなく世界中の建築の大学で実践されており、新しい材料や、構造計算ソフトウェア、デジタルファブリケーションなどの力を借りれば、自分たちの手でもさまざまな構造や造形が実現可能です。自分たちの手でものをつくることはこんなにおもしろいのかと実感しながら施工をした原研究室での経験が、隈研究室での十年間の活動につながっているのです。

集落調査が設計にもたらしたもの

会場1――篠原一男さんも一九七〇年代にアフリカを旅行し、そこで見た「連続性のなさ」や「カオス性」を《上原通りの住宅》(一九七六)で実践しようと考えました。アフリカでの経験は篠原さんの建築理論に影響を与えたのだろうと想像されます。隈先生は現在の仕事のリズムを集落調査の経験から学んだとのお話がありましたが、集落調査は同時にご自身の建築理論を組み立てることにも影響を与えたのでしょうか。

隈――今日キーワードにもなった「離散的」なものや状態について、僕は集落調査の道中ずっと考えていました。砂漠の上は本当に何もなく、ただただ何日もかけて車で走り抜けるのですが、アルジェリアからサハラ砂漠を南下してサバンナに入ると砂漠が終って草原が出てきて、さらに南は熱帯雨林になります。そこで草や竹をメッシュ状に組んで構成された住居を見ました。僕はそこにサバンナのなかの離散型住民とはまた別の離散的な状態を見出して、とてもおもしろいと感じたのです。それは、大きなワンルームプランの住居でしたが、そこに細かい枝や葉を使って、軽いパーティションがつくられていて、それがとても離散的なものに感じられました。サバンナでは、日干しレンガを積んでつくった小さな小屋を単位とする離散型ですが、熱帯雨林は細い線や点という小さな物質を単位とする離散性なのです。原先生は熱帯雨林のワンルームの住宅は集落調査に向かないと言い、ほとんど素通りして細かく調査しなかったのですが、僕にとってはそ

の住居を見たことが大きな収穫でした。そのときに見た素材や空間的なおもしろさは今でも忘れられませんし、それ以降ずっとそういうものをつくりたいと思い続けています。

原先生は「離散しているけれど見えないネットワークでつながっている状態が一番自由である」と言っていました。僕もそうした状態への憧れがあり、原先生よりも単位を小さくした離散的なものも追究してみたい。いわば離散性の拡張をやってきたわけです。

会場2――テナドの集落調査のお話で、かまどの配置から見えてくる一夫多妻制の人々の生活が印象的でした。空間の設えに着目することが、人々の営みの記録になる例だと思います。調査を通じて集落の離散的な状態に魅力を感じたとのことですが、隈さんの建築を見ると、逆にプランはとてもシンプルに設計されているようです。これは志向する離散的な状態と一見結びつかないようですが、どのような考えがあるのでしょうか。

隈――僕はサバンナ的なボックスを単位とした離散性、すなわちプランニングとしての離散性のかわりに、マテリアルとしての離散性に興味があります。プランについて僕がつねに意識しているのは、敷地のなかで一番遠い端から端までの距離を知ることができるプランをつくることです。それは辺りが真っ暗になるサバンナでの夜、寝袋に入ってから原先生から聞かされた、一番遠い距離を敷地の中で探すという話がきっかけです。そのときに「遠い距離を探す」とは魅力的な表現だなと感じたのです。おそらくそれは、ワンルームのプランやミース・ファン・デル・ローエの「ユニバーサル・スペース」など、工業化社会に特徴的な、どんな機能にも対応できるフレキシビリティの高いワンルームとは対照的な考え方です。遠くの草原の果てを見渡すようにして建築という限定された世界の中に長い距離を探すこともまた、工業化社会の後の時代における建築のアプローチのひとつではないかと思います。

セン――原先生はもちろん多く建築や書籍などで功績を生み出されているわけですが、今回の講義では、多くの優秀な学生を輩出された功績の大きさも改めて実感しました。二か月にもわたる集落調査はときにたいへん過酷な状況でもあった。しかしそうした旅を通して学生たちに与えた影響は計り知れないものでしょう。そうした集落調査は日本に限らず世界中の教育のなかで見直されるべきものではないでしょうか。本日はありがとうございました。

回想 第三の途の可能性

隈研吾

僕の建築家人生の転機は何かといわれたら、僕は迷うことなく、原広司先生とのサハラの旅を挙げる。

一九六四年の第一回東京オリンピックで、丹下健三の代々木競技場を見て建築家を志した僕は、丹下の、コンクリートと鉄による、男性的で、工業化社会そのものを表象するような力強い造形表現に憧れた。しかし、六四年以降の日本は、公害問題、環境問題が深刻化し、高度成長に翳りが見え始めた。丹下がリードする戦後モダニズム建築に対して、思春期まっさかりの僕は疑問を感じ始めた。七〇年の大阪万博で見た、丹下のお祭り広場や、黒川紀章のカプセル建築のピカピカペラペラな感じを見て、疑問は失望へと変化した。

その結果、建築という存在自体に対して僕はペシミスティックになってしまった。しかし、原先生に出会ったことで救われたのである。原先生は、工業化社会の制服のモダニズムでもなく、またノスタルジックな和風建築や日本の民家とも違う、第三の途の可能性を指し示してくれたのである。

原先生から学んだことはいろいろあるが、このトークの中では、離散的なるものについて触れた。原先生が南米や、サバンナの中に発見した離散性は、小屋と小屋とが隙間をあけて配置されていることであり、すなわちプランニングとしての離散性であった。一方、僕がサバンナを通り過ぎて熱帯雨林のなかに分け入ってから見出した離散性は、物質が隙間をあけて漂い、ひとつのクラウドの状態をなしているときに生じる離散性である。いわば物質の離散性とでも呼ぶべき、ひとつの状態であった。言い換えれば、原先生は集落を俯瞰的に眺めていたが、僕は地面の上に降り、物質にずっと近づいていって、顕微鏡の倍率を一〇倍、一〇〇倍に上げようとしているのである。

もうひとつ原先生から教わった大事なものが、トポロジーという概念である。トポロジーはトポ（ギリシャ語の位置、場所）を意味するが、原先生はその概念を使って、形態やプロポーションを超えたところに存在する、建築の本質に迫ろうとしていたのである。先生によれば、通常の建築は、様々な形態をしているようでありながら、ハコ（オブジェクト）というトポロジーを持つ物体としてすべてひとくくりにすることができる。一方、「反射性住居」と呼ぶ、一連の小さな住宅で先生が提案しようとしているものは、孔という、全く違う種類の異なるトポロジーに属するというのである。

この考え方から、僕は三つのヒントを得た。まず孔という建築のあり方を教った。ロジカルに孔の数学的新しさに興味を持っただけではなく、感覚的に、あるいは官能的に、孔の建築をおもしろいと感じ始めた。僕が設計した那珂川馬頭広重美術館やブザンソン芸術文化センター、V&Aダンディの真ん中に、大きな孔をこじあけることになったきっかけは、建築をトポロジーとして理解するやり方であった。

二つ目に、小さな建築をおもしろがる考え方を教えてもらった。トポロジー的には、小住宅と超高層ビルは全く同型であり、小さな建築も大きな建築も、同じトポロジーに属しているものには、質的に差異がない。小さくても新しいトポロジーを持つものは新しく、小さくてもおもしろいものはおもしろいのである。

それはある意味で、工業化社会の価値観に対する批判であった。工業化においては、大きいことは価値であり、量の多さ、大きさがリスペクトされた。大きな建築を設計する建築家や建築設計事務所が、小さな住宅を設計する建築家よりも上だというヒエラルキーが、暗黙のうちに存在していた。トポロジーの数学がヒントになって、原研究室はこの工業化社会的ヒエラルキーから自由になることができた。僕が東京大学の九、十年で、学生と小さなパヴィリオンづくりに没頭することができたのも、トポロジーのおかげである。

トポロジーからもらった三つ目のヒントは、地形に対する関心である。トポ（場所）は、トポグラフィー（地形）と近接した概念であり、トポロジー的に考えれば、建築と地形とは同一のジャンルに属する現象である。そう考え始めた僕は、人工物よりは地形のなかにこそ、トポロジーを考える上での新しいヒントが山ほど存在することを発見するのである。

建築と地形を同一ジャンルの現象として考え始めた僕は、その後、亀老山展望台（一九九四）、北上川・運河交流館（一九九九）のような丘状の建築、V&Aダンディ、東京工業大学タキ・プラザのような崖状の建築の可能性を探り始めた。建築を地形化するというこれら一連の操作は、地球環境を配慮しての操作であるという以上に、建築という存在自体の、数学的な根底に迫ろうという思索上の実験なのである。

原先生の一言から、僕の中に三つの枝が生まれ、その枝から様々な果実が実ったのである。

02 Future of Family and Community

家族とコミュニティの未来

上野千鶴子（社会学者、東京大学名誉教授、認定NPO法人ウィメンズアクションネットワーク理事長）

×

三浦展（社会デザイン研究者）

二〇一九年五月二五日

講演1

苦節一〇年から「移ろう建築」へ

上野千鶴子

隈研吾――最終連続講義の第二回目は上野千鶴子さんにご登壇いただきます。上野さんのことを知るきっかけとなったのは、一九八六年に僕が最初に書いた『10宅論』(ちくま文庫、一九九〇)です。おちゃらかしのような軽い調子のこのタイトルには、元となる本があります。それは建築家・篠原一男の『住宅論』(鹿島出版会、一九七〇)です。そこには、個人住宅はきわめて神聖なものであり、それをどのようにデザインするのかが建築家の使命のなかで最も重要である、といったことが書かれています。当時、建築家を目指す学生にとって、この本はバイブルのような存在でした。多くの学生がかっこいい個人住宅をデザインすることに憧れ、それを聖なる使命のように考えていた。その流れの最高傑作のひとつが安藤忠雄の《住吉の長屋》(一九七六)です。この作品も、当時の学生には非常に大きな影響力がありましたが、僕はその空気が嫌で嫌で仕方ありませんでした。というのも、個人で家を建ててそれを私有したいという願望自体がかなり怪しげで、工業化社会を廻すための政治的なものだと感じていたからです。建築家はその「住宅私有の欲望」の片棒を担いでいるだけではないかと思っていたんで

うえの・ちづこ
社会学者・東京大学名誉教授・認定NPO法人ウィメンズアクションネットワーク(WAN)理事長。京都大学大学院社会学博士課程修了。社会学博士。専門は女性学、ジェンダー研究。高齢者の介護とケアも研究テーマとしている。『おひとりさまの老後』(法研、二〇〇七年)、『男おひとりさま道』(法研、二〇〇九年)など著書多数。近刊に『上野先生、フェミニズムについてゼロから教えてください!』(田房永子との共著、大和書房、二〇二〇年)、『しがらみを捨ててこれからを楽しむ 人生のやめどき』(樋口恵子との共著、マガジンハウス、二〇二〇年)。

す。二〇世紀という時代がその欲望を必要とし、建築家はそれに乗っているだけなのに、なぜか自分は「聖なる住宅」を設計していると偉そうにしている。そんな疑問があったからです。それで『住宅論』を茶化そうと思って『10宅論』を書いたのです。

この本に興味をもってくれたのが上野さんでした。僕は茶化すくらいしかできなかったのですが、上野さんは一九九〇年に『家父長制と資本制』(岩波書店、一九九〇)という本を書かれて、僕はこれにとても大きな感銘を受けたのです。上野さんのロジカルかつ辛辣な近代家族批判、個人住宅批判を読んで、どうして自分が『10宅論』という本を書きたいと思ったのか、そして二〇世紀とはどういうシステムだったのかが、初めて腑に落ちたような思いがしました。

その後、『10宅論』での問題意識を、茶化すのではなく真面目に取り組んで『建築的欲望の終焉』(新曜社、一九九四)や『反オブジェクト』(筑摩書房、二〇〇〇)や『負ける建築』(岩波書店、二〇〇四)を書くことになりました。

そんな上野さんや三浦展さんとの議論を通じて、僕は現代社会というシステムや、そのシステムと建築家との共犯関係に目を開かせてもらいました。それでは、上野さんお願いします。

上野千鶴子――今日は隈さんの最終講義に呼ばれてまいりましたが、ポスターを見てびっくりしました[fig.1]。テーマが「家族とコミュニティの未来」なのに、なんとおひとりさまが桟橋の突端に立って

fig.1――隈研吾教授最終連続講義のポスター

いるだけの写真じゃないですか。これは家族とコミュニティには未来がないことを暗示しているのでしょうか(笑)。

さて、旧友である隈さんの足跡をたどるために、隈研吾建築都市設計事務所のウェブサイトを見てみました。そこには竣工した建築の数が年代別にまとめられていますが、業績のない年は年代が記されていません。そこで、業績のなかった年代を業績数ゼロとして書き出してみると、隈さんの業績のなかった時期がはっきりと見えてきます[fig.2]。こういうことをやるのが社会学者です。

悪夢の痕跡とでも言うべき、ポストモダンのカリカチュア《M2》(一九九一)以降、業績がゼロや一の年が続きます。ご本人はそのあいだを「苦節一〇年」と言っています。転機が訪れたのは、高知県の梼原《ゆすはら》町との出会いです。人口が三五〇〇人ほど(二〇一九年四月末時点)の村落が隈さんに仕事を依頼し、《梼原町総合庁舎》が二〇〇六年に竣工します。それから隈さんはなぜか梼原町に愛され、その後も次々と「まちの駅」や図書館などを手がけています。隈さんは梼原町で、地域や素材、職人と出会ったと言います。彼は苦節一〇年のあいだに現場から学んで大きく成長しました。

彼の手がけた地方の公共建築のなかで、私がとくに感心したのは長岡市庁舎の《アオーレ長岡》(二〇一二)です。長岡は雪国ですから大きなアーケードが設けられて、「ナカドマ」と呼ばれる土間のような中庭があります。この多目的空間は市民の交流の場となっており、しかも駅直結で自治体の庁舎としては画期的です。もうひとつは《としまエコミューゼタウン》(二〇一五)です。高層部は分譲住宅になっており、低層部は区庁舎です。そこには植栽が施されていて「グリーン庁舎」と呼ばれています。

私は隈さんがつくった建築だとは意識せずに、すでに彼の建築をたくさん見ていたことに気

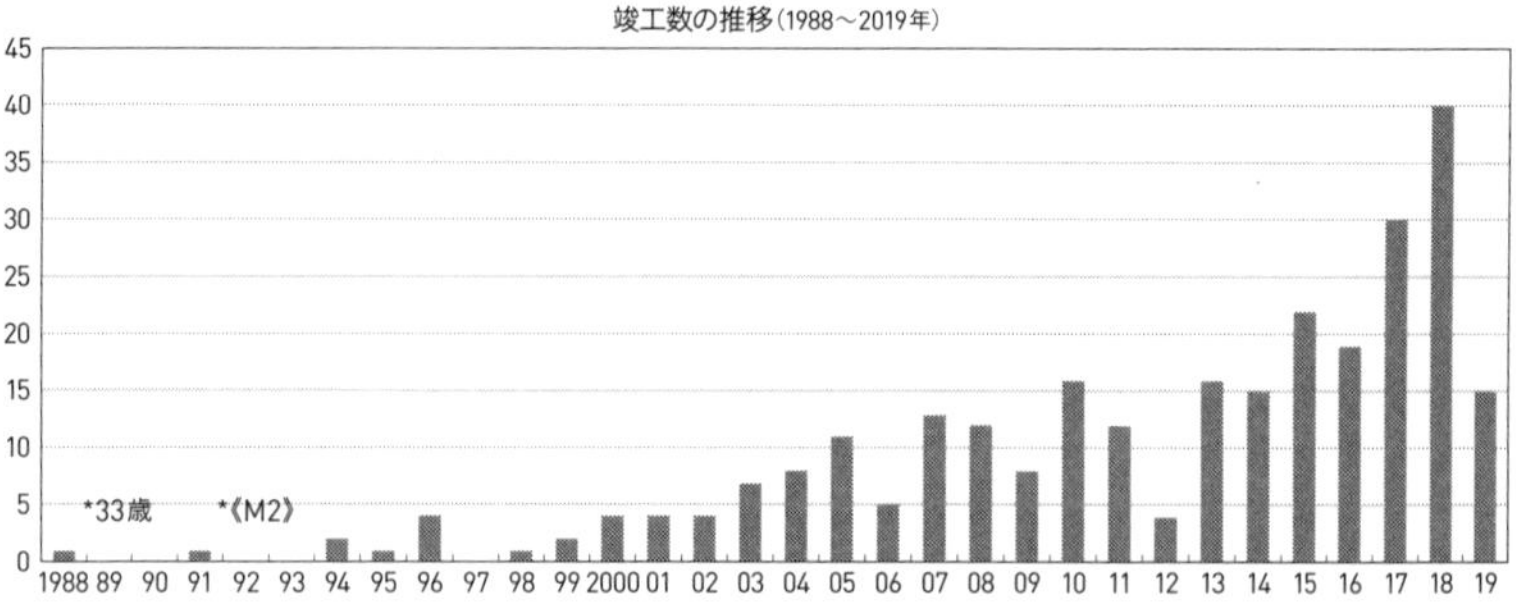

fig.2——年代別の竣工した建築数の推移(隈研吾建築都市設計事務所のHPより作成)

づきました。最近は《十和田市民交流プラザ》(二〇一五)にも行きましたし、《南三陸さんさん商店街》(二〇一七)の関係者とも竣工前からお付き合いがあります。それから、私の地元である武蔵野市にも《ハモニカ横丁 三鷹》(二〇一七)があります。つい先日も、お茶の水女子大学の《国際交流留学生プラザ》(二〇一九)に行きました。どれも隈さんが設計していたとは、まったく意識していませんでした。なぜかというと、隈さんの建築は目立たないし自己主張しないからです。だから印象に残らない(笑)。コストを抑えてつくられているうえ、隈さんの建築はアグレッシブではありません。ファサードがファジーであることも特徴的です。外部を拒絶するかのような安藤忠雄さんの《東京大学 情報学環・福武ホール》(二〇〇八)とは対照的に、同じ東大の《ダイワユビキタス学術研究館》(二〇一四)は、境界をできるだけファジーにするように意図されていることがよくわかります。

　そして、隈さんはいつのまにか「和の大家」と呼ばれるようになりました。《歌舞伎座》の建て替え(二〇一三)では、新しく設計し直すのではなく、歴史的遺産を復元した決断が素晴らしいと思いました。そのほかにも茶室やお寺の庫裡《くり》も設計されています。これらは教養がないとできません。

　私はどうしても建築家に考えてもらいたいことがあります。3・11の後、建築がこれまでと同じであっていいわけがない、ということです。建築は滅びるものです。建築家は3・11で傷を負って、そう深く学んだはずです。その学びは伊東豊雄さんを変えました。同世代のなかでもっとも審美的な建築をつくってきた伊東さんは、《みんなの家》という、ある意味で凡庸で滅びやすい建築を被災地につくられました。坂茂さんは、一九九五年の阪神淡路大震災以来、儚い仮設住宅をつくり続けてきました。建築とはもともと仮設であったのだ、という原点に立ち返るような理解があったからこそ、彼の活動が大きく評価されたのだと思います。3・11は多くの建築家を変えました。ところが、隈さんは3・11の前から、「負ける建築」「移ろう建築」「滅びる建築」ということを考えていたのです。隈さんの足跡をたどるなかで、私はそのことを発見しました。

コミュニティと集住のあり方

では、今日のテーマ「家族とコミュニティの未来」についてお話ししましょう。いま家族は多様化し解体しつつあります。昨今、「自分らしい老い」や「自分らしい死に方」が標語のように言われていますが、はっきりと申し上げましょう。「自分らしい」とは「個人化」の別名です。つまり「自分らしい死に方」とは、死が脱家族化、脱共同体化することであり、そのような文明史的な時代に私たちがいることの無自覚な言明なのです。

私は一九九四年に『近代家族の成立と終焉』（岩波書店）を書きました。同じ年に、隈さんは『建築的欲望の終焉』（新曜社）を出されています。彼は、住宅ローンで勤労者の一生を縛りつけることで成長してきた戦後の社会を「住宅私有本位制資本主義」と呼んで痛烈に批判しました。

ところで、「コミュニティ（community）」は「共同体」と訳されますが、「-ty」は「○○性」と和訳されるのが一般的です。社会学では「共同態」と書きます。「body＝体」としての実体がなくとも共同態（共同性）をどのように再設計するのか。そして、ここに空間がどのように関係するのか。こうした問題に取り組んできた建築家のひとりが山本理顕さんです。家族を容れるハコとしての住宅は、もう終わりではないのか。ポスト家族にとって住宅はどうなるのか。そんな問題意識から、私は山本さんや隈さんとの対談集『家族を容れるハコ 家族を超えるハコ』(平凡社)を二〇〇二年に出しました。

その後、山本さんと隈さんが一緒に手がけた公団住宅のプロジェクト《東雲キャナルコートCODAN》(二〇〇三)は、大きな評判を呼びました。さらに隈さんは洋光台団地の再整備(二〇一八)も手がけています。

家族の集住とコモンスペースのあり方を考えるための問題作が、山本さんが設計した《熊本県営保田窪第一団地》(一九九一)[fig.3]です。この団地、入居者の評判が本当に悪かったので、設計者が行けば石を投げられるとさえ言われました。そこで、私たち東京大学社会学研究室は、入居者が生活を始めてから八年目の一九九九年に、現地調査に入りました。

この団地は間取りが特徴的で、個室とコモンスペース(リビング)が屋根のない渡り廊下(ブリッジ)で繋がれています。ですから、住民たちは「渡り廊下に雨が掛かる」と文句を言いました。熊本はしばしば台風の上陸地となります。台風の時は、強風が吹きつけ雨が下から吹き上がるようなところを通って、リビングやトイレに行かなければなりません。ではなぜ住民は入居を選んだのでしょうか。調査でわかったことは、住民の入居理由は家賃の安さと立地のよさ、という身も蓋もない事実でした。建築家がどのような意図で設計したのかは、住民にとってまったく関心のないことだったのです。

建築家は空間が近ければ公共性が生まれると素朴に考えます。だから、団地では階段室や同じフロアでコミュニティが発生すると考えられてきました。私たち社会学者は、入居者の人間関係をソシオグラムにしてていねいに調査しました。その結果、階段室もフロアも人付き合いにまったく関係がないことがわかりまし

fig.3——《熊本県営保田窪第一団地》(山本理顕設計工場、一九九一年)

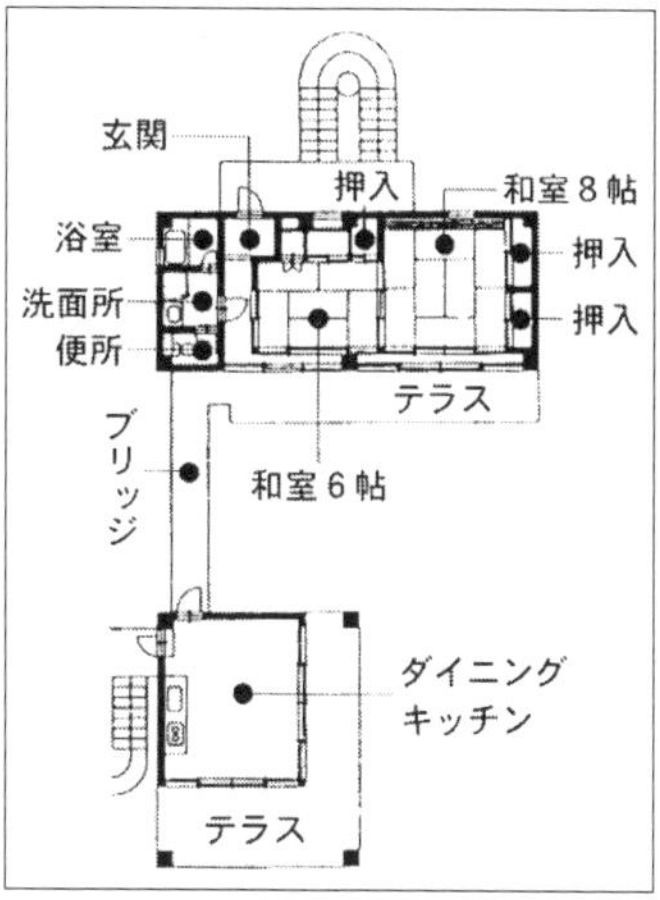

《保田窪第一団地》間取り図

た。人は場所が近いから仲良くなるわけではない。あたりまえですよね。むしろ、年齢が近かったり、子どもの通っている小学校が同じだったり、価値観やライフスタイルの近接性が共同性に影響しているのです。

ところで、山本さんは一九七〇年に書いたご自身の修士論文のなかで、住宅の間取りを表す「nLDK」のnを「家族の人数マイナス1」と考えました。家族のなかで、母親だけに個室がありません。お母さんが「私の居場所はどこにあるの?」と訴えると「お母さんの居場所は家のなか全体です」という答えが返ってくる。たしかに母親は家族の個室にノックせず入る権利をもっていると考えられてきましたが、これに対して「ウソつけ、私の居場所はどこにもないじゃないか」と異議を唱えたのがウーマンリブです。山本さんがこの修論を書いたのは、ちょうどリブとフェミニズムの声が上がったのと同じ時期でした。

他方で、家族の人数だけ個室をつくるモデルを最初に提唱したのは、建築家の黒沢隆さんです。黒沢さんは近代家族と住宅のモデルを考察し、個室+コモンスペースの集まりを「個室群住居」として提案しました。その原型は、東京大学吉武泰水研究室が一九五一年に設計した日本の公営住宅の標準形「51C」です[fig.4]。51Cの目的は、夫婦部屋と子ども部屋を分けること(就寝分離)と、食事と就寝の場所を分けること(食寝分離)です。この分離の肝は、じつはセックスの空間を住宅のなかに確保したことでした。

そして「個室群住居」のモデルどおりに住宅をつくったのが山本さんの《岡山の住宅》(一九九二)[fig.5]です。さらに、このモデルをそのまま集合住宅で実現してしまったのが、妹島和世さんの《岐阜県営住宅ハイタウン北方》(一九九八)です。建築家はコンセプトをそ

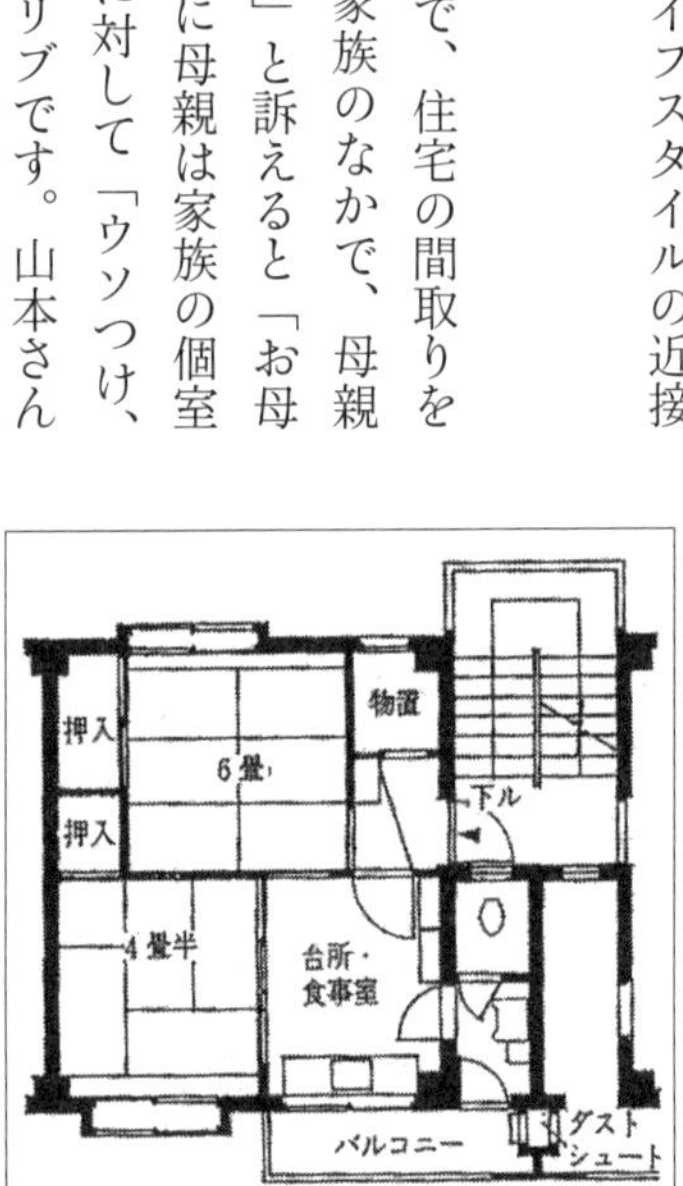

fig.4——51C型(51年度国庫補助住宅C型基本設計・原案)

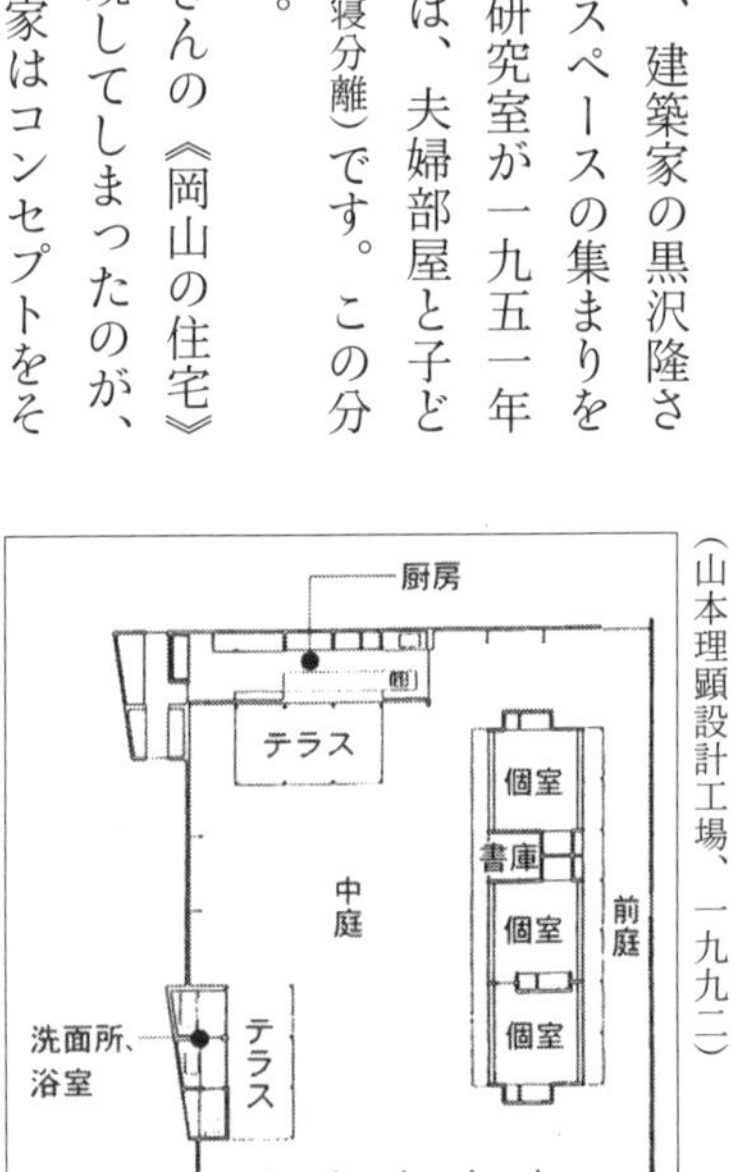

fig.5——《岡山の住宅》(山本理顕設計工場、一九九二)

のまま形にしてしまう。恐ろしいですね。

さて、個人／コモン／パブリックの関係をモデルで示すとこのようになります[fig.6]。これまでのnLDKモデルでは、玄関から居間（コモンスペース）が続き、各個室へと繋がっていました。その後、一人ひとりが情報端末を持ったために、デッドエンドだった個が外と直結するようになります。したがって、コモンスペースは許された人しか入れないデッドエンド（閉鎖型）になりました。山本さんはこのモデルを発見し、集合住宅の設計にそのとおり適用したのが《保田窪団地》でした。

シェアハウスはグループホームになるか

家族を容れるハコを集めると集合住宅になりますが、個の集住はシェアハウスになります。私はいま介護の研究を行っています。さまざまなグループホームやグループリビングに頻繁に足を運ぶなかで、シェアハウスとグループホームは親近性が高いのではないかと感じるようになりました。

一九九二年に私は「アトリエF」（主婦サークルの調査企画会社）と共同で、活動レベルの高い既婚女性（クリエイティブミズ）を対象に住宅ニーズの調査を行ったことがあります。その結果をもとに、七組の建築家に住宅モデルを設計してもらうという企画が、雑誌『建築文化』の一九九二年一〇月号に「特集：クリエイティブミズが住まいを変える」として掲載されました。私的な空間と公的な空間を繋ぐコモンスペースをどのように配置し、共同性をいかに設計するのかという問いです。その回答者のひとりが隈さんでした。彼のプランは、現在のユニットケアの高齢者施設のようですが、いまあらためて感心したのは、コモンスペースが複数あり完結性が

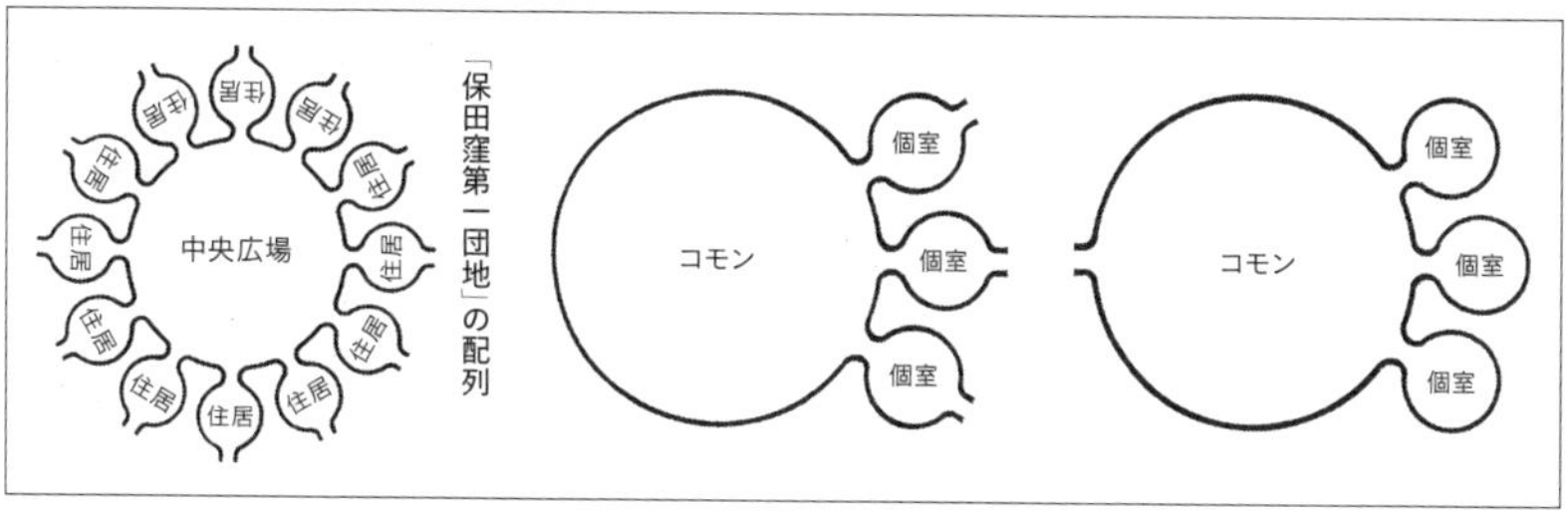

fig.6——個人／コモン／パブリックの関係

ないことです[fig.7]。コモンスペースには閉鎖型と開放型がありますが、九二年に隈さんが提案したような開放型の考えは、いま高齢者施設のユニットケアの発想のなかに取り込まれています。

シェアハウスの例でもコモンスペースの配置を見てみましょう。隈さんが設計した《王子シェアハウス》(二〇一七)は古民家の間取りを生かして、広い入り口から土間(コモンスペース)が繫がっているので開放型です[fig.8]。一方で、篠原聡子さんと内村綾乃さんによる《SHARE yaraicho》(二〇一二)は階段を上がってコモンスペースがあるので垂直に繫がっていますが、トポロジカルに捉えれば閉鎖型です[fig.9]。住人たちとの繫がりがなければコモンスペースには入れず、閉鎖型は安全性が確保されるので、多くの高齢者施設に見受けられます。

ところで、ユニットケア(全室個室ケア)の考え方を日本に導入したのは建築家の外山義さんでした。外山さんがいなければ、日本で個室の特別養護老人ホームは実現しなかった。あるいは実現がもっと

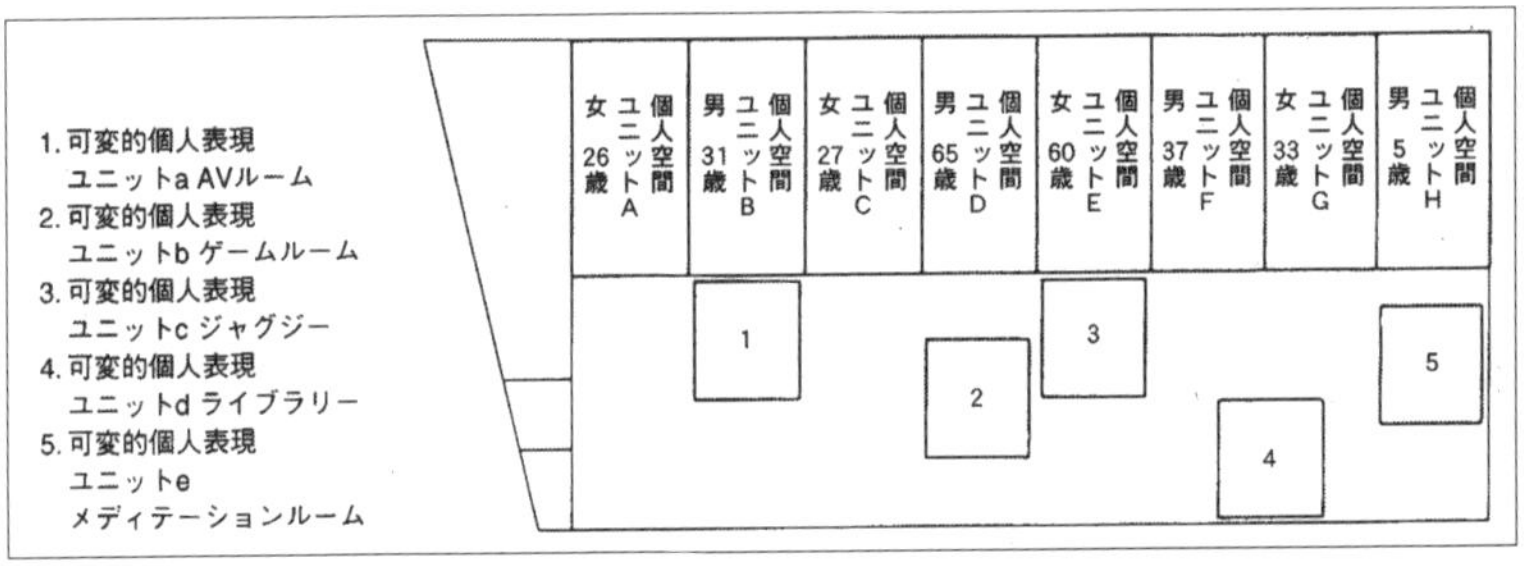

fig.7——ユニット・ケアのフロアプラン(隈研吾案)
可動式のユニットが庭に置かれる。

fig.8——《王子シェアハウス》(二〇一七年)

fig.9——《SHARE yaraicho》(篠原聡子・内村綾乃、二〇一二年)

遅れていただろうと思います。彼の有名な建築は《ケアタウンたかのす》(一九九八)です[fig.10・fig.11]。コモンスペースを囲むようにユニット(個室)が連なっています。さらに同様の発想でつくられたのが、特別養護老人ホーム《風の村》(二〇〇〇)です。回廊式で、コモンスペースが完結していないので、複数のコモンスペースを選んで回遊できるようになっています[fig.12]。

社会学者は、竣工後に実際に施設に入って入居者調査を行います。例えば、認知症のお年寄りに「ここはどこですか?」とお聞きします。すると「ここは学校です」という答えが返ってくるのです。学校は抑圧的なところです。入居者の身の置きどころのなさが表れているように思いました。一

fig.10──《ケアタウンたかのす》(外山義、一九九八年)

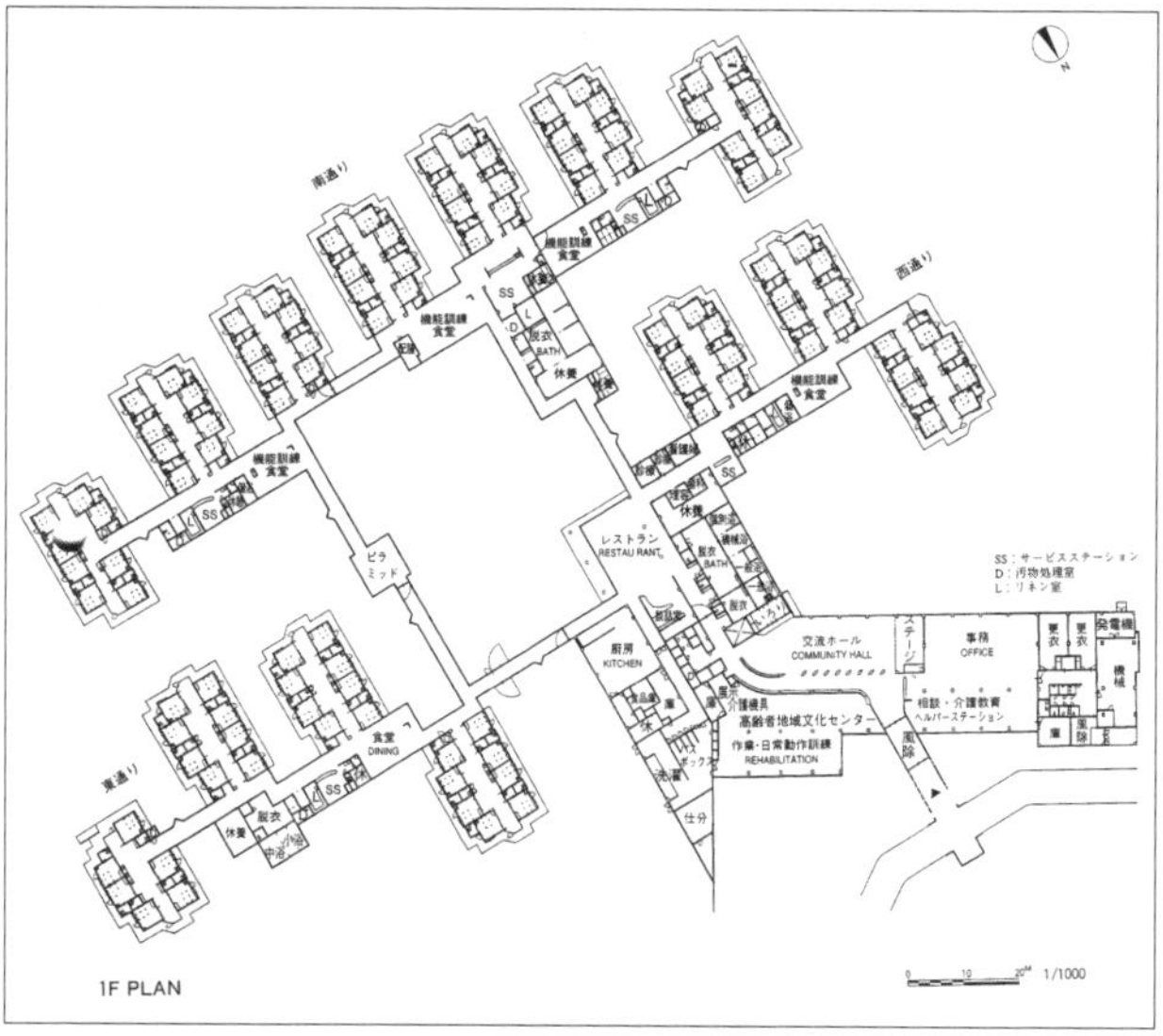

fig.11──《ケアタウンたかのす》平面図

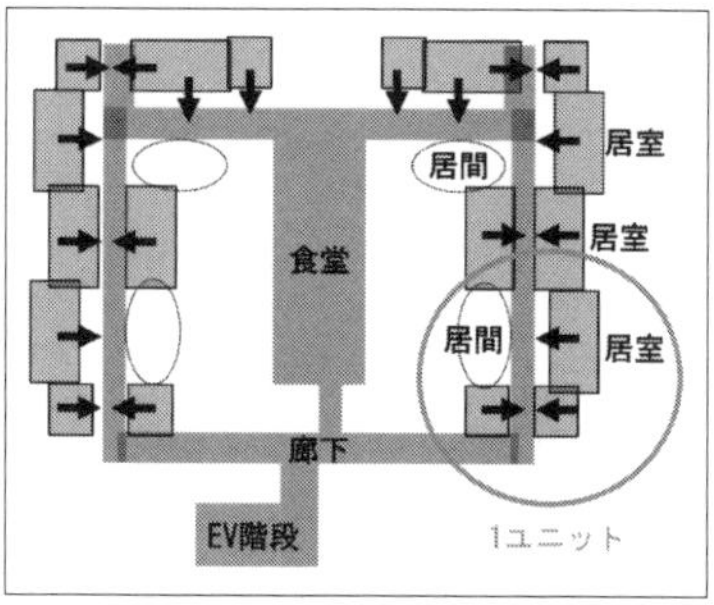

fig.12──特別養護老人ホーム《風の村》(二〇〇〇年)配置図

方で、施設の職員さんは「コモンスペースは居間です」「私たちは小規模で家族的なお世話をしています」と言います。でも入居者はけっしてお互いを家族とはみなしません。入居者はコモンスペースを「町内会のようなものです」と答えます。「コモンスペースは家族の居間」というのは職員さんたちの希望的な観測にすぎません。そう指摘したのが私の『ケアの社会学』（太田出版、二〇一一）です。

個室＋コモンスペースというかたちの福祉施設は全国各地にあります。それらはサ高住（サービス付き高齢者向け住宅）の原型と言えますが、空間的にはなんのおもしろみもない建物です。企業の独身社員寮をバリアフリーに改装しただけの、いわば刑務所と同じモデルの空間だからです。

ウーマンリブの先輩たちがつくったグループリビングに《友だち村》（二〇〇二）があります。女性の建築家が設計しており、資金も十分に投じられて外観も素敵ですが、設計思想はなんら代わり映えのしない、凡庸な建物です。グループリビングのはしりである《COCO湘南台》（一九九九）には個室が並んでコモンスペースもありますが、それだけのことです。

fig.13——富山型小規模多機能共生型デイサービス「このゆびと〜まれ」

そこで考えてみました。ケアのためにかならずしも集住しなくてもいいのではないか。コモンスペースは家の外にあってもいいのではないか。そう考えてつくられたのが、小規模多機能型居宅介護という地域密着型のデイサービスです。その建物はただの民家です[fig.13・fig.14]。ここには居室はなく、民家全体が茶の間の機能を果たしており、コモンスペースになっています。自宅からそこに通えばいいのです。つまり、自宅と茶の間をトポロジカルに捉えれば個室＋コ

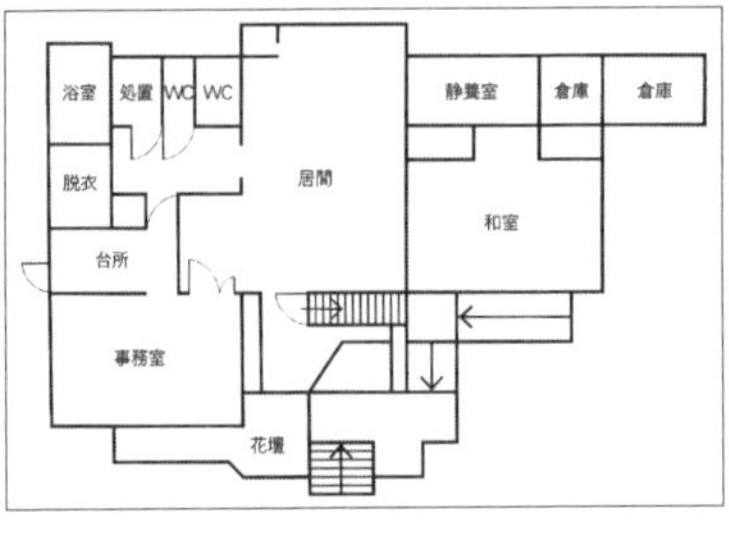

fig.14——小規模多機能型居宅介護の平面図

モンスペースになっているわけです。自宅から茶の間（コモンスペース）に通えばいい。歩くことが難しければ送迎サービスを使えばいい。

いま、働ける男女はみんな働きに出掛けています。要介護で寝たきりのお年寄りが日中独居でおられる。そこで、身近な民家を死に場所にしてしまおうと考えたのが、ホームホスピス宮崎の《かあさんの家》[fig.15]です。その仕組みはきわめてシンプルで、民家を借りて部屋貸し業をやったというだけのこと。いわば民家を地域の茶の間に変えたのです。自宅から茶の間（コモンスペース）に通えばいい。歩くことが難しければ送迎サービスを使えばいい。

地域の茶の間としてデイサービスの典型が、ユニークなケアで有名な《夢のみずうみ村》です。一般的な福祉施設の設計者は、できるだけ見通しの利く空間、いわばパノプティコンをつくろうとします。建築家はこれに協力してきた——私は共犯と言いたい——のです。ところが、《夢のみずうみ村》の建物のなかは死角だらけです。代表の藤原茂さんは「人は身の置きどころが必要だ」ということをいつも念頭に置かれているそうです。

近年、こうしたデイサービスやサ高住と建築のあり方を組み合わせて、さまざまな工夫をする試みが出てきました。例えば、サ高住の「銀木犀」シリーズです。運営している下河原忠道さんは、建築分野からケアの分野に参入されたので、空間の設計にとても意識的です。

実際に「銀木犀」に行ってみると多世代が出入りしていることに気づきます。施設のなかに駄菓子屋があって、近所の子どもたちが走り回っている。認知症のお年寄りが店番をしていてやりがいも感じている。子どもを引き込むと、じつはとてもいいことがあります。その親も巻き込めるからです。私はケアの現場を調査するなかで、ソフトとハードの両面からさまざまな工夫がされていることを見てきました。

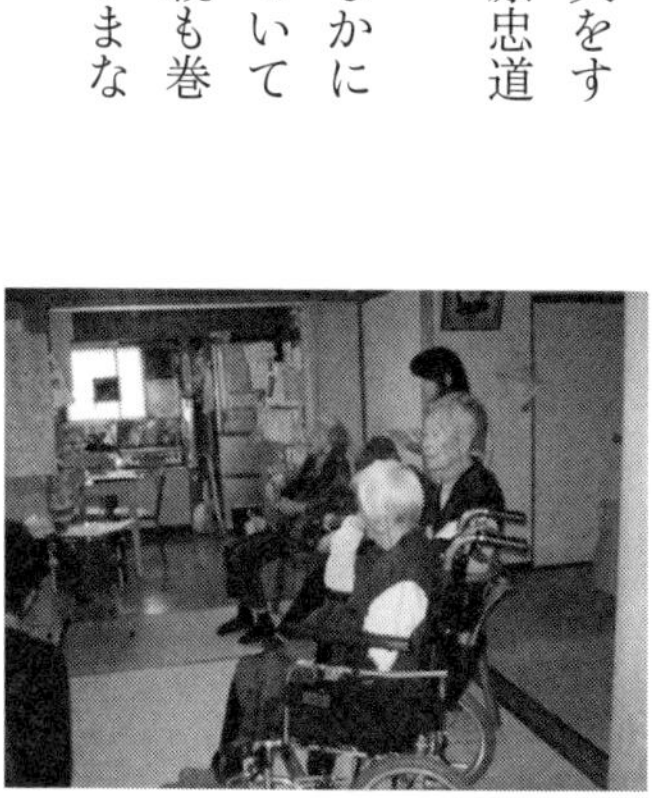

fig.15——ホームホスピス宮崎の《かあさんの家》

ところで、空間はケアの質に影響するのでしょうか？　答えはきっぱりノーです。建築家は空間のあり方がケアの質を規定すると思いたい。でも最終的にものを言うのはソフトであり、ハードではありません。どれほど素晴らしい建物でも、設計されすぎた空間はかえって制約となります。平凡な民家でも、創意工夫でよいケアが行われます。

労働力の再生産の装置は何か

最近、私はこういうことを考えています。なぜシェアハウスが増えたのか、なぜ人は集住しなければならないのか。それは、弱者は寄り集まるからです。生活インフラを共有すればひとりあたりの負担を軽減することができます。だから、弱者の共同体がシェアハウスでありグループホームなのです。人は支えられずには生きていけません。これまで弱者の受け皿になっていた家族の存在は、もはや頼りになりません。シェアハウスとグループホームの違いは年齢だけです。だからシェアハウスに住む若者がそのまま歳を重ねると、やがてグループホームになるのではないでしょうか。

しかし、シェアハウスとグループホームの中間にはセックスが介在します。これまで家族という共同体に意味があったのは、家族とは子どもを産み育てる、つまり労働力の再生産のための社会的な制度、露骨に言えば、セックスを統制する制度だからです。子育てをする番《つがい》は共同体から隔離されたマイホームという空間に閉じこもっていました。それが戦後の「住宅私有本位制資本主義」だったのです。

いま関心があるのは、シェアハウスでセックスをすると何が起こるのか、ということです。

シェアハウスとは性を排除する空間なのか。シェアハウスでカップルになった人たちは、そこから出ていかなければならないのか。シェアハウスのような共同性と番は排他性をもつのか。そんな疑問が浮かんできます。

シェアハウスには弱者であるシングルマザーも住みます。シングルマザーにとって、シェアハウスは本当に子育てをしやすい空間です。シングルマザーの性のパートナーは、子どもの実父でもいいし、そうでなくてもいい。もちろん複数でもいい。子育てをシェアするのは血縁があってもなくてもいい。誰もが自由に出入りして子育てできるような、性を排除しないシェアハウスはありうるのか。それが私の大きな関心事です。

シェアハウスの研究をしている社会学者の久保田裕之さんに、そんな疑問をぶつけたことがあります。シェアハウスの住人は、カップルになるとそこから出ていくのかと。おもしろいことに、一度シェアハウスを出たカップルは、家族を形成した後もシェアハウスを出たり入ったりして、「実家」のような繫がりをもつのだそうです。いまや結婚に永続性はありませんから、もしシングルマザーになったらシェアハウスに舞い戻る。そんなことが起きているらしい。

他方で、やはり共同性における性的パートナーの位置取りの難しさを感じる例もあります。『沈没家族』(加納土監督、二〇一八)という映画には、そのことがよく表れています。一九九〇年代、都内のシングルマザーが共同保育の募集をかけます。そこに集まったたくさんの大人たちが協力し合って子どもを育てる。その子どもが成人してつくったのが、このドキュメンタリー映画です。映画に子どもの父親が登場するのですが、父親はその子育て共同体に入れない、入らないのです。やはりシェアのひとつの限界が、性の排除や不在なのだろうかと考えさせられました。

シェアハウスは家族「以前のハコ」で、グループホームは家族「以後のハコ」と言えます。

ではその中間にある近代家族とその住宅はなくすことができるのか。それとも再生産の装置としてあいかわらずこれからも続くのか。家族の永続性が失われた今日、再生産はいったいどんなハコのなかで行われるのか。そして誰がそれを支えるのか。これは私たち社会学者にとって非常に大きな問いです。そして、みなさんにも一緒に考えていただきたいと思います。

山本理顕さんは、空間が関係を支配すると言いました。私は敬意を込めて彼を「空間帝国主義者」と名付けました。一方で、関係がすべてを説明すると思っている私たち社会学者は「社会学帝国主義者」です。山本さんはついに『権力の空間/空間の権力』(講談社、二〇一五)という哲学的な理論書を著しました。公/共/私の空間が権力によってどのように設計されるのか、どうすれば空間的権力に抗うことができるのか。それは私たちにとっても永遠の課題です。

建築家の役割は物理的空間をつくることですが、社会学者にとって空間とは社会的空間のことしか指しません。社会的空間とは関係が生起する場ですから、SNSのようなヴァーチャルな関係も空間です。移動の多い現代において、空間はより物理的に占拠されないものになってきました。だから、これからは物理的な空間を支配する権力はもっと薄まっていくかもしれません。空間は権力の言語です。その空間を、建築家はこれからどのように設計し支配していくのでしょうか。建築家はこれからも権力の側に立ち続けるのか、それともそうではないのか。隈さんにはぜひこの問いに答えてほしいと思います。

鼎談

バブルの大きな授業料

上野千鶴子 × 三浦展 × 隈研吾

隈研吾――上野さん、ありがとうございました。「空間帝国主義」というお話がありました。ご指摘のとおり、建築家はダイアグラムを強引に空間化しようとするところがあります。たしかに空間帝国主義的な傾向の強い世代の方もいますが、その傾向は若い世代では弱くなって、むしろ逆に振れすぎているところさえある。建築家はみな空間帝国主義というわけではありません。

山本理顕さんは空間帝国主義というより「ダイアグラム至上主義」なのかもしれません。ダイアグラム至上主義者は、篠原一男さんや安藤忠雄さんのような「住宅至上主義」的な建築家像の対極と言えるでしょう。

山本さんは僕より九つ年齢が上の世代ですが、ダイアグラムによって新しい空間を提案できた時代に建築家としてデビューしています。一九七〇年代から八〇年代は、公営住宅の設計を通して新しいライフスタイルの提案が建築家に求められていました。その時代は、ある意味で公営住宅のラストフェイズともいえる時代で、それ以降、日本の財政事情はひっ迫し、公営住宅をつくる余裕は無くなってきています。消えそうだったからこそ、新しいアイデアでなんとか生き残りを目指したとも言えます。だからこそ、山本さんや伊東豊

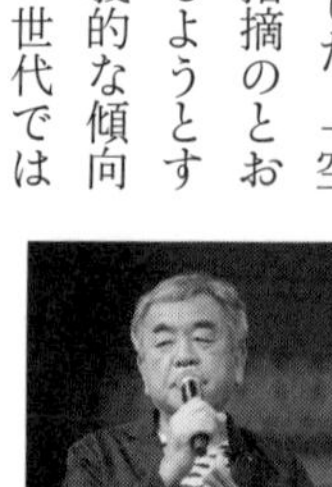

みうら・あつし
カルチャースタディーズ研究所主宰。一九五八年生まれ。一九八二年にパルコ入社、マーケティング誌『アクロス』編集室。一九九九年に「カルチャースタディーズ研究所」を設立。消費社会、家族、若者、階層、都市などの研究を踏まえ、新しい時代を予測し、社会デザインを提案している。著書に、『下流社会』『第四の消費』『首都圏大予測』『東京は郊外から消えていく!』『ファスト風土化する日本』など多数。

雄さんは、建築だけでなく生活や社会のあり方が提案できた、ある意味で建築家が「偉そうな計画者」として振る舞うことが許された最後の世代なのです。

　ところが、僕が本格的に建築をつくり始めた二〇〇〇年代以降、建築家にそうした役割は求められなくなります。建築家は金を食う反社会的な存在だとさえ思われていた。だから、僕はダイアグラム至上主義に陥らなくて済んだのではないか(笑)。ちなみに、妹島和世さんは僕より二歳下ですが、彼女は若くして公営住宅を設計する機会があったので、《岐阜県営住宅ハイタウン北方》(二〇〇〇)のような上の世代的スタンスで提案することができました。ちょうど二つの世代の間を経験されたと言えるかもしれません。

　建築家と社会の関係は、世代や時代によって変わります。とりわけ、二〇〇〇年頃を境にして建築家が社会の悪者になっていった。日本でいえば小泉政権(二〇〇一−二〇〇六)が保守政権でありながら、反公共工事政策をとったことが象徴的です。それは日本だけのことではありません。僕は二〇〇〇年頃からヨーロッパのプロジェクトが始まって、建築家に対するある種日本以上にきびしい視線を何度も体験しました。

　さて、第二部の鼎談からは三浦展さんにご登壇いた

だきます。三浦さんは、かつてパルコが出していた雑誌『月刊アクロス』（パルコ出版、一九七七－九八）の編集長を務めていらっしゃいました。パルコにいながら消費社会に批判的に切り込む調子がおもしろくて、僕は彼に興味を持っていたのです。三浦さんは、「偉そうな計画者」としての建築家の地位が変化した時代を敏感に捉えていました。三浦さんとの対談集『三低主義』（NTT出版、二〇一〇）では、消費社会論や建築の視点から戦後社会の価値観の変化を考えています。あらためて、三浦さんはバブル前後の時代の変化をどのように振り返りますか？

三浦展――バブル前後の変化を振り返るには、世代論ではなく「バブル時代にその人が何を考えていたのか」という視点が重要だと思います。つまり、バブルは楽しいなと舞い上がっていた人なのか、その時代の社会や文化を一歩引いて批評的を見つめていた人なのか。この違いは、世代にかかわらずバブル後のその人の展開に関係してくるのだと思います。僕は一九八二年にパルコに入社して以来、郊外を対象にマーケティングや研究を行ってきました。ある時、パルコの増田通二社長に「郊外の文化論をやれ」と言われて『月刊アクロス』で連載「ジャパニーズWASP論」の連載を始めています。戦後日本の中流化とアメリカ化を軸とする郊外生活形成史のようなものです。

ちょうど当時は、「ショートケーキハウス」と呼ばれるようなメルヘンな戸建住宅がたいへんな人気を博しており、至るところに建てられていました。僕の当時の関心は、人間の欲望はどこまでふくらんでいくのかということでした。僕自身は、住宅とはマーケティングされた商品ではなく、地元の大工が施主とともに建てるものだと思っていました。だから当時は住宅の商品化が激しくなっていくことに違和感を抱いていたのです。それがきっかけとなり、本格的に郊外や家族を切り口とした文化論、消費社会論を始めました。

隈さんの『建築的欲望の終焉』と上野さんの『近代家族の成立と終焉』という二つの「終焉」の本が出版された翌年に、僕は『「家族と郊外」の社会学』（PHP研究所、一九九五）を出します。バブルが弾けた後の一九九四年から九五年頃から、戦後日本社会の家族や専業主婦、一戸建てといった欲望を反省したり整理したりする時代に入ったのです。二〇〇二年に私と隈さんは『未来予兆Report vol.2』（博報堂研究開発局）で座談会を行っており、その時のテーマが「シェア」でした（［座談会］隈研吾・須藤修・中村陽一・三浦展「共費市場

の可能性」)。当時はまだシェアという概念に意識的ではありませんでしたが、共同利用や共有といった、私有ではないあり方が次の社会の原理になるのではないかと考え始めていたのです。バブル期の日本を批評的な目で見ていた人々が、一九九四年から二〇〇〇年の初頭にかけて「それまでにはない何かが社会にあるのではないか」ということと考えていたのではないでしょうか。

上野千鶴子――事後的にバブルに対して批評的だったと言えるかもしれませんが、私たちもバブルでおいしい思いをしていたはずです。それはともかく、隈さんが《M2》で痛い思いをしたことの意味は大きかったと思います。

隈――じつは《M2》よりももっと痛い思いをしたことがあります。シェアという考えが広まる前に、コーポラティブハウスが流行っていた時期がありました。仲間どうしで土地を買い、それぞれで間取りを考えて、一緒に集合住宅を建てる。シェアではなく、あくまで私有ですが、お仕着せの分譲マンションではない。当時としては画期的な考え方でした。

コロンビア大学から帰国したばかりの僕は、日本に魅力的なオフィスがないことを嘆いていました。そこで、ニューヨークに行く直前に友人になった「都住創（都市住宅を自分達の手で創る会）」を主宰する中筋修さんと、八階建てのコーポラティブオフィスをつくろうという話になったのです。仲間たちと神楽坂にコーポラティブオフィスを建てたのですが、まさに竣工した瞬間にバブルが弾けてしまった。全員が返済不能の状態に陥って、事務所が潰れたり、その時のストレスで亡くなった方が何人もいます。あまりにも生々しい話で、まったく笑えません。僕の事務所だけが返済能力があるということになり、数億円の返済額を背負ったのです。裁判所には何度も通いました。その借金はいまでも払い続けています。その時の経験が身に沁みています。

上野――ああ、それは高い授業料でしたね。土地神話に乗せられたことを深く反省して、隈さんは『建築的欲望の終焉』を書いたのですか。この話は初めて聞きました。

家族という装置の崩壊、実家の弱者化

三浦――ところで、上野さんの講演で「シェアハウス

でカップルになった人たちは出なければならないのか」というお話がありました。私の知り合いに、あるシェアハウスの住人がいます。そこでは、若い夫婦二組＋独身三人が住んでおり、そのうちの夫婦の一組は、子どもが産まれてもそのままシェアハウスに住み続けています。しかも、もう一方の夫婦の女性が、シェアメイトの子育てを手伝うために育休をとったそうです。

上野――シェアハウスで労働力の再生産ができているのですね。たしかにシェアは子どもを育てやすい。でも、そこで性の排他性、つまりセックスはどうなるのでしょう。興味津々です。

三浦――僕は上野さんのように、住人たちに突っ込んだ質問はできませんでした（笑）。

上野――ところで最近、サ高住でうまくいっている夫婦がいて、その暮らし方が興味深いんです。サ高住のなかには広めの夫婦部屋があるのですが、その夫婦は別々の個室に入って、食事の時に一緒になる。それでうまくいっているそうです。老後はそんな暮らし方がいいかもしれません。

隈――上野さんは先ほどの講演で、ライフステージに

応じた住居のかたちを、シェアハウス－家族－グループホームと三段階に分けていました。おもしろいと思いつつも、僕はやっぱり、その境をはっきりと定義する必要はないのではないかと思います。家族が特別な存在であるという考えは、きわめて二〇世紀的な価値観ですよね。例えば、近代以前の日本では、家族という存在ははっきりとした輪郭ではなかったのではないかと思いますが。

上野――そうです。ゆるやかにいつのまにか家族のかたちが変わっていく。私も家族の輪郭はファジーなものだと思っています。江戸は独身男ばかりの都市で女は希少でした。女は男をとっかえひっかえしながら長屋に住み、その間にできた子どもを実父ではないほかの男が育てていたりする。こうした共同性のなかで、シェアハウスはなだらかにグループホームになるかなと思っています。

三浦――そのような流れは、僕の知る限りでも実際に見受けられます。例えば、シェアハウスで出会った二人が結婚して外に出て行っても、またシェアハウスのような賃貸住宅に住んでいたりします。みんなで子どもの面倒を見

合うような関係が成り立っている。レアケースかもしれませんが、そんな関係がだんだんと広がっていくのかもしれないと思います。

隈――セックスとシェアハウスは両立しないと言うけれど、実際は隠れていろいろあると思うよ（笑）。

上野――隠さなくてはならないことを「抑圧」と言うのです。家族という制度が社会の核心であり続けているのは、家族は労働力の再生産の装置だからです。再生産はカップルという排他的な番によって行われ、住宅というハコがひとつずつあてがわれてきた。ではこの番が崩れたら、子どもはどこで産み育てられるのでしょうか。家族に代わる再生産の装置はありうるのか。だとしたら、その装置はどのような関係で、どんなハコのなかで起こるのか。それが私の関心です。

いずれにせよ、家族が確固とした存在ではないことは、みなさん学習されてきたと思います。私たちの時代は、家族という存在が岩盤のように強固だったので、「家族帝国主義粉砕！」と言って楯突くことができた。でも、いまや家族は脆く簡単に壊れてしまうようになってきたから楯突くこともできない。むしろ守るべきものに

なったのかもしれません。

三浦——講演のなかで、シェアハウスを出たカップルが、子どもが産まれた後もシェアハウスと実家のような繋がりをもつ、というお話がありました。その時、上野さんが「実家」という言葉を嬉しそうに話されていたことが意外でした。上野さんは実家があることを喜ぶのかなと思いまして(笑)。

上野——地域福祉のパイオニアである河田珪子さんは、新潟で運営されていた地域の茶の間を「うちの実家」と名付けましたが、私はその名称を聞いたときに「よくぞやった!」と思いました。というのも、新潟はとりわけ家父長制が強い地域で私も北陸の女ですから、ストンと腑に落ちました。婚家とは姑の監視付き職場ですから、女にとっては実家だけがくつろげる場所なんです。だから「うちの実家にいらっしゃいませんか」と呼びかけられると安心するのです。感心しました。

三浦——僕の知り合いがコミュニティ・キッチンを三、四年ほど運営しています。一〇〇人くらい会員がいるのですが、そこで流行っている言葉が「実家」なのだそうです。ここでの「実家」には二つの意味がありま す。ひとつは、コミュニティ・キッチンそのものが実家のような場所であること。そして、「うちの実家にみかんを収穫に行こうよ」というように、メンバーどうしがお互いの実家の繋がりを楽しんでいる。コミュニティ・キッチンのなかで、家族ではない関係がサブシステムのように機能していることが、おもしろいなと思いました。

隈——上野さんは家父長制的なものに対する反発がベースにあったわけですね。

上野——あの頃は壊し甲斐がありましたから。対抗するほど強固なものに見えていたのです。それがわずか一世代で、あれよあれよと崩れてしまった。こんなに脆いものだとは。

三浦——いま、実家はたいてい空き家ですからね。実家が弱者化している。儚い感じがありますね。

3・11の前と後

隈——3・11の前と後で変わる必要のある建築家、変わらなくても済んだ建築家がいた、という上野さんの指摘もおもしろいと思いました。たいていの取材では「3・11で僕、隈研吾はこんなに変わりました」というような話を期待されます(笑)。もちろん僕も3・

11で大きな衝撃を受けました。地震の二週間後に道路もズダズダの南三陸を周っています。そこで、コンクリートの建築はこんなにも弱かったのかと改めて感じました。コンクリートの脆弱性については以前から指摘していましたから、考え方が逆転するようなことはなかったとはいえ、本当に弱いのだと実感した。

もうひとつ思ったことは、建築を「作品」とみなすことが虚しいということです。僕は移転新築した《南三陸さんさん商店街》の設計を行いました。移転前はコンテナを利用した仮設の商店街で、そのコンテナのボロボロの感じがかっこよくて、とても人気があったのです。そのボロボロというかっこよさを、どのように新しい建築のなかで創造できるかを考えました。ボロさに関しては、二つの考え方があると思います。ひとつは上野さんが指摘されたように、空間の質はハードではなくソフトにあるので、ボロボロでもソフトがいいからその場所を評価しているという見方です。先ほどの上野さんが「ただの民家」だけど、ソフトがいいから評価できるという話をされましたが、上野さんは基本的にこの見方でボロさを見ているんだなと思いました。ボロさに対するもう一つの見方は、ボロさそのもののなかに積極的によさを発見していこうという考え方。「ぼろさにもかかわらず、いい」のではなく、「ボロさゆえに、いい」という考えで、僕はそちらの見方に与したいわけです。僕は、ボロボロの空間自体に魅力があるという見方です。僕は、古いさんさん商店街のいかにも崩れそうなコンテナが、空間としてかっこいいと思ったのです。僕の前の世代の建築家は、打ち放しのコンクリートがピシっと決まっている空間をかっこいいと思うけれど、僕はボロボロの空間のかっこよさを、いかに移転先の新築のさんさん商店街でも再生できるかを追究しました。そう考えて、例えばローコストの倉庫やガレージに使うような一番コストの安い塩ビの波板を庇、すなわち下屋《げや》のようにして屋根のエッジに付け足し、新築でもボロさをつくることができると考えたのです[fig.16]。下屋という建築方法そのものが、そもそも日本人がボロさを積極的に評価していたことの証明だと僕は思っているんです。木造建築は中国から伝わってくるわけですが、中国では基本的に主屋（おもや）に対する下屋という発想はない。主屋しかないわけです。日本は主屋から庇を延ばすようにして増築する下屋という手法が発達し、下屋が建築デザ

fig.16——《南三陸さんさん商店街》（二〇一七年）

インの主役といってもいいほどになります。とりあえずの、だましだましの、いいかげんな増築とも見える下屋のボロさを日本人は積極的に評価して、そのボロさを磨いていくわけです。縁側というスペースも、基本的には下屋のもとにできる気楽なゆるいスペースなんです、新しいさんさん商店街では、ペラペラの塩ビでつくった下屋の先端に、タコの絵の描いてある安っぽいのれんをいっぱい掛けて、ボロさをさらに強めに表現しました。僕より上の世代の建築家は、こんなことを絶対にやりませんよ（笑）。

上野――たしかに安っぽい（笑）。でも、それゆえに隈さんの建物は自己主張していないのだと、業績を振り返るなかで発見しました。

隈――自己主張していないのではなく、じつは自分なりの高度な技を出しているのですが（笑）。樋の納まり方とか、波板の先端をどのくらい出して見せるかとか。計算され尽くしたボロさなのです。でも「ボロさを狙いました」とはお金を出す人に表立って言えないから、人に説明するのは難しいですね（笑）。そんなことを言うと、大人に怒られるから。

上野――もちろん自己主張しないというのは、そこに設計や作為がなかったということではありませんよ。

伊東豊雄さんの過去の作品を知っている人は、《みんなの家》を見てその平凡さに驚くわけですよね。でもそれが彼の考え抜いた作品なのだから、伊東さんは3・11で大きく変わったのだと思います。

隈――ところで、今日は最終講義なのでお話ししますが、じつは《M2》も当時のボロさの追求なのです。でもそんなことは建築雑誌では書けないし、ましてやクライアントには言えません（笑）。ボロさや安っぽさはネガティブに聞こえるかもしれませんが、ポジティブな意味を込めています。

上野――そうですね。隈さんが『負ける建築』を書いたのは3・11の前でした。講演でも申し上げたとおり、隈さんは3・11で変わる必要がなかったのです。

隈――そのコメントは嬉しいですね。上野さんは3・11でどう変わったのでしょうか？

上野――私は深く深く反省しました。3・11の以前から、私の周りには反原発の活動家がたくさんいました。原発が危険なことは十分に知っていたのに、原発を止めるために何ひとつしてこなかったのです。知らなかったとか、東京電力に騙されたとか、言い訳をすることもできない。私は深く反省して、四〇年ぶりにデモに行きました。

一九八六年にチェルノブイリでの原発事故が起きてから、日本でも反原発の集会が多く行われました。そこには女性もたくさん集まります。すると、そこでマイクを持ったおじさんが「お母さんたち！」と呼び掛けるのです。それを聞いて、母親ではない私は「自分はここにいないじゃないか」と拗ねてしまった。それに、どうして女の人は「子どものため」という錦の御旗がないと一歩も動けないのだろう。どうして「私のため」と言えないのだろうと、疑問を拭えなかったのです。ウーマンリブの魂もありました。だから「お母さんたち！」と呼び掛けた反原発の人たちと、小異を立てて大同につかず、袂を分かってしまったことの三〇年後のツケが3・11の原発事故だったのかと、深く反省しました。

社会的な空間とケアの質

隈——さて、会場からも質問を受けたいと思います。

会場1——第一部の講演のなかで上野さんは社会学者にとっての空間は「社会的空間」だと仰っていました。それは具体的に何を指しているのでしょうか？

上野——私たち社会学者の研究対象は、パーソンとパーソンの間にある「インターパーソナル（interpersonal）」なスペースです。そこには関係が生じます。その関係は、具体的な空間ではなくとも、電話やインターネットなどを介して至るところに生じます。親子が物理的に離れて暮らしていたり移動したりしても、親子関係そのものは変わらないように、社会的な関係が生じる空間は「ここにあります」と特定できるようなものではありません。こうした関係の生ずる空間を社会的空間と呼びます。

三浦——英語では宇宙空間をスペース（space）と言いますよね。生物がいない空間です。英語における正確な違いは定かではありませんが、スペースに人間がいるとプレイス（place）になるのだと思います。社会学は人間を研究しているので、どのようにしてスペースがプレイスになるのか、あるいはならないのか、その理由を考える。僕は上野さんのお話をそのように理解しました。

人間は空間によって思わずしてしまう振る舞いがあります。つい偉そうになってしまったり、つい大人しくなってしまったり。重要なのは、こうした人間とスペースとのインタラクションによって、どんな行為が起こるのかをもっと考えましょうということではない

でしょうか。旧来の建築家は、プレイスではなくスペースづくりに偏重していたと言えます。例えば自動車も同様です。頭のいい人が真面目に機械をつくれば、たしかに性能のよい車ができるかもしれないけど、人間が乗って運転すると楽しいのかどうかは別の話です。真面目に仕事をしすぎると、人間が本来もっている色気のようなものが排除されてしまう。

とりわけ、現代はＳＤＧｓ（Sustainable Development Goals、持続可能な開発目標）やバリアフリーといったさまざまな条件が設計に求められています。頑張って条件を満たしても、プレイスではなくおもしろくないスペースになってしまうことがあります。隈さんは、どうしたらプレイスになるのかをとても自覚的に設計されているのだと思います。

隈――僕はプレイスでなく「場所」という言い方をしますね。そのほうが泥臭く聞こえるから（笑）。

上野――スペースを測るために「距離」という概念を用いてもよいでしょう。社会学には「儀礼的距離化」という言葉があります。満員電車のように体が接するほど人が密集するような空間でも、目を逸したり見ていないふりをしたりして、関係が生じないように儀礼的に人と距離をとることがあります。そのように空間

を見ることを社会学者は訓練されます。

気の合わない隣の人とわざわざ仲良くしなくてもよい、というのが都会です。距離の近さと関係の近さはなんら関係がない。関係の近さは社会的に決まるものだ、と考えるのが社会学者です。私たちはエビデンスを求めて実証研究を行いますが、建築家は物理的な距離で人間の関係を測ろうとします。なんて素朴なのだろうと思いますね(笑)。

隈――建築家はその過ちをよく犯しますね。建築家は社会的な関係を人の位置や物理的な距離でしか記述できないからです。そこでどのような会話が交わされたのか、どのような社会的な関係にあるのかを論文に書けません。それは建築の世界のある種の宿命というか、病だと言えますね。

会場2――上野さんの講演のなかで、「空間はケアの質に影響しない」という指摘がありました。民家のような凡庸な空間にもかかわらず、よいケアが行われている例がありましたが、では逆にかっこいい空間がよいケアを抑圧することはありうるのでしょうか?

上野――鋭いご指摘です。外山義さんが設計されたユニットケアの建物はたしかに素晴らしいです。しかし、日本の介護制度では、施設の人員配置は、利用者三人に対して常勤職員一人が基準となっています。原則八時間労働ですから、二四時間体制ならこの三分の一になります。九人のユニット一つに職員が複数いることが理想的ですが、現実はユニットケアはひとり職場になってしまうのです。ひとり職場と密室化は、介護の現場ではきわめて深刻な問題です。全室個室建物をつくったばかりに、現場が疲弊してしまい実際に問題が起きています。ですから、ハード(建物)とソフト(制度)が対応していればよいのですが、一方が崩れてしまうとケアは成立しません。よいケアと建物はなんら連動していないのです。

隈――ケアと建物が連動していないのではなく、むしろ反比例しているということではないでしょうか。建築のほうがロジカルに、逃げがなくきちんとつくりすぎてしまっていて、ハードとソフトが抽象性の高いロジックが勝ちすぎた空間ではなく、ほどよく雑然としていることが重要なのだと思います。最初からノイズを与えることで、使い手が介入する余地を残しておく。そうするとハードが一人歩きせずに、ソフトとうまいバランスがとれます。最近はそんなデザインに興味があります。

上野――まさに《夢のみずうみ村》がそうですね。わざわざ古い中古家具を置いたりバリアになるような場所をつくったりしています。

三浦——ところで《Share 金沢》(二〇一四)は、障害者や健常者、さまざまな世代が一緒に暮らす共生のコミュニティモデルとして注目を集めています。ご覧になりましたか?

上野——行きました。コンセプトはよいのですが、高齢者施設や若者のアトリエ付き住宅、障害者のグループホーム、レストランや温泉など、これほど多様な施設がなぜひとつの敷地のなかに囲われているのだろうと思いました。実際に入居者の方にインタビューすると交流がないという声がありました。街のなかに散在しているほうがよいでしょう。

隈——僕は《Share 金沢》には感心しました。たしかにさまざまな施設を街の中に分散させるのは一つの解答かもしれませんが、福祉施設とはいえひとつの商品ですから、ブランドとして囲い込むことは必要なのかもしれません。囲い込むことで経済的に成立しているわけです。

上野——施設に素敵なバーを設えたことがウリの特養の経営者に聞いたことがあります。そのバーにはあまり入居者が来ないということでした。あたりまえです。入居者が本当に望むことは、街の飲み屋がバリアフリーになっており、ヘルパーさんが外出介助してくれて、普通の人と街のなかで普通に飲むことです。施設内で完結したら、それはある種の収容所と同じになります。さまざまな人が施設に出たり入ったりするほうがよいのです。これを「ノーマライゼーション」と呼びます。

隈——まったく同意です。街のなかに、そういう福祉施設をつくってみたいです。

空間のボロさへの志向

会場3——私は素人の建築ファンなので、社会学者である上野先生の建築のお話をたいへん興味深く拝聴しました。ところで私は《M2》[fig.17]についてまったく存じておらず恐縮なのですが、どのような経緯でつくられたのか、もうすこし詳しくお聞かせいただけますか。

一同——(笑)

隈——いい質問が出ましたね(笑)。《M2》のきっかけは『10宅論』でした。この本を出した一九八六年当時、建築の世界では篠原一男や安藤忠雄のような住宅こそ聖なる城だとする、真剣なふりをする姿勢がもてはやされていたので、『10宅論』を書いた僕は一種のトリックスター、おちゃらけた人物として捉えられていたような気がします。建築史家の鈴木博之先生は、その頃の僕のことを「恐るべき子ども《アンファン・テリブル》」と呼んでいました。一方で、イラストレーターの渡辺和博さんやテレビプロデューサーの横澤彪さん、広告業界の人など、ほかの分野の人たちが『10宅論』に興味を示してくれました。渡辺さんには文庫版で表紙のイラストを描いていただきました[fig.18]。

あるとき、『10宅論』を読んだ博報堂の人が僕の事務所に来て、マツダの新しいプロジェクトを一緒にやりませんかと声を掛けてくれたのです。彼らは、これまでの自動車メーカーのイメージを覆すような、デザインの拠点となる新しい建物をマツダに提案したいと考えていました。事務所を始めたばかりということもあり、僕もこの大きなプロジェクトに意欲を持っていたのです。

当時はバブルの絶頂期で、マツダの「ユーノス・ロードスター」という新しいスポーツカーが大ヒットしていました。「ユーノス」ブランドのような、時代を変える新しい車を次々にデザインできる拠点をつくりたい。マツダの本拠地である広島ではなく、新たに東京に拠点を置きたい。そして、丸の内や大手町のような高級なイメージのある場所ではなく、世田谷の環八(環状八号線)沿いのような生活と隣り合うような場所で車のデザインをしたい。マツダにはそんな思いがあって、僕は都心が嫌いだったので共感しました(笑)。

さらに、「フェラーリのようなヨーロッパのブランドに対抗したい」「自分たちはヨーロッパを大事にしている」「ヨーロッパのクラシックな建築のようなものをつくりたい」という話をマツダの方からうかがったので、僕も「それならばギリシャの神殿が原点です」という話をしたのです(笑)。いま振り返ると笑い話ですが、当時はそれで盛り上がっていた。とはいえ、そのままヨーロッパの建築をなぞってもおもしろくないので、高速道路の遮音板をそのままファサードに使ったり、

Fig.17――《M2》(一九九一年)

Fig.18――『10宅論』(ちくま文庫、一九九〇年)のカバーイラスト

ロシア構成主義の要素を取り入れたり、僕のやりかたでノイズを入れてみました。

そして緊張しながらマツダの社長にプレゼンに行くと、「このデザインはどれくらいもちますか？」と聞かれる。きついことを聞かれたなと思ったのですが、僕が「本当に新しいデザインは長持ちするものです」と答えると、「よくわかりました」と言ってくれた。こうして《M2》が実現したのです。

そして竣工とほぼ同時にバブルが弾けました。だから《M2》はバブル崩壊の象徴として受け止められてしまった。よく《M2》は、今の僕のデザインとは対照的ですねと言われるのですが、場所のノイズに耳を澄ましてそれを形にしたいと考えたという点では、《那珂川町馬頭広重美術館》（二〇〇〇）以降の僕の作品と、基本的に変わっていないと思います。ノイズというのは、ボロさと言い換えられます。田舎のボロさもあるし、環八のような都会のボロさもある。ボロさっていうのは、気取っていないことです。僕はそのボロさを、建築という形で表現したいんです。

その後、《M2》は二〇〇三年に葬祭場として再オープンしました。そのオープニングに僕も招待されたのです。建物の新しいオーナーが前に設計した建築家を呼ぶなんてあまりないことなので驚きました。《M2》はほとんど改修せずに葬祭場になれたのだそうです。もともと葬祭場としての資質があったのですね（笑）。当時、《M2》はいろいろな人から批判されてめげていましたが、いまはわが子のようにかわいく思っています。

会場4――「ボロさのかっこよさ」というお話をうかがって、「侘び寂び」のような日本人の価値観を連想しました。ボロさとは日本独自の志向なのでしょうか？　あるいは世界的な潮流として見受けられるのでしょうか？

隈――たしかにボロさと「侘び寂び」は近いものがあると思います。それを言い出した千利休は、実はボロさを追究した人だったと僕は思います。しかし今の「侘び寂び」は意味が限定されてしまって、ひとつの様式のように捉えられてて残念です。とはいえ「価値の転倒」という意味では、根本的な部分で似通っています。また、ボロさへの志向は日本に限ったことではありません。例えば、高級なホテルでも、立派な大理石を使うのではなく、いわゆるボロい材料を使っているものが出始めて、ライフスタイル系ホテルと言われています。ロビーも、天井の高い立派で緊張感のある

設えではなく、コワーキングスペースのようにガチャガチャと作業ができるゆるい感じの場所になっている。そんな場所のほうがおもしろい人が集まってくるのです。もちろん、国によって都市によって違いはあります。とくにアメリカの西海岸、オーストラリア、韓国は、ボロさへの志向が比較的強いと感じています。

上野——ボロさは英語でどのように言い換えられるのでしょうか? いまや隈さんは世界的な建築家ですから、「ボロさ志向」を英語で伝えなくてはならないですよね。

隈——いうなれば「down to earth（地面の視点で）」でしょうか。素材については「cheap」でもポジティブな意味として伝わるかもしれません。ところが「humbleness」と言ったとたん、ボロさが無条件で肯定的な意味になり、あたり障りのない表現になってしまうので僕はあまり使わない。

会場5——ボロさの先には「ダサさ」があると思います。これもポジティブに考えられるのでしょうか。

隈——そうですね。ボロさやダサさがつくり出すノイズがおもしろいなと思っています。英語なら普通は「cool」の対義語ということになるのでしょうが、ボロくてダサいほうがクールという反転を、僕はねらっているわけです。

さて、僕は三〇歳代の頃から社会学者の方々と議論を続けてきました。冒頭で申し上げたように、どうしても建築家はダイアグラムに偏った考え方になりがちです。そんな建築家のダイアグラム優先主義的な独断に対する社会学者の厳しい目に、僕は若い頃から鍛えられてきました。上野さんと三浦さんは、ダイアグラムに対して、計画的なものに対して、いつも批判的な視点をお持ちです。このお二人の「反建築的」思考法を持つ友だちとお付き合いできたことは、いまの自分にとって大きな財産です。今日はそのことを若い人たちにも伝えたいと思いました。こうした話は、普段の建築の授業ではなかなかできないことです。建築学科の授業は、「反建築」にはなりにくいですよね。ありがとうございました。

回想

ボロさという方法

隈研吾

建築家にとって、一番必要なことは、自分に対して、批判的であり続けることであると思う。それは自分という個人への批判にとどまらず、建築家という仕事、建築家という立ち位置に対しての批判でもあり、建築家であることに、嫌悪感を持ち続けることと言い換えてもいい。

これは建築家以外のすべての職業にも、拡張できる。医者にとって、一番重要なことは、医者という仕事に対して批判的であり続けることであり、もの書きやジャーナリストにとっても、同様である。ここで、建築家、医者、作家、ジャーナリストをすぐに思いついたのは、これらの職業の特権性、えらそうなところがしばしば鼻につくからである。すべての人は、基本的に、自分の職業、自分の立ち位置について批判的であり、罪悪感を持たなければならない。

とはいっても、自分で自分を疑うというのは、それほど簡単なことではない。特に実績、地位が積みあがるほど、それは難しくなる。僕は、上野千鶴子という友人を得たこと、しかも若い頃に得たということで、自分を疑い、自分を批判する方法を身につけることができた。若いときから知っているということは、遠慮なく、ズケズケとものが言えるということであり、その意味で、若いときからの友人は、人生の貴重なアドバイザーであり、スパイスである。とはいっても、まだまだ疑いも、批判も不十分であるし、年々慢心が、知らず知らずのうちに進行しているかもしれない。

社会学者という存在自体が、基本的に建築家という存在、すなわちハードをつくる人、計画する人に対する批判者であるということは、当日の対談のなかで、繰り返し語られている。その意味で、対談のもう一人の相手、三浦展さんも、社会学者として、そして現場に密着したフィールドワーカーとして、若い頃から僕に様々なことを教え、ともに一種の建築家批判の書『三低主義』（NTT出版、二〇一〇）を書くことにもなった。

上野さんは、社会学者であるだけではなく、女性であり、男性である僕は、女性としての上野千鶴子にダメ出しされ続けてきたともいえる。建築家という職業は、長い間、男性に独占され続けてきた。上から視線で、空間のすべてを決定するという行為自体が、マッチョな男性性と相性がよかったからである。上野さんは、社会学者であり、女性であることで、二倍の強度で僕を批判し続けダメ出しを続けてくれた。

しかし、実際には、僕自身、子供の頃から、男性と遊ぶよりは女性と遊び、おしゃべりする方を好んだ。僕は父の四五歳のときにできた子どもで、明治生まれで高齢な父の、威圧的なしゃべり方は苦手であった。家のなかでも母、祖母、妹としか会話をしなかったし、近くに住むお姉さんたちに連れられて、幼稚園や小学校に通っていた。その延長線上で、上野さんという賢いお姉さんにしかられたり、いろいろなことを教わったりしたのである。その意味で、そもそも僕のなかには、上野さんの批判を受け入れる素地があったのかもしれない。

上野さん、三浦さんとの付き合いで、僕が手に入れた最大のものは、対談のなかでもたびたび触れた、ボロさという方法であった。人間関係を単純なダイアグラム（図式）――住宅を共用スペースとn個のベッドルームの集合体とするnLDKは典型的なダイアグラムである――に強引に還元し、それを強引に、建築へと投影するマッチョな方法に対して、僕はそもそも違和感を持っていた。

その方法に対抗し批判する手段は三つに分類できる。ひとつは、別々のダイアグラムをぶつけるやり方である。nLDKが共用部を介して、社会と住人をつないでいたのに対して、共用部のない個室群住宅というダイアグラムをぶつけるやり方。多くの建築家は、ダイアグラムにダイアグラムをぶつけるやり方で、ダイアグラム批判を行う。

もうひとつの批判のやり口は、生活はダイアグラムには還元できないとして、ダイアグラムそのものを批判するやり方である。社会学者は、しばしばこのやり方で建築家を批判する。確かに生活という複雑で変化し続けている生き物は、ダイアグラムという静的図式には還元しきれない。しかし、そうはいっても人間は結局、なんらかの間取りを持つ空間のなかに住んでいるわけであり、特定のダイアグラムと共存し、結局ハードとしての建築を受け入れているのである。

その意味で、この種の社会学的な批判は、建築家に対する「悪口」やガス抜きに終わりやすく、生産的な議論にはなりにくい。

第三のやり方は、空間をダイアグラムの物質化と捉えずに、空間をひとつの状態として捉えようとする方法である。すなわち間仕切りや家具や小物や仕上げ材料が集積した、ひとつのクラウド状の曖昧な状態として、空間を定義するのである。僕は基本的に、この第三の途に可能性を感じている。どのダイアグラムが適切であるかと論争するのではなく、人間にとって快適で、人間関係の多様性や変化を受け入れてくれるような、寛容な曖昧さを探そうというスタンスである。上野さんが、古い民家を再利用した施設に見つけた快適さは、ボロいけれども快適なのではなく、ボロいがゆえに快適なのだと僕は考える。そしてそのボロいという状態を、主観的にではなく、科学的に客観的に探していきたいと僕は考える。上野さんとの長い友情とバトルの末の、僕が得た結論がボロさである。

03 From Concrete to Wood

コンクリートから木へ

内田祥哉（建築家、東京大学名誉教授）

×

深尾精一（建築構法学者、首都大学東京名誉教授）

二〇一九年六月一日

講演 1 ―

コンクリートから木造へ

内田祥哉

隈研吾――最終連続講義の第三回は内田祥哉先生にご登壇いただきます。僕は東京大学工学部建築学科の学部時代で内田先生の研究室に所属していました。僕が内田先生から学んだのは、一言で言うと「日本の木造は古臭いものではなく、未来の建築のヒントがたくさんある」ということです。この未来の建築とは、極めて民主的な構法でつくられ、開かれたもの、というのが僕の解釈です。

二〇一九年六月現在、われわれが大成建設、梓設計と共同で設計した《国立競技場》が八〇パーセントほど建ち上がっています。ここでは木が重要な素材となっており、例えば複層された庇の軒下部分に小径木を使っています。小径木とは、丸太の末口の直径が一四〇ミリメートル以下の木材です。このような小さく細い木を使うことが日本の建築の基本であると内田先生から教わりました。この考え方は軒下部分だけでなく《国立競技場》全体での木材の使い方の基本になっています。小径木を使うことで、単に細くて繊細なフォルムができるだけではありません。日本では伝統的に木材の生産や流通なども含む大きなシステムの中心に小径木がありました。このシステ

うちだ・よしちか
建築家、工学博士、東京大学名誉教授、工学院大学特任教授、日本学士院会員。一九二五年東京生まれ。逓信省、日本電信電話公社を経て、東京大学教授、明治大学教授、金沢美術工芸大学特認教授、日本学術会議会員、日本建築学会会長を歴任。建築作品に《中央電気通信学園講堂》(一九五六年)、《佐賀県立博物館》(一九七〇年)など。主な著書に『建築生産のオープンシステム』(彰国社、一九七七年)、『建築の生産とシステム』(住まいの図書館出版局、一九九三年)、『ディテールで語る建築』彰国社、二〇一八年)など多数。

ムは間伐材の積極的利用を促進し、日本の森林面積の高さ(七〇パーセント)も、このシステムの産物だと考えられています。今回は最終講義ですが、未来に向けたお話、日本の持つ素晴らしい建築技術やデザインをいかに未来に引き継いでいくかをテーマにお話ができればと思います。それでは内田先生よろしくお願いします。

内田祥哉——本日は隈先生にお招きいただいて、思いがけず講義を引き受けることとなりました。講義のテーマは「コンクリートから木造へ」です。私は一九四七年から逓信省、後に日本電信電話公社で設計者としてのキャリアを始めました。当時設計した建物はほとんど木造でしたが、時代は「木造からコンクリートへ」大きな希望とともに向かっていました。しかし、当時の木造と今の木造は少し異なります。私はその違いを理解するのに一〇年ほどかかりました。かつて存在した木造がどのようなものであったのか、そこからご説明します。

戦後の木造建築

私が東京帝国大学を卒業した一九四〇年代後半は戦後間もないころでしたので、本郷のキャンパスはほとんど教室としては使われていない状態でした。本郷通りを走る都電は、軌道の仕上げに貼ってあった「木煉瓦」(木でできた煉瓦のこと)が燃え、架線も落ちていたので、巣鴨や駒込、あるいは上野から歩いて通学しなければなりませんでした。

当時建設省は四二〇万戸の住宅不足を公表しており、建材となる鉄もセメントもガラスもない。今では想像できないと思いますが、ガラスの原料はあるにしてもガラスとして成形する燃料がなかったわけです。国土に残された資源はもはや木材しかありませんでした。したがって、建築は木材でつくるほかない状況だったのです。

一九四六年に建てられた有楽町の映画館《スバル座・オリオン座》[fig.1]も木造でしたし、一九四八年には東京駅八重洲口の駅舎は、戦前より拡大して六つの改札口をそろえて、木造でつくられました[fig.2]。急場しのぎの公共建築とは違って、谷口吉郎さんは一九四七年に長野県で《藤村記念堂》[fig.3]を設計しました。本格的な和風の木造建物で、私も汽車に乗って見に行きました。ほかにも吉田鉄郎さんの《逓信省灯台寮》(一九四七)や、谷口さんの《慶應義塾大学第二研究室(新萬來舍)》(一九五一)などは日本的な和風木造建築でした。これとは対照的に、日本は在来木造を脱皮しなければならないと考えていたのが前川國男さんや丹下健三さんです。前川さんが設計された新宿の《紀伊国屋書店》(一九四七)[fig.4]は、木造らしくない姿をしていました。前川さんが設計された《慶應義塾大学病院》(一九四八)[fig.5]は最近まで建っていたので、見たことのある人も多いでしょうが、在来木造らしくならないように、屋根の形が工夫されていました。

戦後につくられたこれらの木造建築は、従来の古典的社寺建築とも、現代の木構造とも異な

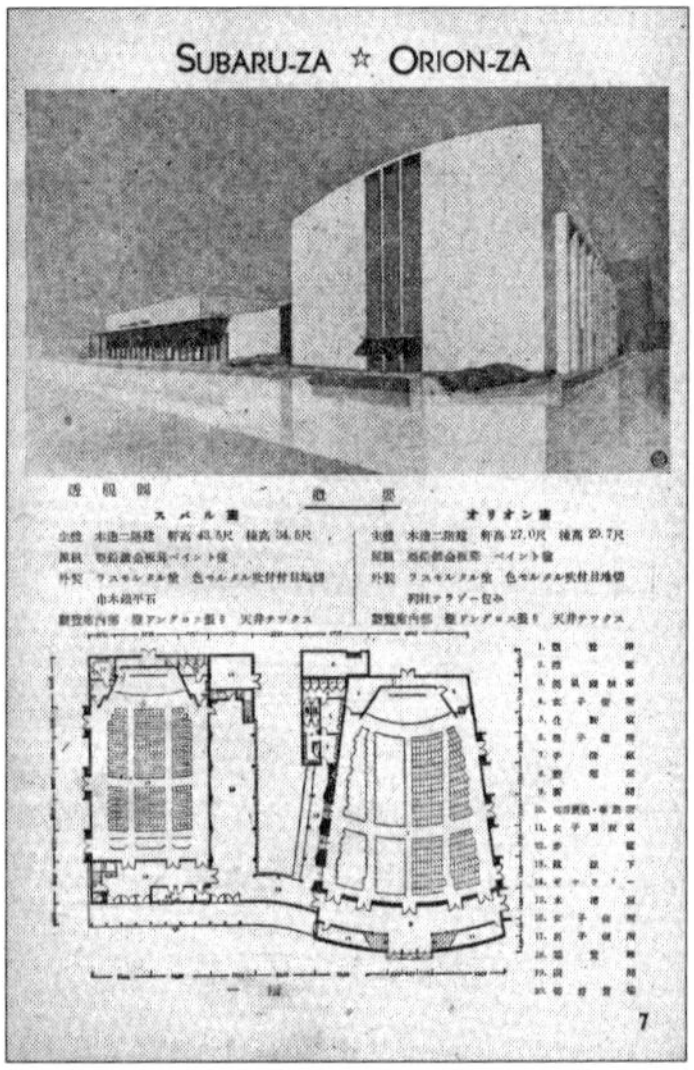

fig.1——有楽町の映画館《スバル座・オリオン座》(一九四六年)

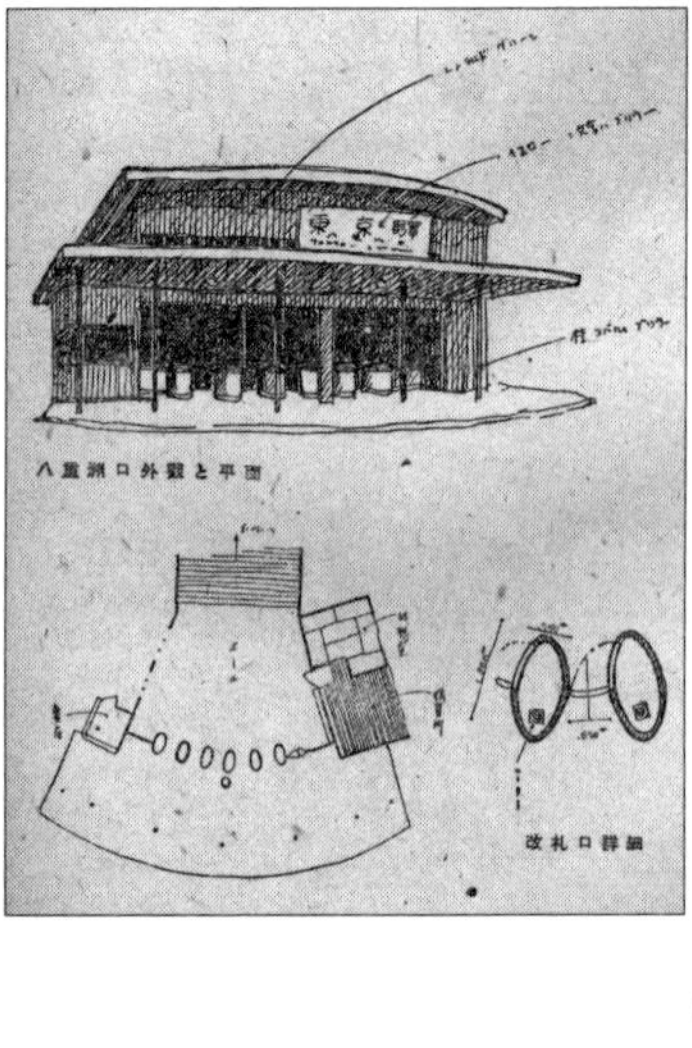

fig.2——《東京駅八重洲口駅舎》(一九四八年)

fig.3——《藤村記念堂》(谷口吉郎、一九四七年)

ります。まず戦後の構造システムは、材料の品質管理が今日の木造建築ほど厳しくありませんでした。現在では、国際的な基準として木材は含水率一五パーセントまで乾燥させなければならないなど、木材の品質が厳しく定められています。しかし当時は、生木ではなく「乾燥させた木材を使う」と定められていたほどでした。規制が緩かったのは、日本の大工が、将来乾燥したときにどうなるかを予測して木材を扱う能力があったからだと思います。例えばクリやマツなどの木材が反る方向を予測して材を組み合わせれば、将来的に安定して頑丈な建物となるからで、現在の基準は材の性質をよくわかっていない人でも扱えるように、材質の管理が最優先されたものになっています。

ところでこの木構造システムは、一九四三年に大蔵省内にあった「建築研究室」で開発されたと聞いています。所長の藤田金一郎先生を中心に、各省庁で営繕として設計にあたっていた竹山謙三郎さんや松下清夫さん、久田俊彦さんらが議論を交わし、木造に関する基準がつくられました。それが戦中戦後の学校建築を再建するための木造校舎標準設計となり、その後、戦後の木構造計算基準のモデルとして、民間事務所建築をはじめ病院や劇場、駅舎にまで、広く使われたのです。私が入省した一九四七年ころ逓信省営繕部は小坂秀雄設計課長がデザインの腕をふるっていた時代で、学校とは違った華麗なデザインでした[fig.6]。開口に用いられたガラスは長さが九〇〇ミリメートルのもので、上下に二枚合わせると一八〇〇ミリメートル、もう一枚足すと天井までの一般的な高さ二七〇〇ミリメートルに達します。ガラスが少ない時代に、一枚を細かくカットせずに使われたので、姿に特徴がありました。そしてまた非常に美しかったので、軍の兵舎や各省庁、農業関係の建物もこ

fig.5——《慶應義塾大学病院》（前川國男、一九四八年）

fig.4——《紀伊国屋書店》（前川國男、一九四七年）

fig.6——《仙台地方簡易保険局》（一九五一年頃）

れを真似してつくられ「逓信建築」というスタイルが全国に評判になりました。しかし残念ながら現存する建物はほとんどありません。当時木造の耐用年数は三〇年とされていました。それ以上経つと材が腐り、建物は朽ち果てるというのです。学校建築はいくつか残されていますが、美しかった在りし日の姿は思い出にしか残せない。逓信省は財政に余裕があったためＲＣ造への建て直しが進み、ほとんど建て替えられました。たいへん残念なことだと思います。

ＲＣ造の爆発的普及

かつての逓信省は郵便局と電話局を持っていました。一九四九年には郵便局のある郵政省と電話局のある電気通信省に分離し、私は電気通信省に配属されました。電話局の機械化が進んだので、一人あたり一週間に一局のペースで設計をしていました。当時、外国の建築雑誌を見ていると、華やかな鉄筋コンクリート造（ＲＣ造）の建物が次々と建てられているので、木造工事で忙しいわれわれが時代遅れになりはしないか、いつになったらＲＣ造の建物をつくることができるのだろうか、忸怩たるあせりがありました。

しかし突然、ある時期からＲＣ造が急激に増加します。ですが、最初期のＲＣ造は質が非常に貧弱だった。現在では最低一五センチメートルのスラブ厚（床、壁の厚さ）が、わずか八センチメートルで、鉄筋も一重のみのシングル配筋でした。それでも木造しか経験のない私たちは、なんと立派な建物だろうと感じたものです。でも、このような構造は、地震だけでなく、耐久性能もないので、今ではほとんど建て替えられました。

一方で十分な耐久性を持ったＲＣ造も誕生します。山田守さんが設計した《長沢浄水場》（一九五七）[fig.7]はそのひとつでしょう。フラットスラブが強調されたガラスのカーテンウォールの建物で、梁がないのが特徴です。当時、世界的に見ても高い水準のデザインで、いまも現役の浄水場として使われています。一九五九年に建てられた上野の《国立西洋美術館》も戦後を代表するRC造の建築です[fig.8]。設計したル・コルビュジエは耐震技術を考慮していなかったので、パリのル・コルビュジエの事務所で勉強した前川國男、坂倉準三、吉阪隆正の三人が図面を作成しました。その後一九九五年には、日本の耐震基準の変更に合わせて構造設計者の岡田恒男さんを中心に、免震ゴムを用いた耐震補強がされました。以後、建物内部には地震計が設置されており、岡田さんによると耐震補強をしていなければ二〇一一年の東日本大震災で倒壊したと言われました。

このように日本でもRC造が次々とつくられるようになりました。

型枠材への大量消費で失われた国産材

都市の中枢部で不燃化が拡がる勢いは神武景気と言われるほど盛んで、人口の東京集中が進みます。その流れで、高円寺、阿佐ヶ谷などの郊外（当時は郊外だった）では中産階級向けの木造住宅が増えていました。そして、木造密集地域の都市火災が危険視されることになったのです。そこに一九五九年たまたま伊勢湾台風が来襲しました。その結果、長良川、揖斐川、木曽川の三つの大きな川が氾濫し、愛知、三重、岐阜に洪水が起こったのです。

fig.7——《長沢浄水場》（山田守、一九五七年）

fig.8——《国立西洋美術館》（ル・コルビュジエ、一九五九年）

私は当時、実務設計から大学での研究に活動を移していたときで、各所で台風被害を調査しました。木曽で伐採した材木は河で運ばれ、河口の貯木場に集められます。それが台風による海からの波で煽られ、立ち上がって市街地へ大量に流出し、民家を破壊し、大きな被害を生んだそうです。伊勢湾台風での被害は洪水ですから木造建築に直接的な関係はなかったのですが、たまたま開かれていた一九五九年の日本建築学会近畿大会に出された災害決議のなかに、木造を禁止する事項が盛り込まれてしまったのです。これについては木構造の研究者であった杉山英男さんは、「あの決議さえなければ」と、亡くなる直前まで嘆いておいででした。

それ以降、RC造の建設は勢いを増し、前川さんの《晴海高層アパート》(一九五八)[fig.9]や、丹下さんの《香川県庁舎》(一九五八)[fig.10]は、打ち放しの仕上げが美しいと海外でも知られるようになりました。大工が現場で型枠をつくってコンクリートを打つ。これは優れた大工のいる日本だからできることです。こうした海外の評価は日本の建築家にとって大きな支えとなり、RC造の勢いをますます後押ししました。

国産材の型枠は七回ほど使いまわせるとはいえ、ひとつの現場でつくる型枠材はたいへんな量です。それがRC住宅の建設にまで及ぶと、資材不足が問題になり始めました。やがて、国産材の代わりにラワン合板が型枠材として輸入され始めますが、それまで使われていたヒノキやマツと、表面の吸水率が異なるので、コンクリートの質が変わることが危惧されました。そこでラワンなどの輸入合板が型枠材として使えるかどうかを検証するため、建設省が一九六四年に調査研究を始めました。

fig.9——《晴海高層アパート》(前川國男、一九五八年)

fig.10——《香川県庁舎》(丹下健三、一九五八年)

一九六七年に鈴木恂さんが設計した個人住宅《石亀邸》は、輸入合板を意匠的に用いた早い例でしょう[fig.11]。東京工業大学の緑が丘キャンパスには同じ設計で教室が二棟建っていますが、建設年代によって使用された型枠に違いが見られます。ひとつは一九六七年に建てられた建築学科が入る一号館[fig.12]で、木目のきれいなヒノキの型枠です。そして六年後の一九七三年に建った三号館は輸入合板の型枠です[fig.13]。つまり一九七〇年ごろを境に国の建築も輸入の合板型枠を使うことになったと考えられます。

やがて木材の輸入は、型枠材にとどまらず、木造のプレハブ住宅に用いるための構造材までに及ぶようになります。そして地方都市でも新たに建てられる公共建築はRC造になり、人里離れた田舎にRC造が忽然と建っている風景が生まれたのです。やがて大学教育から木構造の講義が消え、ついには関西以西の大学は木構造を教える先生がいなくなりました。

国産材の復活による現代木構造の出現

枯渇した国内の森林資源はやがて復活しますが、輸入木材による2×4住宅やプレハブ住宅の導入は、海外構法の移入も意味していて、例えば、接合部に金物を用い、現代の日本の木構造を変えているのです。

その問題を象徴的に表しているのは、一九八八年に建てられた熊本県小国町の《小国ドーム》[fig.14]です。小国町は阿蘇山のふもとの町なので、地産の木材を使ってつくられました。しかし、これが

fig.12 ——《東京工業大学緑が丘一号館》（一九六七年）

fig.11 ——《石亀邸》（鈴木恂、一九六七年）

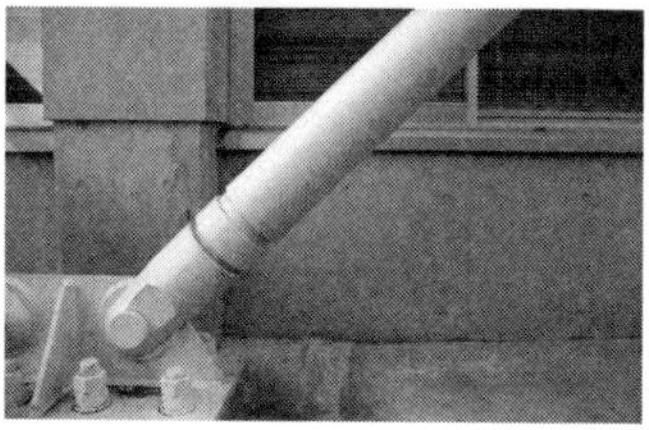

fig.13 ——《東京工業大学緑が丘三号館》（一九七三年）

建ったときに日本の建築家は、「これは木構造ではなく鉄骨造じゃないか」と言ったのです。屋根に用いられた木材は直線材のみで、接合部は全部鉄です。つまり木材同士が直接取り合わない。間に鉄が挟まっている状態です。それなら直線材も鉄にしたほうが簡単にできるだろうというのが建築家の意見でした。日本の在来構法では、桁と梁の角の補強として火打ち材を入れます。これも金物で接合すると、火打ち材と桁、梁の接合部に金物が見えてしまう。この隙間は何かで詰めなければ、真壁構法には対応できないことは言うまでもありません。

しかし、真壁造りの納まりができないので、日本建築らしさが大きく変わってしまうと考えたのが、アルセッド建築研究所の三井所清典さんと構造家の稲山正弘さんです。三井所さんと稲山さんは《森林技術総合研究所林業機械化センター事務所棟》(一九九六)[fig.15]の設計で、現代の木構造システムを踏襲しながら、大工がもっている和風の技術を生かせる木材相互に金物をはさまない継手・仕口を開発しました。木材同士の接合部の隙間に詰め物がない構法を実現しています。

接合部に詰め物をしない構法

日本の建物の姿には長い時間をかけて育まれた型のようなものがあります。そのなかに書院造りと数寄屋造りがあります。書院造りと数寄屋造りの違いは、簡単には説明できませんが、まず書院造りに用いられる材は節が少ないほうがよい。そして柾目が密なほど好まれ、加工も

fig.14――《小国ドーム》(葉祥栄、一九八八年)

fig.15――《森林技術総合研究所林業機械化センター》(アルセッド建築研究所、一九九六年)

正確なほど上等とされています。

二〇〇五年にできた《京都迎賓館》には中心が板目、左右に細かい柾目となっている見事な一枚板が建具に用いられています。つまり太い木の芯に近い場所から材を取り出したものです。これ以上芯に近寄ると節が出るかもしれないという際どいところでとれるめずらしい高級な材です。節のない材なのです。よい材を丸太から切り出すのは材木屋の腕の見せどころです。

岡山県にある《閑谷学校》(一六七三)は現存する世界で最も古い庶民のための公立学校です[fig.16]。書院造りは一般に御殿のための様式ですが、岡山藩主池田光政が創建した御殿でない書院造りです。この建物ではたいへん丁寧な仕事が見られますので、建築を学ぶ人なら一度は見ておかなくてはならないでしょう。屋根の下地には雨漏りを防ぐ板葺と、こけら葺きが二重に葺かれています。その間に雨水がたまらないように、瓦座の間に備前焼の排水出口が点々と置かれています。屋根材にも備前焼の窯変瓦を用いています[fig.17]。

数寄屋造りの価値がなかなかわかりにくいのは、節も「えくぼ」と見立てて好まれることがあるからです。しかし節なのかえくぼなのか、素人にはわからない。数寄屋は施工の手間を惜しまないようです。私はこの手間がかかることに大きな価値を認めるのが数寄屋だと考えています。例えば木の表面を丁寧にこすり、年輪を浮き上がらせる加工「うづくり」も数寄屋造りの技法の一つです。また数寄屋では面皮柱を用います。面皮柱を組み合せて使って接合部に隙間をつくらないようにするのにたいへんな手間を要します。数寄屋造りは、それを施主に理解してもらって手間をかけることで数寄屋になるようです。数寄屋ではよく竹が使われます。竹そのものは高価な材ではないのですが、普通、細い材を用いると竹と竹との間に節で隙間ができる。それをなくするように竹を選ぶのは容易ではなさそうです。私は数寄屋の価値観は説得力のある手間のように思っています。

fig.16——国宝《閑谷学校講堂》(一六七三年)

日本建築の多様な継手・仕口と特徴

日本建築の継手・仕口には複雑なものがいろいろとありますが、私はここに構造的な強度を評価できるものは少ないと考えています。いまだに日本の継手は丈夫であると過信している人がいますが、実際に引張試験をすればすぐに壊れる結果が出ています。ですから日本の継手・仕口は接触や乾燥による材の変形では外れない程度であると理解するのがいいでしょう。尻《しっ》挟継《ぱさみつぎ》や金輪《かなわ》継《つぎ》、追掛大栓継《おっかけだいせんつぎ》の違いはどこにあるのか。追掛大栓継は接合部の仕上げ面に折線ができるので見た目で継いでいることがわかりますが、大工にとっては難しい仕事と聞いています。尻挟継は追掛大栓継のような凹凸が表に出ません。

《閑谷学校》の縁側回りには、雨戸の框《かまち》を取り付けるのに、「引きどっこ」という仕口が使われています。表から見ると仕組みが見えないのですが、下に潜って見ると、嵌められた栓が確認できます。また天井の竿縁にも継手・仕口が用いられています。《閑谷学校》の竿縁天井には、天井板を隙間なく連ねるために、裏側から「稲子《いなご》」と呼ばれる棒状の材を刺して貼っています。

桂離宮の古書院や護国寺月光殿の床長押《とこなげし》回りでは、床長押の出隅に「雛留め」など複雑な継手・仕口が用いられています[fig.18]。中から栓を打つと二つの部材が寄ってきてうまく締まるようになります。日本の継手・仕口は、外れないこと、すき間を見せないことにねらいがあるようです。

数寄屋には、束石の上や面皮丸太同士の難しい継手など、木材をぴったり取り付ける「ひか

fig.17——閑谷学校の軒先

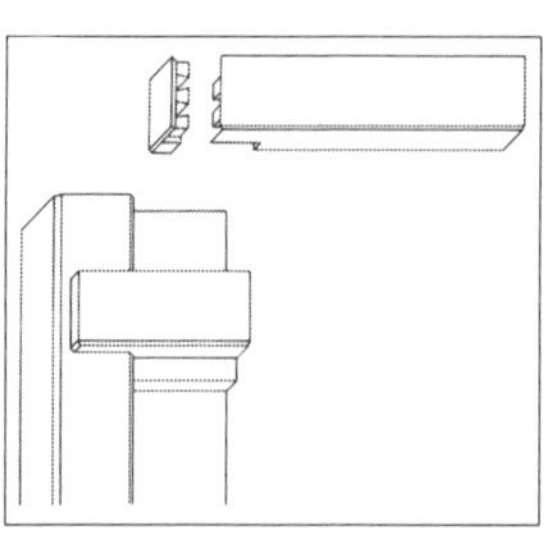

fig.18——床長押（とこなげし）の継手仕口「雛留め」

りつけ」が随所に見られます。こうした継手・仕口は必要にせまられなくてもつくって見せたいというのが数寄屋大工の気概です。

現代でも新たな継手が創作できます。角を四五度の方角から見ると×印に見える「水継手」は、四つの部材を一度に嵌め進めないと組めない仕組みの継手です[fig.19]。これは、ル・コルビュジエの家具を製作していたデザイナーのシャルロット・ペリアンが来日した際に、義次さんという家具職人がこの水継手を用いて家具を製作したのです。私の大学でも新しい継手をつくる課題を出してみました。そのなかで生まれたのが「河合継手」です。直線と直角が二方向にも継げる画期的な継手で、工学院大学の教授を務めている河合直人さんが学生時代に考案したものです。

日本の木造建築の部材間には隙間に詰め物がありません。詰めものがないことを見せる技術が日本建築の特徴ではないかと思います。詰めものははみ出すと粗雑に見えるのです。それは洋の東西の違いにもよるし、生産方法の違いにもよります。日本の木造建築で重要なのは、畳のような規格製品を用いる場合にも、最後に手作業が入るのです。これを象徴するものは隙間に詰めものがないことではないでしょうか。これが私の結論です。ありがとうございました。

fig.19——《水継手》(義次さんの仕事から)

講演2

木造の終焉は近い

深尾精一

隈研吾――構法にまつわるお話をたくさん聞かせていただき、内田先生の最終講義の興奮がよみがえってきました。お話のなかで、非常に現代的な課題がいくつか出ていたと思います。さて、ここからは深尾精一さんにご参加いただき、鼎談形式で進めます。深尾さんは建築家、建築構法の研究者であり私にとって内田研究室の兄弟子という関係です。当時内田研には深尾さんのような非常に優秀な先輩方がキラ星の如く集まっていました。現場から先端的エンジニアリングまでカバーする高度な議論をされているのを見て、あぁこの先輩たちには叶わないなという空気があったことを覚えています。そうした研究室のなかでも、とくに輝いていた深尾さんに、まずは先ほどの内田先生の講義の感想を伺いたいと思います。

深尾精一――私は隈さんの六学年上にあたり、博士課程を出た後に隈さんが内田研究室に入ってこられましたが、一年ほど研究室で同じ時間を過ごしました。私は内田先生とかなり長い時間ともに仕事をしていましたので、内田先生の通訳のような立ち位置で少しお話しします。

ふかお・せいいち
一九四九年東京都生まれ。一九七一年東京大学工学部建築学科卒業後、一九七六年同大学院博士課程修了。工学博士。一九七七年東京都立大学助教授、一九九五年同大学教授。大学改組により二〇〇五年首都大学東京教授。二〇一三年定年退職、名誉教授。専門は建築構法学。主な建築作品に《繁柱の家》(一九九九年)、《実験集合住宅NEXT21(協働)》(一九九六年)など。主な著書に『建築構法』(内田祥哉編、市ヶ谷出版社、一九八一年)、『住まいの構造・構法』(放送大学教育振興会、二〇〇四年)など。

戦前の日本の木造建築で私が感激したのは、一九四〇年に建てられた丹下健三さんが設計した《岸記念体育会館》[fig.20]です。この建物はもともと御茶の水に建っていましたが、一九六四年の東京オリンピックを機に代々木に建て替えられました。その後もお茶の水に残っていましたので、一九七八年に撮影したものです。内田先生の講義のなかで、前川國男さんや丹下さんが在来木造を脱皮しなければならないと考えていたという話がありました。この《岸記念体育会館》は前川事務所在籍時代の丹下さんの作品です。一九四〇年は太平洋戦争に突入する直前ですから、もちろん鉄もコンクリートも使えない時代です。木でつくらざるをえなかったわけですが、やはりこれは素晴らしい建築だったと思います。一九八三年、御茶の水の《岸記念体育会館》跡地には《日立本社ビル》が建てられましたが、これも二〇一〇年に取り壊されました。こうした短命な建築がつくられるのが日本の現状なのだろうと思います。

最終連続講義のテーマは「コンクリートから木へ」ですが、内田先生は「RC造から木造へ」と、当時の状況を遡行するようなテーマでお話をされました。私は内田先生に師事するなかで、修士課程のときに一度だけ内田先生に反論したことがあります。それ以来一度もそのようなことはしていませんが、今日は「木造の終焉は近い」という私の意見をもって、反論を試みてみようかと思います。

このテーマは「木造の終わり」ではなく、「木造という概念の終焉が近い」ことを意味しています。そもそも「木造」という言葉自体が二〇世紀のものなのです。建物がすべて木造だった江戸時代には、そもそもこの言葉はなかったと思います。おそらく鉄骨造やRC造が生まれたときから「木造」と言われるようになったのではないでしょうか。二〇一九年は、建築に関する日本で最初の法律「市街地建築物法」が一九一九年に制定されてから一〇〇年目を迎えます。市街地建築物法のもとRC造が法律に登場し、市街地の建築物の敷地、構造、設備、用途

fig.20——《岸記念体育会館》
(前川國男建築設計事務所／丹下健三、一九四〇年、深尾精一撮影)

に関する最低限の基準が制定され、高さ制限なども主要な議論になりました。その際に構造形式ごとに高さ制限が議論され、「木造」の概念が明確に打ち出されたのです。

一九五〇年に市街地建築物法は「建築基準法」にとって代わられましたが、法律の体系として木造、RC造などの構造によって制限が定められるかたちに留まっていたのです。二〇〇〇年に法体系はこのような仕様規定から、ある性能を満たすことを基準とする性能規定へと変わりました。しかし依然として仕様規定は残っています。私は、本来、木造、RC造、鉄骨造と区別する必要はないのではないかと考えています。この区別は一九一九年からの一〇〇年間の話であり、これからの時代にこうした区別をする必要はないのではないか。最近では珍しくなったハイブリッド構造や混構造も同様だと思います。組積造と呼ばれるものだってほとんど混構造と言えるでしょう。

二〇一九年五月に起こった火災で、《ノートルダム大聖堂》にあれほどの木が使われていた事実を世界中の人が認識しました。組積造の屋根は多くが木で組まれていますし、床も一九世紀までは木でつくられていました。このように組積造は現代の概念で捉えればハイブリッド構造、混構造となります。このような時代に、そもそもそういう区別をすることが必要なのかどうか。

建築構造学の始祖である中村達太郎先生が日本初の建築の辞書『日本建築辞彙』の初版を一九〇六年に上梓しました。同書には「鉄骨構造」は載っていますが、RC造は載っていません。つまり一九〇六年の時点ではRC構造は認識されていない。しかしその四年後の一九一〇年ごろにRC造は世の中で認識されるようになります。ちなみに「木造」は「木造――木造家屋の造り方種々あり。図はその一例にして、旧来の構造に比すれば、改良したる点少なからず」とあり、辞書としての説明にはなっていません。内田先生の講義でも出てきたような、当時の新しい木構造の断面図が挿絵になっています[fig.21]。中村先生は木造にはいろいろなものがあるとし、木造とは何かを書こうとしても書きようがなかったのでしょう。

山口県岩国市に釘一本使わず木組みだけで架けられた錦帯橋という素晴らしいアーチ橋があります。中央部の橋脚は石積みとなっていますが、両端部の橋脚は木材で構成されています。その足元ですが、石材の上に木材が継がれています[fig.22]。左図では金輪継になっているように見えますが、右図を見ると、下の方は金輪継の出っ張りが逆になっています。これはおそらく雨が上からしみてきたときに、下も金輪継にしておくと、石が引っ込んでいるところに水が溜まって腐るからではないかと思っています。また石が加工しにくいからかもしれません。とても奥が深い、おもしろい工夫ですね。私は大学で内田先生の継手・仕口の講義を何度も拝聴しました。錦帯橋のような土木構造物で工夫された継手・仕口の理由を知ると、建築を見たときにも各所の継手・仕口がどういう事情でできているのかを考えるとおもしろさがわかってきます。皆さんも是非観察してみてください。

日本においては、国産材の受給の変化が建築のつくり方に影響を及ぼしたことを内田先生の講義で伺いま

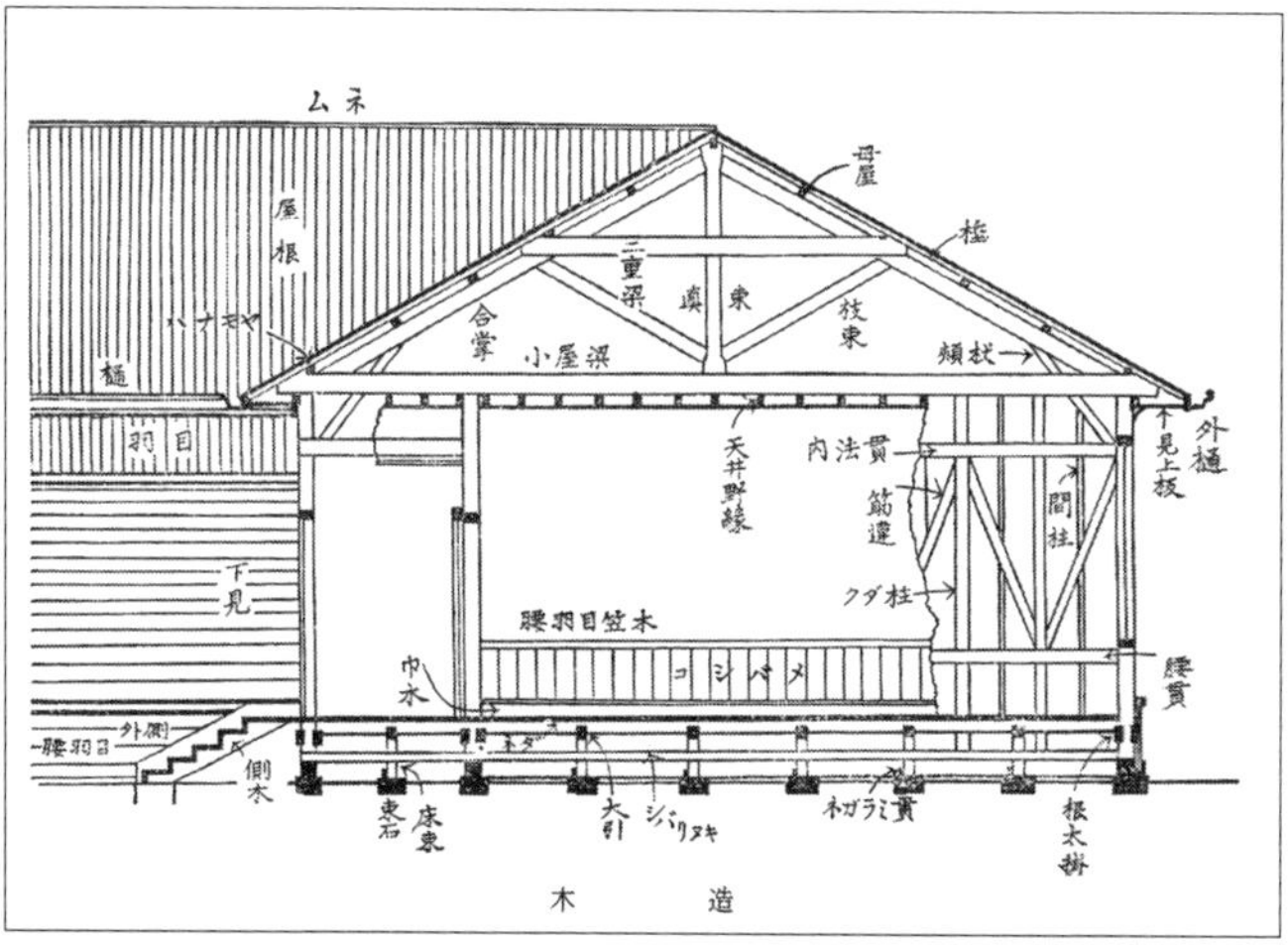

fig.21——新しい木構造の断面図（中村達太郎／太田博太郎・稲垣栄三編『〔新訂〕日本建築辞彙』中央公論美術出版、二〇一一年、四二一頁）

fig.22——錦帯橋の根継ぎ（深尾精一撮影）

した。戦後枯渇した国産材は一九九〇年代から徐々に復活し、今後は完全に余る見通しになっています。一九九〇年ごろから国産材を積極的に使うような働きかけが出てきました。そこで私は、四寸角の小径木六〇〇本使って自邸の六〇平米の増築をしました。この増築《繁柱の家》(一九九九)では金物釘をまったく使っていません。木材はすべてほぞ差しで接合し、最終的にボルトを締めて固定しています。木造住宅では一般的に一八〇センチメートルまたは九〇センチメートルのスパンで柱を立てますが、ここでは一五センチメートルスパンで立てました。一五センチメートルおきにおよそ四寸角の柱を立てる図面は、面押えと心押えで表記が異なります。仕上がりの見かけは同じですから単に表記だけの問題なのですが、この違いは一体何によるものなのか。両者には、柱に対する壁の接し方に違いがあるのです。面押えの場合は、隙間を設けて壁を立てるのに対し、心押えの場合は柱にぶつけるように壁が納められる。日本の木造建築は心押えで柱を立て、後から合わせるように他の材を納めていくやり方が主流です。これが建築の設計におけるヨーロッパ型と日本型の基本的な違いではないかと私は考えています。

鼎談

混構造的に木造を捉える自由を学ぶ

内田祥哉 × 深尾精一 × 隈研吾

民主主義的な建築設計

隈研吾――深尾さん、ありがとうございました。自分の最終講義であることを忘れそうになりながら聴いていました(笑)。今のお話から僕自身の内田先生との出会いを思い出しました。

僕が建築家を志したのは、一〇歳のとき、東京オリンピックで丹下健三さんの《国立代々木競技場》(一九六四)を見て、こんな建物をつくりたいと思ったことがきっかけです。しかし、一九七〇年大阪万博の会場を見て、かつて憧れた丹下さんや黒川紀章さんにがっかりしました。黒川さんのメタボリズムは、生命に学ぶという考え方はたしかにおもしろいのですが、実際に万博会場で見ると鉄とコンクリートの怪獣のような建物で、自分が憧れていた建築は何だったのか、建築をこのまま続けていいのかと悩みました。

一九七〇年代の学生時代にそうした悩みを抱えるなかで、卒論を書くためにどの研究室に配属するかを決めます。このとき内田先生の講義を聴いて、木造に対する古臭い印象はなくなったのです。木はなんて新しくおもしろい素材だと思うようになりました。隙間嵌

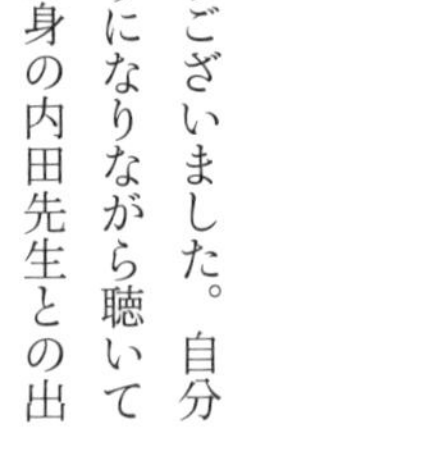

め、締まり嵌めといった具体的な技術の世界に触れただけでなく、木造には建築技術の根本にかかわるような文化的、哲学的課題が潜んでいるように感じました。内田先生の下で論文を書きたいと思い、研究室の門を叩いたのです。
　内田先生から学んだことのひとつは木造の柔軟性です。木造は原理主義的に「こうおさめないといけない」という発想に縛られることなく、いくらでも自由に考えてもいいのだと学びました。深尾さんが言うように、木造、RC造という完結したシステムで考えるのではなく、あらゆるものが混構造的に力を分担して建築を支える方法を先生から教わりました。先生のおかげで原理主義から自由になることができました。木造礼賛者はしばしば原理主義に陥るのですが。先生は木造を自由なシステムとして再定義されたのです。
　僕のほうからも建築作品をいくつか紹介しながらお話しし、両先生と議論したいと思います。まずは高知県の《梼原　木橋ミュージアム》(二〇一〇)[fig.23]についてお話しします。構造を支える中心の柱は、じつは中に鉄骨が入っていて四方から木で挟んでいる混構造なのです。このように純粋な「木造」にとらわれず、自由に設計しています。僕のデザインの根幹には「原

理主義的に考えることは、やるなと禁止することに等しい」とお話しされていた内田先生からの学びがあります。完全に木だけでつくらないと不純であると考えるならば、木で橋をつくってはいけないと言っていることになります。内田先生が混構造を肯定し、原理主義の危険を指摘してくださったからこそ《木橋ミュージアム》をつくることができたのです。

そして先生は建築設計を民主主義的に開こうとする考えをお持ちですよね。数寄屋造りのように専門的な設計者だけがつくることのできる「閉じた」木の建築ではなく、僕のような素人でも自由に考えることができる木の建築がある。こうした考えに励まされ、僕は木の世界に進むことができました。

現代の数寄屋建築は、吉田五十八、村野藤吾という二人の巨匠が突出していたせいで、巨匠に学んだ弟子でなければ数寄屋を設計してはいけないといった閉塞感がありました。内田先生はそういう世界から木造を解放しようとしていたんだと思います。

内田祥哉――隙間嵌め、締まり嵌めも民主主義として考えるとおもしろいかもしれませんね。隙間嵌めは他人と自分の境がはっきりしていると言えます。一方で締まり嵌め特有の隙間の動く世界は、どこまでも繋がっているようである。これらは別種のゆずり合う民主主義ではないかと思いました。隙間嵌めは、自治権を持った領域が独立し、他の領域や権利を侵さないというヨーロッパ的な民主主義に似ているところがある。他方締まり嵌めは、どうも部品同士は領域で区別されない関係性をもっている。つまり、他人を区別するか(隙間嵌め)、それとも他人が仲間のように接触するか(締まり嵌め)の違いです。

隈――おもしろいですね。日本の建築は隙間なく部材を嵌めるので、全体に力が伝わって支えられる。どれがメインでどれがサブかといった構造的な主従関係性が存在しない状態ですよね。以前解剖学者の養老孟司さんが自分と他人の話をされていました。養老さんによると、人間は自分と他人をあるグルーピングのもとで同一なものと認識することができるけれど、人間以外の動物は基本的にグルーピングの発想、すなわち何と何は同じという発想がなく、すべてが異なる存在として知覚するそうです。どうやらグルーピングすることで成り立つ民主主義と、全部が別の存在とする二種類の民主主義があ

fig.23――《梼原 木橋ミュージアム》(二〇一〇年)

ると言えそうですね。日本建築はすべての部品が別々の存在であるけれど、部品同士が支え合って、うまく成り立っている民主主義ではないかと思うのです。

深尾先生が自邸の増築に用いた小径木にかんしても、小さな部材が支え合って全体を構成している状態は民主主義的だと思います。中国のように太い柱や梁を用いる木造文化もある一方で、日本の屋根を支えている和小屋というシステムは小さな部材を行き当たりばったり組み合わせてなんとなく全体が保たれている。小径木は日本の木造の根幹にかかわる部分だと思いますね。

内田——小径木を使った建築は桂離宮が一つの転機でしょう。桂離宮より古い宮廷建築は四寸以上の柱を使うのが普通でした。しかし桂離宮は柱を四寸におさめたことで無柱空間のように自由に柱間、壁間を移動できる空間が成立しています。いつごろから小径木を用いる方法が一般的になったのか。じつは桂離宮の古書院と新御殿の間に境目があるのです。木材は径が細い場合に背割りを入れることが多く、新御殿には背割りされた柱があるのですが、古書院にはありません。これは大工の流儀によるものかもしれない。しかし、古書院の柱に背割りをしなかったことで干割れが生じた反省から、新御殿では背割りをしたのだとすれば、同じ大工がつくった可能性があります。柱が四寸角以上に太くなると、増改築などをして動かした後にどうしても跡が残ってしまう。やはり増改築を前提とした建物において柱の太さは四寸角が限度であるという発見が、桂離宮の古書院と新御殿がそれぞれ建てられた時期の間に確立されたのではないかと考えています。

深尾精一——人生三度目の内田先生への反論をしてもよろしいでしょうか。古書院の柱が背割りされていないのは別の理由が考えられます。それは芯去り材が用いられる場合です。丸太の芯から取る材を芯持ち材と呼びますが、通常芯持ち材は乾燥時に干割れが生じることが多いので、あらかじめ背割りを入れます。しかし芯持ち材でも四面が柾目になるぐらい芯から大きく取れば芯去り材になるので背割りをしなくても大丈夫なのです。

私も歴史の専門家ではありませんが、おそらく四寸角の材を用いた建物は室町時代からすでにあったのではないでしょうか。上等な建物では、より太い丸太から四寸の芯去り材を取って立派な意匠をつくっていたのではないかと思うのですね。そういう意味でも小径木を活用する話とは別に、四寸で全体を構成する極め

て日本的なシステマティックな住宅、建築のつくり方ができた。千利休はその仕組みを非常にうまく活用して建築をつくっていたのではないでしょうか。

隈――学会を揺るがすような論争になってきましたね（笑）。僕は、柱の移動は材の細さに起因するのではなく、和小屋の架構によって屋根を剛に固められたことによると考えていました。和小屋で屋根を固めることが江戸時代になって出てきた発想だとすれば、柱が動いたのはそれ以降のことではないかと思うのですが、柱の移動がなされるのは江戸時代に入ってからでしょうか。

内田――柱の移動は、二条城などですでに行われていました。そこで使われていたのは太い柱なので、跡形もなく移動させることはできない。ところが、桂離宮の新御殿の柱は跡形もなく移動させています。やはり材の太さに違いがあるのではないかと思っています。

隈――以前、吉田五十八が対談のなかで、桂離宮は意外にもお金がないなかで建てられたのではないかと言っていました。桂離宮の軒は化粧垂木と野垂木を重ねる日本独特の二軒《ふたのき》の技法を採用せずに、より原始的な一軒《ひとのき》技法で支えられているので、軒の出が小さく贅沢な建物ではなかったとする吉田の解釈はとても興味深かった。吉田五十八でないと、桂離宮が貧乏くさいとはなかなか言えません（笑）。

深尾――背割りが入っているのも贅沢な建築ではないことを物語っていますよね。

隈――皇族の宮殿が、細い木を使っていて柱には背割りが入れられ、軒の出も小さい。日本建築の民主主義的で面白いところが現れていると思います。日本建築史の藤岡通夫先生も、日本の宮殿は世界に例がないほどに庶民的で民家の延長上にあると書かれています。

小径木に現れる日本らしさ

隈――小径木の話ですが、《木橋ミュージアム》は高知県の高岡郡梼原町にあります。ここは林業の町で、戦後復興の時代は非常に活況を呈して「梼原座」という木造の芝居小屋をつくるほど、景気がよかったそうです。《木橋ミュージアム》は停滞した林業を復興する目的で計画されました。この施設の最大の特徴が「雲の上ギャラリー」と呼ばれる、集成材でできた橋状の建物です。町で集成材を生産する場合、工場では、梁せい三〇〇ミリメートル以下の小断面集成材しかつくることができません。すべての材を町内でまかなうために、梁せい三〇〇ミリメートルの集成材を組み合わせて構造を成り立たせています。通常このスパンであれば梁せい一メートル程度の集成材でつくったほうが楽なのですが、町の工場でつくることに意義があると考え、小断面集成材を組み上げていく設計をしました。

　じつは《国立競技場》の屋根架構でもすべて梁せい三〇〇ミリメートル以下の集成材を用いる設計にしています。もちろん、国内には一メートルや二メートルの大きな集成材をつくれる工場があります。小断面集成材を積極的に用いることで日本中の小さな工場が参加できるようにしたいと考えました。屋根を支える架構は十字形断面で鉄のプレートを組み、それを四つの三〇〇ミリメートル角集成材で挟んだ構造体のユニットで構成されています。これは建築基準法の区分では鉄骨造なのですが、三〇〇ミリメートル角集成材で振動を防いでいます。深尾先生が言うところの混構造なわけです。

内田——《国立競技場》は外観の軒のルーバーも集成材ですか？

隈——軒のルーバーに使ったのは一〇五ミリメートル角を三分割した三〇ミリメートル×一〇五ミリメートル角の材です[fig.24]。日本で最も多く流通しているのは一〇五角の材であることは先生からずっと教わってきた話です。安価で扱いやすく、日本人ならば住宅などでも馴染みのあるなつかしい寸法でしょう。

　こうした規格材にこだわったのは、四七都道府県のスギ材をすべて使おうと考えたからです。スギはヒノキなどと比べると遺伝子的にとても色味に幅があり、外装材に適しています。沖縄ではスギ材が供給できないので、代わりにリュウキュウマツを使うことでクリアしています。リュウキュウマツは赤みのあるマツと違って白く、スギに近い色合いなのです。一〇五角の小径木や三〇〇ミリメートルの小断面集成材を用いることは、小さな寸法のものをうまく使う日本的、かつ地球環境的な設計でもあると

fig.24——《国立競技場》（二〇一九年）の軒のルーバー

思っています。

内田――これほど大きなスケールであれば、屋根の架構を放射状の扇垂木にすることも平行垂木と同じように可能だったのではないでしょうか。

隈――屋根の架構は放射状なので扇垂木のやり方です。扇垂木にするか平行垂木にするか迷ったのは、外部軒部分の垂木の配置です。一〇五ミリ×三〇ミリの断面寸法の垂木は、隙間をあけながらパネル化しているのですが、パネルの内部では平行垂木にして、パネルとパネルの間の目地を大きくとることで、全体としてみると扇垂木になっているわけです。すなわち、一枚一枚のパネルを一本の垂木として扱って、パネル間の隙間を大きめにとることで、大きすぎる全体に対してリズムを与えているわけです。あの大きさを、パネルで分節せずに連続したものとして解くと、かえって平板になり、ぬるっとしてしまう。パネル化したことで分節が生まれ、軒部分を軽やかに見せられると考えました。

　方位によってパネルの中の垂木と垂木の隙間も変えています。それは風のシミュレーションも考慮した結果です。北風が入るところは隙間を密にして北風を防いだり、内部の機能に応じて風を入れたい場所の隙間は大きくとったりしています。そうやって場所ごとに差をつけることによって、大きすぎる全体に対して微妙なゆらぎを与えているわけです。

深尾――ほかにも様々な検討がされているそうで、さすが隈建築だなと思います。ちなみに、外装の最上部に取り付けられる大庇のルーバーは木ではなく、アルミに木目調の塗装を施した材ですよね。

隈――そうです。原理主義的に考えると、そこも木を使わないといけないという結論になってしまいます。しかしいろいろとシミュレーションした結果、大庇は雨が上からも吹き付け下から吹き上げるので、木ではすぐに傷んでしまうことがわかりました。そこで、アルミのルーバーにジェットインクの方法で木を撮影したイメージを焼き付けています。時間の経過にともない、場所ごとに色が少しずつ白くなり、色の変わり方が異なるので、あらかじめ濃度の異なる白を少し加えた、ランダムなパターンを与えています。そのようにアルミ部分にもゆらぎを与えることで、アルミと木の区別がつきにくくなる。ランダムなパターンもコンピュータでシミュレーションして生成しました。

深尾――大庇はかなり高い位置に取り付けられるので、将来取り替える際にも大掛かりになるでしょう。木材

を使わなかったのは、雨水対策以外にもそうしたことが理由だったと聞きました。

意図的に隙間を取り入れる設計

隈——講義のなかで、隙間の話はやはりいろいろ考えさせられました。というのも、僕は隙間だらけの建築を多くつくってきたからです。《スターバックスコーヒー太宰府天満宮表参道店》(二〇一一)[fig.25]では、木が接点でピタッと取り合うのではなく、両方に小口を飛び出させて、隙間を強調するデザインを施しています。構造設計は佐藤淳さんで、ゆるいアーチ状に組んだ細い木の集合体が構造になっている。これは大工さんにとってもたいへんな仕事で、一年半ほどを要しました。普通のスターバックスなら数か月です。通常、木造に隙間があると、まるで失敗したような不格好なものになります。隙間というのは、内田先生が言うところの「締まり嵌め」を前提とする日本の木造では失敗とか欠陥ということになります。しかし、最初から隙間を前提にして、一種の未完成のデザインとすることでその問題は解消され、日本の伝統木造の新しい展開になると考えました。隙間を積極的に取り入れるスタイルも僕の設計の一つの作法です。

内田——飛行機や自動車、電車のつくりもあえて隙間を設け、冗長性を確保しています。昔はそのような部分に必ず目地が入っていたものですが、隙間だらけのほうがかえって「隙間がない」ように見えることもあります。

隈——その指摘はすごくおもしろいですね。僕は最初からノイズの状態をつくっておくと、後からノイズが侵入してきても気にならないという説明をいつもしていますが、それと同じことですね。《GCプロソ

fig.25——《スターバックスコーヒー太宰府天満宮表参道店》(二〇一一年)

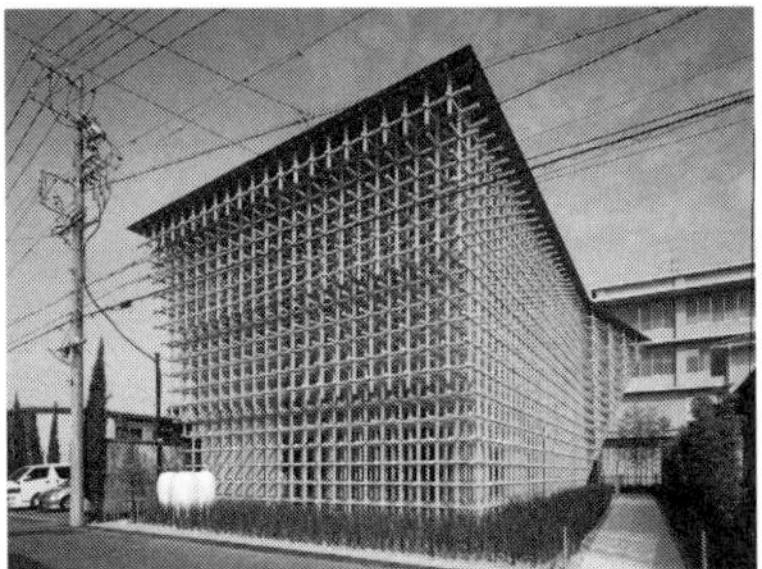

fig.26——《GCプロソミュージアム・リサーチセンター》(二〇一〇年)

ミュージアム・リサーチセンター》（二〇一〇）[fig.26]では、六〇ミリメートルの角材を立体的にグリッドに組んでいます。飛騨高山で見つける「千鳥」という名のおもちゃの継手を参照しました。先生から「四方締め」と呼ぶんだと教わりました。《GC》では工場でユニットをつくり、現場に運び込んで、ダボで留めています。このアイデアを採用したのには前史があります。二〇〇七年にミラノで《Cidori》と名付けたテンポラリーなパヴィリオンを設計し、研究室の学生とで施工しました[fig.27]。仮設に釘やボルトを使うと解体に多くの手間を要します。イベント期間はわずか二週間でしたので、材は日本で大工に加工してもらい、現地に運んで研究室の学生五、六人で組み立てて、終了後は速やかに解体しました。このときに木の接合に用いたのが千鳥の継手です。ここで使ったのは三〇ミリ角の木材で、接合部はわずか一〇ミリだけでつながっていますが、そんなに細い材でもたくさん集まると立派なパヴィリオンになるのです。

内田——このプロジェクトのポイントはすべて同じ太さの部材を使っていることですね。

隈——そうですね。単一のモデュールを崩さず、ユニットで全体を構成する考え方は、きわめて内田研らしいと思います。モデュールに興味を持って教えてくれた先生は内田先生だけですから。

深尾——隈さんは学生時代、内田先生が先ほどご説明された三センチメートル角のバルサでオリジナルの継手をつくる課題をやりましたか。

隈——やりました。非常に難易度の高い課題でしたね。ほとんどの組み方はすでに世の中に存在しているので、それを超える継手を生み出すなんてそう簡単にできるものではありません。僕は先人を超えられないと思ったので、フリーハンドで描いた形同士がしっかり嵌るような継手をつくりました。何という名前ですかと訊かれて、「冗談継手」ですと言ったのです。

深尾——学生たちとこうしたパヴィリオンに挑戦するのも、そういう教育を受けた経験が今に残っているのだと思います。

fig.27——パヴィリオン《Cidori》（二〇〇七年）

概念としての硬さと柔らかさ

深尾——《GCプロソミュージアム・リサーチセンター》で使っているのは相当上等な木ですよね。

隈——そうですね、スギでは柔らかすぎてあの細さでは建物を支えられないので、東濃のヒノキを使っています。《木橋ミュージアム》も、梼原町はスギの町なのですが、スギだけでは応力に耐えられない。そこで応力のかかる部分はヒノキを使っています。梼原町ではヒノキも採れるので、応力のかかるところはヒノキ、後の八割はスギでつくっています。

深尾——じつはこうした構造体に鉄を使うと、最も弱い部分に力が加わり続け、そこから全体も壊れてしまう。ところが木で組むと、材が変形するので、ある部分に力が加わってもそこが少し変形するだけで、荷重は別の部分に分散されるので鉄よりも丈夫な場合がある。締まり嵌めもまさにこの原理で成り立っています。この柔らかさが木の特徴だと思いますね。

内田——深尾さんが言うように、変形をともなうことによって成り立つ構造は、金属では無理だと思うんです。《国立競技場》もやはり下部にものすごい量の力が加わるでしょう。それでも木だと全体に力が分散されて丈夫になる。このような例はいろいろあります。清水建設が研究所で建築家の高橋靗一さんの協力のもと、「やじろべえ免震」という免震構造を開発しました。われわれはやじろべえのピンの部分を金属でつくればいいと思っていたんですが、力が加わるとどんな金属でも尖らすことは難しい。結局、一か所で力を受けきれず、力が分散されて全体が動くようにして、中心が動かないような仕組みを開発しました。

隈——金属ではできない、柔らかい木材だからこそできる世界がある。そういう未来的建築概念としての柔軟性を最初に提唱したのは内田先生ではないでしょうか。

深尾——先ほど講義に登場した《森林技術総合研究所林業機会化センター》や《絵本の森》でも、稲山正弘さんが木材のめり込む性質を検討されています。稲山さんも内田門下で、木材のめり込み理論の先頭を走っていらっしゃっています。そういう意味では今でも内田先生の掌の上で木材の柔らかさを追求する流れが生きていると言えるでしょうね。ちょうど隈さんが内田研に入ったころに、内田先生は素材には柔らかいものと硬いものがあると言い始めていた時期でした。そこにはすでに素材のもつ物理的な柔らかさ、硬さだけではなく、「壊せないものが硬い」という概念も含まれていました。

内田——当時は単純に柔らかい材料を後で嵌めると馴染むと考えていました。例えば、畳は床に対して大きくても押し込むように嵌めれば馴染みます。一方建具の場合は小口のほぞを削ることによって現場で調節できるようになっています。ところが漆を塗ってあるような材は削ることができない。スギは柔らかい素材ですが漆を塗った途端に硬い材料になると考えないといけないのです。そうした例は他にもいろいろあります。「硬い・柔らかい」は物理的に理解する話ではない。

道楽のように建築を楽しむこと

隈——僕は、多様なもの、すなわち硬さや柔らかさ、大きいものから小さいものがゆるく集合した建築が、工業化社会の後に生きる建築だと考えています。そのあり方自体が、民主主義的といっていいかもしれません。両先生には最後に、工業化社会の後の建築はどうなるかについてお聞かせいただきたいと思います。

内田——石と石のように、硬いもの同士を取り合わせる場合、丈夫に積むためには磨かないといけないのです。出張った部分があるとそこで割れてしまう。そこで硬いもの同士をつなぐときは柔らかいものを間に挟

む。フランスの城の塀や石垣を見ても石を積む途中に板が挟まれています。フランスなどでは気候の関係上、雨や湿気で腐ることは基本的にないようです。柔らかいものだけで全体をつくるとふにゃふにゃしてしまうけれど、硬いものだけだと割れてしまう。硬いものの間に柔らかいものを挟むことが重要ではないかと思います。

隈――不連続の圧縮材と連続する引張材を組み合わせるテンセグリティ構造も、硬いものと柔らかいものの組み合わせですよね。テンセグリティを開発したバックミンスター・フラーの世界も先生から教わったことのひとつです。フラーは硬いものと柔らかいものを組み合わせた将来の建築の姿を考えていた人だと思います。環境の時代を予見した二〇世紀の天才とも言えるフラーが来日したとき、内田先生はフラーをさまざまな場所に案内されていました。その内田先生からフラーのことを直接お聞きできたことが僕にとっては刺激的な経験で、その後の作品にも繋げることができました。ミラノ・トリエンナーレで、市販の傘をドーム状に組み合わせた《カサ・アンブレラ》(二〇〇八)[fig.28]をつくったのは、フラーへのオマージュでした。《カサ・アンブレラ》は《フラードーム》の正二十面体の各面を一五個の傘に置き換えることで成立させたドームです。フラードームはフレームが構造体となっていますが、ここでは膜をテンション(引張り)材、傘の骨をコンプレッション(圧縮)材テンセグリティ構造でつくっています。傘という誰でも手に入れることが入れられる道具を使うことで、非常に細い骨に構造を担わせて、ドームをつくる挑戦でした。

深尾――「工業化」はIndustrializationの訳語ですが、西洋では実際のところ、「産業化」という意味合いが強い。私はIndustrializationは「産業化」と訳したほうがよかっただろうと思っています。産業革命後、あるいは二〇世紀以降は産業化が進むなかでものをつくっていかなければならない社会になってしまいました。私たちがこれからそれをどう捉えるかが重要ではないでしょうか。

今日見せていただいた隈さんの作品は産業化されていない部分でつくられているものが多かったですね。産業化されていないもののおもしろさが、建築にはまだ残されています。他の分野では産業化社会の前提から離れてものを考えることはなかなか難

fig.28――《カサ・アンブレラ》(二〇〇八年)

しいでしょう。建築分野に進んだ人は産業化社会に拘束されることなくおもしろいことができるのです。これは建築の特権だと思います。とはいえ、超高層ビルなどは産業の枠のなかでつくらざるをえないものですし、コストバランスも考えないといけないときもある。このバランス感覚を持って、おもしろくものをつくることがこれからの建築に残された希望だと考えています。

隈――ありがとうございました。今日のお話のなかで、硬いものと柔らかいものや、大量生産と一品生産のように、基本的に対極的と思われ、違う領域に属すると考えられてきたものが同列で同一平面上で語られていたのが印象的でした。内田先生のすごさは、その両方をカバーされていることです。戦前から現代にかけて「木からコンクリートへ」、「コンクリートから木へ」という二つの対極的な流れを、当事者として体験されていることが大きかったかもしれません。長いスパンで建築がどうなるか、人間の生活がどうなるかを考えることができたのも改めて先生のおかげだと思います。

内田――やはり大量生産も一品生産も両方必要なのですよ。大量生産は人手を減らしていくものですが、一品生産は人手を増やしていくものです。木構造はとくに人手を増やすことを考えないといけない時代に入ってきました。なぜなら、木造は江戸時代にいろいろと知恵を働かせ、お金と暇を使ってつくられた普請道楽の文化に由来しているからです。道楽のように建築を楽しむことが重要です。大量生産は道楽からは出てこないのです。

隈――最後に内田先生らしいお話をいただきました。僕もやはりいろいろなつくり方が共存しうる社会であるべきだと思っています。同質の似たような人間がより集まった民主主義ではなく、多様なもの、異質なものが集合して一緒に何かをつくっていく民主主義でなければならないと思っています。その一緒につくること、異種のものの共存を可能にするのは、つくることを楽しむことだと思います。それが先生から学んだ一番重要なことかもしれません。

先生はいつでもとても楽しそうにしておられ、楽しそうに建築のことを語られます。モダニズム建築というのは、あまり楽しそうじゃないんです。なぜかというと、一つの論理、一つの美学で、それに違反するものを排除しようという基本システムを持っているからなんです。西欧で革命的転換が起こるときは、えてして、そのような排他性が表に出てきます。モダニズム建築はその典型です。そのせいで、内田研究室以外の建築学科では、排他的な語り口が横行していて、少しも楽しくなかったんです。先生の授業だけが楽しくて、笑いがあった。それがこれからの建築を考えていく上で、とても重要なことです。

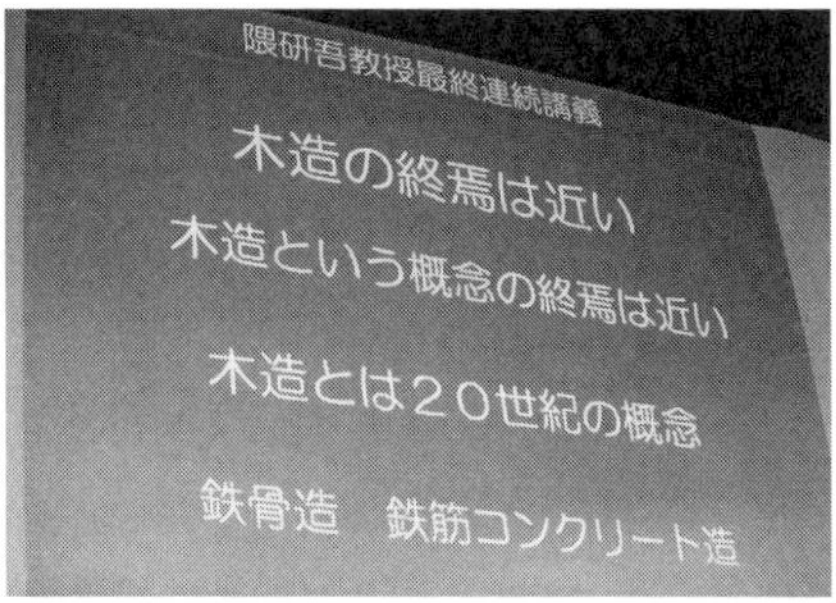
隈研吾教授最終連続講義
木造の終焉は近い
木造という概念の終焉は近い
木造とは20世紀の概念
鉄骨造　鉄筋コンクリート造

回想

「正義」と「傘」からの自由

隈研吾

大雑把にまとめれば、戦後の日本建築界は、モダニズム派と、和風派との二つに分断されていた。二〇世紀を席捲したヨーロッパ発のモダニズム建築を、「正義の様式」として信奉するモダニズム派のリーダーは丹下健三であった。丹下は原爆からの復興を祈念して建設される広島平和公園という国家的な「正義のプロジェクト」の設計競技（一九四九）で当選し、日本のモダニズムのリーダーの地位を獲得しただけではなく、広島の悲劇の力を借りることで、モダニズム＝正義の様式という最強の、反論できない図式も確立した。

ヨーロッパにおいては、モダニズムは一種の革命運動であり、モダニズムが敵、すなわち打破すべきアンシャン・レジーム（旧体制）とみなしたものとは、古代ギリシャ、ローマ以来、ヨーロッパで面々と受け継がれてきた古典主義の建築、すなわちボザール建築であった。ちなみにボザールとは、そのような古典主義建築の教育による、建築家育成の中心であったパリの国立高等美術学校を意味していた。

今振り返ってみるとモダニズムとは工業化社会にふさわしい効率的建築様式の探究であったが、貴族的な旧体制を打破する革命運動を装うことで、強力なムーブメントとなり、社会的影響力を行使したのである。

一方日本には、ボザールもなかったし、古典主義建築もなかった。それでもモダニズムは敵を必要としていた。アンシャン・レジームを否定するというのが、モダニズムの論理であり、モダニズムの活動原理であったから、敵がいなくてはモダニズムも成立しなかったのである。すなわちモダニズムは一人では立っていることができなかったのである。

その日本でモダニズムの敵として選ばれたのが、江戸時代までの日本を埋め尽くしていた木造の伝統建築であった。ここから様々なねじれが生まれた。実際のところ、木造の伝統建築は、多くの意味で、モダニズム建築にヒントを与えたと指摘されている。フランク・ロイド・ライトは伝統建築から透明性やヴォイド（空）の概念を獲得し、ミース・ファン・デル・ローエやル・コルビュジエに代表されるヨーロッパのモダニズム建築は、ライト経由で、日本から透明性とヴォイドを学んだことが、歴史的にも確かめられている。

しかし、「正義」のモダニズムは敵を必要とし、さらにタイミングの悪いことに、一九五九年の伊勢湾台風の後、木造建築の脆弱さが台風の被害を拡大したとされて、木造は完全に悪役となった。伊勢湾台風直後に開かれた日本建築学会近畿大会で木造の禁止が決議されたことについては、今回のディスカッションのなかでも、内田祥哉先生が指摘している。

そのような「正義」が支配する空気のなかで、日本の伝統建築に興味を持つ建築家は、一種の反動と見なされることとなった。その逆流のなかで、彼らは「和風」という傘の力を借りて、なんとか自分たちを守ろうとした。

和風の近代化に努め、工業化社会と日本の伝統建築との間で折り合いをつけようとした建築家の吉田五十八は、生涯、粋な和服を身にまとい、長唄の河東節の名手として知られていた。吉田は和服や河東節を「傘」とすることで、なんとか自らを逆風から守り、正当化しようとしたのである。伝統木造こそがモダニズムのルーツだなどということは、吉田五十八や村野藤吾のような「和の巨匠」にすら許されていなかったのである。正義のモダニズムと、傘に守られた和風建築という不自然な二項対立が、戦後の日本建築界を支配することとなったのである。それは今の僕から見れば、きわめて不自然で非生産的な対立に見えるのである。

僕が建築を学び始めた一九七〇年代、高度成長には翳りが見え、公害、環境問題で、かつての「正義」は、輝きを失って久しく、少しも魅力的には感じられなかった。同時に、和風派も、彼らが利用した「傘」のせいで、余計にカビ臭く見え、そんな古くさい世界にわざわざ飛び込みたいと考える若者はいなかった。その不毛な二項対立のなかで、唯一内田祥哉先生は、その二項対立から全く自由で飄々としていた。その意味で、全く稀有な不思議な存在であった。その自由さのベースにあったのは、建築の結果ではなくそのつくり方自体に対する好奇心であった。

建築家をデザイナーと定義した途端に、僕らは不毛な党派的、イデオロギー的な対立に巻き込まれる。しかし、ひとたび、建築家を大工、すなわち物をつくる人と定義し直すと、「正義」とも「傘」からも自由な、フラットでフェアな世界が広がるのである。僕は、オイルショック直後の一九七五年、内田研究室の門を叩いたことで救われたともいえる。建築は物をつくることだというきわめてあたりまえのことを、内田先生から教わることで、僕は救われたのである。そして驚くべきことに、九四歳の内田先生が、僕が初めてお会いした四〇年前のままの柔軟でリベラルな頭で、僕の最終講義に登壇してくださり、再び僕らの頭をシャッフルして、僕らの日常を取り囲んでいる様々な党派的、政治的な鱗を取り除いてくれたのだ。

04 Neighborhood Making and Craft

街づくりとクラフト

原研哉（グラフィックデザイナー、武蔵野美術大学教授）

×

鈴木輝隆（立正大学特任教授）

×

小林康生（和紙職人）

×

挾土秀平（左官）

二〇一九年七月一四日

隈研吾——最終連続講義第四回のテーマは「街づくりとクラフト」です。僕はこれまでさまざまなまちおこしにかかわってきました。そのきっかけをつくってくださった方や、何回も協働している仲間に、ご登壇いただきます。デザイナーの原研哉さん、立正大学特任教授の鈴木輝隆さん、和紙職人の小林康生さん、左官職人の挾土《はさど》秀平さんの四名です。

そもそも、僕が地方とかかわるようになったのは、一九九〇年代の初頭にバブルが弾けたことと関係します。自分の事務所を開いたのは一九八六年で、バブル景気の真っ盛りでしたが、突然すべての仕事がキャンセルされ、東京での仕事がなくなり、地方を旅するという生活を始めました。

前回の木造の話のときにも触れた高知県梼原町との出会いはその頃でした。きっかけとなったのは、梼原町に残る古い木造の芝居小屋です。当時の町長がこれを取り壊そうとしているので助けてほしい、と高知で設計事務所をやっている友人の小谷さんに呼ばれて訪ねました。この芝居小屋は一九四八（昭和二三）年にできた椅子がなく土間席に座る繊細な木造の建物で、とても素晴らしい劇場でした。僕自身も当時の町長に「これを取り壊すなんてありえませんよ」と訴え、幸いにも保存されることになりました。僕はこのときに町長と意気投合し、《梼原町地域交流施設（雲の上ホテル）》（一九九四）[fig.1]や《まちの駅「ゆすはら」》（二〇一〇）[fig.2]、《雲の上の図書館／YURURIゆすはら》（二〇一八）[fig.3]といった建物を、地域の職人と一緒につくることになります。山の中で職人さんたちから多くのことを学びながら取り組めた、楽しい仕事でした。こうした一連の仕事を通して、日本の地方の力やおもしろさ、そして職人のパワーに気づかされました。

fig.1——《梼原町地域交流施設》（一九九四年）

fig.2——《まちの駅「ゆすはら」》（二〇一〇年）

僕を地方に誘い出してくれた一人が鈴木輝隆さんです。みつばちが花粉を花に運んで新たな実りをもたらすように、地域の〝花〟とデザイナーやアーティストといった〝才能〟を結びつける触媒の役割を担っているので、鈴木さんは「みつばち先生」と呼ばれています。そんなみつばち先生に誘われて訪れたのが新潟県の高柳町で、そこに小林康生さんがいらっしゃいました。高柳町で手がけた《陽の楽家》(二〇〇〇)は、ガラスやアルミサッシュの代わりに、二重貼り(太鼓張り)にした小林さんの和紙を使っています。また、原研哉さんも、鈴木さんのみつばち仲間の一人で、僕と地方でのさまざまな仕事をご一緒していますし、温泉に入るだけの目的でも、いろいろな場所を訪ねました。そして、左官の挾土秀平さんとは、パリを含めていろいろな場所でコラボしました。今回の講義では、みなさんにそれぞれの取り組みをご紹介いただき、その後、全員でディスカッションしたいと思います。

僕自身は横浜の生まれで、ずっと大都会で育ち、暮らしてきた人間です。しかし、都会のサラリーマン家庭であった自分の家にいると、息が詰まるように感じていました。学校の休みには伊豆の海辺や、信州の山の中の親戚の家に行き、そこで「田舎暮らし」をすると生き返るような感じがしました。田舎で大地と向き合って暮らしているオジサン、オバサンには、会社の愚痴しか言わない父とは違うたくましさが感じられました。

そういうたくましい田舎のオジサン、オバサンに会い

fig.3——《雲の上の図書館/YURURIゆすはら》(二〇一八年)

たくて、地方から誘いがあると小さな仕事でも、お金にならない仕事でも、飛んでいってしまうのです。そしてそのような地方のオジサン、オバサンたちによって、僕自身が育てられました。大学で建築を学ぶと、どうしても頭だけで建築をつくるようになってしまうのですが、オジサン、オバサンたちは大学では教えてくれない様々なことを教えてくれたのです。そういう経験を僕と共有してきたこの四人を、一度に壇上に呼んでみたわけです。

講演1

デザインを通した隈研吾との協働

原研哉

原研哉——私が隈さんと最初にご一緒したのは、宮城県登米《とよま》町の伝統芸能伝承館《森舞台》(一九九六)です[fig.4]。地元の材を用いた木造の建築で、伝統と現代性、建築と社会との結節点を生み出すような、隈研吾の重要な初期作品です。このときに隈さんに依頼されたのは、建築のサインや能面の展示台、着物を掛ける衣桁のデザインです。グラフィックデザインを仕事の基盤にしていた私は、これまで展示台などつくったことはなく、このデザインを見ると当時の緊張感を思い出します。最後に依頼されていないポスターをおまけにつけたことを覚えています。

山口県の《梅田病院》(一九九八)では、産婦人科のために洗濯ができるサインをデザインしました[fig.5]。病院の最良のホスピタリティは清潔感ですから、いつ見てもまっさらで、ふかふかとした気持ちのよいサインを心掛けました。その後に新設した小児科病棟も隈さんが設計し、私は包帯を巻いたような着脱できるサインをつくりました。子どもがチョコレートを食べた手で触っても、すぐに洗濯することができます。汚れやすいものが清潔に保たれている、ということに大きなメッセージがあります。空間のサインはどのような物質性であるべきか——、《梅田病院》での仕事はそんなことを考えるひとつのヒントとなり、私のサインデザインの原

はら・けんや
一九五八年生まれ。グラフィックデザイナー。日本デザインセンター代表取締役社長。武蔵野美術大学教授。主な仕事に、「RE-DESIGN：日常の21世紀」展、「HAPTIC」展、「SENSEWARE」展、「Ex-formation」展など展覧会や教育活動。長野オリンピックの開・閉会式プログラムや、愛知万博のプロモーションのデザイン。無印良品のアートディレクション。松屋銀座、森ビル、蔦屋書店、GINZA SIX、MIKIMOTOなどのVI。外務省「JAPAN HOUSE」総合プロデューサーなど多数。

点にもなっています。

二〇〇五年の《長崎県美術館》(日本設計との共同設計)では、隈さんの石のルーバーに感銘を受け、私はそれに寄り添うようなVI(ビジュアル・アイデンティティ)とサインをデザインしました[fig.6]。美術館は海沿いに立っており、光や風、波の波動が絶えず変化するような場所です。こうした環境やルーバーと呼応するようにロゴやサインをつくりました。本来の機能を超えて、デザインのボキャブラリーを拡張させるような仕事でした。

こうしたデザインを手掛ける一方で、私は展覧会のキュレーションを始めていました。二〇〇〇年ごろに始めた「RE-DESIGN」は、日常の覚醒をテーマとした企画です。素晴らしいモノはゼロから生まれるのではなく、整数のあいだに無限の小数があるように、日常の文脈の狭間からデザインは生み出されます。この企画で隈さんに「ゴキブリホイホイ」のリデザインを提案してく

fig.4——伝統芸能伝承館《森舞台》(一九九六年)

fig.5——《梅田病院》(一九九八年)

fig.6——《長崎県美術館》(日本設計との共同設計、二〇〇五年、阿野太一撮影)

れました[fig.7]。その環境に溶けていく風情に「いかにも隈研吾らしいデザインの建築だなあ」と感じたものです。

また「HAPTIC」展(二〇〇四)では、蛇の抜け殻がエンボス加工された手拭き紙をつくってもらいました。機械漉きの薄い和紙に、蛇の殻が浮かび上がっているだけなのに、どこか手を拭くのがもったいないと思ってしまうオーラが宿っていました。紙の触覚性を印象的に隈取るような作品でした。

家を通してテクノロジーや社会問題を議論するためのプラットフォーム「HOUSE VISION」(二〇一一)は、家をさまざまな産業の交差点として捉え、リアリティのある未来を考える企画です[fig.8]。二〇一六年の展覧会で、展示した実物大の家は、会期後に日本各地に運ばれて再現されたり、資材として再利用されたりしています。隈さんには、国産の杉材を使った材木置き場のような会場デザインをお願いしました。ここで使われた材は、閉幕後に木材として販売されました。一時的に材木が置かれている状況そのものが展示空間になる、展覧会のコンセプトと呼応する発想に、私はたいへん感銘を受けました。

二〇一二年には、建築家やデザイナーに、犬のための建築を本気で考えてもらう企画「Architecture For Dogs」を立ち上げました[fig.9]。人為的に交配が差配され、人間とともに生きることを宿命づけられた動物のために、どのような建築を考えることができるのか。犬の尺度から建築を捉え直すことで、ひとつの建築批評になるのではないかと考えた企画です。隈さんには、「パグ」のための建築を提案してもらいました。犬

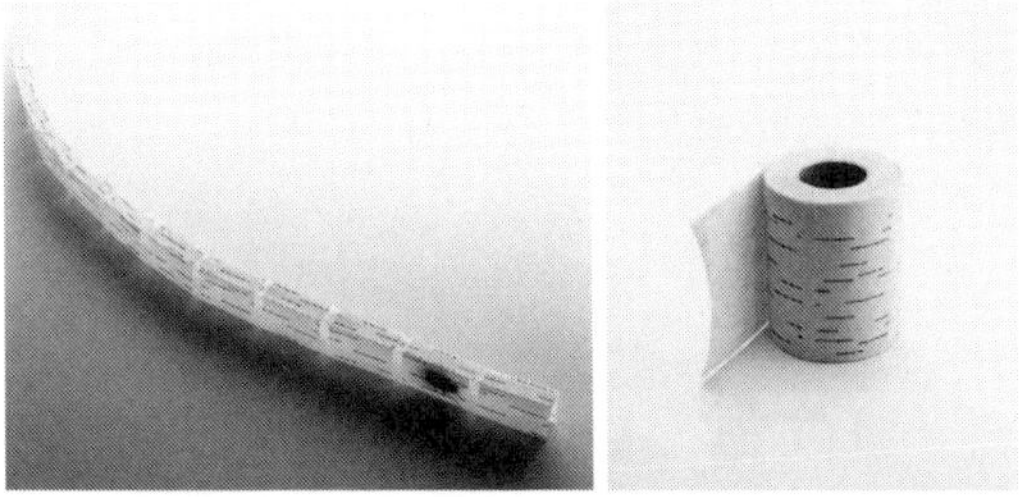

fig.7――隈による「ゴキブリホイホイ」のリデザイン

fig.8――隈によるパヴィリオン(HOUSE VISION、二〇一六年)

fig.9――犬のための建築「Architecture For Dogs」(与田弘志撮影)

は巨大なプラットフォームであり、地球上のだれもが瞬時に理解できます。したがって、抜群に良い案が示されれば、インターネットを介してすぐに世界中に広がっていくはずです。この展覧会は『ニューヨーク・タイムズ』に取り上げられたり、マイアミ、ロス、上海、サンパウロ、ロンドンなど世界諸都市に巡回しています。

最後に、外務省の「ジャパン・ハウス」のプロジェクトをご紹介しましょう[fig.10]。私は総合プロデューサーを務め、隈さんにはサンパウロでの発信拠点となる建物のデザインをお願いしています。日本の大工チームによって、ひとたび組んだら外れない「地獄組み」という手法で木のファサードがつくられました。また、小林康生さんが金属メッシュに和紙を漉き掛ける方法で内装の素材をつくりました。ブラジルの街なかにとてもユニークな空間が顕現し、政府の予想をはるかに超えるサンパウロでも突出した人気の施設になりました。通りすがりの人がふらっと立ち寄ることも多いそうで、建築の力をとても力強く感じました。

私がデザイナーとしていつも意識しているのは、問題の本質を見極めてヴィジュアライズすることです。そして、こうした僕の展覧会やアイデアに対して、隈さんはいつも柔軟かつ、的の真ん中を射抜くように応えてくれる建築家なのです。

fig.10──《ジャパン・ハウスサンパウロ》（二〇一七年、深尾大樹撮影）

講演 2

一流と出会える地域をつくる

鈴木輝隆

鈴木輝隆――私が地域創生に目覚めたのは、山梨県庁に勤務していた一九八〇年代に遡ります。山梨県は県土の約七八パーセントが森林で、人口は現在約八一万、過疎地域も多く、地域創生は大きな課題です。例えば、地域振興のお手伝いをしていました早川町は、県土の八パーセントを占め、人口は当時二〇〇〇人を超えていました。現在では約一〇〇〇人、日本で一番小さな町となっています。こうした地域の振興を図るために、若い頃から毎月一回以上、全国の町を自費で調査をして歩いていました。

大きな転換期となったのは、観光地としても有名な山梨県の高根町（現北杜市）清里です。清里には、ポール・ラッシュ博士が一九五六年に創設した、酪農をベースに体験型学習や環境保護の活動を行う公益財団法人キープ協会があります。キープ（KEEP）とは、Kiyosato Educational Experiment Project（清里教育実験計画）の略称です[fig.11]。

ポールさんは関東大震災で被災した日本復興のために、一九二五年にアメリカから来日し、聖路加国際病院の建設にもかかわり、立教大学教授、さらにアメリカンフットボールの普及にも努めました。彼は日本の国土の大半を占める山間地を豊かにしなければ日本の未来はないと

すずき・てるたか

一九四九年生まれ。資源家（地域プロデューサー）。江戸川大学名誉教授。元立正大学特任教授。ローカルデザイン研究所【BEENS】代表。国土交通省（国土審議会）、内閣府、農林水産省など委員会の委員、全国の市町村のアドバイザーなどを歴任し、国や県、市町村の職員研修の講師を務める。総務省「地域力創造アドバイザー」として、北海道東川町、北竜町、標茶町で活動する。

考え、一九三八年に清里の地を拠点に、高冷地酪農や西洋野菜の栽培など開拓に挑戦しましたが、戦争となり帰国。戦後、GHQとして再来日し、退任して清里に戻り、「人類への奉仕」と題し「食糧」「保健」「信仰」「青年への希望」という四つの理念を掲げてキープ協会を設立し、日本の農業の近代化や青少年の教育に尽力します。現在まで続く西洋野菜の栽培や高冷地の酪農は、経済的に豊かにならないと民主主義は根づかないと考え、彼が持ち込んだものです。私は地方が自治活動と経済活動を同時に進めるために、情報、支援のネットワーク、財源がいると、彼によって気づくことができました。

こうした社会事業に取り組む心構えを伝えるために、ポールさんが日本の若者に残した有名な言葉があります。「Do your best and it must be first class」、つまり、最善を尽くして、人びとが目標として真似するような一流を目指すべきだと。私は日本のローカルと向き合う精神と方法を、ポールさんの清里の実験から学んだのです。

あるとき、日本の国土計画の父と呼ばれる都市計画家の下河辺淳さんが山梨県庁にいらっしゃいました。このとき、私がポール・ラッシュについて熱弁をふるったことをきっかけに、下河辺さんと親しくなります。その後、私は下河辺さんから多くの薫陶を受けました。彼は「自分のやることに、絶対に二流があってはならない」と言いました。そして「これからは感動を求めて歩く時代だ」、「二一世紀は地方の時代になる」と。地方が主催者になって流動する民を受け入れるシステムが必要だということを、私は下河辺さんから教えられました。

その後、私は県庁から、国の政策指向型の研究機関である総合研究開発機構（現・公益財団法人NIRA総合研究開発機構）に出向し、全国の地方シンクタンクとともに地域振興の調査を進める傍ら、下河辺さんとともに、早川町で、一九九四年に日本上流文化圏構想をつくり、一九九六年に日本上流文化圏研究所を創設し、全国で日本上流文化圏会議を始めます。川の上流の地

fig.11——公益財団法人キープ協会（鈴木輝隆撮影）

域における文化やくらしを見つめ、中流や下流の都市、そして日本の未来の姿を考えるための場にしたいと考えました。私がこうした活動に取り組んでいた一九九〇年代に、隈研吾さんや原研哉さんとの出会いがありました。

隈さんと原さん、そして高知県のデザイナーの梅原真さんと四人で、二〇〇〇年、富山県の八尾町で活動をされていた和紙工藝家の吉田桂介さんにお話を伺いに行ったことがあります。「いま、話を聞いておかねばならない人はだれ」という質問に、私は即座に、「富山県八尾町の桂樹舎和紙文庫の吉田桂介さん」と答えたことがきっかけでした。桂介さんは、柳宗悦や芹沢銈介のお弟子さんで、二〇一四年に九九歳で亡くなられましたが、ご健在の頃に「人間がこの世をわたっていく上で、自分がとことん師と仰いでいく先達を持つことが必要だ。もし選ぶなら、一級と言われる先生を選ぶことだね。到底その先生の高さには到達できないけれど、いつも先生の高い峰を仰いでいる。何かあると、こんな場合には、先生だったらどうされるか、先生ならどう言われるだろうか、と思う。こんな反省に立っていると、何事も間違いは少ないようだね」と言われました。その言葉には、モノづくりの枠を超え地域づくりに通じる、一流を目指して本物になるまで挑戦し続ける精神があり、ポールさんや下河辺さんの教えと重なるものを感じています。

さて、私が隈さんと最初に赴いた地方は新潟県高柳町(現・柏崎市)です。高柳町荻ノ島地区は、日本で唯一残る茅葺の環状集落です。ここで隈さんは、茅葺の《陽の楽家》(二〇〇〇)を設計しました[fig.12]。水田を庭にし、外壁は地元の小林康生さんの和紙に、こんにゃくを塗り、内側には柿渋を塗った和紙を使用した木造のシンプルな建物です。地元の人たちは茅葺を使った古くて新しい表現に驚き、いまでも大切にしています。

同時期に、高柳町・中山間地域産業個性化形成ビジョン「新しい価値体系の創造による地域

fig.12——じょんのび高柳《陽の楽屋》(二〇〇〇年)

産業の振興に向けて」の報告書を、私が中心になってまとめました。時間系「古いものは新しく、新しいものは古い」、空間系「記憶は風景に残る」、食物系「エサの食文明から生命系食文化の創造」、物質系「天然素材を活かす」、歴史系「後世に残す亡国の歴史観」などをテーマとするなか、隈さんは、「風景は地元民のものでありながら、外界のものに発見されないと価値は成立しない」という司馬遼太郎の言葉を引いています。

さらに、《陽の楽家》の落成式では、「古いものは新しく、新しいものは古い。新しいものは貧しい。時間の集積が価値を加えていく」とおっしゃっていました。高柳町での隈さんを通して、一流のクリエイターの表現により古くなった伝統も新しい輝きを持ち地域創生のきっかけになると、私は確信したのでした[fig.13]。こうした隈さんと取り組んだ高柳町を含め、私が一九八〇年代以降にクリエイターと取り組んできたさまざまな地域での成果を紹介する「みつばち先生 鈴木輝隆」展を、原さんとナガオカケンメイさんが担当し、二〇一二年に松屋銀座のデザインギャラリー1953で開催してくれたことを付け加えておきます[fig.14]。

最初の高柳町から二〇年以上経った二〇一六年、私は隈さん、原さんと一緒に「日本遺産人吉球磨」の仕事をプロデュースしました。人吉球磨地域は、文化庁が二〇一五年度に創設した「日本遺産」の熊本県の第一号として、全国一七地域とともに選ばれました。テーマは、「相良七〇〇年が生んだ保守と進取の文化〜日本でもっとも豊かな隠れ里—人吉球磨《ひとよしくま》」であり、地域の有形・無形の文化財を、ストーリーとして魅力的に情報発信することで、地域の創生を図る

fig.13——《陽の楽屋》の落成式(二〇〇〇年七月一七日、春日俊雄撮影)

fig.14——「みつばち先生 鈴木輝隆」展(松屋銀座、二〇一二年、砺波周平撮影)

ことを目的としています[fig.15]。平安時代や鎌倉時代の仏像やお堂が大切にされ、七〇〇年間以上も変わらぬ信心のある豊かな住民の生活がある、日本のなかでも稀有な地域です。原さんはロゴマークなどコミュニケーションデザインをデザインし、隈さんは日本遺産エントランスセンター「くまりば」や山江村の合戦峰観音堂の展望台、青井阿蘇神社にある国宝の記念館を設計しました[fig.16]。この設計に際しても、隈さんは「世界は古いものを求めている。でも新しいものに挑戦していかなければ持続性は生まれない。徹底してやると真似されず本物として受け入れられる」と、二〇年以上前と同じ普遍性を追求していました。伝統を壊すのではなく、新しい概念を対峙させ、見たこともない表現に目を開かされます。

人びとが感動を求めて歩く時代に、いま日本の地域は一流を目指す精神や誇り、志を持っているでしょうか。一流の人やクラフトに出会えるのでしょうか。便利で経済的な豊かさだけを追って、理想や本物を求める気迫から遠ざかってゆくばかりのような気もします。「本物に勝る偽物はなく、偽物はあくまで偽物です。一〇〇人のなかで一人の正しくものを見る目が怖い」と桂介さんは語りましたが、伝統を守るただ古さだけではなく、土地の精神を輝かせる新しい本物を生み出せるかが問われていると思います。私はそのお手伝いをするために、隈さんや原さんと一緒に日本中を飛び回っているのだと思います。

fig.15——原研哉による「日本遺産人吉球磨」のロゴマーク

fig.16——熊本県山江村の《合戦峰観音堂》(完成予想図)

講演 3

紙を育て、人を育てる

小林康生

小林康生——私は隈さんと同じ一九五四（昭和二九年）生まれです。二〇代の頃は、自分の個性がにじみ出るような紙をつくりたいと思っていました。作品のようなこだわりの紙ですね。しかし、あるとき「お前の紙は使いにくい」と言われたことをきっかけに、紙はあくまで素材であり、作品になり得ないと思うようになります。三〇代に入ると、使い手が喜ぶ紙をつくらなければならないと考え始めました。

ところが、紙を使う人の多くは、自然の摂理をほとんどわかっていないことに気づきます。紙を「真っ白にしてほしい」とか「もっとにじむようにしてほしい」とか。和紙の原料である楮《こうぞ》の能力の限界を超えた要望が多くなる。しかし、真っ白にするために塩素漂白すると、当然紙は劣化してしまいます。自分が育てた楮が不憫に思えました。

ですから、四〇代は使い手の要望に合わせるのではなく、楮がなりたい紙をつくること、それが自分の仕事だと思うようになりました。そして、紙はつくるものではなく、育てるものだということに気づき始めました。「つくる」ことは自分の意識が主体になりますが、「育てる」ことには相手が存在します。だから、相手の嫌がることを無理にするわけにいかない。素材と

こばやし・やすお
一九五四年生まれ。和紙職人、越後門出和紙代表、門出ふるさと村組合組合長。一九七六年門出和紙生産組合を設立し組合長となる。一九八二年地域おこしグループ「水曜会」を設立、かやぶきの里、じょんのび村構想にかかわる。一九八三－九四年高柳町議会議員を務める。一九八六年総称を「越後門出和紙」と命名、代表となる。一九九七年「大地の学校」構想の準備を進めながら、試行運営を始める。

相談しながら生み出していく。「つくる紙」と「育てる紙」は違うのだということを、四〇代のときに自覚したのです。俺は育てる紙屋になろう、と。

さて、話題は変わりますが、私がこれまでに考えてきたことをまとめた「僕の妄想図」と称しているヘンチクリンな図があります[fig.17]。これについてお話ししましょう。図には「ふたつでひとつ　ひとつはふたつ」と書きました。どういうことでしょうか。「絶対」という言葉は「対を絶つ」と書きます。つまり、もともとはふたつでひとつだったことが含意されている。このような、普段は意識されない言葉の意味を、客観（見える世界）と、主観（見えない世界）とに腑分けしてみたのが「僕の妄想図」です。

例えば、「私はこう思う」という言い方と「私はこう考える」という言い方は、普段あまり区別されません。「思う」とは主観的な行為で外からは理解できないこともありますが、「考える」ことは客観で外から理解できます。

さらに、「文明」はつねに変化し向上しなくてはならない客観の世界であるのに対し、「文化」は主観の見えない世界であり、進化することを目的としていません。そして、文化には育てることが含まれているようです。

この図で、私は「人為」を客観、「天然」を主観に分けました。「自然」はどうでしょうか。例えば棚田は「天然」ではありません。人が山の形に寄り添うように人為的につくったものです。農業を営み、定住生活を始

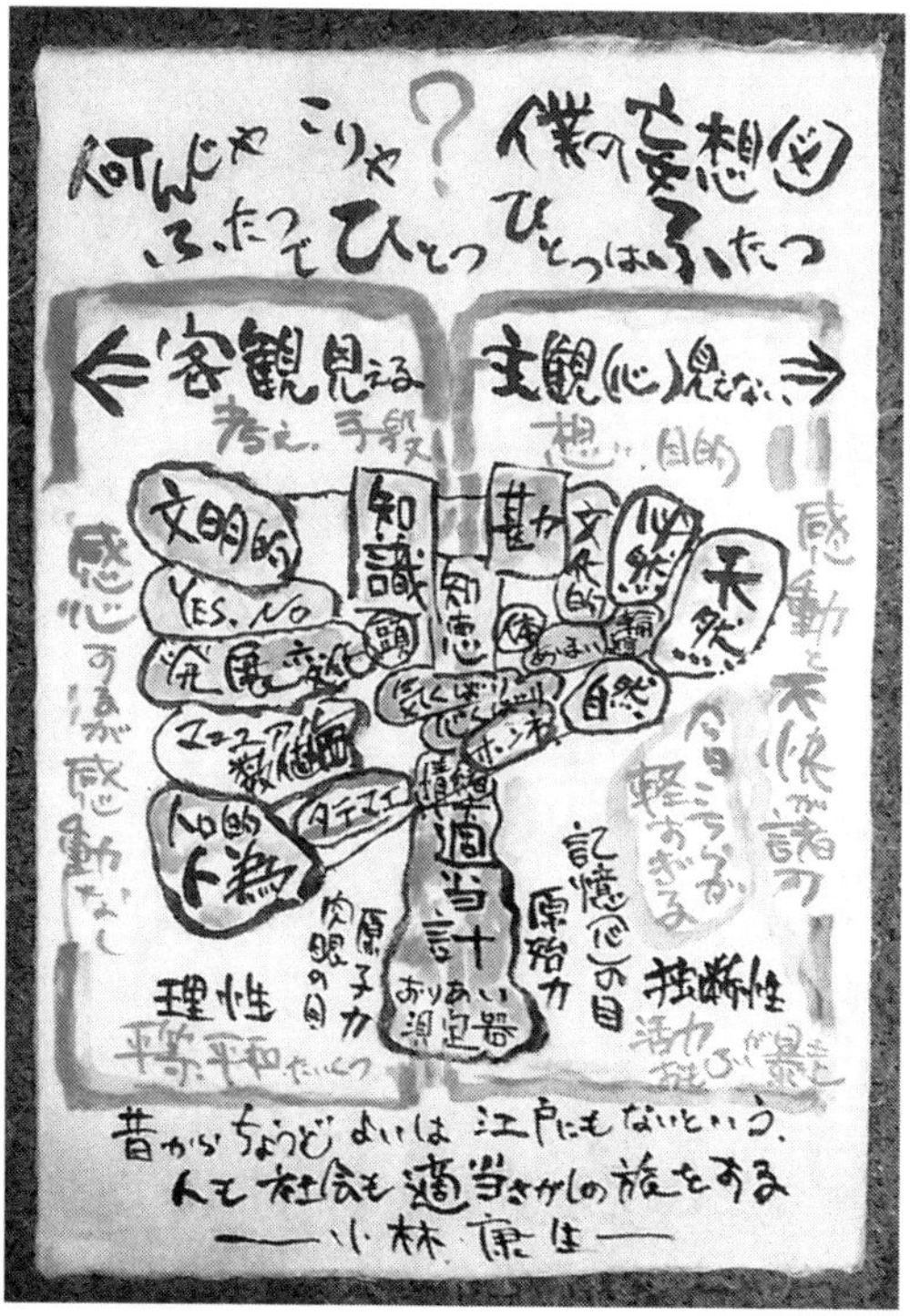

fig.17——僕の妄想図（小林康生作成）

めたときには、人間はすでに純粋に「天然」な存在ではありませんが、心のなかでは、栽培や飼育も「天然」の一部だと思い込もうとする節があります。ですから「自然」とは、やや客観寄りの主観の世界、いわばすこし人間臭いものだと言えるのではないでしょうか。

最後にもうひとつ、「気くばり」と「心くばり」の違いについてお話ししましょう。どちらも人間の心が深くかかわっていますが、気をくばる場合は相手の存在が意識されています。つまり「気くばり」は客観の世界になります。他方の「心くばり」は、本当に心がそうしたいと思うことを優先するので、やや主観の世界と言えるでしょう。昔のレストランではウェイターのサービスにも個人差があり、客を怒らせることもありました。いまはどこの飲食店も、気くばりが行き届いており、とても感心します。でも昔の店員さんは、ちょっとしたお願いにも「はいよー」と言って応えてくれる良さがありました。いまは「当店のマニュアルにはございません」と言われてしまう。極端に言えば、「気くばり」には感心できても、主観(心)がないので感動することもない。「心くばり」は頭にきたり、不快になることも多い反面、感動することがある。現代の商品やおもてなしのほとんどは「気くばり」に偏っているように感じます。地域おこしや村おこしも同じで、それはちょっと残念に思います。

私の親父が「昔からちょうどよいは江戸にもない」という言葉があると教えてくれたことがあります。考えてみれば、人や社会は昔から「適当探しの旅」をしているのかもしれません。ですから、私の図には、主観と客観のあいだに「適当計」という「おりあい測定器」を置いています。つまるところ、主観と客観のバランスを適度にとることが、いつの時代も大事なのです。

私はいま「大地の学校」を構想しています。さきほど申し上げたように「育てる」のが文化だとすれば、「つくられる」のは文明です。入学したら種をまき、じゃがいもなら一〇〇日、米なら半年、収穫するまでをひとつのカリキュラムとする学校をつくれたら、人びとの五感は豊かになるのではないでしょうか。真の豊かさとは、その五感のなかに宿っています。それが、六五年間生きてきた私の実感です。

講演4

左官職人は景観をつくる

挾土秀平

挾土秀平――僕は左官職人として、建築の現場で塗り壁をつくってきました。三〇代の頃、巨大な美術館のような建物の建設現場に入ったことがあります。約二万平方メートルの大きさ、四年間でのべ一万八〇〇〇人の左官職人を要する大規模な塗り壁の工事でした。そのころ僕が思ったのは、「建築とは景観だ」ということです。左官は外壁を塗るのが仕事です。つまり景観をつくっている。景観こそが国の財産であり命である。僕は左官職人として、いい景観をつくりたいと思っています。

二〇一二年に、東日本大震災の被災地である宮城県石巻市雄《お》勝《がつ》町の海岸で、「雄勝希望のキャンバスプロジェクト」を企画しました。鎮魂と復興を願い、巨大なキャンバスに見立てた高さ四メートル、長さ四〇メートルの土壁のモニュメントを設置する試みでした[fig.18]。左官は、この大きな壁を目地なしで真っ白に仕上げることができます。壁面を縦横に移動しながら、チームワークを発揮して延々とどこまでも塗り続けられる実感がありました。このプロジェクトでは一六〇平方メートルの壁でしたが、さらに六〇〇平方メートルくらいまで塗ることができたのではないかと思います。非常に気持ちのいい仕事でした。

はさど・しゅうへい　職人社秀平組代表。一九六二年岐阜県高山市生まれ。一九八三年技能五輪全国大会左官部門優勝。父の会社で美術館やホテルなどの現場を手がける。二〇〇一年「職人社秀平組」設立。土・砂・石灰・藁など、自然素材の力や色を活かし、ストーリーのある壁を制作。主な仕事にザ・ペニンシュラホテル東京、アマン東京、JALファーストクラスラウンジ、NHK大河ドラマ「真田丸」の題字・タイトルバックなど。www.syuhei.jp/

景観をつくる職人として、やはりいつも素材に目がいきます。かつて、僕はクリの木を割いたへぎ板を使い、松ぼっくりのような野菜蔵をつくりました。八ヶ岳の斜面地の建物で、周囲の景観を意識したザワザワとした質感をもった作品です。完成後、二〇年ほどの経過のなかで、板が朽ちて崩れながら、野菜蔵はより風景に溶け込むようになっています[fig.19]。

あるとき、作家の倉本聰先生が、この松ぼっくりの野菜蔵を気に入ってくださり、北海道の富良野にもつくってほしいと依頼してくれました。しかし、北海道の積雪量や地表の凍結深度の厳しい気候では、木は耐えることができません。そこで、二・五ミリの厚さに切った鉄を、モルタルで挟みながら組み上げてつくりました[fig.20]。ところが、真新しい鉄の光沢が残ったことで、倉本先生から「富良野の自然を大切にしたいのに、これじゃ鉄のロボットみたいだ」とお叱りを受けてしまったのです。そこで「一〜二年経つころには、鉄が真っ赤に錆びて樹林と同化するはずです」と説明し、やり直すことなく、そのまま残してもらうことができました。その後、一年ほど経つと、実際に鉄が赤茶色に錆び始めていました。さらに、これは意図しなかったことですが、雨が鉄をたたきつけると水琴窟のように「ゴーン、カーン」ときれいな音を響かせるのです。このモニュメントは《ル・ゴロワの鐘》という名で、いまでは倉本先生が監修するレストランのシンボルになっています。やがて、真っ赤になって周囲の景観と馴染むようになるでしょう。

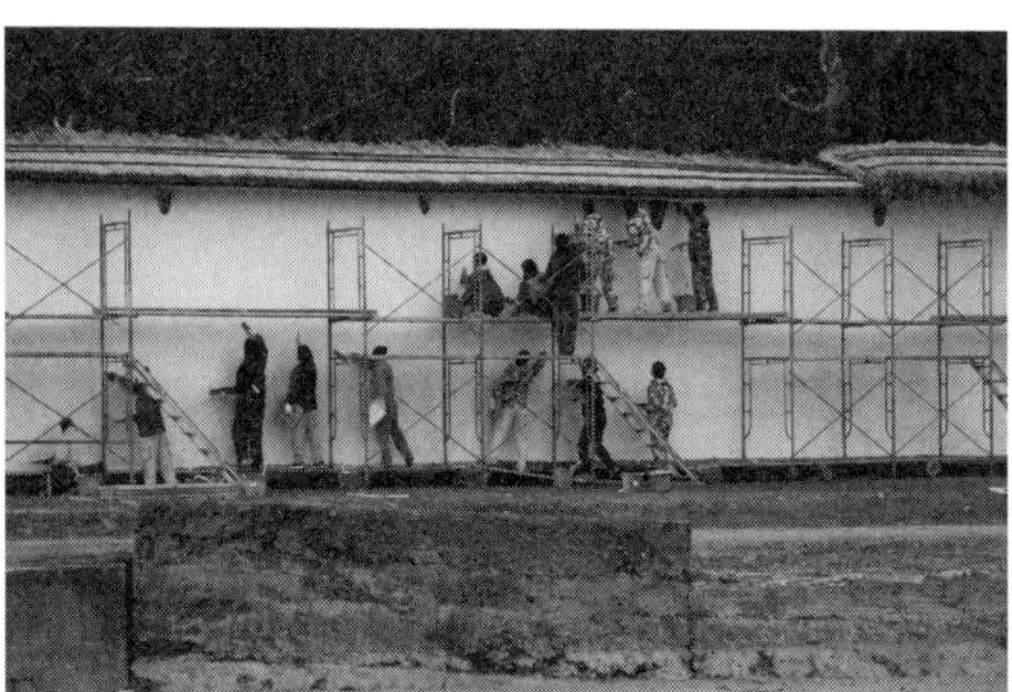

fig.18——「雄勝希望のキャンバスプロジェクト」の長さ四〇メートルの土壁

fig.19——《八ヶ岳松ぼっくりの野菜蔵》

fig.20——《ル・ゴロワの鐘》(二〇一八年)

ところで、一見すると白にしか見えない土壁でも、素材や塗り方によって微妙に赤や青、ピンク、グレーに色づき、繊細な表情を見せることがあります。隈さんは、その違いを見分ける微細な色彩感覚をお持ちの人だなと思ったことがあります。

あるとき、隈さんから「透ける土壁をつくってみたい」と言われたことがあります。「透ける土壁」とはどのようなものか、僕には即座に思いつかなかったのですが、ステンレスのメッシュに土を塗ってみたいという要望でした。

そこで僕が提案したのは、セメントに炭素繊維を多く含ませて、メッシュに吹きつける方法です。そうすることで繊維が絡んで漆喰のように硬く固まり、メッシュから落ちることはないだろうと考えたのです。実績もなく確信があったわけではないのですが、隈さんから「それおもしろいからやってみよう」と言っていただき、実現しました[fig.21]。

ところが、実際に吹きつけてみると、メッシュの色が一枚ごとに微妙に異なってしまったのです。湿度や温度、セメントの硬化時間によって、微妙なエフロレッセンス(白華)が出たことが原因でした。やり直しを命じられると思っていたところ、隈さんはそれ見て「このムラいいね。すごい綺麗だね」と言ってくれた。素材は時間によって微妙に色が異なります。隈さんは「素材をわかっている人なんだ」とわかり、本当に嬉しかったことを覚えています。

最後に、僕がいま取り組んでいることについてお話ししましょう。岐阜県飛騨の古い洋館を移築する仕事を手がけるなかで出会った、ある森があります。樹齢一〇〇年ほどの木が群生し、周囲の木と競争するように背がどんどん伸びています。ところが、近年の異常気象で風が強くなり、僕には近い将来、この森の木がすべて根こそぎ倒れてしまうと予感されました。しかし、根本から木を切ってしまうことはしたくない。一〇〇年という森の時間を無駄にしたくないと思いました。そこで、森の圧縮作業に取り掛かることにしました。大型のクレーンで自分の身

fig.21——《東京大学大学院情報学環ダイワユビキタス学術研究館》の日本庭園側ファサード(二〇一四年)

体を吊り上げ、樹齢一〇〇年の木を段階的に切っていきます。これにより風に強く、樹木に負担が掛からない高さに圧縮するのです。庭師には「そんなことやっても枯れてしまうぞ」と言われましたが、このままにしておいても木は倒れてしまうでしょう。幹の太い二〇〇年の森をつくること、それが私の夢「一〇〇〇坪の盆栽化計画」です。

鼎談

奥深いモノの世界へ

原研哉×鈴木輝隆×小林康生×挾土秀平×隈研吾

隈研吾——初めにお話ししたように、バブルが弾けた一九九二年、僕は東京の仕事がすべてキャンセルされ、地方を回るようになりました。ちょうど「失われた一〇年」と呼ばれる時期です。バブルは都市の現象でしたが、一九九〇年代から都市ではなく地方に目を向けるべきだとする空気感や価値観が社会のなかで芽生え始めました。しかし当時、地方にいた優秀な職人たちは、その後の三〇年でどんどん減り続けました。他方で、外側からの視点で地方の魅力を拾い上げたり、あるいは職人たちにおもしろい仕事を引き合わせるプロデューサーのような人が現れました。彼らの存在は九〇年代以降のひとつの収穫だと思っています。鈴木さんはそんな新しい流れをつくりました。

小林康生さんや挾土秀平さんは、和紙や左官における日本の職人の第一人者です。そして、原研哉さんはそんな職人たちをつなげたり、世界に連れていくプロデュースの第一人者です。原さんが企画された「HOUSE VISION」や「HAPTIC」といった展覧会は、ひとつの世界的な現象をつくったと言えます。それは日本の職人たちの技を世界の人に伝わるように翻訳したのです。単に技があるだけでなく、それをつなげることが非常に重要です。どうしたら日本の技や

クラフトを残せるか、それとまちおこしをつなげられるかを、みなさんとお話ししたいと思います。

「遊動の時代」における観光とホテル

原研哉――現代はグローバルの時代ですが、私はこれから「遊動の時代（era of nomad）」になると考えています。遊動の対義語は「定住」です。隈さんのように世界中を動き回る人たちが、各地のローカリティを発見し始めているわけです。グローバルに動くほど、相対的にローカルが大事になるという価値観が、世界的に共有される時代になるのではないでしょうか。そして、私は自分の祖国である日本のポテンシャルを最大化してみたいと思っています。

二〇一九年七月に「低空飛行」というウェブサイトを開設しました[fig.22]。高度一万メートルの高さを飛ぶ飛行機より、一〇〇〇メートルの高さを飛ぶ飛行機のほうが、地表をより鮮明に見ることができます。これは比喩ですが、要するに低空から日本列島を高解像度で見てみることがコンセプトです。で

fig.22――ウェブサイト「低空飛行」(https://tei-ku.com/)

すから、英語のタイトルは「high resolution tour」となっています。

「低空飛行」では、日本各地の魅力的な旅館や美術館などのスポットに赴き、私自身が撮影した動画とテキストで紹介しています。企業からのスポンサードを受けてつくるのではなく、パーソナルなフィルターを通した紹介を大事にしています。これからは観光がとても重要です。ところが「観光」と言った途端、「地域おこし」と同じように、どうしても気負いが生じてしまい、なかなか関心を持たれないのが実情です。しかしもう一度、国土や風土、伝統工芸といったすでにあるローカルな資源の潜在力に気づき直す必要があるのではないでしょうか。

こうした視点から最近はホテルに興味を持っています。先日、スリランカでジェフリー・バワの建築に宿泊しました[fig.23]。建築はその土地の風土や環境を咀嚼して、来訪者に提供してくれます。むき出しの自然に人間はなかなか近寄ることができませんが、そこに建築が介在したり、あるいはたとえ一枚の鏡面プールが挿入されるだけでも、自然は環境となって立ち上がってくるのです。そう考えたとき、ホテルとは目的地の途中で滞在する場所ではなく、ホテルそのものが目的地になりうる。しかし、日本にはそれほど力を持つホテルがけっして多くありません。日本は観光資源が豊富で、各地に実に多くの才能があり、工芸やもてなしといった素晴らしい伝統の積み重ねがあります。それにもかかわらず、力のあるホテルが少ないことに私は非常にもの足りなさを感じています。目的地として人を集めるようなホテルをつくることが、世界の文脈で日本が抱える課題のひとつになるだろうと考えています。

隈——おっしゃるとおり、まちおこしやクラフトを考える際に、人を集められるホテルという建築のタイプはとても重要です。かつての価値観では、ホテルは商業施設という位置づけで、文化的機能を持つとは考えられていませんが、僕はホテルこそ文化施設だと考え始めました。先ほど申し上げたように、日本では一九九〇年代前半にバブル期とは異なる価値観が立ち上がり始めました。それと同時に、日本だけでなく世界でも同じような価値観の変化が起きています。こうした世界的な状況のなかで、ミツバチのように触媒の役割を果たした人物のひとりが

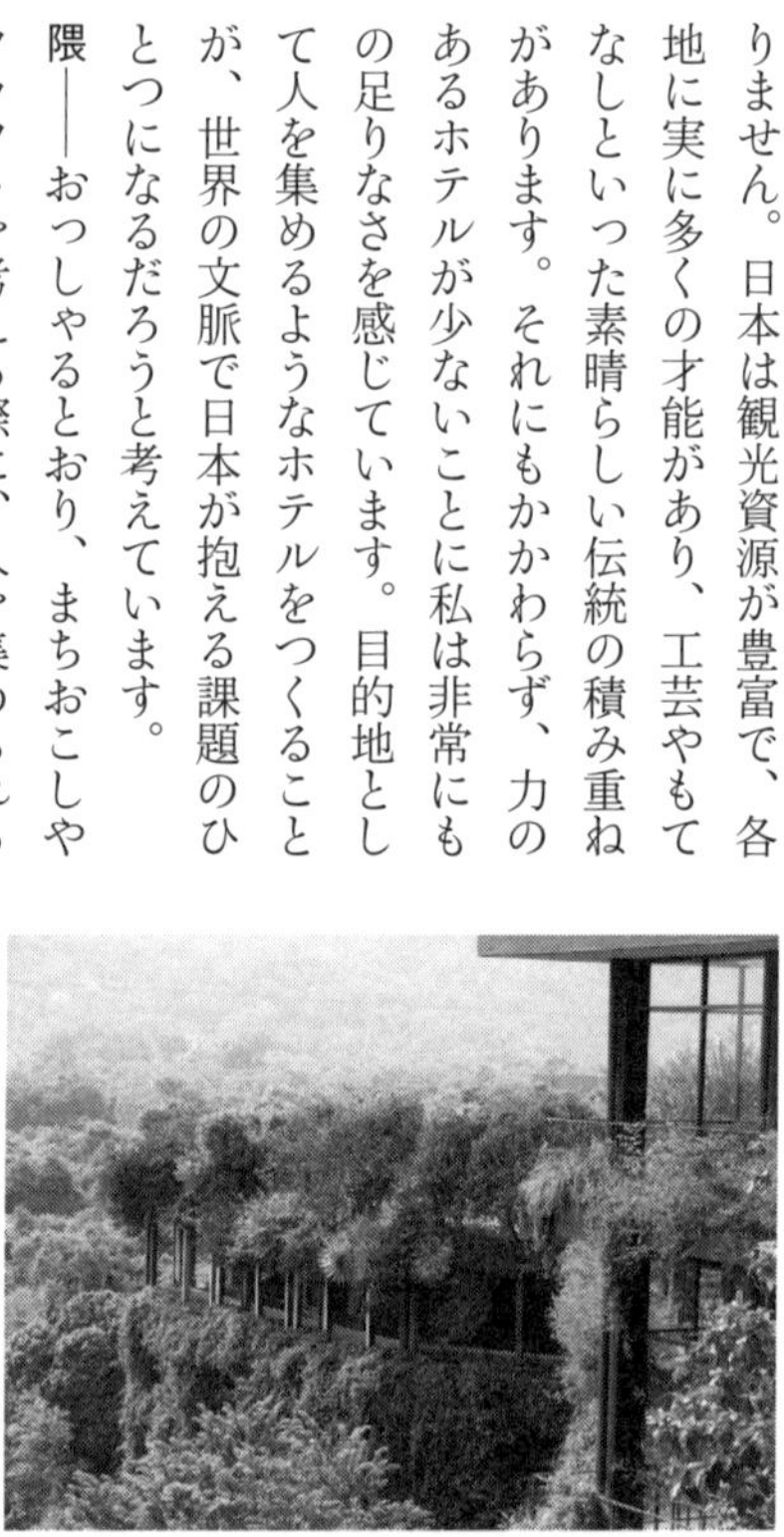

fig.23——ジェフリー・バワによる《ヘリタンス・カンダラマ》(スリランカ、一九九四年)

ジェフリー・バワです。彼は一九一九年から二〇〇三年まで生きたスリランカの建築家で、ともすると熱帯風の高級リゾートを設計しただけの人と誤解されてしまいがちです。しかし、実際に彼の建築を見てみると、原さんがおっしゃるように、ローカルに対するフィルターの掛け方やバナキュラーなものの取り入れ方が、きわめて先駆的であったことがわかります。

原——バワは資産家の家柄に生まれ育ちました。スリランカは東インド会社が跋扈した一七～一八世紀に、オランダやイギリスの植民地として非常に栄えた場所です。当時、西洋の文明の影響を受けて恩恵にあずかった現地の人たちもいました。彼の家系は裕福で、バワ自身はイギリスのケンブリッジ大学に入学し、若い頃から東洋と西洋を同時に見るような複眼的な視点を持っていた。ロールス・ロイスを駆って世界を旅するような優雅な人だったんですね。もちろん、その優雅さだけが彼の魅力とは言いませんが、ローカリティを噛み締めてスリランカの独立運動に身を投じるような人ではなかった。彼の建築を見て、グローバルな文脈に向けてローカルをどう表現すればいいのかということがよくわかっていた人だということに、あらためて気がついたのです。

隈——スリランカで実際にバワの建築を見たとき、僕も同じことを感じました。彼はいわゆる正統的な建築教育を受けていませんでした。弁護士となった後、三一歳でイギリスで建築を学び始めます。若い頃にモダニズムの建築教育を受けていたら、また違っていたのかもしれませんね。

アマン・リゾートの創業者であるインドネシア人のエイドリアン・ゼッカは、バワから大きな影響を受けています。ゼッカは単なるホテルチェーンの創業者ではなく、バワと同じように、バナキュラーなものを世界に向けて発信できる、地域を見る優れたフィルターを持つ人物だと言えるでしょう。

彼はもともとホテルマンではなくジャーナリストで、雑誌『ＴＩＭＥ』のアジア支局長として葉山の日本家屋に住んでいました。その後、ホテル業界に転身して、アマン・リゾートを一九八〇年代に創業し、世界のホテル業界の価値観、ビジネスモデルを一変させます。バワやゼッカはミツバチ的な存在のパイオニアだったと思います。

外部の目が地域の価値を見出す

隈――鈴木さんは日本中を飛び回ってさまざまな人や地域を結びつけています。これからの時代に、地域や職人たちにはどのようなことが求められるのでしょうか。

鈴木輝隆――どんな地域でも、地域創生の可能性はあります。いまはあらゆるモノやコトが資源となります。例えば、北海道東川町には、国道、鉄道、なんと全町水道がありません。三つの〝道〟がないことが世界の人から見ると、自然豊かな町という個性となり、移住者が増えています。さらに、日本で唯一の、町が設立した日本語専門学校と民間の専門学校を合わせて、五〇〇名以上の留学生が暮らし、人口は七〇〇〇人台から八三〇〇人になっています。

　地域創生は町の個性や文化、教育、観光、産業・経済、景観、生活のすべてを含めたライフスタイルにありますが、町の知名度が上がらないと、町のプライドやブランドになりません。地域創生は主体性を持って行うことは当たり前ですが、一流になるための支援ネットワークが足りませんし、資源化するにも限界があります。私はこうしたこともあり、みつばち鈴木として優れた才能を持つ人や経験者を地域の人に紹介し、地域プロデュースをしています。さらに、地域の知名度を上げるとともに、資源の紹介や職人の仕事を外に向けて情報発信しています。

　二〇二〇年に実用化される5G（第五世代移動通信システム）というデータ通信の新しい規格が、いま注目を集めています。データによって経済や生活はより合理化され、ますます便利になることでしょう。でも本当に豊かなことは、自分がやりたいことを実現できる社会だと思います。そのためには、データとクリエイティブな力を組み合わせられることが肝心です。隈さんや原さんのようにクリエイティブな人たちと職人が一緒になって、自分たちがやりたいと思うことを実現できるようになったらいいと思います。

　活躍するのは日本人だけではありません。例えば、先ほどの東川町に住民票のある外国人は、しかし、日本に留学し、その土地が好きになってもやりたいことをなかなか実現できずに故郷に帰らないといけない場

合が大半です。こうした状況を改善するには地域で自己実現できるように、構想力を育ててみんなで支えていけばいい。そのためにも、すぐれたデザインやマネジメント、そして投資を行う必要があります。地域でおもしろいことをやろうと試みても、行政の力に頼るだけでは、自発的・継続的に取り組めないデメリットがありますから、これからの一〇〇年は、データにクリエイティブな人、職人を組み合わせて、住民の夢が実現できるための多様なネットワークを構築することです。地域で自己実現ができれば、世界が驚くようなおもしろい社会になっていくのではないでしょうか。

隈――いまのお話のなかで、外国人による外からの視点というのがとくに重要だと思いました。先ほどのレクチャーのなかにも「外界のものに発見されないと価値は成立しない」という司馬遼太郎の言葉がありました。彼自身が外側の人間として『街道をゆく』を書いたわけで、ローカルの価値を客観化する外部の人の視点は、じつはとても大事なのだと思っています。僕と縁の深い高知県の梼原のことも司馬さんは同書のなかで触れています。僕と梼原をつないだ中越準一町長（当時）と、司馬さんが意気投合したことで、司馬さんがたいへんな梼原ファンになったそうです。

僕の研究室には外国人留学生が多く在籍しており、彼ら彼女らは地域にとても関心があります。以前、研究室で東日本大震災の被災地を視察する計画を立てたとき、帰還困難区域への立入許可を申請するかどうか真剣に検討していました。もちろん防護服を着て、放射線量を計測しながら規定の時間までに区域外に戻ればいいのですが、日本人の学生は躊躇していました。むしろ留学生のほうが「どうしても連れて行ってほしい」と強く希望していました。結局、留学生を中心に被災地に行くことになりました。日本人だけでは、本当の日本の姿になかなか気づくことができないのかもしれません。

原さんがこれまで企画された展覧会は、日本の内側からの視点だけではなく、外側の目を前提に構成されているのが特徴でした。今日の原さんと鈴木さんのお話を聞いて、そのことの重要さをあらためて思いました。

モノと向き合う職人から学んだこと

隈――小林康生さんは二〇代から三〇代、そして四〇代と、紙づくりに対する考え方の変化をお話しいただきましたが、全く同い年の僕と考え方が似ているので驚きました。自分も若い頃は、人と違うものをつくりたいと思っていました。《M2》(一九九一)はそんな思いが生んだ作品です。小林さんは、四〇代の頃に「紙はつくるものではなく育てるものだと気づいた」とお話しされました。僕も建築をつくるのではなく「建築を育てる」なんて言えたら、すばらしいなと思います。

ところで、小林さんと日ごろ一緒に仕事をしていると、僕にいろいろなことを教えてくれます。日本にはさまざまな手漉きの和紙職人がいますが、小林さんは原料となる楮をご自身の手で育てているめずらしい存在です。外国産の楮は、日本の楮とは種類が違うのだそうです。海外産の楮は繊維の長さが短く、昔のよう

なしなやかな紙にならない。僕が一九九五年ごろからマテリアルの重要性に気づき始めたのも、モノに向き合い続けている小林さんからの強い影響があります。同じ手漉きの和紙と言っても、小林さんの楮だからこそ特別な紙になるのです。

もうひとつ、小林さんに教わったことは透かして見たときに見える和紙の線の存在です。小林さんの和紙をよく見ると、細い線があるのがわかります。昭和三〇年代以前につくられた和紙には線が見えるのですが、それ以降につくられた和紙には線が見えません。かつて紙を漉くための簀《す》の一本一本に、萱《かや》を使っていたからです。萱は植物ですから、太さにバラつきがあり、その萱の線が漉いた和紙に残ります。しかし昭和四〇年代以降の簀は、萱ではなく均一の太さに削った竹ひごを使っているため、線が消えてしまったのだそうです。小林さんは、その線を出すために昔ながらの方法で簀をつくられています。こうした小林さんのマテリアルに対するこだわりと、それを実現する姿勢から、僕は多くのことを習いました。小林さんは、いま日本の若い職人たちにどのようなことを伝えたいと考えていますか。

小林康生――いま隈さんがお話しされた線の話は、透かして灯りを楽しむような、深みと情緒のある和紙をつくるために有効な方法です。逆に線があってはならない紙もあり、いま、身に着けている紙布の作務衣などできるだけ洋紙のように均一に漉かないと糸が切れてしまうのです。紙をつくると言ってもその種類や技法はさまざまですから、紙の用途に応じた道具を自分で考案しなくてはなりません。

私と隈さんは自然素材を扱う姿勢が似ていると、ときどき思います。互いに共通するのは「自分の力だけではできない」と認めていることです。自然素材を使うには、まず祈りの気持ちがなければなりません。最終的に紙づくりの成否を決めるのは原料です。和紙の原料となる楮の生育は、お天道さまが決めるところが大きく、自分の力だけではどうしようもない。まずそのことを認めるところから始まる。祈るのです。それが自然素材を扱う第一歩です。隈さんは自身にこだわるというより、自然と自分の思いとの折り合いをどのようにつけるべきか、つねに考えている。それが普通の設計者とは違うところだなと思います。

サンパウロのジャパン・ハウスの建築を隈さんが手がけられたとき、エキスパンドメタルに紙を漉くアイデアを持ち掛けられました[fig.24]。正直に言うと、本当は金属とコラボしたくなかったんですよね。「育てた」自然素材と「つくられた」工業製品を組み合わせることは、私にとって受け入れがたいものがあったからです。

　でも、かつて楮は衣服や縄の材料でした。その後、日本に紙の技術が伝来し、六世紀に楮は紙の原料として使われるようになります。楮の一番よいところは素材そのものが呼吸することです。湿気を吸ったり吐いたりしながら、紙は次第に丈夫になっていきます。紙というものは三〇〇〇年、四〇〇〇年かけて一人前に成長する。今日様々な金属が建築に使われていく。そう捉えると、紙と金属が融合するのは必然的な流れだろうと思い至りました。

　とはいえ、頭で理解できても、心では理解できない部分もある。私は死ぬまで心の中まで納得できないかも知れない。でもガラスなどを受け入れているように次の世代は納得することになるのでしょう。隈さんからはいつも一癖ある依頼を受けますが、よくおっしゃるのは「古いものと新しいものとの融合」です。それを考えて試行錯誤するのは、いつの時代もその瞬間を生きる人の役目なのだろうと思います。

隈――小林さんは芯があって、しかも融通性のある方だなといつも思います。もうひとつ、高柳町で《陽の楽家》をつくったときに、小林さんから教わって驚いたことがあります。雨に耐えられる和紙を小林さんに要望したところ、こんにゃくを和紙に塗ることを提案されました。最初は冗談かと思いましたが、科学薬品ではなく、ドロドロのこんにゃくを刷毛で和紙に塗ると、弾き、丈夫になるのだそうです。

　ある日、そのこんにゃくの話を新聞の小さなコラムに書いたところ、数か月後に知らない女性から手紙が送られてきました。それによれば、彼女は戦時中、紙にこんにゃくを塗って風船爆弾をつくっていたというのです。紙にこんにゃくを塗るという手法は、じつは戦争中に風船爆弾を飛ばすために使われていたことがわかりました。太平洋戦争末期の日本は物資に乏しく、比較的容易に調達できる和紙とこんにゃくで風船気球をつくり、爆弾を吊るしてアメリカに向けて放った。

fig.24――ジャパン・ハウス・サンパウロのエキスパンドメタルに紙を漉いた壁(深尾大樹撮影)

実際にこの爆弾が命中し、アメリカでは何人か亡くなったそうです。風船爆弾はレーダーで捉えらなかったため、市民がパニックになることを避けて報道管制が敷かれていましたが、いまでは米軍の記録から当時の状況を知ることができます。そんな和紙と風船爆弾とのつながりを、女性からの手紙で知って驚きました。いま、僕も和紙にこんにゃくを塗ってソファをつくったりしていますが、こうした技術のなかに日本の歴史が埋もれています。地域おこしや建築が、そういったことを継承していくいい機会になればと思います。

職人の危機と技術を継承する課題

隈――挾土さんは教育者としての一面もお持ちです。彼のまわりには全国から若い人が集まり、左官の枠を超えていろいろなことを挑戦させていますね。若い世代への技術の継承に取り組まれているのはどのような思いがあるのでしょうか。

挾土秀平——僕は職人が絶滅しそうな現状に対する強い危機感があります。以前、建築学科の学生の卒業設計の審査員を務めたときに、学生たちに「この家の屋根は何で仕上げるつもり?」「この天井はどんな仕上げを想定しているの?」と、仕上げについて質問したのです。すると、それに答えられた学生はひとりしかいなかった。そのとき僕は、やっぱり職人は絶滅するなと思いました。建築家を志すのに仕上げのことを知らないわけですから。建築の哲学と精緻なコンセプトで空間を構想しても、結局はメーカーのカタログにある商品を切り貼りしただけの空間になるのだろう。そうとしか思えなかったのです。

仕上げの素材は、きめの細かなものから粗いもの、雨に強いものからソフトなものまで、本当にさまざまです。僕のような職人に言わせれば、「この素材なら天井高は低め」とか「この素材を使うなら曲面のほうが活きる」というように、素材や仕上げを考えながら空間を考えていくものだと思っていました。ところが実際の建築教育はまったく違う世界だった。ですから、職人も建築のことを勉強して、学生と職人が話せる勉強会のような場があるといいなと思います。職人が素材や仕上げのことを教えられたら、将来、建築の設計が変わり、職人の仕上げが活きる場が増えるのではないかと思います。

隈——僕も学生のときは似たようなものので、何も知りませんでした。東京大学で教鞭を執るようになってから、学生たちと小さなパヴィリオンをつくることにしました。素材のことがわからなくても図面は引けてしまいますが、実際に自分の手でつくるとなると、さまざまな壁に直面します。素材を目の当たりにし、失敗したり壊れたりしながら試行錯誤を繰り返さなければなりません。これまでコンピュータを扱うことしか知らなかった学生が実際にマテリアルと格闘すると、まるで人が変わったように成長することがあります。パヴィリオンの制作は教育的に非常に有効な手法だと思っています。

パヴィリオンの制作は、海外の大学とのワークショップでもとても盛り上がります。イタリアではシチリア島の現地の材料を使って二週間でひとつのパヴィリオンをつくりましたし、オーストラリア、イギリス、クロアチアといろいろな場所に連れていきました。それぞれの学生が持っているリソースを総動員して制作にあたるのですが、実際にモノをつくることで、世代や国を超えて技術や知識が継承されるのが実感されました。

原——挾土さんは先ほど、日本の職人は絶滅の危機にあるとおっしゃいましたが、僕にはこれから出番がたくさんあるように思えます。挾土さんは一九八三年に技能五輪の左官部門で全国優勝をされました。それ以来、挾土さんの技術に興味をもつようになり、松ぼっくりの野菜蔵には感銘を受けました。じつは、先ほど朽ちて苔むした二〇年後の蔵の写真を見て、さらにショックを受けました。荒々しい時間の感覚をお持ちの方なのだなと。他方で、技術の存在を感じさせないぐらいの土壁のフラットさにも、僕は強く惹かれます。そしてそのような技術は、いま世界で求められている。私自身も挾土さんのような素晴らしい壁をつくる人に、仕事を頼めるようになりたいと思っています。

隈——原さんは非常に厳しい人だから、たいへんですよ(笑)。さて、今回の皆さんの話が楽しいのは、モノに即した話だからです。こんにゃくの話だけでも、まだまだ続けられそうです。僕が透明な土壁をつくってほしいとお願いしたときに、挾土さんは炭素繊維を混ぜることがカギだと言いました。それは彼の直感かもしれませんが、最先端の技術を直感で先取りしている発想に驚きました。東京大学大学院情報学環の教育研究棟《ダイワユビキタス学術研究館》の、懐徳館庭園側のファサードは、そんな挾土さんの透明な土壁でできています。最先端の教育が土壁の建築のなかでという、おもしろい組み合わせです。

今回の講義を通して僕が若い人たちに伝えたいことは、モノの世界の奥深さやおもしろさです。そして、そこにはまだまだ多くの参入の挑戦が残されています。たんに昔ながらの技術を守るだけではなく、挾土さんが土壁に炭素繊維を混ぜたように、古いものと新しいものを組み合わせられる可能性がある。モノの世界には偉大な先達がたくさんいますが、若い人は気にせずにその先に挑戦してほしい。僕はその背中を押したいと思っています。

回想

聞き続けること

隈研吾

正直に言うと、僕には、好きなタイプの職人と、嫌いなタイプの職人とがいる。えらそうで、自慢話が多い職人は好きではない。芸談が上手で、しゃべりすぎる職人とは馬が合わない。一人がしゃべりすぎると、コミュニケーションがとれなくなって、実際的、実質的な話にまでいきつかない。一番大事なのは、実物を目の前に置いて、均等にディスカッションをすることである。

そんなやり方を覚えたのは、バブルがはじけた後に訪れた梼原町で雲の上のホテル(一九九四)を設計したときである。東京で事務所を始めたのは一九八七年で、日本はバブル経済に浮かれていた。三〇代の駆け出しの建築家に不釣り合いな規模の仕事を依頼されたが、現場が始まると僕のフラストレーションは溜まる一方であった。工事を請け負ったゼネコンの現場の所長としか打ち合わせをさせてもらえなかったからである。僕は素材やディテール(収まり)について、直接職人と話をしたかったが、現場所長はそれを許さない。一旦それを許したら、工程(スケジュール)も予算も、コントロールがきかなくなるという理由だった。素材やディテールについて、こちらの希望を述べても、現場所長は「検討します」と答えるだけで、検討の結果は、ほとんどがノーなのである。「いいご提案ですが、なにしろスケジュール的に無理ですし、予算も大幅オーバーになります。誰がそれを払うんですか」。実際に検討したのかもわからないし、そもそも現場所長は工程と予算以外のことには関心がないのである。

ところが山のなかの梼原に行ってみると、工事現場のなかでも、違う時間が流れていた。僕自身が一人で工事現場のなかをフラフラと歩きまわることができ、職人さんたちに直接質問をしたり、直接のお願いをすることができた。そのときに重要なことは、こちらが知ったかぶりをせずに、わからないことはわからないと、正直に尋ねてみることである。

そんな感じで接すると、最初はこちらを警戒していたように見えた職人さんも、心を開いて、濃密で実質的なコミュニケーションが始まる。「こんな収まりってできますか」と聞くと、「そんなのできるわけねえだろう。そんなことも知らないで、よくやってるな」と罵声を浴びせられることもあるが、そんなことでめげてはいけない。大切なのは、教わる気持ちである。逆に、素人まるだしの僕の質問に対し、「そんなの簡単だよ。むしろそっちのほうがよっぽど楽だ」というポジティブな答えをもらって、「建築やっててよかったな」と何度もつぶやいた。バブルがはじけてくれて、こんな職人さんたちと出会えて本当によかったと、心から不景気に感謝した。

そのやりとりのなかから、いくつかの誰もトライしたことがないような新しいディテールが生まれた。特別なスサを、山ほど混ぜてつくった粗い土壁。面と面を直接ぶつけて、コーナー部分のかがりを省いた竹籠照明などが、梼原のゆったりとした時間のなかから生まれたのである。

クラフトと付き合うとき、職人と一緒に仕事をするとき、大事なことは、フラットに、フランクに語り合うことであり、聞き続けることである。そんな付き合い方を、お互いに心掛けなければいけない。そのコミュニケーションの密度がないと、どんなすぐれた職人に仕事をしてもらっても、人を感動させるような建築はできない。観光地の土産物ショップに置いてあるもののような、緊張感のない建築ができるだけである。

だから、僕は学生に、「伝統を大事にしろ」とか、「職人を生かせ」といった説教を垂れることは一切しない。大切なのは、違うバックグラウンドを持ち、違う場所からやってきたデザイナーと職人とが、その違いを乗り越えて、どのような和解に到達するかなのである。和解のために、時間が必要であり、謙虚という名のエネルギーがいるのである。

この日のディスカッションのなかで登場した二人のパイオニア、スリランカ人のジェフリー・バワとアマン・リゾート創立者のエイドリアン・ゼッカと、僕は直接にかかわるチャンスを得た。ジェフリーとのかかわりは残念ながら、彼の死後始まったのだが、ジェフリーがいなくなって何年たっても、彼と仕事をした職人たちは彼のことをよく覚えていて、彼との体験を宝物のようにしていることを知った。職人たちとともにジェフリーの設計したスリランカのホテル（クラブ・ヴィラ）の改修を行い、ジェフリーが住んだルヌガンガの庭に、ジェフリーの生誕一〇〇年記念のパヴィリオンのデザインを依頼された。ジェフリーやエイドリアンが残したディテールとマテリアルを直接手にとると、一見神様のように見える彼らも、職人に聞き続けた謙虚な人間であったことが見えてくる。彼らの作品はその「聞く」行為の接続の結果、永遠の生命を得た。

05 Green and Architecture

緑と建築

進士五十八（造園学者、福井県立大学学長）

×

涌井史郎（造園家、東京都市大学特別教授）

二〇一九年八月三一日

隈研吾——第五回は「緑と建築」をテーマに、進士五十八先生と涌井史郎先生をお招きしました。ともに環境の分野のリーダー的存在です。私自身も長いお付きあいのなかで多くのことを教わってきました。「緑」は現在の建築にとっても大きなテーマです。建築や都市がこれから環境と新しい関係を結ぶために、未来に向けた話にしたいと考えています。

今日のテーマに関する個人的な関心を少しお話しします。僕は子どもの頃から土いじりが好きで、週末の畑仕事のためだけに、横浜に畑を借りていた祖父と一緒に野菜をつくったり、花を育てたりしました。祖父と土をいじっていたので、「ジジイくさい子どもだ」と、みんなからからかわれていました。土や緑への興味は建築学科に進学してからも続くどころか、いよいよ高まりました。当時は建築が転換点を迎えており、このまま高度経済成長期の流れで鉄やコンクリートの建築をつくり続けてよいのかと、大きな反省を迫られる時期でした。こうした時代に、私が原広司研究室のアフリカ集落調査から帰って書いた修士論文が「住居集合と植生」でした。そんなテーマは建築学科としては認められないという先生もいましたが、私は建築単体のプランやプロポーションを分析するような論文を書いても仕方がないと思っていた。それよりも農学部の友人に樹種や植生の話を聞いて、緑にフォーカスして建築の話があまり出てこない論文をまとめました。

こうした学生生活を送ったせいか、自分の事務所を立ち上げてからも、建築を緑に溶かしたい、土に埋めたいといった願望が芽生えました。一九九四年完成の《亀老山展望台》[fig.1]は、まさにこうした考えを具現化した作品と言えます。愛媛県今治市大島の山頂に立つ瀬戸内海の島々を一望できる建築で、そこからは多島海《たとうかい》を実感できる

fig.1——《亀老山展望台》(一九九四年)

fig.2——《北上川運河交流館 水の洞窟》(一九九九年)

眺めが広がっています。展望台といえば、ふつうモニュメントのような高い塔を築くイメージがあるかもしれませんが、私はこのとき、下から見上げるとまったく建物が見えない、緑に埋もれた建築をつくりました。北上川の土堤と一体化したような《北上川運河交流館　水の洞窟》(一九九九)[fig.2]もまた地面に埋め込んだ作品です。この建物は高さ三分の一が地上に露出し、三分の二は土手に埋め込むようなデザインになっており、全体を緑化し、サイクリングロードが、建物の上の緑の中に通っています。

建物と緑を一体化させたいという思いは今も続いています。現在、フランスで実施設計中の鉄道駅は、地下鉄四路線とフランス国鉄が乗り入れる駅舎を、すべて屋上緑化する計画です[fig.3]。屋上に上がると広大な鉄道のヤードが一望できます。パリでも指折りの治安の悪いエリアだからこそ、私たちは市民のための公園としての駅を提案しました。外装も内装も木をふんだんに使う案に、フランス国鉄は燃やされたり、落書きだらけにされることを危惧していましたが、不燃技術や落書き防止塗料を提案し、承認されました。

米国ポートランドでも建物の一部を山に埋め込むような施設を設計しました。これは一九六〇年代につくられた日本庭園のなかで、既存の施設を増設する、《ポートランドの日本庭園　カルチュラル・ヴィレッジ》(二〇一七)と呼ばれる計画です[fig.4]。真ん中に市民の集える広場をつくって、それを囲う建物群は、建物の後ろ側が半分山の中に埋まっています。建物の屋根はすべて緑化されていて周りの山の緑が建物を覆う緑と一体化するようなデザインです。《カルチュラル・ヴィレッジ》のユニークな点は穴太衆《あのうしゅう》の石組みが擁壁として使われているところです。穴太衆とはかの安土城を築城する際、織田信長に呼ばれて石を組んだ職人集団です。そのチームと技が今も続

fig.3――《サンドニ・プレイエル駅》(二〇二三年頃竣工予定)

fig.4――《ポートランド日本庭園　カルチュラル・ヴィレッジ》(二〇一七年)

いており、彼らの熟練の石積みをポートランドの日本庭園では実際に目にすることができます。

昨年完成したスコットランドの《ヴィクトリア&アルバートミュージアム・ダンディ》(二〇一八)は、緑というよりも地形的なボキャブラリーを使ってデザインした作品です[fig.5]。スコットランドの特徴的なランドスケープのひとつに海岸沿いの崖地がありますが、この建物はテイ川の水面から崖が直に立ち上がっているような姿をしています。川の流れが緩い河口付近に立地しており、崖のような姿をした建物の一部は実際に川に張り出し、水に浸かっています。この崖には洞窟のような開口を真ん中に設け、街中からその洞窟を抜けると、川に面した空間にアプローチできるようになっていて、街と川とがつながり、ウォーターフロントに回遊性が生まれました。スコットランドの冬は寒いので市民のたまり場として使ってもらえるよう、内部には木を用いて暖かみのあるインテリアにしたのですが、実際にアートを観にこない市民も、ここでお茶したり、おしゃべりしたりしています。

最後に進士先生指導のもとでつくった東京農業大学の《「食と農」の博物館・進化生物研究所》(二〇〇四)[fig.6]をご紹介します。これは進士先生が東京農業大学学長の時代に実現した大学の施設です。外装材に石を使うにあたって、先生から言われたことを今も覚えています。それは「きちんと風化する建物をつくってほしい」という要望でした。ふつうのクライアントは風化をいやがるものです。どういうことかと先生に尋ねると、色の変化によって時間の経過がわかる素材を使うようにとおっしゃる。御影石なんて色が変わらないからダメ、どんどん風化する石を探してほしいと。ここでは栃木で採れる、芦野石と呼ばれる石を使いました。水分を含み、苔が生えたり、

fig.5——《ヴィクトリア&アルバートミュージアム・ダンディ》(二〇一八年)

fig.6——《東京農業大学「食と農」の博物館・進化生物研究所》(二〇〇四年)

色味が変化します。当時、「生物の世界で年を取らないものはバケモノと呼ぶんだよ。建築もちゃんと年を取らなくちゃいけない」と進士先生がお話しされたのはとても印象的でした。

涌井先生とは今、国立競技場の仕事で頻繁に指導を受ける間柄です。このプロジェクトでも建築と緑を随所で組み合わせています。木材を使うだけでなく、木の庇の上部をプランターボックスとして建物の外周全域に緑を廻しています。このように建築とランドスケープの関係、建築と自然との関係性自体が変わりつつあること、今日のお話から感じ取っていただければ幸いです。

講演1

緑、造園、原点は「庭園」、「日本庭園」、それから「ランドスケープ」

進士五十八

造園学語源考

進士五十八――今回のテーマは「緑と建築」ですが、私はむしろ「緑」という言葉が昨今使われすぎているように感じていました。「緑」はあくまで手段であり、目的は「ランドスケープ」「造園」だと思うからです。造園の根底には「庭園」があり、日本の造園家にとっては「日本庭園」となる。その先に「ランドスケープ」があると考えています。

緑はあくまで手段であり、それが具体的に指すものは「生命」です。英語のgreenの語源は「生長する」といった意味を持つアーリアン語（インド－ヨーロッパ語族の言語）のghraと言われています。現代では過度に都市化、無機化、人工化が進んだので、「緑」は商品価値をもつようになりましたが、それは単に材料としての緑にすぎない。室内にも緑が飾られたカフェは増えていますが、実際はプラスティックの造花がほとんど。当たり前の話ですが、生命がなければ「緑」とは呼べません。

しんじ・いそや
福井県立大学長／東京農業大学名誉教授・元学長。農学博士（造園学・環境学）、景観政策・環境計画。日本学術会議会員（環境学委員長）、日本造園学会長、日本都市計画学会長、日本生活学会長、自治体学会代表、日本野外教育学会長など歴任。現在、日本農学アカデミー理事、美し国づくり協会理事長、福井県里山里海湖研究所長。著書に『日本庭園の特質――様式・空間・景観』（東京農業大学出版会、一九九〇年）、『日本の庭園――造景の技とこころ』（中公新書、二〇〇五年）、『グリーン・エコライフ――「農」とつながる緑地生活』（小学館、二〇一〇年）、『アメニティ・デザイン――ほんと

ところで、建築学は当初「造家学」と呼ばれていました。「造園学」はこれと対置されたものです。中国では「風景園林学」、韓国では「造景学」と呼ばれます。造園学のもと、英語ではlandscape architectは、米国ニューヨークのセントラルパークの設計者フレデリック・ロウ・オルムステッドの提唱した言葉と新しい職能です。ランドスケープは、「ランド（土地・自然性）」と「スケープ（全体・総合性）」。土地や自然の尊重。スケープ、端から端までの全体として認識することの重視。その両面をともに重要視しようという意味で、これがランドスケープの本質です。現代社会に欠けているのもこの二点だと私は考えています。

東京中が今、建設現場です。建築は敷地単位で考えることが多いと思います。自分の敷地が台地上か、低地か、傾斜地か、また下町か山の手かをあまり顧みないのではないでしょうか。ペンシルバニア大学のアルバート・ファイン教授は「全体として見ること」の重要性を説くうえで、ランドスケープ・アーキテクトは、「サイエンティフィック・ファーマー（科学的百姓）」であり、「ソーシャル・プランナー（社会計画家）」であるべきだと形容しました。

工学部で扱うのは鉄骨やアルミ、コンクリートなど無機的な材料が主で、緑・植物はその対極にあるものです。先ほどの話で、隈先生は子どものころ土いじりが好きだったというエピソードを聞き、やはりめずらしいタイプの建築家だと感じました。なぜならふつうこういう人は建築家にはならない。大学でも建築学生なのに植生調査をする。こうした体験がランドスケープ的なアプローチを可能にし、隈作品を世界が強く求めているものにしているかもしれません。私の恩師、明治神宮の林苑計画を手がけた上原敬二先生は「造園は雑学だ」とつねづね言っていました。「自然」にも「人間」にも「あらゆること」に強い関心を持ちなさいというのです。

庭園（garden）の原形《プロトタイプ》は、古代エジプトの庭園（アメンホテプ二世の治世のセネファーによるもの）の

うの環境づくり』（学芸出版社、一九九二年）、『進士五十八の風景美学』（マルモ出版、二〇一九年）など。みどりの学術賞、紫綬褒章。

図面を見るとよくわかります。敷地の四周は高い塀で囲まれ、門の一番奥に邸宅、その間はブドウ棚で緑陰、左右に整形の池と樹林が整然と配されています。gardenは「gan（囲まれること）」と「eden（悦び、愉しみ）」の合成語です。門塀で囲むのは防御。緑と水は生命を守る食と環境。庭園における悦びは多彩で、宴遊や社交、花などの鑑賞を連想します。しかし根本は水や鳥、魚といった生き物を身近において愛でること、食事を楽しみぐっすり休むことです。正に庭園（Garden）は「安全安心」と「悦びと快適」な「生きられる景観」なわけです。理想都市にgarden cityの名がある所以です。

庭園にはもうひとつ、自然風土や地域性、そして社会性、時代性の視点があります。庭園の教科書には、イタリア式、フランス式、イギリス風景式等と国名で庭園の様式名を表わしています。土地や場所によって気候や自然風土が異なり、さらに民族宗教など国によって異った庭園デザインになるからです。

私の庭園史観では、その時代に世界をリードしている国力・経済力・技術力・文化芸術力を持った国が、歴史に残る庭園様式を確立してきた。自然と人間の総合的創造力の共同作品が「庭園」だからです。古代エジプトに始まり、イタリア・ルネサンスで確立されたイタリア式のガーデンスタイルはフランスで模倣され、フォンテーヌブローの城がつくられ、やがてベルサイユ庭園のフランス式を完成させ、この絶対王政の空間秩序モデルは欧州全域に普及します。次に世界の覇権を担うイギリス人は「自然は直線を嫌う」といってイギリス風景式庭園を創案します。最初ハンプトン・コート宮殿の庭園などフランスから造園家を招いていたのが、やがて国力が高まると自国イングランドの牧場風景にプライドを感じ、これを風景式庭園として発展させたのです。やがてそれは一九世紀アメリカに影響を与え、ランドスケープ・アーキテクトを誕生させ、市民のための「公園システム」をボストン市で実体化します。

庭園の変遷史をたどると、①古代の庭園は皇帝のための「ガーデニング」で、それは完全に閉じられたミクロコスモスでした。これが、②地方領主(貴族のカントリーハウスなど)や日本の大名庭園では外界をとり込む「ランドスケープ・ガーデニング」に、そして③近代に入ると市民のための公園やオープンスペースを計画する「ランドスケープ・アーキテクチュア」になる。鎮守の森の系譜にある明治神宮の林苑も、日比谷公園のような洋風都市公園も、そのすべてがランドスケープ・デザインです。たいへん幅広く多様な環境を対象に人間の「生から死(霊園)までをフォーローすること」が造園家の使命です。

日本庭園小史――神の庭・仏の庭から「農や人の庭」と原風景へ

私はこれまで学生たちに、本物のランドスケープ・デザインを志すならば日本庭園を理解したうえで取り組むようにと助言してきました。というのも、現代のランドスケープという場合、日本でもアメリカン・ランドスケープを指すことがほとんどだからです。アメリカン・ランドスケープは建物に奉仕するかたちで外構がデザインされます。建物へのアプローチや建築の角の延長線上にあわせて線を引くので、アウトドアにもグリッドパターンが描かれその交点に同一樹種、同一サイズの樹木をまるで人工的なオブジェ同様に格子状に配植する。この考えでは景観的統一感は生まれますが、ナチュラルな庭ともエコロジカルな庭とも絶対に言えません。風土性のあるランドスケープこそ本来的ランドスケープだとするならば、日本庭園の特質を踏まえたランドスケープ・デザインの意義を理解してほしいと思うのです。日本庭園的テイストだけでなく、「農と風土性の世界」、例えば屋敷林や居久根《いぐね》のような農家農村生活環境設計のフィジカルな面から、鎮守の森のようなスピリチュアルな面まで、日本庭園の遺産を学ぶことでさまざまなスケールや目的をもった多様な造園空間や造園意匠の知恵を知ることができると思います。

こうしたことを踏まえ私なりの日本庭園小史を整理します。

自然力が圧倒的な古代は、人間にできるのは拝むこと、祈ることだけでした。そこで「神の庭」誕生です。大きな樹木や岩に神を感じるアニミズムが日本庭園の原形です。神籬《ひもろぎ》、磐座《いわくら》・磐境《いわさか》、水垣《みずがき》（瑞垣）で、日本庭園は古代から現代まで自然の木・石・水を基本要素として成立しているわけです[fig.7]。

中世には宇治の平等院に典型をみる「浄土式庭園」、その後は「禅の庭」といった「仏の庭」が生まれます。独立したミクロコスモスをつくり、そのなかで人々は心の安寧を求めました。平等院や平泉の毛越寺《もうつうじ》の庭[fig.8]では、垂直かつ硬質な石組空間と、水平かつ汀の柔らかな曲線がやさしく広がる対比的眺めを共存させています。ところで、日本には世界最古のガーデンブック『作庭記』があります。平等院を建立した藤原頼通の息子・橘俊綱によって、平安末から鎌倉初期にかけて書かれたとされます。この冒頭に「石を立てん事、まづ大旨をこころうべき也」という一節が登場します。「石を立てる」とは庭をつくることであり、「大旨」は今で言うコンセプトのことです。大旨を心得るべきこと――、すなわち何のためにどんなふうにつくるのか。このメッセージを昨今の造園界は忘れてしまっているのではと、私は心配しています。

『作庭記』が教えるのは、まずは「大旨」、次は「施主の要望」、そして作庭デザインと施工技能における「自然学習性」。自然の山水、滝や川の流れの風景の特色を上手く再現し、いかにも「自然そっくり」に仕上げる技と心です。このころまでに「日本庭園」の根本は概成した

fig.7――磐座・琴平神社の「天狗岩」（東京都あきる野市、山村善太郎撮影）

fig.8――仏の庭―平泉の毛越寺庭園

と私は考えています。

話は戻ります。やがて近世には「人の庭」が主役になります。代表的なのは「茶人の庭」です。小堀遠州の《孤篷庵《こほうあん》》、その庭は小堀家の出身地の「近江八景」を縮めて表現しています。例えば雪見灯籠は作庭家のオリジナルデザインで、琵琶湖堅田の落雁の浮御堂《うきみどう》を表しています[fig.9]。こうした見立てを上手に採り入れながらひとつの世界をつくりあげたのが茶人です。

また人の庭に「大名の庭」がある。大名の格式や権威の象徴として庭はつくられますが、江戸、将軍家の浜御殿(旧浜離宮庭園)は実に多面的で鴨場、馬場、弓場など武道・スポーツ施設、各種茶屋など宴遊・外交・休養施設、そして軍事的な配慮が特徴です。浜には大手門がつくられ、周囲を濠と石垣で囲んでいる。万が一の外敵に備えて将軍が船で外洋に逃れるようお船入りや海軍所もありました。ここには美しさだけでなく切実な政治と軍事の世界があります。

次に武士という「人の庭」の例を紹介します。山口県防府市にある《月の桂の庭》は、防府毛利藩家老の桂運平忠晴の邸宅と作庭です[fig.10]。忠晴は藩財政を左右する干拓事業の責任者でした。《月の桂の庭》は是が非でも事業を成功させなければならない決死の思いからつくられた「祈りの庭」と言えます。ここの特徴は石組みで、私が初めて実測図を発表しその石組みに地域性を発見しました。庭師や職人の世界では石の上に別の石を重ねることはタブーとされています。しかし、ここではタブーを犯している。私は不思議に思って実測調査と周辺を踏査しました。裏山は花崗岩地質で、石の上に石が載っている露頭を見つけました。この地域ではありふれた風景だったからこそ、禁忌を破れたのでしょう。桂家の裏山、右田ヶ嶽の花崗岩の重ね石が地域らしいダイナミズムを生んだのです。

「人の庭」のもうひとつが「農民の庭」です。埼玉県の三富新田《さんとめしんでん》は柳沢吉保が川越藩主となったときの開拓農村です[fig.11]。開拓は江戸期の儒学者・荻生徂徠の指導によるものです。

fig.9——人の庭—大徳寺孤篷庵(進士五十八撮影)

fig.10——武士の庭—月の桂の庭(進士五十八撮影)

入植者は各戸平等に五町歩の畑が与えられ帯状に連なっています。百姓たちに同じ条件のもとで畑作を始めさせたのでした。柳沢は封建時代に階級をつけず平等に土地を与えました。水利に乏しく風が強いので農地を防風林で保護しました。防風林を構成するクヌギやコナラは成長が早く、葉っぱもたくさん落とすのでそれをはいて堆肥とし、肥料がわりに農地にすき込みました。三富新田では数百年間、ずっと自然の落ち葉堆肥だけで川越イモをつくり続けているのです。世界農業遺産に申請中の循環農法の計画農村です。このように近世は、茶人・大名・武士・農民など多様な人々が自らの生活が求める庭園を創出したのです。日本庭園の多様性はこうして深められてきました。

明治以降、近現代になると、山縣有朋の《無鄰菴《むりんあん》》や《明治神宮内苑》のように、自然主義的なアプローチが日本庭園の基調になります[fig.12]。山縣は毛利藩の下級武士で農民に近い出自でした。そういう人は旧来の鶴亀や蓬莱島、須弥山《しゅみせん》といった古典的テーマは選びません。《無鄰菴》の作庭モチーフは懐かしい彼の「原風景」です。幼少期に遊びまわった里山や田園風景の再現でした。山縣が後年目白につくった椿山荘にも、故郷の椿山の原風景を重ねたのでしょう。

これ以降、料亭や旅館は別として現代庭園は、古典的スタイルから離れます。代表的なものが、造園家深谷光軌による《京王プラザホテル四号街路空間・雑木林プロムナード》[fig.13]や、六本木ヒルズ森タワーの《毛利庭園》等です。ふつう「雑木の庭」と呼ばれるもので、作者らは武蔵野の原風景を表現していると言います。わかりやすく言えば、古典的庭園では「仕立物」といわれるようにマツ、マキなどを美しい樹形に整えたフォーマルスタイルを活用したの

fig.11——農民の庭—埼玉県の三富新田

fig.12——田園の庭—無鄰菴庭園

fig.13——自然の庭—京王プラザホテル四号街路空間・雑木林プロムナード（進士五十八撮影）

ですが、近代はこれを嫌いナチュラル、自然志向が高まり、例えば私が神宮の森の多様性・多層性に学ぶべきだと大成建設環境計画部で講演したことに始まった《大手町の森》など完全にエコロジカル樹林造成方式ということです。

最後に「海外の日本庭園」にも触れておきたいと思います。先ほど隈先生のお話にもあった米国のポートランド日本庭園は、ポートランド市内の森林公園にあり、一九六三年につくられました[fig.14]。二〇一七年には隈研吾設計の文化施設《カルチュラル・ヴィレッジ》も完成しました。この日本庭園はアメリカ、コーネル大学でランドスケープを学んで日本に帰国し、豊島園遊園地を設計した戸野琢磨(東京農大)先生の設計が第一期で概成され、その後は質の高い日本庭園の維持のためということで、これまでに八名もの腕のある日本の若手造園家が次々とポートランドに派遣され、彼らは思い思いに自作を創り上げ、それによって日本庭園の多様なタイプが複合した「日本庭園ミュージアム」へと成長したものです。この環境の特徴は何と言っても広大な森林公園のなかにあることです。日本だと狭い敷地のなかで何とかしなければならないのですが、ここは本当に恵まれた条件のもとで日本庭園を体験することができます。いまや海外に六〇〇余の日本庭園がありますが、ポートランド日本庭園ほどハード・ソフトが充実しているところはありません。

日本庭園の独自手法——縮景・借景・樹藝・然《さ》び

ここまで日本庭園の変遷とテーマの変化を見てきました。ただ日本庭園の特質は、時代を超えて共通性を持っているということです。私の考えでは、庭園構成は世界中、本質は同じで

fig.14——海外の日本庭園—ポートランド日本庭園(進士五十八撮影)。池の雪見灯籠は戦後横浜市長が寄贈したピース・ランタン。中台に日米の友好と平和のメッセージが英文で彫られている。

「空間」「景観」「自然」「時間」の四つの原理で理解できます。それに対応する日本庭園の独自手法が表記の「縮景」など四つです。もうひとつ肝心なのは、全体的に見て作庭理念に共通点として、「天人合一《てんじんごういつ》」と「技心一如」があることです。「天人合一」は中国由来で、大自然と人間は一体というものの見方。「技心一如」は私の言い方ですが、日本の造園家は、いや日本人みんなが、物事を考えるとき必ず物・技と心の両面から見たり考えたりしてきたということです。これを重ね合わせて四原理を整理すると次のようになります。

空間―縮景（囲繞《いにょう》）――囲われた空間のなかで理想を表現
景観―借景――囲いは閉塞感をもたらすので、園外の風景を園景に取り込む
自然―樹藝――高温多湿の風土では樹草の生長が激しいので、生長抑制型管理をすすめる
時間―然《さ》び――植物は生長し石は苔むす、時間的経過が人為をかくし自然そっくりにする

日本庭園での空間の「囲み方（囲繞）」は実に多様で、スケールにより多段階的に幾重にも囲われ、安定感を住民に与えてきた。例えば、大きいランドスケープでの囲みは「小宇宙盆地」と言われるもので、四周が山並みで囲まれる。小京都と呼ばれるまちが実例。中スケールでは里山や里川で包まれた囲い。小スケールだと屋敷林や生垣による囲いです。デザインレベルで多彩なのは竹垣。建仁寺垣、銀閣寺垣などオリジナリティ豊かに竹が重用されてきました。
「縮景」とは、囲まれた空間の中に「ひとつの世界をつくる」手法です。桂離宮の天橋立は八条宮智仁親王の正室・京極常子のためにつくった。丹後の天橋立は京極家の所領だったことから、八条宮は妻のために故郷の風景を再現しました[fig.15]。また、福岡県の松濤園は柳川藩主・立花家の庭園で、ここは日本三景の松島を表現しています。「写し、見立て」等庭園には

fig.15――縮景手法―桂離宮の天橋立

こうしたエピソードがいっぱい。人々の憧憬を縮景したものと言えます。

「借景」は、建築分野でも関心のある人は多いでしょう。借景は西洋庭園の「眺望」とは違い、その眺めが失われた途端に庭園景観の価値もなくなってしまうほど、眺めが主役になっている手法です。龍安寺の石庭は元来、平安京の守護神とされていた男山と石清水八幡宮を主景、すなわち借景対象にしていました[fig.16]。残念なことに、現在は龍安寺の前方にはマンションが立ち、やむを得ず木立で隠しています。男山という青山(緑の山)と白砂の美しいコントラストは効果的借景庭園だったでしょう。私は冒頭で、建築分野の皆さんは敷地単位でものを考えていると言った真意はここにあります。美しい江戸の風景は東京の再開発でガタガタですが、江戸期には町中から筑波山や富士山が見えて江戸の風景に方位と位置の座標を与えていました。建物に心を砕くだけでなく、その周辺や遠景のランドマークなど環境全体で捉える——、成熟時代の日本ではそろそろそういう都市像を国民すべてが考えるべきでしょう。

　三つ目は「樹藝」です。英語ではarboriculture。これには、木を植え緑化するだけでない樹木に込める人々の思いが含まれています。人の思いどおりの樹形にしたものを室町期「籠《こ》み木《き》」、江戸期は「作り木」、その後「刈込み」と言っています。《修学院離宮》上のお茶屋の浴龍池はある種のダムでして、土手と四段の石垣で支えられています。これを生垣と「大刈込《おおかりこ》み」で見事な大景観に仕上げています[fig.17]。この手法は現代のダムや建築にも応用できそうです。露地の実測図を見ると、山里の景の表現のためですから多様な樹種が高密度で植えられていることがわかります[fig.18]。にもかかわらず露地庭が鬱閉した印象がないのは「透《す》かし」と呼ぶ手入れ技法があるからです。自然のまま放置しては成立しない雰囲気を樹藝技術が支えているのです。

fig.16——借景手法–龍安寺石庭の男山八幡宮の杜の借景（本多錦吉郎『日本名園図譜』平凡社、一九六四年、七二–七四頁、原著一九一二年）

時間が庭園に与えるもの

以上三つは庭園美でも空間的側面です。四つ目の「然《さ》び」とは時間美・季節美・歴史美に関わる日本庭園最大の特質です。

隈先生が東京農業大学の《「食と農」の博物館・進化生物学研究所》の石材に触れてくださいました。私は「美しく老いる建築」であってほしいと言いました。それは生物世界を扱うのが農学なので、当然「成長・成熟・老成」するのが正しい。ですから建築も時とともにゆっくり変化するものであってほしいと思っていたのです。私たちはふつう、「劣化＝悪」と捉えがちですが、私は「エイジングの美」が「時間美・歴史美・自然美の基本」だと考えています。例えば、能や狂言の舞台の背景には立派な松が描かれます。若松でなく老松です。これは百年単位の時間美です。庭石が苔むし風化するのは十年単位の時間美です。露地で飛石を伝って歩く行為は、一歩一歩進む分秒のリズムと時間美です。「花鳥風月」は四季の美で、かぐわしい蓮の香りや晩鐘のサウンドスケープは朝夕の時間の変化を感じさせます。五感をフル活用して受け止めるのが庭園という場所であり、庭園は空間芸術であると同時に時間芸術でもあるのです。

最後の図[fig.19]は明治神宮内苑の宝物殿設計者である大江新太郎が作成したものを私がアレンジしたものです。高温多湿な日本の風土は温度と湿度が高いと「腐りやすく」、どちらかが高いときは「カビが生え」ます。日本ではこうした時期が大半を占めます。ただこれを汚いととるか、植物の生長美、岩石の風化美と別の美意識に転換しポジティブに受け入れるかでしょう。よく言われる「日本美――わび・さび」を単的に言えば、素材(木や石)の本質が時間的経

fig.17――樹藝手法―修学院離宮上の御茶屋の大刈込み

fig.18――樹藝手法―桂離宮の真竹の笹垣

過により表面化し、根張りや苔むし、いかにも〃自然ソックリ〃になってゆくことを意味します。このようになっていくことを「然《さ》び」というのです。

私たち人間は、限られた時間（生↓死）で生きる存在ですから、永遠の時間を希求したいので「時間の美」には特に共感するのではないでしょうか。皆さんには、百年単位の時間美や日本庭園美を身につけていただきたいと思います。

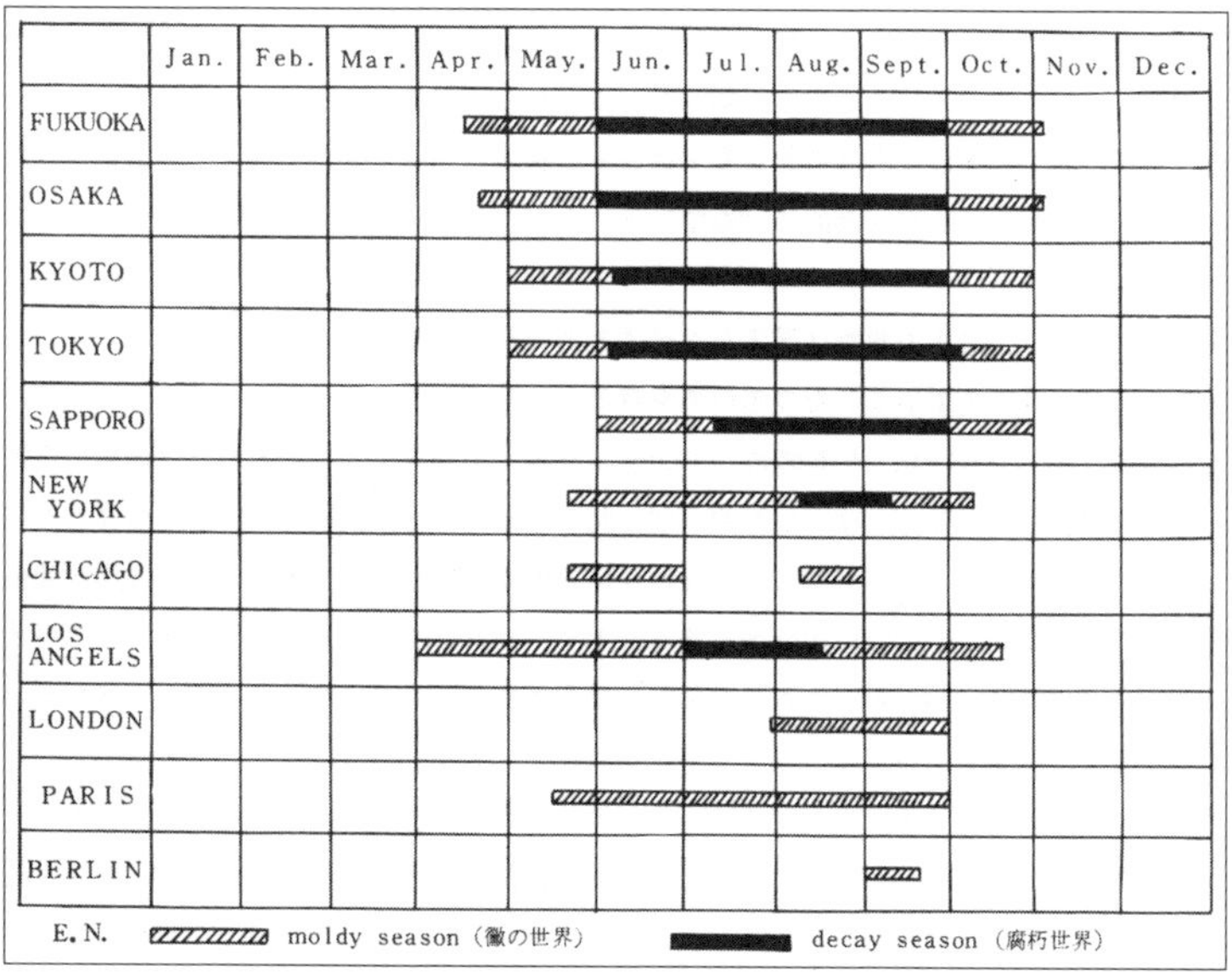

fig.19――然び（時間美・歴史美）の手法―腐朽世界風土としての日本（『建築雑誌』一九三五年九月号、八―一三頁。大江新太郎による図を一部改変）

講演 2

ランドスケープ・デザインの本質と建築

涌井史郎

自然に仮託して秩序を可視化すること

涌井史郎――今、進士先生から日本庭園がもつ空間性と時間性について興味深いお話がありました。このふたつの概念を考えたとき、これまでは空間のほうに多くの関心が寄せられていたように思います。しかし、私たち生命体は、空間×時間の次元で物事を考えなくてはいけないと改めて感じました。

さて、ランドスケープ・デザインの基本とは何かと問うてみると、私には西欧的な、あるいは大陸的な自然観が自明のものとして横たわっているように思われます。つまり、それは神の使いとしての荘園の管理者が一定の秩序のもとで抑制するものであり、自然とは神の真理という物差しによって示された明確な秩序である――、こうした考え方はイスラム世界やキリスト教の世界において根強いものです。実際にベルサイユ宮殿の庭園を歩いてみても全体像をつかむことは難しい。設計者の意図は上空、つまり神の視点でしか知りえないものという前提があ

わくい・しろう
造園家。東京都市大学特別教授、愛知学院大学経済学部特任教授、東京農業大学・中部大学客員教授、岐阜県立森林アカデミー学長、なごや環境大学学長。二〇〇二年日本国際博覧会(愛・地球博)会場演出総合プロデューサー。これまでハウステンボス、多摩田園都市・二子玉川ライズなどのランドスケープ計画、過疎中山間地域や水源地等の活性化対策など、都市から過疎農山村に至るまで都市と自然のかかわりについて取り組み、数多く作品を残す。また新国立競技場等の国における委員会の委員長・委員や地方公共団体の審議会委員長などを歴任。

ります。先ほど進士先生から「樹藝」というキーワードが挙がりましたが、こうした世界において、樹木は自然の樹形を保つことなく、ほとんど成形されたもの（トピアリー）になります。米国のランドスケープ・アーキテクト、ピーター・ウォーカーのデザインもその文化の延長線上で捉えることができます。私はこうした絶対神の信仰の視点に対し、日本的な自然観とは自然と合一したまなざしで物を見ていくことではないかと考えています。つまり、上から物を見る西欧的な自然観がある一方で、下から上を見る、あるいは水平的に物を見る文化がある。空間と自然との共振、これに関わる者の生命現象に対する考え方が色濃く投影されるのが日本文化が獲得したランドスケープ、あるいは造園ではないかと思うのです。

私がランドスケープに興味をもったきっかけは、幼いころに飛行機に乗った体験でした。上空から眺めた日本の景色の途方もない美しさに衝撃を受けたのです。今でも私は飛行機に乗ると、幼児が電車の窓にかじりつくようにじっくり眼下を見てしまいます。すると、これまで日本人がいかに大地と向き合ってきたのかがよくわかる。段々畑のような斜面地に築かれた農業の風景ひとつとっても、私たちの先人は、自然地形を読み解き、見事にデザインしてきました。そして注目に値するのは、こうした人が介在し創出された歴史的な風景にそれぞれ理由があることです。日本人は古来、生態系サービスの恩恵と自然災害などの応力にずっと向き合ってきました。自然の恵みを最大化し、自然災害を最小限にとどめる。時間をかけて等身大で築き上げてきたこの風景を私たちは今美しいと感ずるわけです。こうした処し方は今の言葉で言う緩和戦略——環境に対して工学的技術で環境対応する発想——ではなく、人間のライスタイルを変えるような適応戦略に相当するもののように思います。風景がこのような積み重ねの上に成り立つ様を私は「景観一〇年・風景一〇〇年・風土一〇〇〇年」と表現しています。ランドスケープ・デザインには、時間と空間が生み出す見えない秩序を、自然物に託して可視化すること、時間と空間がつくり出すかたちを通じて自然共生の重要性を訴えることが基本にある。別々に火を点けた複数本のろうそくが共振しながらやがて同じ揺らぎを生み出すように、最初はまったくバラバラなものでも時間をかけて合一していくその過程にこそ、ランドスケープ・デザインの本質が隠れている気がしています。

SATOYAMAの力

隈さんがつくり出す建築には、単純明快な個別要素の反復が見て取れます。個々の要素の組み合わせによって複雑な美しい形状をつくり出す。私はそこに宇宙的な真理のかたちがあるように思えます。隈さんはかつて「負ける建築」と表現しましたが、私には建築という行為を通じて生命との向き合い方を示しているように感じられます。人間は産業革命以来、経済生産合理性のもとでこれに奉仕する都市をつくってきました。しかしこれからは、一人ひとりのハピネスを追求した自然共生・再生循環型の人間中心都市を実現することが求められている。これは建築家にもランドスケープ・アーキテクトにも共通する使命です。

二〇一五年の気候変動枠組条約（UNFCCC）第二一回締約国会議（COP21）でパリ協定が採択されました。国際機関と一九六の国と地域が集まって合意されたこの条約の主旨は、もちろんCO_2排出量の削減です。じつは自然条件下で生態的な力のはたらきによって吸収できるCO_2は約三一億炭素トンと言われています。しかし、実際に人間が排出しているのは約七二億炭素トンに及ぶ。この余剰が温暖化に影響しているわけです。これをどうすれば縮めていけるでしょう。

ここに示したのは大気中のCO_2濃度と世界の平均気温のグラフです[fig.20・fig.21]。この図によれば、世界の平均気温は一八五〇年から二〇一二年の期間で〇・八五℃上昇しています。パリ協定ではこの上昇を二℃未満に抑えなければ、私たちの文明は持続しえないと分析されています。実際に一九七五年以降、生物の絶滅種の数は毎年四万種に及びます。現在、地球上で記録された生物種の数は三三〇〇万種と言われており、そこから未確認の種を含め一億種が存在していると仮定しても、環境がこれらに与える影響はとてつもなく大きいことがわかります。人間は生物種の頂点にいながら、他の生物種によって生かされている。そう考えると、この実態は看過できるものではありません。しかし、残念ながら私たちはこの歩みを簡単に止めることができない。現在、二〇三〇年を射程としたSDGs(持続可能な開発目標)が設定されるなかで、私も「国連生物多様性の一〇年日本委員会」の委員長代理を務めながら、さまざまなステークホルダーとともにこの達成に向けて日々課題と向き合っています。

そして、こうした課題の解決に大きな示唆を与えてくれるのが、日本庭園の原形たる里山です。私はこれを世界に誇るべき日本の風土だと考えたい。二〇一〇年に名古屋で生物

fig.20——観測された世界平均気温(陸上+海上)の偏差(一八五〇-二〇一二年)

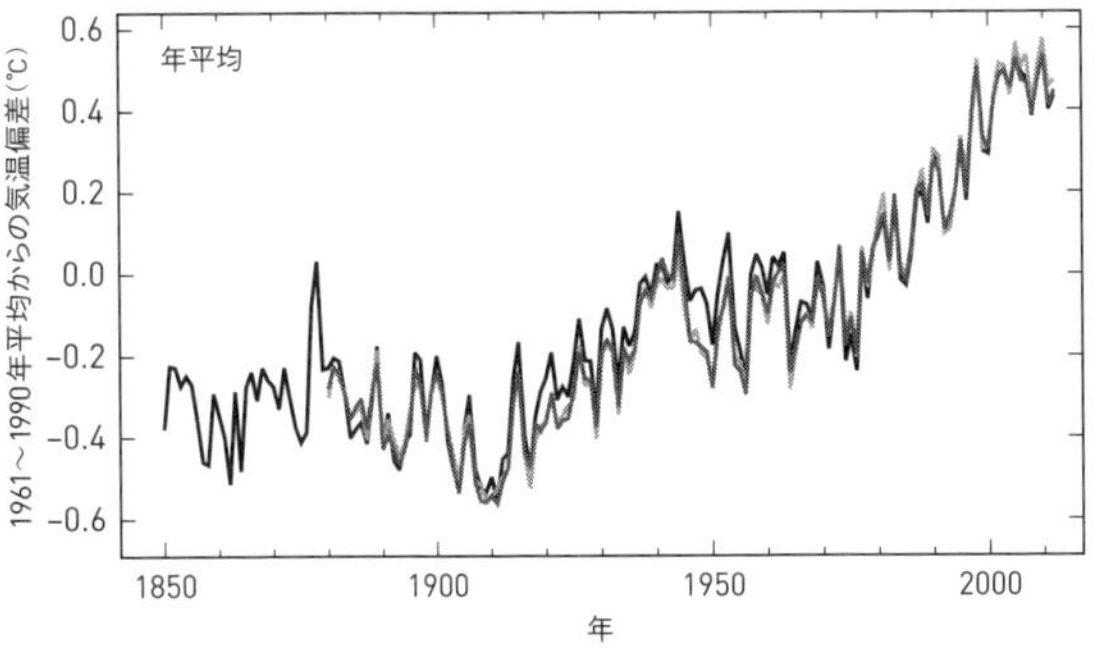

3つのデータセットによる、1850年から2012年までに観測された陸域と海上とを合わせた世界平均地上気温の偏差(黒色のデータセットについては不確実性の推定を含む)。
出典=「気候変動に関する政府間パネル第5次評価報告書」図SPM.1(a)

fig.21——大気中の二酸化炭素の濃度

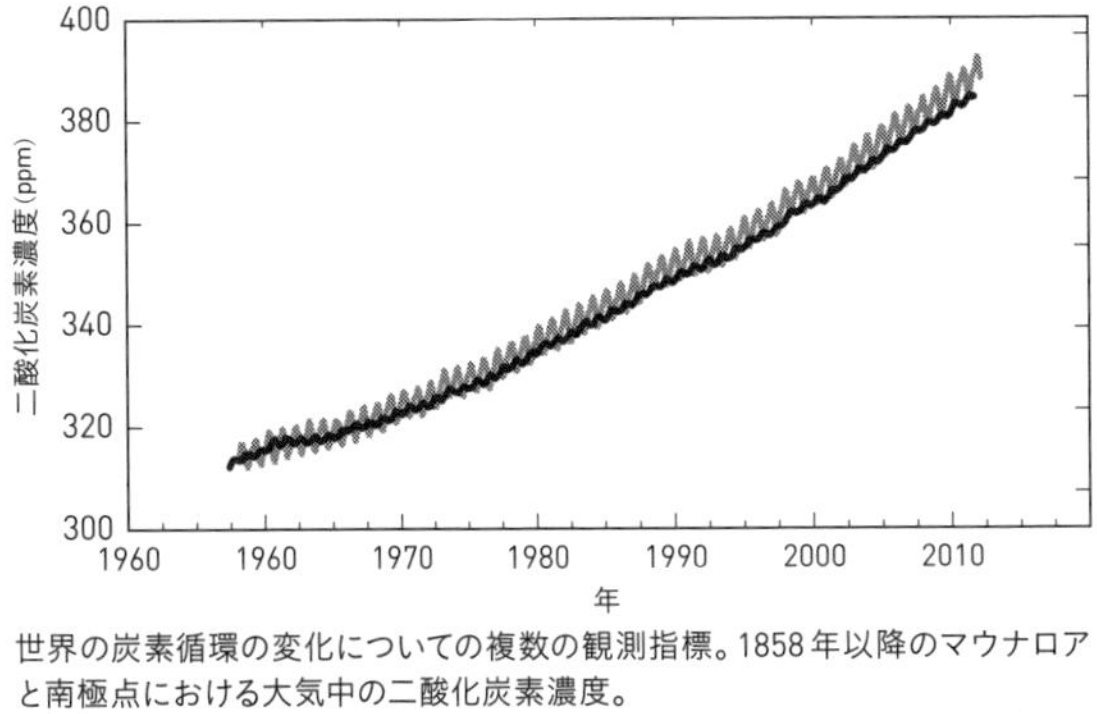

世界の炭素循環の変化についての複数の観測指標。1858年以降のマウナロアと南極点における大気中の二酸化炭素濃度。
出典=「気候変動に関する政府間パネル第5次評価報告書」図SPM.4(a)

多様性条約第一〇回締約国会議（COP10）が開催されたとき、環境問題をめぐってまだ発展途上国と先進国が対立している状況でした。しかし、そこでは生物多様性の損失に歯止めをかけるための「二〇一〇年目標」が設定され、第九七回国連総会で「国連生物多様性のための一〇年」が採択されるに至りました。つまりCOP10は成功裡に終わったわけですが、この成功のポイントは、各国の代表者が里山と呼ばれる日本の適応戦略に触れたことです。日本の代表団は、この自然共生と再生循環の日本文化を仮に「社会生態学的生産ランドスケープ」と称して紹介しました。それが各国の代表に、自国がもともと持っている環境システムを見直すきっかけを与えたのです。その結果、COP10の議定書には、正式にSATOYAMAイニシアティブ国際パートナーシップ（IPSI）を発足させ、関係機関に参加要請することを決定する条約が締結されることがもり込まれました。

　日本の伝統的な風土を語るうえで、もちろん神社を囲む鎮守の森や寺院を抱いた社叢や神の領域の森や山の姿はなくてはならない存在です。しかし、それだけでは人間も生きていけません。日本人は代々、森林系の生態系つまり「里山」や「野辺」と呼ばれる草原系の生態系、さらに進士先生が例に挙げた三富新田のような「農業景観」に見られるように、その土地に応じた材料を得ながら里を営んできました。土地里山とりわけ雑木林は上部の枝葉は利用し、残した根株に手を入れながら、三〇年ほどで一巡する再生・循環型のランドスケープです。

　山口県のある集落の風景の写真をお見せします[fig.22]。この写真は北側を望むように撮ったもので、背後の山は日本海から吹く北風から集落を守る役割を果たしていました。ところどころにコブシの白い花が咲いているのが見えますね。集落の人々はコブシの落ち葉を肥料や燃料にしてきました。集落の周りには赤松や杉も植えられていた。赤松は風呂や煮炊きに使えますし、杉も家屋の材料などにされていた。つまりこの写真からは自己完結型の集落の基本構造が

fig.22——山口県岩国市周東町米川付近の集落風景（涌井史郎撮影）

読み取ることができるのです。

もちろん、かならずしも雑木林＝里山ではありません。このほかにも、塩の精製やたたら製鉄といった伝統的な生産技術を築いた集落には、これに応じた独自の生態系をもつ「塩木山」や「たたら山」と呼ばれる里山が見られます。いずれにせよ、先ほどお話したとおりの経緯で、里山はＳＡＴＯＹＡＭＡとして世界的に知られるようになりました。アジアでもインドネシアのグヌン・ハリムン・サラック国立公園や、フィリピンのイフガオ州のように、循環型の生態系サービスを恒常的に確保しながらつくり出されたランドスケープを、ＳＡＴＯＹＡＭＡイニシアティブと連携しながら保全する活動が進められています。

生命圏のリアリズムを取り戻すこと

ところで私たちはなぜ緑を大事にするのでしょうか。これについて、多くの研究者がさまざまな視点から言及してきました。米国の地理学者、イーフー・トゥアンは人間が本来的にもっている眺望への憧憬や故郷への愛着を、場所への愛を意味する「トポフィリア」の概念で説明しています。社会生物学者のエドワード・オズボーン・ウィルソンは、潜在的に他の生物種との結びつきを求める人間の本能的欲求を「バイオフィリア」と呼びました。また、自然資源学を専門とするキース・Ｇ・ティッドボールは、人間が災害やストレスを被ると必然的に緑を求める心のはたらきがあることを主張しています。

進士先生のお話のなかで、garden は「gan（囲まれて安全であること）」と「eden（悦び、愉しみ）」の合成語であると説明がありました。ヨーロッパの都市は城壁に囲まれて、安全に逃げ込める場所であったことを想像すれば合点がいきます。しかし日本の場合はそうではなかった。城壁は城を囲むものでしかなく、その周りにあったのが何かと言えば、ほかならぬ農地や里山です。

京都の著名な観光名所のひとつとなった銀閣（慈照寺）がある場所は、明治期までまったくの田園地帯だったことをご存じでしょうか。当時の日本人の暮らしと田園の結びつきは、現代に比べてはるかに密接でした。それはあらゆる階層で共通していたことです。しかし、今、都市化が進んだ結果、こんな有様になってしまった。なぜなら明治期の殖産興業以来、経済優先へと舵を切ったことが現在まで続いているからです。東京は関東大震災や大空襲の後に再生の機会はありました。実際にそれへと向かう計画図もつくられましたが、実現されることはありませんでした。その結果、かつてはるかに緑の少なかったウィーンと東京二三区を比較すると、緑地面積ではまったくかなわなくなっています。それどころか、マンハッタン島と都心四区を重ねてみても、残念なことにセントラルパークの半分にも満たない状況です。日本の都市はこのままでよいのでしょうか。

日本の都市は近い将来、工業生産型モデルから離れていくことが確実視されています。未来型の産業は頭脳生産拠点、つまりクリエイティビティが求められるようになる。他方で、脱工業化社会はＤＸ（Digital Transformation）により牽引され、いわゆるテクノストレスが深刻な社会問題化すると言われています。その原因のひとつは、都市に生きる人たちにとって生命圏のリアリズムが失われていることにあるのではないか。そこから脱却するために、例えば、社会資本に対して自然資本を都市に配置する解決策もあると思うのです。これによって国際性を重視した経済活動と上手に相乗効果を生み出す。私は今、こうした世界をつくり出すことがきわめて重要だと考えます。今ほど、ランドスケープ・アーキテクトや造園家のがんばりが問われる時代はないような気がしています。

隈研吾教授
最終連続講義
工業化社会の
後にくるもの
05
緑と建築
05 GREEN AND
ARCHITECTURE

鼎談

環境の時代の庭園がもつ機能

進士五十八×涌井史郎×隈研吾

建築の素材は死んでいるか

隈研吾——進士先生、涌井先生、ありがとうございました。ここからは、これからの建築・都市について環境——緑というのは危険な言葉だと進士先生からお話がありましたので——の視点から鼎談形式で議論を進めたいと思います。

おふたりの話で興味深かったのは、もともと環境分野のご出身ながら、それぞれの世界論が語られていた点です。建築の世界にこのような広い視点をもっている人は残念ながら多くありません。それは建築という人工物を扱うためのロジックが、世界や宇宙へと広がりにくいからかもしれません。僕よりも四一歳年長の丹下健三先生は、東京大学教授の時代に都市工学科の創設にかかわり、建築を超えたスケールで世界を考えることがの必要性を訴えました。しかし丹下先生以降、大きなスケールでものを考えようとする人は、一種の誇大妄想的で高度成長的な拡張主義者として批判され、単体の建築物をひとつの作品として美しくデザインする人のほうが尊ばれる風潮が生まれました。磯崎新さんや安藤忠雄さんはそのような単体主義者の典型です。

この流れは今に至るまで続いていますが、僕は今日、おふたりの先生の話から、環境のフレームで物事を見ると身近な小さなものから大きなものまでを連続的に眺めることが可能なのだと教わりました。建築に比べ、環境のほうが世界に対して開かれていて、環境の視点によって世界とつながることのできる時代が到来している手ごたえを感じました。

おふたりの話に共通していたもうひとつのポイントは時間です。かつて建築学科に入学した学生は、ジークフリード・ギーディオンの『空間 時間 建築』（丸善、一九六九）が必読書でした。ギーディオンは二〇世紀初頭に登場したモダニズム建築の画期的な点は時間概念を取り入れたことだと語った。ところが、ここでの時間が何を示していたかというと、それは移動のことでした。つまり物の運動を時間と呼んでいたわけですが、じつはこうした捉え方は建築分野だけでなく、物理学や美術の世界においても同様でした。しかし、現代において時間＝運動とみなすのは一面的な見方にすぎず、時間とは運動を超えたもっと大きい宇宙的な現象だと考えられ始めました。

僕も運動ではなく時間そのものを建築に取り入れることはできないだろうかとずっと考えていたわけです

が、それはわかりやすく言うと、進士先生のいう「エイジングの美」の話になっていきます。素材そのものの質感が大きく変化して周りに馴染むエイジングの力を、どうすれば建築にも応用できるでしょうか。

進士五十八――エイジング・ソサエティ＝高齢化社会は、先進諸国の大きな課題として政治経済界のネガティブスローガンとなっています。しかし造園家としての私には、長く生き多様な経験を積んだ高齢者は知恵の塊であり大いに活用すべき人材だと思いますし、時間を重ねたモノの味わいは、ただ若いだけの、また新しいだけの美しさとは異なり、深い味わいだと考えます。

さて私が、エイジングの美というものを考えたきっかけは東京ディズニーランドの設計時に担当していた私の教え子の話がヒントでした。ディズニーランドのいろいろのアトラクションのなかに古城や古びた幽霊屋敷がありますが、現場では古色を演出するいろいろの工夫をこらしています。例えば古びた建物の感じを出すために釘の錆が垂れた跡まで細かく造作していいます。もちろん造園界でもエイジング技術（古色をつけるテクニック）が使われていて、本鞍馬石を擬装した甲州鞍馬石は、山梨県産の御影石に醤油と鉄粉を混ぜた銹を刷毛で塗り、人工的にサビ色をつける技法を使っています。こんなテクニックが生まれたのも、日本庭園では古色の味わいにお金を払う文化があるからです。

私が『日本の庭園』（中公新書、二〇〇五）を出したとき、念頭においたのは外国人はもちろん日本文化を十分理解していない日本の若者にも日本庭園の魅力や本質をわかりやすく伝えることでした。日本の美学の本は、わび・さび・しほり、といった難解な解説ばかりでわかりにくい。

京都の鞍馬石にはもともと鉄分が含まれているので、長時間たつと表面が酸化して銹（さび）る。建築でも銅屋根が錆びて緑青になります。サビるには時間がかかる。私の名づけた「エイジングの美」つまり時間の積み重ねがつくり出す美として「サビ」を説明したいのです。本鞍馬石なら短い時間だと赤銹び、長い時間だと濃茶、さらには黒味の銹びになる。これくらい銹びるまでの長い時間にお金が付いてくるのです。この安田講堂の床も味わいがあっていいと思いますが、建築を見る目ではふつう劣化と映る。私はディズニーランドの巧みな技術を見て、わびさびやエイジングの美に価値があると合点しました。もちろん、わびさびは素材だけで説明できるものではありません。素材の扱い方の技も味わい方や魅力を捉える心も含みます。それらの総合評価に価値を見出すのが日本文化というものです。

　先ほどポートランド市の日本庭園を紹介しました。海外の日本庭園はけっこう多いのですがポートランド日本庭園は管理水準の高いことで知られています。私が見ても日本国内の名園と同じです。それは、気候面でも植物の生長がよく時間の経過とともに幹が太くなり、根を張り、枝も伸びる。エイジングの美も満点です。言うまでもなく植物は生き物です。あえて言うと建築との違いはここにあります。建築は死んだ材料を使うでしょう。これはけっして木を否定しているわけじゃありません。コンクリート造よりずっと木造がいい。CO_2の固定のためにも。たまたま上原敬二先生は木場育ちの木材関係の家庭で育ったので東京帝国大学林学科へ進んだのですが、大学院では死んだ木ではなくて生きている樹木を扱いたいと「森林美学」（造園）を目指した、と私に話されたことを思い出しました。造園界でも建物と庭を一体として見る「庭屋一如《ていおくいちにょ》」という言葉を重視しています。比熱の小さい無機的材料を主に活用する建物と、土・緑・水など比熱の大きな有機的材料でおおわれる造園を、バランスよく全体として考えることが大切だと申し上げたい。

隈――建築は死んだ材を扱うというお話は重要な指摘ですね。僕も昔はそう思っていました。でも木をよく使うようになって、材はけっして死んでいるわけではないとわかったんです。じつは、木材は湿気を吸収しながら伸びたり縮んだりするし、反ったり捻れたりもする。製材された後も木は立派に呼吸していて、エイジングも自然に起こります。逆に、建築以外の環境がすべて生きているかといえばそうでないもの、生きているか死んでいるかわからないものもたくさんある。生きているものと死んでいるものの境は不確かで、生き物の住処とはもともとそういう曖昧な環境だったと思います。建築だって木以外でも、呼吸しているものはいろいろあります。この安田講堂では漆喰もたくさん使っていま

す。漆喰も立派に呼吸して生きている素材なんですよ。だから僕には、建築もちゃんと生きていると反論する義務があります（笑）。生きている部分をもっともっと増やしたいという気持ちもあります。

メンテナンスかマネジメントか

隈——エイジングというときにもうひとつ、メンテナンスにかかわる話があります。日本庭園にとってメンテナンスがいかに重要か、僕はポートランドで学びました。進士先生がお話しされたように、ポートランド以外の日本庭園は実際、中国庭園との違いもわかってない人がつくったのかと思うようなものが多い。ほとんどの庭はみずみずしさが損なわれて干からび、枯山水ってそういうことじゃないよね……と考え込んでしまう（笑）。

ところがポートランド日本庭園は、樹高数十メートルものダグラスファー（米松）やレッドシダー（米杉）がひしめく森林公園のなかに、うまく庭が入り込んでいます。結果、日本でもお目にかかれないようなみずみずしく、森と融け合ったような空間が生まれている。進士先生の話にもあった、日本から派遣された庭師の人たちはガーデン・キュレーターと呼ばれ、毎日庭の手入れを怠りません。これまでに七名の庭師が代々滞在し、現在八代目にあたる内山貞文さんが管理されている。彼らがそれぞれに手を入れた結果、現在の庭園の姿になっています。

進士——彼らはもともと庭園の手入れのために渡米したのですが、滞在中に公園内に少しずつ自分なりの庭を広げていきました。今や日本庭園の諸形式を色々と味わえる総合博物館となり、アメリカ人の庭師トレーニング道場にもなっているのです。森林公園はポートランド市有地なのでそれもよかった。彼らの手によって庭園は豊かに成長し続けているわけです。

隈——少しずつ手を入れていくのも造園特有の方法ですね。建築は竣工したときこそが最高のコンディションでなければいけないので、ピカピカの状態で写真を撮って雑誌に発表した後は劣化の一途をたどる一方とされています。その後はクライアントの意のままに使われるので、なかにはへんな使い方をされていると、ポスター一枚貼られただけで文句を言う建築家もいます。しかし僕にはそういう時間の重ねかた、変化のほうがより自然なもののように思えて、へんなポスターが貼られていたりするとうれしくなります（笑）。もし

ポートランド日本庭園のように建築にも手を入れ続けることができれば、時間の蓄積とともに建物だってどんどんよくなっていくだろうと思うのです。

進士――庭のもうひとつのよさは、手入れや掃除をする行為それ自体を楽しむことです。盆栽いじりが好きな人は、枝が一日で一ミリも伸びないのに毎日毎日熱心に鋏みを入れるでしょう。「緑とのコミュニケーション」を楽しむことを「手入れ」と呼ぶわけです。お金を払って、他人に手入れをやらせるのはもったいない。

涌井史郎――最初にメンテナンスという言葉が出ましたが、日本語に訳すと「管理」ですよね。庭の手入れの対訳はメンテナンスというより「マネジメント」だと思うのです。経年劣化ではなく、経年美化するようにエネルギーを注入していく。そうでなければ、平等院のような平安時代の名園が現代まで残るのは考えにくいですよね。

隈――なるほど。つまり、メンテナンスと呼ぶことがそもそも建築に引き寄せた考え方なのですね。

進士――苔寺として知られる京都の西芳寺は、もともと白川砂が敷かれた庭でした。それがある時代無住（住職が居ない状態）が続き放置されました。その結果、苔が庭を覆いつくすことになってしまった。正に「庭さび」で苔庭が誕生し、今や苔は商品価値をもち、観光客がこれを目当てに訪れる。そこで今は苔のコンディションを保つために、落ち葉をすべて取り除き、水をたっぷりあげる。光が当たらないと苔の部分が劣化しますし、水分が足りなくなれば枯れるからです。人の手で苔を美しく扱うのはたいへんです。それを庭園管理というけれど、生き物を育む仕事としてはしっくりこない。

涌井――最近は使われなくなった林業の用語で、いい森林をつくろうと手をかける様を「撫育」と呼んでいました。それを「メンテナンス」と呼んだ途端に、心の部分が抜け落ちてしまう印象があります。

隈――庭の世界では、つくる行為以上の比重をマネジメントが占めることがよくわかりました。現在、ポートランド日本庭園のガーデン・キュレーターを務める内山さんによれば、ポートランドではアメリカ流に少し雑に手を入れているそうです。あの日本庭園は森林公園の巨大な樹々に囲まれているので、日本流にきれいな刈込みをつくるとそこだけ浮いてバランスが崩れてしまうそうです。粗く刈ると森とシームレスにつながる。それを聞いたとき、造園の奥深さに触れた思いがしました。

メタボリズムはなぜ短期間で終わったか

隈——造園家との交流で忘れられないエピソードがもうひとつあります。私が設計した《根津美術館》(二〇〇九)[fig.23]は、もともと根津家のお屋敷で、現在の根津公一館長も幼い頃によく遊んでいたという庭が、建物よりも先にありました。根津家には風間宗景さんという専属の庭師がおられ、屋敷に住み込んで毎日、庭木の手入れをしていらっしゃる。その風間さんが、美術館の建物ができたときに『新建築』(二〇〇九年一一月号)の掲載号をもって僕に怒りにきた。その号には庭越しに美術館の建物を望むアングルの写真が最初に掲載されており、同じページに「設計：隈研吾建築都市設計事務所」とクレジットされていました。風間さんは自分の庭が写っているのに、隈の名前しか載っていないことに釈然としない思いがあったのです。建築の専門誌とはいえ、たしかにその写真は建物が背景で一番の主役は庭の空間でしたから、風間さんの言うことはもっともだと思います。申し訳ないことをしたと思いました。造園家や庭師の方は庭に愛着をもつと同時に、プライドをもって仕事に取り組んでおられる方が多いですね。

涌井——建築の分野でも日本建築に関わっている人たちはそのあたりの機微がよくわかっているように思います。私と進士先生が今日何度か言及した「庭屋一如」は、数寄屋建築研究の第一人者だった中村昌生先生がしきりに口にしていた言葉でした。その心は、茶室ひとつとっても肝心なのは設えではなく、全体を通して季節感や時間の変化をつくり出すことにあります。ところが冒頭の隈さんの話に引き寄せると、建築家は時間を「移動」と捉え、さらにはそれを「成長」と読み替えた。最も象徴的なのがメタボリズムでしょう。成長する都市や建築のモデルは当時、たいへん魅力的に映りましたが、どこに思い違いがあったかというと、動かされていることを動いていることと認識したことだったのではないかと思うのです。自動する時間のなかで私たちではない別の主体があって、それがつくり出すリズムに人間は乗れるかどうか。リズムに乗れなければ生き物や自然素材を同等に扱えるわけがないんですね。

fig.23——《根津美術館》(二〇〇九年)

隈――それはメタボリズム論として興味深いですね。僕が中学生の頃、メタボリズムの運動はじつに華々しいもので、書店に行けば黒川紀章の本がずらりと並んでいました。これまでの建築は西洋的＝機械的原理であり、これからは生物的＝アジア的原理でなければならないなどと黒川が主張するのを、僕も夢中になって読みました。そんななか、高校一年生のときに大阪万博（一九七〇）が開かれ、メタボリズムの建築が見られると喜び勇んで出かけた。ところが、僕は実物を見て落胆してしまったんです。《東芝ＩＨＩ館》のどこが生物原理なのだろう、ただの鉄のお化けじゃないかととてもがっかりして帰ってきました。

以前、生物学者の福岡伸一さんとの対談のなかで、メタボリズムがごく短い期間で運動を終えた理由について話したことがありました。福岡さんによれば、単位サイズが大きすぎたのではないかという。二〇世紀の一般的な生物観は、生き物を胃や肺、骨といった器官の集合体と捉えていた。それは機械主義的生物観とでも呼べるものです。つまり生き物の身体を歯車やエンジンなどと同じ、大きさをもった部品の集合体と考えてしまった。二〇世紀初頭のモダニズム建築も、建築を機械としてとらえていたので、機械主義的建築観にはまっていたと言えます。しかし、実際の生き物はそういうものではなく、小さな粒子や液体が流れ続けているものです。固定された部品などというものは存在せず、組織が流動した結果、身体の部分が絶えず変化し続けるのが現代の生物観です。メタボリズムは、二〇世紀前半の機械主義的生物観から抜け出すことができず、カプセルのように大きいものを基本単位としてしまった。臓器という大きい単位での交換が、臓器移植のような大ごとになってしまって、実際には難しいように、メタボリズムのカプセルの交換も実際には難易度が高すぎて不可能でした。だからメタボリズムはすぐに廃れたというのが、福岡さんの見方でした。それに比べて僕の建築の単位は小さい粒子なので、より生物の実際に近いと福岡さんからほめてもらいました（笑）。彼の見方には涌井先生が今、生き物は動かされている存在であると言われたのと共通する部分が多いように思えました。

涌井――メタボリズムは解剖学的な生物観ですよね。物を生産するために部品はどう集合させるべきかという議論になっている。形態こそ生き物になぞらえていても、生命観はまったく投影されていない。それに比べて、隈さんが設計した《梼原 木橋ミュージアム》(二〇一〇)の複雑な木組みなどを見ると、生命現象というか、自然の姿と同一化しているように思えるんですよ。

隈——建築を小さな粒子の集合体として捉えるモデルは、福岡さんとの対談の後にはっきりと意識するようになりました。僕が使う木は一般的な木材よりも細くて、ふつうの住宅の柱は一〇〇ミリメートル角程度のものなのですが、それよりもっと細い六〇ミリメートル角や三〇ミリメートル角くらいのものも使います。それは小さな粒子の間にいろいろな力や空気を流れているような生物的状態をつくろうとする思いの表れなのだと思います。

涌井——《梼原 木橋ミュージアム》は三〇年ほど経つとたわんでくる可能性がありますよね。そうすると今のようなピシッとした直線よりも、美しく馴染んでいくんじゃないでしょうか。

隈——風景に馴染めばよいですが、心配する人がいるかもしれない(笑)。

バイオミミクリーの陥穽

進士——今、ロボット開発が非常に盛んですよね。「バイオミミクリー」と呼ばれる、生物の形や構造、機能を模した技術開発を積極的に推し進めている。これもやはり、機械分野の人たちが生物からヒントを得ようとしているのだと思います。建築界のメタボリズム運動はその先駆だった。しかし、都市も新陳代謝しなればいけないとは言っても、あくまで喩えなので、工学技術者に生物学者と同質の生命への理解を求めても無理だし、人工環境に有機物を付加するには自ずと限界がある。有機性は、庭園や緑地で手に入れる方が自然です。だから「庭屋一如」、outdoorとindoorは相補関係、共生関係と考えればいいと思います。

先ほどのポートランドの日本庭園は立派な森林公園のなかにあります。私の言い方ですが、「自然・緑」にも大・中・小がある。森林は大自然、日本庭園は中自然、隈作品の緑化屋根は小自然にあたる。自然にも階層性があって、生き物でも、野生・家畜・ペットと三段階ある。内山さんのラフな剪定というのは少しでも家畜から野生に近づける手入れ法ということ。日本庭園の刈込みは緻密すぎてペットです。禅寺の塔頭は狭い敷地で身近にある緑ですから、肌になじむように丁寧な剪定で工芸品の域に近い細かな技術がとられている。

隈――日本庭園とは昔からそういうものだったんでしょうか。

進士――極端に言うと、一芽出たら一芽を摘む、一枝伸びたら一枝を切る発想です。松のみどり摘みとか、実に丁寧な職人技です。公園ではそこまで細かい手入れはありませんが、かつてはそれほどの繊細さが求められました。他方で野生的自然植生に刈込物や仕立物をいきなり調和させるのは難しい。だから、内山さんはラフな剪定の家畜的手入れの樹林を間に入れてつないだのです。こうした判断が可能なのは、場所と状況をトータルに見ている人物だからこそだと思えます。

生命体は細胞から現寸大の生身のスケールまですべてがネットワークされたシステムです。樹木の枝や葉が台風で折られても絶対、樹は枯れないのは生命体のネットワーキングが機能しているからですよね。計算されつくした完璧な構造体でも蟻の一穴で崩れてしまうのとは大違い。冗長性(redundancy)や復元力(resilience)がもともとからあるのが生物の原理です。

隈――バイオミミクリーの話に関連すると、この最終連続講義ではコンピュテーショナル・デザインの評論家でロンドン大学バートレット建築スクール教授のマリオ・カルポ先生にも登壇してもらう予定です。彼は建築史が専門で、バイオミミクリー的な形態の建築を「第一コンピュータ時代のデザイン」と呼んでいます。これはもちろんレイナー・バンハムの『第一機械時代の理論とデザイン』(一九六〇)に範をとったものです。バンハムは同書を通じてモダニズムの根底には機械のモデルがあると説くわけですが、機械にも二種類あることを忘れてはいけないと指摘します。第一時代の機械は鉄道や車で、第二時代はテレビやラジオである。そして、後者が建築のモダニズムを変質させたというのがバンハムの主張です。カルポはそのバンハムの二段階説を現在のコンピュテーショナル・デザインにも応用したのだと僕は見ています。

　コンピュータを使った建築デザインが台頭し始める一九九〇年代はバイオミミクリーが大流行しており、コンピュータを使いこなせば形態操作は思いのままでぐにゃぐにゃした形が大流行した。それを生物的デザインと称していた時代で、カルポはこれを第一世代コンピュテーショナルと呼びます。彼によれば、二〇〇〇年頃に第二コンピュータ時代が始まり、そこでは生物の形ではなくシステムをモデルとして、建築の小さな単位を足したり引いたり、変化させることへと関心が移行しました。僕の建築もその時代の代表例のひとつに挙げられており、彼のこうした捉え方がまさにバイオミミクリー批判になっています。

涌井――生き物のシステムを建築に援用する場合のリファレンスとしてひとつ挙げると、唐招提寺の柱はじっくり観察すると継ぎはぎだらけですよね。柱を見上げれば一〇〇〇年間の修理の跡をすべて目にすることができます。だからといってそれが生々しく現れているのではなく、エンタシスの柱はあいかわらずとても美しく遺されている。部分を見ながら全体を捉える視点は古今東西で共通するものだとわかります。

隈――今回の最終連続講義で内田祥哉先生をお呼びしたときに、木造は建築のなかで最も継ぎ接ぎしやすい材料だと言っていました。コンクリートに次いで継ぎ接ぎしにくいのが鉄だそうです。じつは以前、村野藤吾先生の自宅の柱が継ぎはぎだらけでした。というのも絶えず自分で大工に指示して鴨居や長押の位置を変えていたからで、そうすると継ぎ接ぎの跡が残ってしまう。村野先生はそれをそのまま残しておくよう大工に言っていたそうです。そういう継ぎ接ぎのプロセスを見せることが自分の家にふさわしいと思っていた村野先生は、生き物の本質を理解して、自分の家を生き物的にしようとしていたのかもしれません。

進士――そういうことを聞くほどに、ある設計者がすべてを決定したものとする現代のデザイン界の常識はいかがなものかと思えてしまいます。たくさんの大名庭園の変遷を研究してわかったことは、最初から全体

設計図がある庭園はほとんどないし、歴代藩主が先代の志を尊重しつつも、自らの意向を加えて、正に植物の生長のように少しずつ成熟し名園と呼ばれるようになっていくということです。私はこれを「生活史・空間史からのアプローチの造園史」として研究してきましたが、多くの造園に共通することです。もちろん時には大量の資金や技術を投入できる機会があり、「王の庭師にして、庭師の王」といわれたアンドレ・ル・ノートルのヴェルサイユ庭園でも後にプチ・トリアノン宮殿が加えられていきます。マスタープランどおり完成して、それが現在もそのまま残るというのは、狭い「枯山水」ぐらいで、多くの日本庭園にはありません。マスタープランありきは近代の思想です。庭も人間と同じに生長変化していくモノだと、「名勝」指定の文化財管理者にも申し上げています。

涌井——造園の分野では完成という言葉はあまり使いません。あえて言うなら「概成」でしょう。木の成長を考慮に入れると完成とはとても言えない。時間を止めることなど誰にもできませんからね。

日本庭園のステレオタイプを外すこと

会場1——以前、ポートランド日本庭園を見学したとき、地元の方にも愛着をもたれている様子がとてもよく伝わってきました。現在、日本政府も欧米の日本庭園の復興に力を入れようとする動きがあります。なぜ日本庭園が文化の異なる外国で多くの人の心をつかんでいると思われますか。そして日本は二一世紀に、世界にどのような提案できるとお考えでしょうか。

涌井——日本庭園が外国で現地の人たちの目に触れるようになったのは最近のことではありません。そのきっかけは、各国で行われた万国博覧会です。歴代の万博では必ず日本庭園がつくられました。外国の人たちは日本庭園を通じて日本人の世界観や自然観を理解してきたわけです。これまで連綿と続いてきた自然共生、再生循環の思想なくして、地球の持続的な未来も語れません。そこには庭園文化だけでなく、里山や生産緑地を保全するために代々培ってきた知恵があるように、生態系サービスを大切にする姿勢を外国の人たちにしっかり見てもらうことが必要ではないかと考えています。

進士――以前、ハンブルクに行く機会があり、プランテン・ウン・ブローメン公園の日本庭園を見たときに驚きました。ドイツの人たちが手入れするのですが、よく見ると石灯籠の中台が上下逆さに据えられている。日本庭園の石灯籠は台・竿・中台・灯袋・笠・宝珠と六つに分解できるようになっている。地震でも柔構造で倒れない。倒れてもまた組み立てることができるのですが、外国の方は原形を知らなかったためか、適当に重ねてしまう。こうした例は各地で見ます。国土交通省主導のもと、放置されていた海外の日本庭園の手入れに技術支援を始めて、日本文化の紹介と国際交流に努めている。それはすばらしいことだし、日本の若者に絶好の機会を与えたと評価しています。ただ本当のことを言えば外国で日本庭園にふさわしい手入れを期待するのは、無理筋です。日本庭園は日本の風土に合うように日本庭園はつくられてきたので、本物は日本に来て見てほしい。海外につくる場合はその土地に合うようアレンジすべきです。

さらに言えば、日本庭園の奥にある日本の自然観・庭園観・季節感への知識や教養をセットでガイドするべきだと考えています。東京の文化財庭園では、私の提案で一九九九年九月から「都立庭園ガイド」が発会、いまでは数か国語でインバウンドへのサービスも始めています。

例えば若い人は花札で遊ばないかもしれませんが、花札の風景は日本人が長い間、親しんだ文化的自然の様子です。幔幕に桜や菊、盃は宴遊風景です。大名庭園のなかで幔幕を張って桜を眺め、酒を飲む。秋には紅葉のなか、長生きを願う重陽の節句、菊。山のように見える絵柄は秋の七草・ススキを表し、そこに月が出て月見の宴です。

ポートランドの日本庭園がすばらしいのは、日本人と日本の風景の背景までも伝えようとしているからです。ポートランド日本庭園では隈研吾作品のなかで、こうした日本文化を正しく伝えるソフトウェアがあります。これは日本の観光寺院ももっと学ぶべきです。

隈――日本庭園と言えば、禅寺や数寄屋のような伝統的な世界が前提とされがちですが、進士先生が言うように高尚なものばかりではない。飲み食いの場所にもなるし、涌井先生が先ほどお話しされたとおり、農業や生産の場にもなりうる。外国の人にも、日本庭園＝禅の世界というステレオタイプを一旦外し、より広い視野で見てもらえるともっと広まるような気がしています。ポートランドの《カルチュラル・ヴィレッジ》のなかに日本の造園技術を指導する学校がつくられたように、日本庭園に対する外国の関心は高まっています。そのなかで、むしろ環境の時代だからこそ庭園がもつ多様な機能を再発見するとよいように思います。やはり庭からは学ぶところは想像以上に多いと感じました。社会のことも、世界のことも、庭園を入口にして学んでいるかもしれない。今日はありがとうございました。

回想

やさしい相棒

隈研吾

僕の母方の祖父は東京で医者をしていたが、土いじりも好きで、当時は駅前から田畑が広がっていた、横浜の田舎の大倉山に土地を借り、そこにクラインガルテンのような小さな家を建てて、週末はそこで花や野菜を育てていた。母が結婚して、その小さな家に住み始めて僕が生まれ、自然な流れで、その祖父の畑仕事を手伝うようになった。畑の下ごしらえに始まって、種のまき方から、雑草の刈り方、収穫の仕方まで、すべてその変わり者の祖父から教わった。

その子どもの頃の経験があるせいか、進士五十八先生や、涌井史郎先生は造園という別の世界に属しているはずなのだが、彼らと話していると、同業の先輩と話しているような、親近感を覚える。建築家仲間と話しているときよりも、より親しみを感じ、リラックスできる。

建築学と造園学は、やがてひとつのものになっていくのではないかと、僕は感じている。日本では、本来、その二つは一つであった。江戸時代初期の茶人、小堀遠州(一五七九―一六四七)は、作庭家であると同時に建築家であり、庭の一部、庭に従属するものとして、建築物を捉えていた。そもそも日本には建築家という職業が存在せず、西欧からその概念自体が輸入されたものだと言われる。建築物の設計だけを庭園と無関係に行うことを、日本人は不自然な行為だと考えていたのだろう。建築学と造園学の統合によって、建築家という人工物第一主義者が絶滅することになるかもしれない。それはそれで、環境全体にとっては、たいへん結構なことだと思う。

しかし、西欧の名誉のために申し添えるならば、その「建築家」という概念を生み出した西欧に

おいても、心ある建築家は、庭園に対して並々ならぬ関心、情熱を抱いていた。

例えば二〇世紀初頭のイギリスを代表する建築家エドウィン・ラッチェンス(一八六九―一九四四)は三三歳で独身の女性造園家、ガートルード・ジーキル(一八四三―一九三二)に出会い、イギリス各地の古い住宅をともに見て歩き、多くのヒントを得、そこから庭と建築を統合したラッチェンス流のスタイルが生まれた。ジーキルとの出会い、庭との出会いがなければ、ラッチェンスの環境に融けるような建築は生まれなかったであろう。ル・コルビュジエ、ミース・ファン・デル・ローエなどのモダニズム建築の巨匠の一世代前のラッチェンスであるが、僕にはむしろ、ル・コルビュジエたちの作品よりもラッチェンスの作品の方がコンテンポラリーなものに映る。写真ではなく、彼の作品を訪れ、庭を歩きまわったときに初めて得られた感覚である。

究極のモダニズムとも呼びたくなるような抽象的な造型で知られる、ブラジルのオスカー・ニーマイヤー(一九〇七―二〇一二)もまた、ロバート・ブール・マルクス(一九〇九―九四)との協働による、天然の植生を最大限に活用したランドスケープを抜きにしては語れない。モダニズムの人工的造型とマルクスの野性の緑とが補完し合うことで、ブラジリアの建築群は、大地と分かちがたく接合されたのである。そのことも、ニーマイヤーの建築を訪れ、庭を歩きまわったときに、初めて発見することができた。庭という存在は、映像という二〇世紀的メディアとは、つくづく相性が悪いと僕は感じるのである。

暴力的ともいえるオブジェクトの建築家という印象が強い、レム・コールハース(一九四四―)もまた、インサイド・アウトサイドを主宰するペトラ・ブレーゼ(一九五五―)との公私の親密な関係を抜きにして、彼の建築を語ることはできない。インサイド・アウトサイドが取り扱うのは緑と布である。その二つのやわらかなものを媒介にして、レムの建築の暴力は、都市、そして人間とかろうじて、つながることができるのである。

これらの例から見てとれるように、建築は自立できず、建築家もまた自立できていないように僕は感じる。人間というフラジャイルな存在が、緑や布というやわらかなものたちの助けを借りることで、かろうじて建築という極度に人工的な存在を許容し、受け入れているのである。建築家もまた、同様にして、そのような「やさしい相棒」を必要としてきたわけである。

その相棒と付き合うときに重要なのは、庭もまたデザインの結果として捉えずに、つくり、育て、守り続ける生きたプロセスとして捉えることである。それは建築をデザインとしてではなく、ものをつくるプロセスとして捉えた内田祥哉先生から教わった方法であり、また小さい頃、大倉山の小さな庭で畑仕事をしながら、祖父に教わった方法でもある。

06 Art and Architecture

アートと建築

高階秀爾
（美術評論家、東京大学名誉教授、大原美術館館長）

×

伊東順二
（美術評論家、プロデューサー、東京藝術大学特任教授）

二〇一九年九月二九日

隈研吾——最終連続講義第六回は、「アートと建築」をテーマに、高階秀爾先生と伊東順二先生をお招きしました。まずは私とアートとの関わりについてお話しします。

私が最初に設計した本格的なミュージアムに《那珂川町馬頭広重美術館》(二〇〇〇)があります[fig.1]。歌川広重は一九世紀の代表的な浮世絵画家です。その広重の代表作に《大はしあたけの夕立》という作品があり、そこでは雨が線で描かれています。西洋絵画においては一九世紀イギリスの画家ウィリアム・ターナーやジョン・コンスタブルが「自然」を発見したと言われます。しかし彼らも、建築はカチッとした線で描くのですが、雨や霧はぼやーっとした存在として描きます。自然と建築を対比的に描くのが西洋絵画の伝統的な表現で、建築物は輪郭のはっきりした直線で描かれるのに対し、自然現象は雨にしろ霧にしろ、おぼろげに描かれている。対して広重は雨も橋も同じように直線で描きます。その根底には、自然も建築も同じ世界に属しているという考え方があることを私はこの美術館の設計を通じて学びました。

もうひとつ、このときに勉強したのは、透視図法に頼らないで三次元的な奥行きを表現する方法です。西洋絵画ではルネサンス以降、透視図法によって奥行きを表すわけですが、アジアの絵画では中国でも日本でも、空間のレイヤーを重ねていくことで奥行きを表現する方法です。広重の《庄野白雨》でもレイヤーの手法が典型的なかたちで現れていて、森が三つの層の重層として描かれ、その手前に雨の層が描かれる。雨もまた線の角度をいろいろ変えることで、揺れるような効果を生み出している。おもしろいのはここが庄野であると示すものが何も描かれていないように見えることです。しかし、空間の奥行きを表現することで、その場の風情のようなものを表している。広重の発明と言っていいようなたいへん特徴的な手法だと思います。

fig.1——《那珂川町馬頭広重美術館》(二〇〇〇年)

そうした手法に強い感銘を受けたのがヴィンセント・ヴァン・ゴッホで、彼は広重の《大はしあたけの夕立》の複製を油絵で描いています。油絵なので雨を線で描こうとしても木版画のようには描けず、なんとなくかわいらしい感じになっていて、それがゴッホの広重への愛情を感じさせます。ゴッホは自分には三人のメンターがいると言っていて、ひとりは同じオランダの大先輩であるレンブラント。もうひとりは同時代のセザンヌ。そして広重という三人の名前を挙げています。

もうひとり、広重をメンターと仰いだ大芸術家にフランク・ロイド・ライトがいます。彼は二人の日本人がいなかったら自分はなかったと言っていて、広重に加え岡倉天心の名前を挙げています。ライトは彼らからヴォイドという概念を学んだと言っています。僕はそうしたゴッホやライトの仕事をヒントにしながら、《広重美術館》の設計に取り組みました。ここでは広重の雨のように、線を重ねる方法で空間を構成しました。レイヤーを重ねていくことで奥行きをつくるというやり方を、この《広重美術館》の三次元の空間のなかで全面的に展開しました。

じつは僕がアートに興味をもった最初のきっかけが、高階秀爾先生です。高校生のときに高階先生がNHKで近代美術史について講義をされている番組を見て、そのエモーショナルでも主観的でもないサイエンティフィックな語り口に触発され、アートと建築の関係について考えるようになりました。高階先生の話で印象的だったのがジョルジュ・スーラの話です。スーラは初めて海を見たときに、海面に反射する光を表現することを考え、そこから点描画法を生み出したと言われています。僕の建築はファサードに小さなルーバーを多用することなどから、建築評論家から点描画法とかスーラの建築版と評されることがあります。僕とスーラとの出会いも、高階先生の講義がきっかけになっています。

その後《サントリー美術館》(二〇〇七)や《根津美術館》(二〇〇九)などの仕事を経て、フランスのエクス＝アン＝プロヴァンスにある音楽院と音楽ホールが一緒になった《ダリウス・ミヨー音楽院》(二〇一三)[fig.2]の設計をしました。エクス＝アン＝プロヴァンスと言えばセザンヌが生まれた街です。アルミ産業が基幹としてある地域ですので、アルミを使いました。セザンヌが自然を幾何学に還元したという話も高階先生の講義で印象的でした。街からはセザンヌの絵のモチーフとして有名なサント・ヴィクトワール山が見えます。セザンヌはサント・ヴィクトワール山の硬質な石灰石の岩肌を幾何学的な形に還元して表現しましたが、エクス＝アン＝プロヴァンスの乾いた空気のなかにいると、自ずとそのように自然が見えてきます。この建物はサント・ヴィクトワールの幾何学をアルミを使って建築へと翻訳したもので、セザンヌへのリスペクトを僕なりに表現したつもりです。

国際指揮者コンクールが開かれることで有名な《ブザンソン芸術文化センター》(二〇一二)[fig.3]は、音楽ホールや美術館が一体になっている複合文化施設です。古いレンガの建物を保存して、そこに地元の唐松を使った木造のボリュームを付け足し、地域と密着した文化センターにふさわしい佇まいを与えました。大きな屋根の下に半屋外的な空間を挿し込む構成は《広重美術館》と同じですが、ここでは建物の中心に開けた大きな「孔」を通じて、街の人々の流れをミュージアムと背後の川へと促し、都市のなかに回遊性をつくりました。ファサードは木質パネルを市松模様に配置しました。こうした手法が点描画法と言われる所以かもしれません。

次にご紹介するのは《マルセイユ現代美術センター》(二〇一三)[fig.4]です。フラ

fig.2——《ダリウス・ミヨー音楽院》(二〇一三年)

fig.3——《ブザンソン芸術文化センター》(二〇一二年)

ンスにはアンドレ・マルローによって提唱された「FRAC（Fonds Regional D'Art Comtemporain）」と呼ばれる現代美術のための地域基金があります。設立は一九八二年ですが、二〇一〇年代から新世代のFRACプロジェクトが始まり、フランス各地に八つの拠点が生まれました。そのうちのブザンソン、そしてこのマルセイユの二つのFRACのコンペで、私たちの案が選ばれました。FRACはフランスの文化の地方分権の一翼を担う制度ですから、それぞれの地域の特性に合った施設が求められます。マルセイユでは、「美術館をつくればいいと考えてもらったら困る」と言われて驚きました。日本のように、全国各地で同じような美術館ができてしまうことを、フランスは一番警戒しています。そこで、《マルセイユ現代美術センター》では若手アーティストを育てる場にしたいという要望が上がりました。若いアーティストが住み、作品をつくり、展示できる、その三つが一体となった新しいタイプのミュージアムにしたいという希望でした。そのため、アーティストのためのアパートメントとアトリエが主役になったラボっぽい建物になっています。

最近手がけたのは、トルコのエスキシェヒルという古都に、トルコで初の現代アートに特化した《オドゥンパザル近代美術館》（二〇一九）を木でデザインしました。さきほどのフランスのFRACの試みやトルコの例は典型的ですが、中央から地方にアートの拠点を移すための社会的な課題などについても、この後、議論したいと思います。

fig.4——《マルセイユ現代美術センター》（二〇一二年）

講演1——

アートと建築、建築はアート

高階秀爾

どこまでが建築なのかわからない建築

高階秀爾――今日のテーマは「アートと建築」ですが、そもそもアートとは何か、建築とは何か、まずはそのことについてお話ししたいと思います。

その前に、まず私と隈さんとの出会いについて触れておきましょう。一九九五年の第四六回ヴェネチア・ビエンナーレ国際美術展で彼とご一緒したのがきっかけです。そのときの日本館のコミッショナーを務められたのが伊東順二さんで、そこに隈さんが建築家として参加されていた。一方、私は日本館とは関係がなく、ビエンナーレ全体を見る審査員の立場でした。それで審査のときに日本館を訪れて驚いたんですね。ふつうパヴィリオンは壁があって、そこに作品が掛かっていたりするわけですが、日本館に入ってみると真っ暗で壁が見えない。しかも床には水が薄く張ってあってキラキラと光っているせいで、水面だけがずっと広がっているように見える。そこに千住博さんのウォーターフォールの作品があって、まるで天から水が降って

たかしな・しゅうじ
東京大学名誉教授・大原美術館館長・日本芸術院長。
一九三二年東京生まれ、東京大学教養学部卒業、パリ大学及びルーヴル学院で西洋近代美術史を専攻。東京大学教授、国立西洋美術館長等を経て現職。二〇〇〇年紫綬褒章、二〇〇一年仏、レジオン・ドヌールシュヴァリエ勲章、二〇一二年文化勲章。主な著書に『近代絵画史――ゴヤからモンドリアンまで』上下（中公新書、一九七五年）、『日本人にとって美しさとは何か』（筑摩書房、二〇一五年）等多数ある。

くるように感じられるわけです。そうした隈さんの卓越した会場構成も手伝ってか、千住さんは絵画部門の名誉賞をとられました。それ以降、ウォーターフォールが千住さんのトレードマークのようになっていますが、空間によって見え方がかなり変わることを私は知りました。西沢立衛さんが設計した《軽井沢千住博美術館》(二〇一一)にもウォーターフォールの作品が展示されていますが、ガラスの壁ということもあってだいぶ感じが異なって見えます。そういうことがあり、私は隈さんに会場構成の重要性、ひいては建築のすさまじさのようなものを教えられました。

そのころ、熱海の《水/ガラス》(一九九五)を隈さんに案内していただく機会がありました。太平洋を望むガラス張りの空間で、窓の外の床面を見ると水が張られていて海までつながっているように見える。つまり、水が流れている床面や海とのあいだをつなぐ空間も作品になっているわけです。そうなるとどこまでが建築なのかわからなくなってくる。この「どこまでが建築かわからない」というのは、隈さんの建築を考えるうえでの特徴だと思います。

その後、京阪奈丘陵地域に大きな学術研究都市を整備する計画(関西文化学術研究都市)のなかで、国会図書館の分館(国立国会図書館関西館)をつくる案が持ち上がり、コンペが実施されました。私も審査員のひとりだったのですが、そのときに隈さんが出された案に度肝を抜かれました。それは図書館がまるまる地中に埋まった案でした。地上部は建物らしきものが何も見えない。丘陵があって、入り口があって、窓が少し見えるだけです。私はたいへんに見事な建築だと思いました。安藤忠雄さんの《地中美術館》(二〇〇四)よりもずっと前のことです。《地中美術館》ももちろんおもしろい建築なのですが、美術館というのは自然光や広い空間が必要で、展示室はだいぶ苦労したと聞きます。しかし、図書館の場合、書庫の温湿度さえ保たれていれば自然光はなくても構いませんし、閲覧室はそれほど広い空間にする必要もない。結局、隈さんの案は選ばれませんでしたが、私はそのときにあらためて、建築作品のもつ意義について考えさせられました。

西洋における建築の定義

西洋では歴史的に建築の理論が堅固なものとしてあります。いまにいたるまで、西洋で建築をやる人のバイブルになっているのが紀元前一世紀ごろに古代ローマで書かれたとされるウィトルウィウスの『建築十書』です。とくにルネサンス以降は、例えばフランスの美術学校の建築科ではこの本は必須文献になっていました。この本で最初に建築を理論的かつ実践的に学ぶ。その『建築十書』の冒頭で、建築とはどういうものなのか、簡潔に定義されています。それによると、次の三つの条件に当てはまれば建築であるとされる。すなわち強さ(firmitas)、用(utilitas)、美(venustas)の三つです。強さ(firmitas)とは英語でいうところのfirmで、堅牢性を意味します。つまり簡単に倒れたり、風で飛んでしまうようなものは建築ではないというわけです。用(utilitas)はutilityですから、機能性を意味します。神殿なら神様を祀るため、住宅なら人が住むためといったように、建築にはそれぞれ用途があり、それに適した使いやすいものでなければなりません。そして三つめが美(venustas)。直訳するとヴィーナス性となります。ヴィーナスは美の女神ですから、造形的に美しいものと言い換えられます。この三つを兼ね備えたものがウィトルウィウスの考える建築です。このことがルネサンス以降、西洋の建築論を規定してきました。

堅牢性や機能性は説明するまでもないことですが、美的なものに関しては少し解説する必要があるかもしれません。ウィトルウィウスが言うには、美とは優れたリズムや対称性（シンメトリー）を意味します。優れたリズムとは、物事を比例関係で見ることです。現代でもよく八頭身美人と表現されるように、その美しさも比例関係に基づいています。ところが、紀元前四〜五世紀には七頭身のほうがリズムとして美しいと考えられていました。このことは太いドリス式の柱から細いイオニア式の柱へ移っていくこととも関係しています。

ドリス式で知られる《パルテノン神殿》には、柱を受ける横材などを含めたエンタブラチュアと呼ばれる部分があり、その上に三角屋根が載っている[fig.5]。このように柱を横材で受けるやり方をリンテルシステム（まぐさ式）と言います。もうひとつ代表的な方法として、レンガ建築のように柱がなく、レンガを持ち送りでずらしながら積んでいって開口部をつくるアーチ式があります。《パルテノン》は代表的なリンテルシステムの建築です。《パルテノン》は基壇の上に建てられていて、そこがこちら側の俗世間とは別の、神様のための特別な場所であることが示唆されています。高さと横幅と柱の太さのそれぞれの関係や柱の本数などは、厳密な比例関係で考え抜かれ、優れたリズムをつくっています。たしかに素晴らしい建築だと思います。

さらに言えば、建築にはリズムやシンメトリーの美しさに加えて、装飾の美しさもあります。もともと《パルテノン》でも破風やメトープは彫刻やレリーフで飾られていました。彫刻の多くは一九世紀にイギリスの外交官であるエルギン卿がロンドンに持ち帰ってしまいました。それらは「エルギン・マーブル」として大英博物館で展示されているので、ロンドンに行けば見ることができます。三角形の破風を飾る彫刻を見ると、男性の裸体のたくましさや女性がまとう衣の襞のきめ細かさなどがたくみに表現され、彫刻自体がたいへんに見事ですが、じつはこれらの彫刻は三角形の破風に収まるように考え抜かれた造形になっています[fig.6]。

それに加え、《パルテノン》は創建時に彩色が施されていたとする説もあります。これは一

fig.5 —— パルテノン神殿

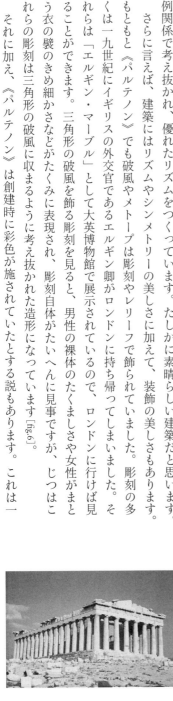

九世紀中頃に大議論になりました。もちろん現在の《パルテノン》は白い大理石で知られていますが、ギリシャやイタリアではほかの遺跡の発掘調査が進むと、着色された遺跡がどんどん出てきた。だから《パルテノン》も色がついていたとする説が真実味を帯びたわけです。それを理論的に後押ししたのがドイツの建築家にして批評家でもあったゴットフリート・ゼンパーです。

　ゼンパーは一八五一年に出版した『建築の四要素』のなかで、建築は四つの要素からなると説いています。これによれば、第一の要素は炉、つまり中心があること。人の住む家で言えば囲炉裏のような場所ですね。第二の要素は囲いがあること。その場所を外から区別するために囲うものこそ建築であるというわけです。第三の要素は屋根があること。そして第四の要素として、さきほど説明したように基壇の上に建つことを挙げています。つまりゼンパーに言わせれば、真ん中に囲炉裏なり神様のための場所があるとして、建築とはそれを囲う箱のようなものとなる。それをふまえて《パルテノン》を見ると、たしかに神様のための場所を中心に屋根があって基壇がある。しかし、柱があるだけで囲いはないじゃないかと思われるでしょう。ところがゼンパーにとってはそうではない。中東、アッシリアのレンガ造の建物などでは、周りに色とりどりのつづれ織りを掛けて覆っていた。それには暖をとるためであったり、装飾のためであったりといろいろな理由があるのでしょうが、それだって立派な囲いである。翻って《パルテノン》の場合は周りに覆いがあるわけではない。しかし、建物に色が塗ってあれば、それが視覚的につながって覆いがあるように見え、囲いができる、というのがゼンパーの理論なのです。

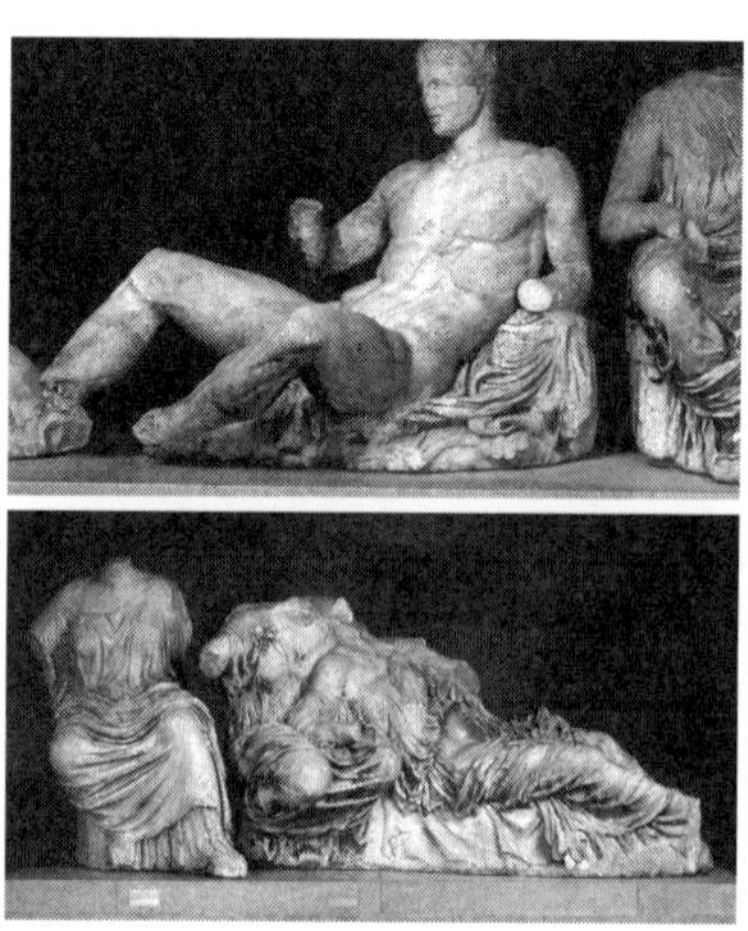

fig.6——《エルギン・マーブル》大英博物館所蔵

　着色の是非に関してはともかく、ここまでの議論を見ていけば、西洋における建築の捉え方の概要はつかんでいただけたかと思います。ウィトルウィウスの建築論はそれ以降の西洋建築のみならず、美術にも大きな影響を与えました。その代表的な例がレオナルド・ダ・ヴィンチです。これはダ・ヴィンチの《ウィトルウィウス的人体図》と呼ばれるドローイングです［fig.7］。人体比例を描いたこの図は、直立して左右に両手を広げた八頭身の男性が正方形に内接し、さらに手と足を一定の間隔で広げると正円に内接することを表しています。この比例関係さえ正しく押さえて人体を描けば、たとえ風俗画であっても美しい美術になるとダ・ヴィンチは考えました。

《パルテノン》の場合は柱と横材によるリンテルシステムですが、壁による建築の場合はアーチやドームを形成します。その代表例がローマの《パンテオン》です［fig.8］。正面の入口のところだけはギリシャ風にしていますが、その後ろにある建物本体はドラム缶のように丸くなっています。平面図で見ると完全な正円です。そして建物の高さは円の直径と同じで、頂上のドームは球をちょうど半分にした形になっています。《パルテノン》と《パンテオン》は、まったく異なった構造であるにもかかわらず、どちらもウィトルウィウス的な比例関係に基づいてつくられていることがわかります。西洋においてはこれこそが建築であり、ひとつの全体として完結したモノのまとまりこそが建築作品だと言えるのです。

新しい建築表現を生み出すもの

以上のことをふまえて、隈さんの作品を見てみましょう。《アオーレ長岡》（二〇一二）は、さまざまな要素が混在していて、まとまったひとつの全体をつかみにくい印象です［fig.9］。熱海の《水／ガラス》をさらに複雑にしたような感じです。《Water/Cherry》（二〇一二）では、い

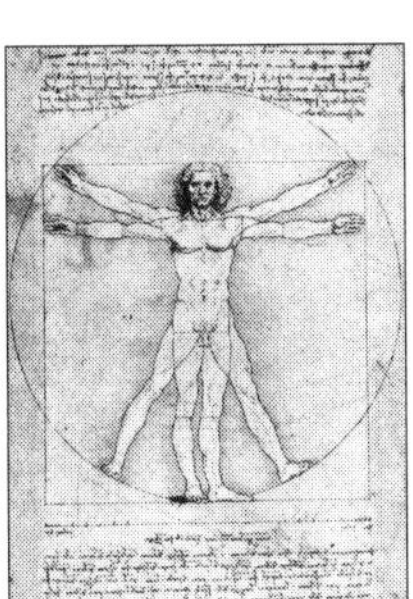

fig.7——レオナルド・ダ・ヴィンチの《ウィトルウィウス的人体図》一四八七年頃、アカデミア美術館所蔵

fig.8——ローマの《パンテオン》

くつかの建物が屋根でつながっていて、《水/ガラス》と同じように足下には水が張ってあります[fig.10]。これを見るとモノとしての建物だけではなく、そのあいだの何もない空間まで含めて建築作品だと言わざるをえません。これはさきほど隈さんも挙げられたフランク・ロイド・ライトの《ロビー邸》[fig.11]などにも共通するところです。軒が水平に張り出していて日本建築からの影響がうかがえますが、その下の何もない空間も含めて建築作品なのです。同じくライトの《落水荘》(一九三六)はもっとわかりやすくて、下の滝まで含めて建築作品です。そうなるとウィトルウィウス的建築論が通用しなくなり、建築とは何かを新たに考えなければならなくなります。それは、ひとつにはガラスや鉄などの新しい技術や材料が登場したこととも関係しているでしょう。

ゼンパーが『建築の四要素』を著した一八五一年、初めてガラスと鉄を使った大建築が登場します。ロンドンの第一回万国博覧会の会場になった《水晶宮》です。これはいまでこそ建築史に新しいページを刻む名建築と考えられていますが、当時は違いました。イギリスのヴィクトリア時代を代表する批評家であったジョン・ラスキンは、「あんなもの建築ではない」とさんざん貶していました。ガラスの壁だと外と中が視覚的につながって見えるため囲いとしては弱いし、何より永続性をもたない。《水晶宮》は、少なくとも形式的には伝統的な三廊形式です。身廊が高く、ヴォールト屋根になっているところはゴシック建築と同じです。しかし、それは博覧会のための一時的なパヴィリオンに過ぎず、firmitas(堅牢さ)がないので建築とは言えないというわけです。

新しい技術や材料が出てきたときに、それを自由に使えたのは得てして臨時の建物です。第四回パリ万博のときの《エッフェル塔》(一八八九)も、もともとはすぐに壊すつもりで建てられました。設計したギュスターヴ・エッフェル自身、あれは新しい建築作品としてではなくて、新しい技術を見せるつもりでつくったと言っています。エッフェルは橋梁をつくる技術者でしたが、新しく出てきた鉄の橋をそのまま縦に起こしたのが《エッフェル塔》だったわけです。むしろ《エッフェル

fig.9 ——《アオーレ長岡》(二〇一二年)

塔》ができたことで新しい美意識が生み出され、あとから振り返ってみると美しい建築作品に見える、と考えたほうがいいかもしれません。

同じパリ万博の《機械館》(一八八九)――こちらは《エッフェル塔》と違い壊されてしまいましたが――では、幅一〇〇メートル以上、奥行き四〇〇メートル以上の広い空間が柱を一本もなしに実現しています。それも鉄という新しい素材によって可能になったわけです。ジークフリート・ギーディオンが『空間 時間 建築』(一九四一)で言っているように、新しい建築表現とは新しい技術や材料に負うところが大きい。しかし、そう言い切ってしまえるかというと微妙で、ピエール・フランカステルが『絵画と社会』(一九五一)で批判したように、そんな単純なものではなくて、社会の要請によって必ずしもそれに合わないこともありうる。新しい技術が新しい建築をそのまま生み出すわけではないとも一方では言えるわけです。隈さんの建築にしても《ロビー邸》にしても《水晶宮》にしても、たしかに新しい技術によって新しい建築が実現されているように見える。しかし、それだけではないでしょう。古くからある建築だって、現代の建築とつながっているところはあるだろうというのが私の見立てです。

伊勢神宮はどこまでが建築なのか

《パルテノン》と《伊勢神宮》を比較してみましょう。石造と木造でスケールも全然違いますが、《伊勢神宮》は掘立柱を立てて横材があって、そこに三角屋根を架けていますので、構造は《パルテノン》と同じリンテルシステムです[fig.12]。そしてここが問題なのですが、《伊勢神宮》はいつできたのか。式年遷宮が始まったのは七世紀の天武天皇の時代からとされてい

fig.10――《Water/Cherry》(二〇一二年)

fig.11――フランク・ロイド・ライト《ロビー邸》(シカゴ、一九一〇年)

ますから、日本の建築史において《伊勢神宮》は上代建築のなかに収まります。しかし、式年遷宮は二〇年ごとに行われ建て替えられるわけですから、つい最近できたと言うこともできる。ですから西洋の人からすれば、様式は昔のものだけれど、建築としては最近のものである、あるいは昔の建築のコピーである。このことは法隆寺が世界遺産に登録されたときに議論になりました。

世界遺産とは場所も、デザインも、技術も、材料もすべて真正(authentic)なものでなければなりません。《パルテノン》は一部が壊れているとはいえ、すべて昔のままであることによって世界遺産になっています。しかし法隆寺は木造建築で、木材が一部付け替えられている。そうなると、その建築はオリジナルと言えるのかと議論になった。その後、何回か国際会議を経て、世界遺産の基準が徐々に見直されました。このように日本と西洋とでは、建築遺産に対する認識の違いがあるのです。

《伊勢神宮》では建物が建っている隣に空き地があります。これは次の式年遷宮の敷地になる場所です。二〇年ごとにこのふたつの敷地を行ったり来たりするわけですね。そうなると、ひとつの建築作品として見た場合、それを規定する条件とは何か。玉垣の内側が大事な場所であることは間違いありませんが、それだけではなく隣の空き地だって建築になりうる。のみならず、その周りの五十鈴の森と呼ばれる場所だって人が立ち入れない神域ですから、そこも含めた全体が建築というべきではないか。つまり、建築とはモノとしての建物だけではなくて、周囲の環境も含めて捉えるべきなのではないか。では、そう考えたとき、どこからが建築になるのか具体的に考えてみましょう。五十鈴川を渡るときに鳥居をくぐります。鳥居の先は神様の場所ですから、日本人にはそこが入り口だと直感的にわかる。しかし、外国には鳥居にあたるものがありませんから、説明しても外国の人にはなかなか理解できないわけです。入り

fig.12——伊勢神宮正殿

口だから「gate」とか「entrance」と当ててみても、適切な訳語とは言えません。というのも、gateやentranceはそこを通らなければ入れないものという含意があるからです。しかし、鳥居はそこを通らなくても入れます。ですから、英語でもそのまま「torii gate」と呼んだりする。そのように考えると、《伊勢神宮》にしてもウィトルウィウス的建築論では収まらなくなるわけです。

日本の塔と門と縁側

これは世界最古の木造建築である《法隆寺金堂》です[fig.13]。この建物にしても相対して建つ《五重塔》も含め、法隆寺の伽藍のなかで初めて意味をもつと言えます。こちらは《薬師寺東塔》です[fig.14]。法隆寺の金堂も薬師寺の東塔も、裳階《もこし》と呼ばれる庇があるのが特徴です。薬師寺東塔は裳階があるので六重塔に見えますが、実際は三重塔です。この裳階がリズムをつくり出し、ウィトルウィウス的な美しさを備えた、造形的にもたいへん見事な建築になっています。

法隆寺金堂にしても薬師寺東塔にしても、柱は上階まで通っていません。いまの建築基準法では柱が通ってないと多層階とは言えませんので、別のものが載っていると言ったほうがいいかもしれません。五重塔や三重塔も考えてみると不思議な建築です。塔というのは、西洋では高いところに上がるためのものですが、五重塔はなかに入るものではないわけです。五重塔は、もともとインドにおいてお釈迦様の舎利、つまり遺骨を埋めてできた土饅頭が起源で、その上に目印としてストゥーパと呼ばれる塔を建てた。ですから、五重塔でも最も重要なのは、屋根

fig.13——法隆寺金堂

fig.14——薬師寺東塔

から天に向かって伸びる九輪と呼ばれる部分なのですね。それ以外は土饅頭とは別のものを五つ重ねたに過ぎない。美術批評家のミシェル・ラゴンが言うには、建物とは本来地面から伸びていくものだが、日本の建物は地面の上に置かれただけである。五重塔はその上に別のものを重ねただけで虫かごと同じだと。虫かごなのであちこちに移すこともできるというわけです。日本の茶室などはたしかにそうで、簡単に場所を移せますよね。

『五重塔』（岩波文庫、一九二七）という幸田露伴の有名な小説があります。谷中の五重塔がモデルになっていて、人付き合いの悪い職人が完成させるのですが、ちょうど落成式のときに巨大な嵐が近づいてくる。すさまじい暴風雨のなか、塔に上って「この建物だけは絶対に大丈夫だ」と心配する周囲の人を説き伏せ、結局塔は無傷だったという話です。ただ、木造は火に弱く、谷中の五重塔も火事で焼けてしまいました。《東大寺大仏殿》も焼き討ちなどで二度ほど焼失し、現在建っているのは江戸期に再建されたものです。その最初の再建時に先に大風で倒壊していた南大門も併せて再建されました。《東大寺南大門》は大仏様《だいぶつよう》と呼ばれる様式で建てられていて、貫が何段にも柱を貫く独特の構造ですが、上に行くほど挿肘木を長く伸ばしているので軒が深くなっている。そのため西洋の建築のように浮き彫りなどの装飾を施さなくても、堂々とした屋根の形がうまく浮き出されています。隈さんの《木橋ミュージアム》（二〇一〇）を拝見したときに、すぐに思い当たったのはこの南大門の木の組み方でした［fig.15］。

もちろん日本の建築も装飾で飾り立てられることはあります。例えば、ブルーノ・タウトが《桂離宮》の簡素さに対して過剰装飾が醜いと批判した《日光東照宮陽明門》。たしかに一見すると陽明門は装飾でゴチャゴチャしている。しかし、全体の建物のなかで考えれば一貫したまとまりがあることがわかります。他方、《桂離宮》のほうはたしかに建物自体が簡素で美しいですが、重要なのは内と外がつながっていて、建物の周りまで含めて建築作品になっていると

fig.15──《木橋ミュージアム》（二〇一〇年）

いう点です。《桂離宮》には月見台というお月様を見るための露天の場所があります。日本の建築にはよくそういう内部と外部が区別できない場所が設えられています。典型的なものとしては縁側ですね。縁側は建物の内部ですが、濡縁という文字どおり雨が降れば濡れる場所もある。それだって建物の一部です。

モノとしての建築のありか

西洋のウィトルウィウス的な建築の場合、あくまでもモノとしての建築であり、そこに装飾を施す。前バロック建築であるスペイン・バリャドリッドの《コレジオ・デ・サン・グレゴリオ》(一四九六)[fig.16]や、バロック建築であるローマの《イル・ジェズ聖堂》(一五八〇)を見ればわかるように、ファサードを飾り立てます。そしてなかに入ると天井画がある[fig.17]。もっと大胆な例としては、フランチェスコ・ボッロミーニの《サン・カルロ・アッレ・クワトロ・フォンターネ聖堂》(一六四一)です。これは一七世紀の建物ですが、ファサードが波打っていて、そこに彫刻などが飾られている。それが内部空間まで広がっています[fig.18]。しかし、どこまでいっても建築というの

fig.16——バリャドリッドの《コレジオ・ディ・サン・グレゴリオ》(一四八〇-九六年)

fig.17——ローマの《イル・ジェズ聖堂》(一五八〇年)のファサードと天井画

fig.18——ローマの《サン・カルロ・アッレ・クワトロ・フォンターネ聖堂》(一六四一年)のファサードと楕円のクーポラ

はモノとしての存在です。きわめつけは《ヴェルサイユ宮殿》です。巨大な建物で内部はどの部屋も装飾がきらびやかに施されています[fig.19]。一方、前面に広がる庭は典型的なフランス式庭園で、幾何学的に整然とつくり上げられています。真ん中には噴水があって、高く吹き上げたかと思えばダンスを踊るような動きを見せたり、じつに見事です。

しかし、日本の庭園はそういう見せ方をしません。日本の庭園はつねに建物と一緒になっています。いまでも高層ビルのなかに数寄屋造りの料亭などがあると、小さくても坪庭をつくりますね。これは京都の《大徳寺大仙院書院庭園》の枯山水です[fig.20]。日本の庭園でも水の表現がよく見られますが、そこにある滝や曲水や池は自然の流れに沿うものです。それをここでは水ではなくて砂《しゃ》や礫《れき》で表現することで小さな世界をつくり上げている。それこそが「枯山水」と言われる所以です。

一方で、実際に水を使った例として《平等院鳳凰堂》(一〇五三)を見てみましょう[fig.21]。鳳凰堂の前面に池がありますが、池の手前から見ると建物の方向は西側すなわち西方浄土にあたります。鳳凰堂は「阿弥陀堂」と呼ばれるように真ん中に阿弥陀如来像がありますが、池を通して建物を見ることで、まるで極楽浄土を見るがごとく建物を眺めることになるわけです。さらにおもしろいことに、「鳳凰堂」の名前の由来は阿弥陀様がいる中堂と左右の翼廊と尾廊の形が鳳凰を思わせるためとされていますが、「鳳凰堂」という名前の建物はない。というのも、じつは中堂と翼廊はつながっていないからです。屋根でかろうじてつながっているだけで、それらは別の建物なのです。この建物は国宝に指定されていますが、対象となる建造物は「国宝鳳凰堂 木造四棟」とはっきり書かれています。逆に言えば、そのあいだの何も

fig.19——《ヴェルサイユ宮殿》

fig.20——《大徳寺大仙院書院庭園》

fig.21——《平等院鳳凰堂》(一〇五三年)

ない空間もやはり建築なわけです。

先日、火事で焼けてしまいましたが、パリの《ノートルダム大聖堂》(一三四五)は、正面に薔薇窓や彫刻や鐘楼があり、ひとつのまとまりをつくっています。そのまとまりの外は俗世で、聖堂内部とは別世界ということになっている。そのまとまりに新しいものを入れようとしたのがバルセロナにあるアントニオ・ガウディの《カサ・ミラ》(一九一〇)[fig.22]で、正面を波打たせた造形が特徴になっています。ガウディは本質的にはゴシックの芸術家で、彼の建築の内部はまた別の世界になっています。むしろ本質的に新しい建築としては、アルヴァ・アアルトの《パイミオのサナトリウム》(一九三三)[fig.23]を挙げるべきかもしれません。いくつかの層を積み重ねたような建物です。

ところで、見るだけではなくて匂いや手触りなどの五感に訴える、そういうやり方が建築にはあるのではないかと思います。《パイミオのサナトリウム》は高層ビルの摩天楼が出てきた一九三〇年代につくられましたが、非常に感覚的で人間的な温かみのある作品です。私は隈さんの《浅草文化観光センター》(二〇一二)からも同様の印象を受けました[fig.24]。五重塔のように七つの層を上に重ねていった建物ですが、木のルーバーで独特のリズムをつくっている。そのため高層建築なのに古い浅草の街並みのなかでも親しみを与える外観になっています。ガラスの壁は外と内を自由につなげ、夜になり明かりがつくとますますその印象が強まります。建物自体が見事な作品ですが、周囲の環境と合わさることで、さらに言えば目で見るだけではなくて、あるいは実用的な機能だけではなくて、もっと五感全体でとらえることによって魅力を増すような建築だと思います。このことはミース・ファン・デル・ローエの《レイク・ショア・ドライブ・アパートメント》(一九五一)と見比べてみれば一目瞭然です[fig.25]。こちらは夜になっても、大きな建物のなかで明かりがポツポツとついているだけの印象です。

fig.22——アントニオ・ガウディの《カサ・ミラ》(一九一〇年)

fig.23——アルヴァ・アアルトの《パイミオのサナトリウム》(一九三三年)

fig.24——《浅草文化観光センター》(二〇一二年)

建築はアート

西洋で日本建築に近い作品としては、ル・コルビュジエの《ロンシャンの礼拝堂》(一九五五)が挙げられるでしょう[fig.26]。ル・コルビュジエはインターナショナル・スタイルやモダニズム建築の元凶のように言われてしまうこともあります。実際に、私が初めて見たル・コルビュジエの作品は《マルセイユのユニテ・ダビタシオン》(一九五二)だったのですが、当時、マルセイユを案内してくれた人に「ユニテ・ダビタシオンが見たい」と告げると、「あんな馬鹿なものを見るのか」と呆れられました。そのくらい当時は評判が悪かった。それからわずか数年でル・コルビュジエは《ロンシャンの礼拝堂》のようなまったく異なるスタイルの作品をつくり上げるわけです。ゆったりとした屋根はまるで茅葺き屋根のようであり、大きな柱は強烈な存在感があります。私はこの作品を見て、これは《伊勢神宮》じゃないかと思ったんですね。彼はそこまで意識していなかったでしょうが、とはいえこの類似が単なる偶然とも思えません。

《国立競技場》(二〇一九)の完成が待たれるなか、写真で見るかぎりここでも木のルーバーの間隔は一定ではなく、独特のリズムをつくり出しています。隈さんの作品では木曽の檜や秋田杉など、日本の自然と深く結びついたさまざまな土地の木がふんだんに使われています。しかも、木そのものの感触をうまく活かしながら使われている。それは、建築とは何かという問いに対するひとつの解答と言えるのではないか。今日の講義は「アートと建築」をテーマに掲げていますが、私としてはむしろ「建築はアート」と言いたい——これを本日の結論としたいと思います。

fig.25——ミース・ファン・デル・ローエの《レイク・ショア・ドライブ・アパートメント》(シカゴ、一九五一年)

fig.26——ル・コルビュジエの《ロンシャンの礼拝堂》(一九五五年)

講演 2

未完成を完成のなかにつなげる建築家

伊東順二

ヴェネチア・ビエンナーレの「数寄」

伊東順二――隈さんとは三〇数年来のお付き合いですが、本日は隈さんと一緒にした仕事にフォーカスしてお話ししましょう。

さきほどから話に出ています第四六回ヴェネチア・ビエンナーレ国際美術展で、私は日本館のコミッショナーを務めたのですが、そのときのテーマを「数寄」としました[fig.27]。これはご存じのように茶の湯において使われている言葉です。なぜこのようなテーマを設定したのかと言いますと、私はダダイズムという両大戦間の過激な前衛美術を専門にしているのですが、ある日突然、グラフィックデザイナーの田中一光さんから「現代美術の先にあるものはひょっとしたら日本ではないか」と聞かされたことがあるんですね。いま高階先生が詳細に解説されたように、ギリシャ時代からそれをリヴァイヴしたルネサンスを通じて、ウィトルウィスに代表される美の論理化やアカデミズム化という歴史的な流れがあったとすると、二〇世紀はそれ

いとう・じゅんじ
美術評論家、キュレーター、プロジェクトプランナー、東京藝術大学特任教授。
一九五三年生まれ。アート、音楽、建築、都市計画など分野を超えたプロデュースを国内外で多数手がける。一九八二年「フランス現代芸術祭」副コミッショナー。一九九五年「ヴェネチア・ビエンナーレ」日本館コミッショナー。二〇〇〇年・〇一年「文化庁メディア芸術祭企画展」プロデューサー。二〇〇四―〇七年長崎県美術館館長。パリ日本文化会館運営審議委員。富山市ガラス美術館名誉館長。

に対する批判に終始した世紀であると言えます。つまり、「現代美術」とくくられ、その概念すらわかりにくくなっているものは、一〇〇年かけて展開された批判、それ以前の二〇〇〇年以上にわたって追求された美の論理性に対して、美のランダム性という価値を唱える批判運動として考えられます。そして、その批判の先にはダダに見られるような破壊的な表現があります。しかし破壊という方法だけでは、この世界が存在している意味がなくなります。そこでもういちど美的な基準を再構築（リコンストラクト）することが求められるわけですが、二〇世紀末において、再構築するための方法論はあまりありませんでした。そうしたなか裏千家の伊住宗晃宗匠やグラフィックデザイナーの田中一光さんから、現代美術の目から見た日本的な伝統の再構築を試みてほしいと頼まれ企画したのが、パリ、ニューヨークでも展示した「茶美会《さびえ》」展（一九九二、一九九三―二〇〇二）です。そのときに茶の湯のなかにある数寄という、文化や時代を問わず多様性を開く概念の可能性に注目したところ、展覧会を見にきてくださった高階先生から評価していただき、それがヴェネチア・ビエンナーレ国際美術展の「数寄」という展示につながったのです。

その際、ビエンナーレの展覧会を構成するにあたって、隈さんの存在が不可欠でした。それは高階先生が先ほどの講義で示されたように、高階先生の知は専門性だけではなく総合性に裏づけられています。隈さんの場合も同じで、建築という専門性だけでなく、建築に求められる要件を無限に引き出してきてカヴァーし続ける、その行為によって彼の建築は成り立っているわけです。それこそがいまのアーティストが必要とする資質ではないかと思い、隈さんをアーティストとして登録したいと外務省と国際交流基金に要望しました。ところが、イタリアのビエンナーレの本部からきた返答は、隈さんは建築家なので会場構成として登録してほしいというものでした。私はそれに断固反対しました。なぜならば、私たちが求められているのはそう

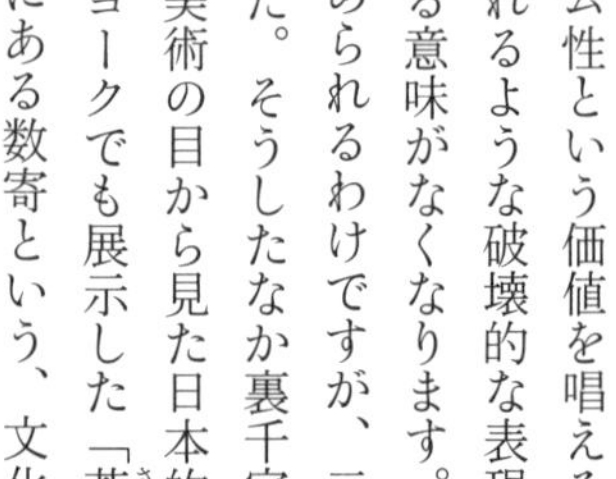

fig.27――第四六回ヴェネチア・ビエンナーレ国際美術展・日本館（一九九五年）

いう古いカテゴライズではなく、ネットワークという新しい時代の新しい方法論なのです。それには作家としての隈さんの存在がどうしても必要でした。日本館では隈さんをはじめ、当時無名だった千住博、日比野克彦、河口洋一郎、崔在銀というまったくスタイル、基盤技術の異なる五人の作家が集い、芸術の多様な総合性を構成する展示を試みました。その際、隈さんが提示したのは水を用いるアートもしくは建築でした。全館にわたって水を張り巡らせ、水面に多様なものが反映する設えです。それは数寄屋建築に見られるような不規則なリズムを思わせ、その美しさに深く感動しました[fig.28]。

可変的で持続する建築

それから数年後、私は《長崎県美術館》(二〇〇五)を創設するために長崎に赴きました。その前は森稔さんに頼まれて《森美術館》(二〇〇三)の準備をしていたのですが、ちょうど東京というアートサイトに疑問をもっていたころで、地方でゼロから美術館をつくり上げたいと考えていました。そのときに、たまたま《長崎県美術館》の設計者に隈さんが選ばれた。このことは、私にとって幸運でした。この美術館は出島の北端に位置しています。隈さんの案は、長崎が海と共存し、そこから育まれた文化をもった場所であることを主張するものでした。それを受けて私も「呼吸する美術館」というテーマを考えました。長崎の文化と呼吸し合い、歴史や未来を紡いでいくような生産的な美術館にしたいという思いが込められています。隈さんが始めた建築を、行為として持続するような美術館にしたい。そんな思いからさまざまな新しい試みに挑戦しました。例えば、ロビーやショップの什器が仮設的で、つねに姿を変え続け、アクショ

fig.28——日本館の千住博《ウォーターフォール》と隈による水を用いた空間構成

ンがあるような美術館です。入り口付近には巨大なＬＥＤパネルを設け、美術館の外にいる人たちに問いかけるように、地域と連携し関わり合う美術館が実現できたと思っています［fig.29］。

次に紹介するのは富山でのプロジェクトです。富山の高岡に金屋町という、江戸期の初めから続く鋳物造りの職人の街があります。ここはもともと徳川家康によって無理やり隠居させられた前田利長が、城下町を繁栄させるための策として鋳物造りを奨励したことから興りました。いまでも伝統的な街並みは残っているのですが、鋳物産業自体は衰退していました。その再興のためのプロジェクトを当時の市長から頼まれたため、隈さんに来ていただいてふたりで街並みを見て歩いたところ、そこで古くから続いている芸術的な生活の美しさに魅せられて、たいへん感動しました。そこで地域の生活をそのまま美術館として成立させられないかと考えて始めたのが「金屋町楽市」（二〇〇八－二〇一二）です。街並みを背景に全国の工芸を集めて展示し、作家たちがそこに集う「ゾーン・ミュージアム」と名付けた新しいコンセプトの美術館です。そこで隈さんに地場産業技術を用いてデザインしてもらったのが《ポリゴニウム》という可変的な什器でした［fig.30］。三角形のモジュールを組み合わせたアルミ製の什器で、簡単に組み立てることができます。約一キロメートルにわたって石畳の一本道通り、周辺の公園なども使い、町屋と共に展示を構成しました。この高岡産製アルミニウムの《ポリゴニウム》は地元の産品として、いまでもいろいろなところで使われています。これは什器であると当時に建築でもあります。周囲の環境に刺激を与え続け変化させる、あるいは時間軸そのものを変化させるような建築――このように「可変的で持続する建築」こそ、隈研吾の真骨頂ではないかと思います。

最後に隈さんと協働した一番最近の事例として、富山の《Toyama キラリ》（二〇一五）［fig.31］を紹介します。私は富山の政策参与としてコンパクトシティのまちづくりに長く関わってきました。その再開発事業の目玉とも言えるのがこの建物です。最初は富山市ガラス美術館を建て

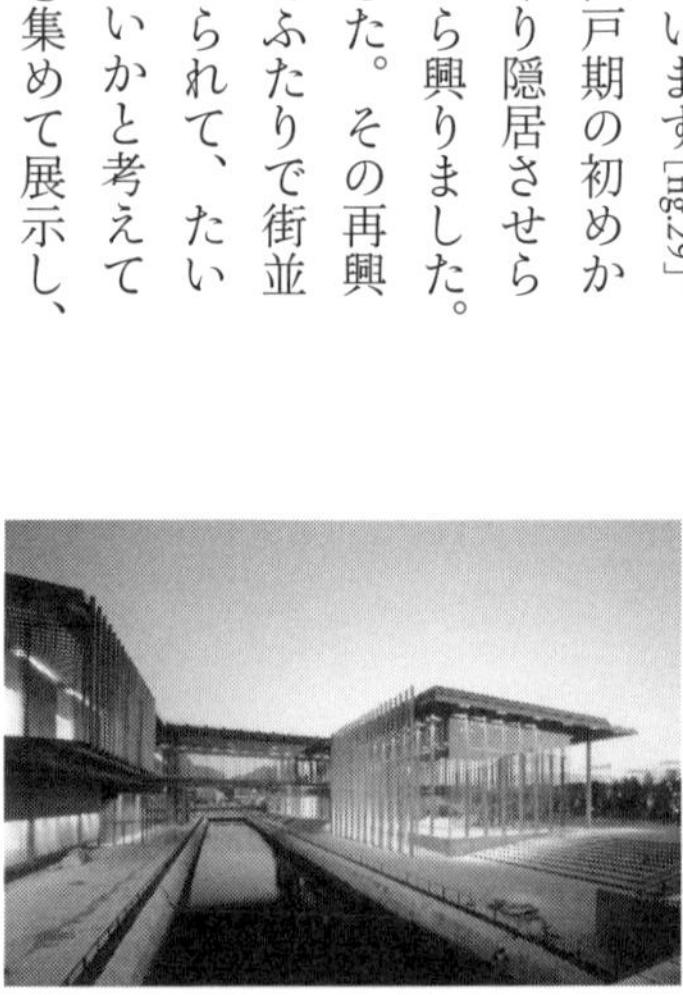
fig.29――《長崎県美術館》（二〇〇五年）

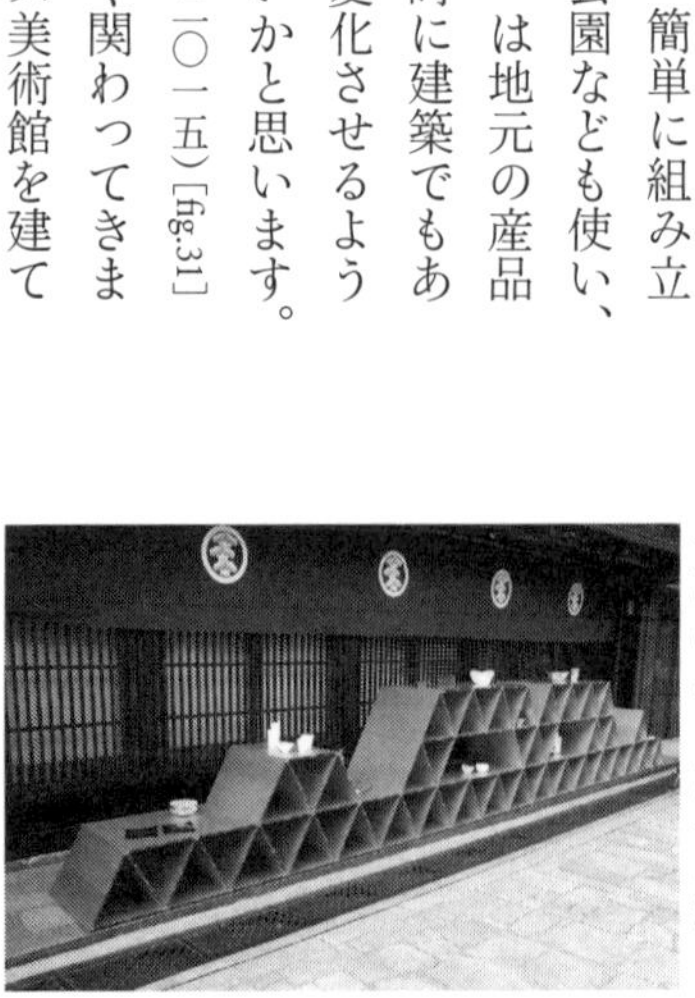
fig.30――「金屋町楽市」（二〇〇八－二〇一二年）

る計画で、設計を隈さんにお願いすることになっていました。このとき、同時に図書館も改築する計画が浮上していました。そこで、ここはひとつギリシャ文化を伝承するムセイオンのような、総合的な知を吸収できる場所づくりに挑戦してはどうかという考えを持ち、美術館と図書館が一体となった施設を建設する計画に発展したのです。こうして、美術館と図書館を有機的に結び、コンサートやパフォーマンスなどのさまざまな市民活動を吸収できる「コンパクトシティのなかのコンパクトシティをつくる」というコンセプトを隈さんに投げかけたところ、七層もの吹き抜けが建物を斜めにぶち抜くとんでもない設計で応えてくださいました。「ガラスの街とやま」と、知の透明性を印象づけるかのように、すべてが透き通るような内観が特徴で、本が視覚的に映えることにも徹底的にこだわりました。《Toyamaキラリ》はこの土地で生産されたガラスを表現するのにふさわしい、まさに「ガラスの街」の象徴的な拠点となっています。

私の考えでは、隈さんの建築家としての、もしくはアーティストとしてのすごさは、未完成でありうることを完成された建築のなかに成り立たせるところにあります。ウィトルウィウス的な強・用・美を備えた、堅固に完成されたものばかりを追求すると、建築は固体として存在するだけになってしまうでしょう。それでは環境にはなりえないと私は思います。隈さんの建築は、つねに外と呼吸し合っている。そして周りの環境を考慮したうえで、私たちの考える建築のスケールを大きく超えていくようなマクロ的かつ総合的な広がりをもっているのです。隈さんの建築のそういうところに、私はいつも一緒に仕事をしながら感銘を受けています。

fig.31――《Toyama キラリ》(二〇一五年)

鼎談

アートの未来、建築の未来

高階秀爾×伊東順二×隈研吾

無限成長美術館としての国立西洋美術館

隈研吾——高階先生、伊東先生、ありがとうございました。後半は「アートの未来」について話ができたらと思っています。高階先生と伊東先生のお話でひとつ共通した話題として、未完成であること、完結していないことについての言及がありました。伊東先生からは僕の建築が空間だけではなく、時間的にも閉じていないとお話がありました。伊東先生が挙げられた可動式の什器としてデザインした《ポリゴニウム》が、二〇〇メートルの道路に沿って連続して延びたり縮んだりするように、たしかに僕の作品はしばしば完結していない。完結していない建築として歴史的に一例を挙げるとすれば、ル・コルビュジエの無限成長美術館[fig.32]を思い出すこともできるでしょう。螺旋状に拡張してどこまでも成長し続けるこの建築の構想には、完結しないものに対するル・コルビュジエの強い情熱が見え隠れしています。そして、その無限成長美術館のアイデアを実際建築作品として実現したのが、高階先生がかつて館長を務められた《国立西洋美術館》(一九五九)[fig.33]とも言われています。高階先生は《国立

西洋美術館》と無限成長美術館の関係をどのようにお考えですか。

高階秀爾――《国立西洋美術館》がつくられた一九五九年ごろは、日本もまだまだ貧しくて、美術館などつくる余裕もなかった時代でした。《国立西洋美術館》に収蔵されているのは、実業家の松方幸次郎が戦前にパリやロンドンで買い求めた作品群です。海外にもコレクターはたくさんいますが、多くは自分の好みの絵を集めては自分で眺めて喜んでいるに過ぎません。一方で、松方さんが素晴らしいのは、「自分は絵のことはよくわからないけれど、日本の若い人たちに本物の西洋美術を見せたい」という熱意から作品を収集した点です。それで彼は作品を購入しては日本に送っていたのですが、その一部はフランスに残り、そのまま第

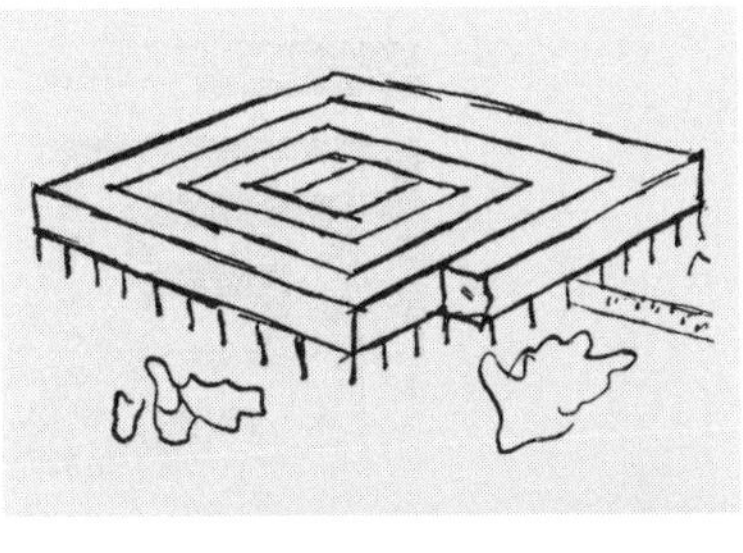
fig.32――ル・コルビュジエによる無限成長美術館

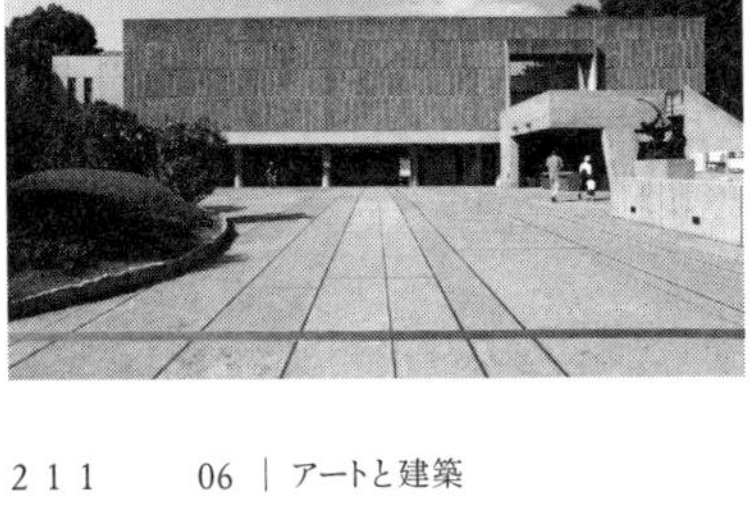
fig.33――《国立西洋美術館》(一九五九年)

二次世界大戦を迎えることになります。
戦後、サンフランシスコ条約によってようやく日本が主権を回復すると、松方コレクションの返却を求める協議が政府間でもたれました。ところが、ここが外交の難しいところですが、フランス政府にとって松方コレクションは敵国の財産ですから接収の対象であり、あくまでもフランスのものだと主張したい。したがってフランスからすると、日本に松方コレクションを「寄贈」するという言い方になる。

一方、日本からすると、もともと松方さんが購入したものですから「返還」してほしいという言い方になる。いまでも国立西洋美術館の目録を見ると、フランスから「寄贈返還」されたとあり、なんだかよくわからない表現になっています。ともあれ、現在の《国立西洋美術館》のコレクションの基礎になっているのは、そのときに返却された作品群なのです。

じつはこの協議の場において、フランス政府はフランス美術の美術館をつくるようにと条件を出してきました。そこで日本政府としてはお金もなかったけれど、コレクションが返ってくるならとこの条件をのみました。そしてフランス美術の美術館の設計者としてル・コルビュジエに頼もうとなった。もちろんル・コルビュジエに師事した前川國男さんや坂倉準三さん、吉阪隆正さんがいたことも大きかったと思います。そして、ル・コルビュジエは上野を見て歩き、以前から温めていた無限成長美術館のアイデアを実現しようとプランを固めていきました。美術館にはつねに所蔵品が増え続ける宿命にありますから、回廊が螺旋状にどこまでも延びていくような美術館にしたいと考えたわけです。

私は初めて完成した美術館を見たときに、建物としてたいへんにおもしろい建築だと思いました。ふつうの美術館に見られるホワイトキューブの空間とは大きく異なり、柱がなかにあって、展示部屋は仕切られることなく連続してつながっている。ところが、これは展示を構成する美術館の側にとってはたいへんだったと見え、現在はル・コルビュジエの意図したような使われ方にはなっていません。

ところで、建物前庭のアプローチには腰ほどの高さのコンクリート壁が延びています。これはもともと隣接する敷地に美術館以外にも劇場や図書館をつくるつもりで、それが仕切りになるプランだったためです。しかし結局予算の都合でそれらは実現せず、壁だけがその名残として残りました。その壁の位置にしても、建物本体と黄金比の関係で決められていて、外から見てもじつに端正なプロポーションになっていると思います。

隈——今日の高階先生の講義でとくにおもしろかったのは、《ロンシャンの礼拝堂》のコンクリートの屋根が伊勢神宮の茅葺き屋根に通ずるというお話です。ロンシャンのコンクリートが茅葺きを彷彿とさせることについては、それを裏づけるようなエピソードがあります。ロンシャンのコンクリートの庇部分は施工の失敗で、型枠の継ぎ目のところに大きな段差ができてしまった。現場を担当した所員は、ル・コルビュジエに怒られるんじゃないかとビクビクしていたら、「これ、いいじゃないか」と言われたという。それはコンクリートがもつ自然な荒さ、自然がもっている乱数をル・コルビュジエは表現としておもしろがったわけで、こうした予期せぬ仕上がりの妙はまさに茅葺きの屋根につながる話のように感じました。僕もこういう自然のノイズみたいなものが好きで、意識的にノイズを発生させています。

螺旋運動による持続する体験

高階——日本の現代建築にはル・コルビュジエからの影響が見られると言われますが、彼自身が日本から影響を受けている面もあるのかもしれません。ピロティにしても屋上庭園にしても、あるいは水平連続窓にしても可動間仕切りにしても、彼のボキャブラリーと似たようなものが日本の建築には古くからありますよね。そこには直接的な影響はなくとも、不思議な共鳴関係が見出せます。

伊東順二——そういうル・コルビュジエの隠れた特性は、西洋の現代建築のなかにいまだにトラウマとして残っているように思います。隈さんの建築が西洋で受け入れられるのは、ル・コルビュジエが出した問いに対するひとつの解答になっているからという気もするんですね。

無限成長美術館の例に重ねて言えば、私が《長崎県美術館》を準備して

いるさなか、《ポンピドゥー・センター》の館長だったジェルマン・ヴィアットさんに相談しにいったところ、ちょうど《ケ・ブランリ美術館》(二〇〇六)をジャン・ヌーヴェルとつくっているところで、彼と打ち合わせがあるから同席しないかと言うんですね。それで行ってみると巨大な模型が置いてあり、それを使ってこれから三〇〇〇点以上の作品をキュレーションすると言うのです。そこで驚いたのは、館内の作品だけではなく外の植栽も含めてキュレーションを行っていたことです。われわれは、キュレーションの対象にするのは建物の中という先入観がありますが、彼らは建物の中から外に出てまた中に入ってというように、それこそ無限成長美術館のようなコンセプトをなんとか環境も要素に入れながら実現しようと模型を使って格闘していました。

　もうひとつ、持続する体験で思い出すのは、一九八八年頃、私は汐留の旧国鉄跡地を森にして地下に美術館をつくる計画を練っていたときのことです。そこで隈さんが出してきたアイデアに衝撃を受けました。このインパクトは私のなかでいまだに残っていて、トラウマになっていると言ってもいい。そのアイデアはものすごく天井の高い空間に、さまざまな高さに作品を展示して、それを来館者が機械装置に乗って移動しながら鑑賞するというとんでもない案でした[fig.34]。美術館のなかを機械を使って移動しながら、あらゆる角度から作品を持続的に、多用的に体験できる。体験自体を変化させるこのアイデアに、当時ものすごく感動したことを覚えています。

隈――よく覚えていますね。あれは幻の作品で、そのころは囲いを設けず、体験だけをつくりだすことにものすごく関心がありました。今でも壁とか囲いとかは嫌いなんですが、あれは究極の案でした。ただ、実際にものをつくるときには、その手ののは落選するんです。現実的な制約のなかでそういう概念を出す場合は、螺旋的なものを提案することが多くなりました。その点でもル・コルビュジエの「無限成長美術館」のスパイラルは予言的で、さすがと言えますが、彼はそれを平面的な螺旋で解こうとしたから無理が生じました。無限のコンセプトは立体的な螺旋状の空間にすれば、わりとうまく解ける。トルコの《オドゥンパザル近代

fig.34――日本美術館構想(隈研吾案／伊東順二編、一九九二―九三年)

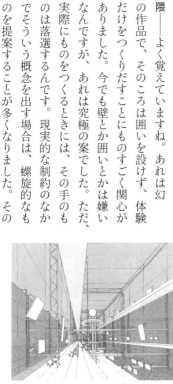

美術館》[fig.35]は真ん中に吹き抜けがあって、その周りを回遊するような構成になっていますし、《Toyamaキラリ》も螺旋的な構成になっています。富山の場合は吹き抜けを完全な垂直にするとライトの《グッゲンハイム美術館》(一九五九)[fig.36]のようになってしまうので、吹き抜けを斜めにすることで、螺旋運動が終わりなく続く感じを表現しようと考えました。螺旋状の空間は最近の作品にも取り入れています。ダーリンハーバーと呼ばれるシドニーで最も賑わう港のエリアに《ダーリング・エクスチェンジ》(二〇一九)[fig.37]という建物をつくっています。この建物は図書館や保育園やレストランが入ったコミュニティのための複合施設で、これらの機能を地上レベルから螺旋状に回遊させながらつなげようとしたものです。この螺旋状の動線がそのまま隣接する広場のパーゴラにつながっていき、建築と広場という分節を消そうとしました。最近は螺旋的な建築をストリートのなかに拡張することに関心があるんですね。

地方とアートをめぐる問題

隈——それからもうひとつ、本日考えてみたいテーマとして「地方とアート」の問題があります。これもマルローの提唱がベースになっているFRACにつながる話で、もちろんフランスには《ルーブル美術館》や《ポンピドゥーセンター》など中央には立派な美術館がありますが、それだけでは不十分で、むしろこれからの時代、アートは地方が担っていかなければならないという意識がフランスに起こって、僕がかかわっている新世代FRACが始まったわけです。実際、フランス政府は文化面においても積極的に地方分権政策を進めています。日本の「地方とアート」の課題について、ご意見をいただければと思います。

高階——日本ではバブルのときに文化施設がどんど

fig.35——《オドゥンパザル近代美術館》(二〇一九年)

fig.36——フランク・ロイド・ライトの《ソロモン・R・グッゲンハイム美術館》(一九五九年)

fig.37——《ダーリング・エクスチェンジ》(二〇一九年)

んつくられましたが、国から一方的に分配された予算と経済効果だけで推進されたので、結局どこも同じような美術館や文化ホールばかりができてしまいました。そのため、建物（ハード）と中身（ソフト）に必然的なつながりがなくバラバラなものになっています。その点、FRACはうまく考えられていて、エクス＝アン＝プロヴァンスであれば現代音楽を中心とするように、地方によって方向性を決めて、それぞれ特色を打ち出していますよね。

伊東——ミッテラン政権下でジャック・ラングが文化大臣に任命され、さらに一九八二年には地方分権法が施行されて、フランスでは全国的に美術館の建て直しが図られました。そのときに地域文化を反映した美術館をつくる機運が高まり、法的な整備も進められました。日本の事情と異なるのは、コレクションにも視野を広げて、それを支える人材育成にも力を入れようとした点です。ところが日本の場合は、いま高階先生が言われたように、第一期の地方整備で建物ばかりをつくって中身は二の次のようなかたちで事が運ばれてしまった。そのため、コンテンツを決める際には地元をまったく顧みずに国際性ばかりが強調されることになりました。言い方は悪いですが、文化を無理やり地方に押し付けるかたちになっています。いま、それを見直すことが求められているように思います。乱暴なことを言わせてもらうなら、地方の美術館のコレクションをいったんすべて国有化して、それを再配備するくらいのことを考えないと、日本中がゴッホやモネを収集している美術館ばかりになってしまう。私たちがしなければいけないのは、それぞれの地域で長い時間をかけて育まれた文化を発信し続けることであって、文化を押し付けることではありません。美術館は資料を収集するところですが、それは歴史を紡ぐうえでそれぞれの役割をもつものです。言い換えれば、それぞれの美術館はそれぞれの役割をもつわけで、一館全部主義からいち早く脱却しないと、地方で機能する美術館は実現しないでしょう。建築家もそのことをふまえて設計してほしいと思います。

隈——フランスで仕事をしていて感じるのは、建築に対する批判的な視線の強さです。フランスでは一九六八年の学園紛争のときに、最初に建築学科から火がついて、全学に広がり、それが五月革命につながって

いった経緯があります。六八年の学園紛争の中心で闘かっていたのがジャン・ヌーヴェル世代の建築家です。フランスでは建築批判が、その時点から培われています。いまでも覚えているのは《ブザンソン芸術文化センター》の仕事で、市長と初めて食事をしたときに、「建築家という職業は、フランスでは社会を知らない馬鹿と同義だ」と言われ、面食らいました。けれども、そういう批判的な目があるからこそ建築家は鍛えられるのです。フランスは早い時期から社会が建築に対して厳しいハードルを課してきたわけですね。

伊東——ハコモノというと建築にかぎったことのように思われますが、ある意味、どの分野でもハコをつくってしまっている部分がありますよね。現代美術にしても自分たちでハコをつくってしまって、本来は現代美術のスタイルなんて決まっていないはずなのに、どこに行っても同じような作家ばかりが展示されることになる。さまざまなところでハコが存在していて、それをひとつずつ潰していかないと、本当の意味でのハコモノ行政は終わらない気がします。それらをすべて関連づけて考えていく必要があるでしょう。そのためには、いまこそ総合的な知を育成するような教育をしなければいけないと思います。

高階——私が顧問を務める秋田県立美術館には、江戸時代末期に西洋画の手法を取り入れた「秋田蘭画」と呼ばれるジャンルの作品が多く展示されていて、美術館の特色になっています。近代のものでも、秋田の農村風景に聖母マリアのイメージを重ねた福田豊四郎の《秋田のマリヤ》(一九四八)のように非常に素晴らしい作品があります。それぞれの地域にはこうした特筆すべき作家や流派が埋もれていて、それを見出す目をもつことも美術館やキュレーターの重要な責務ですね。

隈——一九九五年に高階先生と伊東先生と一緒にヴェネチア・ビエンナーレにかかわったことが、その後の僕の建築を変えました。バブルが弾けた九〇年代、僕は東京の仕事がすべてキャンセルされて地方で粛々と小さなプロジェクトをやっていたわけですが、一九九五年にヴェネチアに呼ばれて、地方の地味な仕事が世界につながるかもしれないという実感を得ました。今日、僕にとっての九五年の意味をもう一度噛み締めています。

回想

小さな地方、小さな場所

隈研吾

僕にとっての一九九〇年代は、地方の時代であった。一九九一年にバブルが弾け、東京の仕事がすべてキャンセルされ、日本の地方をまわり始めた。幸いに地方の友人がたくさんできて、日本の田舎で小さなプロジェクトを頼まれ、東京のプロジェクトとは全く違うかたちで、建築のだいご味を味わうことができた。そんなかたちで地方にかかわり始めた頃に、ヴェネチア・ビエンナーレに呼ばれて、高階秀爾先生、伊東順二先生と仕事をすることになった。一九九五年の春である。

ヴェネチアでは「日本」をテーマにした空間をつくった。地方という確かなものとかかわった経験を生かして、グローバリゼーションに抗して、日本とは何かを問おうとしたのである。一九九五年のビエンナーレの全体テーマは、総合ディレクター、ジャン・クレールによって提示された「同一性と異質性」であった。日本館はそれに答えて「数寄―複方言への試み」をテーマとした。しかし予想外の批判に出会った。しかも日本人から叩かれた。日本をテーマにしたこと自体がまずかったのではないかと考え始めた。日本などというまとまりは、もはや存在しない。小さな地方、小さな場所が存在するだけで、そのかけがえのない場所を、日本などという粗っぽいくくりで、無理にまとめようとしたのがいけなかった。そこに気がついたという意味で、一九九五年は僕にとって大きな転機になった。その同じ九五年に、阪神・淡路大震災やオウム真理教による事件が起こったということは、偶然とは思えない。オウム真理教の本部は、僕の事務所と同じ南青山にあり、事務所に地下鉄で通っていた僕のスタッフの何人かが、間一髪でサリンの犠牲になるのを免れた。ヴェネチアから帰ってきて、日本とか、世界とかいう大きな場所を考えずに、自分の目の前にある小さな場所のことだけを考えるようにした。

今回、高階先生が、僕の建築を、場所の建築であり、場所のアートであると総括してくださった。建築の隣に続く広がりとか、建築と建築の隙間に、僕の建築の本領があると指摘された。そのお隣や隙間を媒介として、僕の建築は場所とつながり、それは建築として完結せず、建築として未完だというのが高階先生の限論である。伊東先生はその議論を延長して、時間的にも限建築は未完であると結論した。二人の論をまとめれば、隈建築は空間的にも時間的にも未完であることを特徴とする。

それは隈建築の特徴であるだけでなく、ポスト工業化社会の新しいもののあり方の原則であると、僕は考えている。工業化社会は、商品をつくって商品を売る社会である。商品という独立し、完結した孤独な存在をベースにして、経済がまわり、社会が回転していた。商品は、まわりと切断されて完結されていなければならず、その切断が、商品の自由な流通と、価格の安定性を保証している。ル・コルビュジエのサヴォア邸の、ピロティによって大地と切断された建築は、商品としての建築の最高傑作であった。ル・コルビュジエは工業化社会の原理を直感的に察知して、建築を大地から持ち上げて、切断したのである。

一方、ポスト工業化社会は、商品を前提としない社会である。だらだらとひと続きになっているこの世界を、どう歩きまわり、どう楽しむかが問われる社会である。連続した世界のなかに、様々な課金システムが埋め込まれ、経済がまわっている社会である。工業化社会では、アートもまた孤立した商品であったが、ポスト工業化社会においては、アートは、区切りようのないだらだらとした世界に対する介入であり、参加である。建築もアートも、ともに現実に対する介入であり、参加であるという点において、両者の境界は消滅する。アートと建築はともに、場所に対する行動として、ひとつにくくられるのでる。アニッシュ・カプーアやオラファー・エリアソンの作品が、僕にとってとても近いものに感じられるのは、そのせいである。建築はアート化し、アートは建築化する。アートはそのようにして地方に対して働きかけ始めた。地方とは、小さな場所の別名である。一九九五年のヴェネチアで日本という大きな場所にわかれをつげた後、僕らは小さな場所に対して行動し続ける。

07 History and Inheritance

歴史と継承

藤森照信（建築史家、東京大学名誉教授）

×

御厨貴（政治学者、東京大学名誉教授）

二〇一九年一二月一八日

隈研吾――連続最終講義の第七回は藤森照信先生と御厨貴先生に登壇していただきます。現代の建築史と政治史を代表するお二方をお招きし、現代日本の建築と政治をつなぐことができたらと思っています。今回のテーマは「歴史と継承」ですので、僕自身が過去の建築家とどのような連関をもち、歴史のなかでどう位置づけられるかについて僕なりに考えてきたことをまずお話ししたいと思います。

二〇一三年に三菱地所設計と共同で設計した、銀座の新生歌舞伎座《GINZA KABUKIZA》が竣工しました[fig.1]。歌舞伎座はもともと一八八九(明治二二)年に第一期の建物が開業し、一九一一(明治四四)年三月に開業した洋風の帝国劇場に対抗するように純和風様式へ改修工事が行われ、その年の一一月にはお披露目しています。一九二一(大正一〇)年にはこの第二期の建物が漏電で焼失し、第三期に向けた再建の最中の一九二三年に、関東大震災が起こります。翌年一九二四年に、岡田信一郎の設計による、唐破風屋根をど真ん中に設えた、現在に継承されるスタイルの第三期歌舞伎座が完成しました[fig.2]。しかし今度は太平洋戦争によって大変な被害を受けます。道路側のファサードを一皮残してほとんど焼失した状態から吉田五十八が一九五一(昭和二六)年に第四期の歌舞伎座を完成させました[fig.3]。この第四期は、正面中央に載っかっていた千鳥破風の大屋根をなくしつつも基本的に岡田のスタイルを踏襲しています。僕が第五期の歌舞伎座を設計するにあたって、歌舞伎役者の方々から第四期の吉田五十八のスタイルを大変気に入っているので、それを踏襲してほしいという要望がありました。設計者が僕に決まった際に藤森さんに会う機会があり、「隈が歌舞伎座をやるのはいいんじゃない」と言われたたことが非常に励みになりました。

吉田は僕がつねに強く意識している建築家です。じつは僕自身、最近「和の巨匠」

fig.1――《GINZA KABUKIZA》(三菱地所設計・隈研吾建築都市設計事務所、二〇一三年)

fig.2――第三期歌舞伎座(岡田信一郎、一九二四年)

と呼ばれることが多いのですが、このニックネームには抵抗があり、吉田を前にして、僕ごときが和の巨匠だとはまったく思えないところがあります。そして吉田は御厨先生の著作『権力の館を歩く』(毎日新聞社、二〇一〇)に登場する中心人物のひとりで、吉田茂邸や岸信介邸などの総理大臣の住宅を手掛けた「総理の建築家」です。そんな吉田は歌舞伎座や芥川賞の審査会場である料亭新喜楽も手掛け、ある意味で昭和という時代をつくった建築家と言えるでしょう。

大阪の難波には村野藤吾が設計した《新歌舞伎座》(一九五八)がありました[fig.4]。これが二〇〇九年に解体され、僕はこの跡地に建てるホテルの設計を依頼されたのですが、やはり村野の設計した建物は壊さずに保存したいという思いがありました。しかし既存の建物はコンクリートの質が悪く、耐震基準も満たしていなかったので、これを改修してホテルにするのは難しいという結論でした。クライアントは、まったく新しいデザインのホテルを設計してくれというのですが、僕は村野さんの建築の再生をしなければ仕事を引き受けませんとゴネました。最終的にそこで、連続唐破風のファサードをすべてプレキャストコンクリートでリビルド(再建)して共有部として使い、その上にホテルの層を載せています[fig.5]。

また、東京駅丸の内南口の向かいにある、吉田鉄郎が元の建物を設計した《東京中央郵便局》(一九三三)の保存、再生にも三菱地所設計と協同でかかわりました[fig.6]。国立近現代建築資料館で開かれた「吉田鉄郎の近代——モダニズムと伝統の架け橋」展にあたって建築史家の川向正人さんからインタビューを受けました。その際に、格子状の意匠デザインひとつとって見ても隈研吾は吉田鉄郎と非常に似ているのではないか、と言われ、吉田鉄郎の遺伝子も僕には入っているかもしれないと感じました。

fig.3——第四期歌舞伎座(吉田五十八、一九五一年)

fig.4——《新歌舞伎座》(村野藤吾、一九五八年)

僕は内田祥哉先生の弟子で、その内田先生は逓信設計の大先輩である吉田鉄郎から大きな影響を受けているので、僕は吉田の孫といえるかもしれません。

そして《国立競技場》が二〇一九年一一月に竣工しました。僕は丹下健三が設計した《国立代々木競技場》(一九六四)を小学校四年のときに見て大感激し、建築家になろうと決意したのです。《国立競技場》では丹下先生を意識せざるを得ませんでした。《国立代々木競技場》は垂直方向に伸びるソリッドなコンクリートの支柱が特徴的であり、いわば「高度成長に向かってそびえ立つコンクリートの建物」です。一方、《国立競技場》では、水平方向の庇や木で抜けを意識したファサードをつくり、緑と木が一体になって森の中に「溶け込む」イメージをつくり、今日の低成長、少子高齢化という水平の時代を体現しました。丹下先生のコンクリートと対比的に木を用いることで、一九六四年の東京オリンピックとは真逆の時代を、建築の形として表現したいという思いがあったのです。そのとき法隆寺五重塔がつくりだす水平な線の重なりや、すぐ近くにある明治神宮の拝殿の幾重にも重なる庇を意識しました。丹下先生の作品が、藤森先生が近代建築の三大素材というコンクリート、鉄、ガラスという素材でつくられた傑作だとすると、僕はそうした近代の素材ではないやわらかいものを主役にしたいと考えました。

以上のように僕が設計してきた建築は、日本の近代建築を牽引した建築家といろいろな縁で結ばれています。大先輩の建築家と自分の違いはどこにあるのだろうか、彼らが生きた時代と僕の時代はどう違うのだろうかということを考えざるを得ませんでした。こうした話を踏まえ、藤森先生と御厨先生にお話しいただき、その後に三人で議論ができればと思います。

fig.5——《ホテルロイヤルクラシック大阪》(二〇一九年)

fig.6——《JPタワー》(旧東京中央郵便局)(三菱地所設計/共用部分内装デザイン=隈研吾建築都市設計事務所、二〇一二年)

講演｜1｜

歴史を継承して建築をつくる

藤森照信

時代の前衛的なデザインを極端に表現する

藤森照信——今日は正面から、隈研吾がこれまでつくった建築を遡り、隈さんはどういう設計の思考に到達したのか、隈さんの独自性とは何なのかという話をしたいと思います。私は隈さんの建築作品を、処女作《伊豆の風呂小屋》(一九八八)[fig.7]からしっかり見てきました。まず《伊豆の風呂小屋》ですが、なんだかガチャガチャしていますよね(笑)。隈さんの近作とは別物のように見えると思います。これは石山修武へのオマージュであると隈さんは当時言っていました。石山は《幻庵》(一九七五)[fig.8]や《開拓者の家》(一九八六)で鉄を中心に扱ったり、《伊豆の長八美術館》(一九八四)では土佐漆喰の技術を用いたりと、その当時の建築界の主流とは関係のない、尖った仕事をされていました。産業革命時代に生まれた機械工業を、ル・コルビュジエのように合理的な方向へ持っていかずに、機械そのもののガチャガチャとした造形的魅力を表に出すような建築をつくっていた。いろいろな漆喰や木材を混在させていた《伊豆の風呂

ふじもり・てるのぶ
建築史家・建築家。一九四六年長野県生まれ。東京大学大学院博士課程修了。現在、東京都江戸東京博物館館長、東京大学名誉教授、工学院大学特任教授。「日本近代の都市・建築史の研究」で日本建築学会賞(論文)、「熊本県立農業大学校学生寮」で日本建築学会(作品)、「ラ コリーナ近江八幡草屋根」で二〇一九年度日本芸術院賞を受賞。二〇二〇年『藤森照信作品集』(写真増田彰久、TOTO出版)刊行。

小屋》は、そうした石山へのオマージュだったのですね。初めて見たときは、こういう若手が建築界に出てきたのかと驚きました。

そして次に《M2》(一九九一)[fig.9]ですが、これは本当にすごい。当時はマツダの複合ビルとしてつくられ、マツダが自動車企業の上位に出るために、新しい広告戦略をとっていました。そして広告塔を担うような場所として建てられた《M2》には、ショールームやイタリア料理店、洋書専門店などが入っていたのです。それにしてもこの建築には驚かされました。中央に建っているのはギリシアのパルテノン神殿のような一本柱です。しかしこのように神殿の柱一本だけ建築の形として実現したのは、私が知る限り世界ではスロベニアの建築家ヨジェ・プレチニック(一八七二―一九五七)がスロベニア・リュブリャナに建てた墓地施設《Plečnik Žale Cemetery》(一九四二)くらいです。そして一九七〇年代から八〇年代にかけてポストモダン建築が興隆し、過去の様式が歴史的文脈と切り離されたうえで記号へと還元され、装飾的に引用されていました。隈さんはこの建築をもって、実にわかりやすくポストモダンを体現したわけです。しかし、石山へのオマージュを見た後に《M2》を見たわけで、隈さんはこれからどういう方向性に向かうのだろうか、と訝ったのです。

続いて《水/ガラス》(一九九五)です[fig.10]。ここで一気に、石山のスタイルともポストモダンとも違う作品が登場しました。ガラスを意匠の中心として扱った、いわばモダニズム建築の中核のような建物です。モダニズム建築は鉄、ガラス、コンクリートという素材で構成されています。最初は鉄筋コンクリートが中心となり、その大量生産性や造形性が着目され、広まっていきました。その後、鉄が中心になっていきます。鉄骨の時期からコンクリートは少なくなり、鉄骨とガラスの時期に移行しました。そしてガラスの大規模利用が技術的に可能になると、やがてガラスだけに純化していったのです。ガラスは意匠的に水と親和性が強いので、ガラス

fig.7――《伊豆の風呂小屋》
(隈研吾・篠原聡子、一九八八年)

fig.8――《幻庵》
(石山修武、一九七五年)

の建築に目覚めた人は水を要素としてよく使う傾向がある。《水／ガラス》は本当に水とガラスだけの温泉を設えた宿泊施設で奇妙な表情をもっています。

隈さんは《伊豆の風呂小屋》、《M2》、《水／ガラス》を通して「その時代の前衛的なデザインを極端に表現する」ことを実践したと言えるのではないでしょうか。脱構築的なデザインな石山修武のスタイル、ポストモダンのデザイン、さらにモダニズムの素材を極端に用いて、試してきたのだと思います。一貫性がないように見えますが、この極端さが一貫性と言えるでしょう。私は当時隈さんの設計スタイルを見て「隈の七変化」と呼んでいました。毎回何が出てくるかわからない、数年おきにとんでもないことをやるわけですね。

微分する建築

しかし、いつまでもこれほど極端に変化し続けることは不可能で、いずれ変化はなくなり、ひとつのスタイルに落ち着くものです。その後《那珂川町馬頭広重美術館》(二〇〇〇)[fig.11]を見たとき、ああ隈さんはひとつの手法を発見したのだと思いました。この美術館は、JRの駅から離れた栃木県那須郡の僻地に建っています。山に囲まれた那珂川町の地に突然、平屋建て切妻の大屋根が現れて、歌川広重の肉筆浮世絵などが並んでいる。そこで地産の杉材を使った縦ルーバーの壁や天井で構成された空間を見て、やっとわかった。それまでさまざまな前衛的な手法を実験して七変化を遂げながらも、隈さんは自分の手法を求めていたのです。

そして先ほどお話された《国立競技場》では、垂木のように細い木材が随所に施されていま

fig.9——《M2》(一九九一年)

fig.10——《水／ガラス》(一九九五年)

す。私はこの建築の方法を「微分」だと理解しました。一度要素を細かく分けて、それらをもう一度集めて一体化するイメージです。微分という手法を建築に採り入れたのは、おそらく隈さんが最初です。そして現代建築において自然の木を使う困難な実践も積極的に採り入れた。微分はやはり《那珂川町馬頭広重美術館》で確立したスタイルで、それ以降隈さんの手法は七変化しなくなっていますよね。

では、微分にはどういう特徴があるか。これは無論建築だけではなく、芸術や哲学、論理学に関係しますが、ものには必ず「対立物」が存在します。建築において一番わかりやすい対立物は「内と外」ですね。日本の建築において対立の要素は比較的少なかったのですが、ヨーロッパの建築は完全に内外対立の要素で成り立っています。建築以外にも例えば社会的な対立や自然と工業製品、コンクリートと鉄といった対立もあります。そうした対立物をどう扱うかがさまざまな学問において命題となる。なかでも化学では対立物「水と油」の一体化が大きな課題です。それには方法が二つあり、一つは親水性、親油性を兼ねた有機化合物アセトンで仲介することによって一体化する。もう一つはもっと身近で、牛乳のあり方です。牛乳は水と脂肪とタンパク質で構成されています。三つの分子が微粒の状態なので、それぞれが分離しないのです。その微粒子で構成された牛乳は遠心分離機にかけると分離し、タンパク質が中心になるとチーズ、脂肪分が中心になるとバターになるわけですね。いま挙げた二つの方法は、微分という方法により対立していたものが一体化するということです。

隈さんはこれをデザインで実践できることを発見したのではないかと思っています。いろんな対立物を微分を通して一体化させてひとつの建築をつくる。じつは対立物を扱うことは日本のモダニズム建築にとって重要でおもしろいテーマでした。丹下健三が最初にこの課題に挑んで言語化もされています。丹下は、建築思想において独特の内部分裂をもっていた人でした。

fig.11——《那珂川町馬頭広重美術館》(二〇〇〇年)

弥生時代的な洗練された形態、例えば桂離宮のような形を好む造形的資質を持ちながら、一方でそういう形態への嫌悪として縄文的な、ル・コルビュジエへの憧れも持っていたのです。とはいえル・コルビュジエのようなスタイルになりきれるかと言うとそうではなく、自分のなかにある弥生的なものと縄文的なものの対立を、弁証法によって乗り越えました。

弁証法はドイツの哲学者フリードリヒ・ヘーゲルが定式化した概念です。ひとつの事物には「正」と、その否定である「反」が含まれ、この内在する対立によって、対立するもの同士が互いに影響を受けてもとの事物より高次の質の事物に変化する。一方から対立するものを見るとジグザグした矛盾を孕んでいるようですが、正反合によって事物は真っ直ぐ進んでいるわけです。この弁証法の思考は後にマルクス主義の歴史学などの教養になっていきます。マルクス＝エンゲルスは歴史と社会の発展を弁証法的過程として捉えることを提唱しました。丹下は、若い頃にマルクス主義に傾倒し、建築においてもそうした弁証法を援用していたのです。

《国立代々木競技場》は第一体育館と第二体育館が「大きいものと小さいもの」の関係にあります。第一体育館は全体として台形のような形態で二本の大きな柱を基点とした構造をもち、第二体育館は一本の柱が立っている。両者の間を軸線のような通路が通っています。その向こうにはかつて富士山は見えなくとも夕日が大きく見えました。異なる性格のものの間を通った先にシンボルがある。そうした形態が丹下にとっての「対立物の統一」だったのです。丹下が設計した名建築も、ほとんどこのような形態になっています。両側に対立物をおいてその間を進むことで新しい道がそこに見出される、「丹下弁証法」と同時代の人から呼ばれていた手法です。丹下の論理の立て方も実際の形態もそうした弁証法になっていた。丹下は丹下弁証法を論理と造形の両面で実践していたのですね。

その下で育った磯崎新はまた違った対立物の扱いを確立していきました。彼の手法は岡本太郎による「対極主義」の思考に似ています。岡本は、対立する要素は調和を取ることなく、引き裂かれた形で猛烈な不協和音を発しながら共存させることを主張していました。磯崎も同様に「対立したものは対立したままでいい」と考えていた。そこには緊張感が存在するのです。そしてその緊張感こそが創造性を生む。弁証法では対立する矛盾は解消するけれど、磯崎は対立する矛盾を解消させず、いつまでも矛盾したままであることをよしとするわけです。

伊東豊雄は「反転」を実践した人でしょう。反転というのは対立軸の内外が入れ替わることです。《せんだいメディアテーク》（二〇〇〇）では、チューブ状の柱を使って内外を反転させる試みが窺えます。

戦後の建築家たちが対立物に対して以上のような論理を組み立てて建築をつくってきたなかで、隈さんは「微分」によって対立物を統一し、対立を表出させない手法を発見した。《国立競技場》は微分の手法がとてもうまく体現されていると思います。内と外が対立的ではない、フィールドと客席も対立的ではない状態でひとつの建築としてきれいに成り立っている。周囲には微分した植物を置くことで、明治神宮の緑との対立も解消されているのではないでしょうか。以上がこれまでの作品を見てきた私の隈研吾論です。

講演 2

昭和期における権力の館

御厨貴

御厨貴——御厨です。よろしくお願いします。私の専門は日本の政治史で、そのなかでも政治家、とりわけ「権力の館」としての総理大臣の自邸にずいぶん興味を持って研究してきました。今日はその一端をお話ししたいと思います。

まず総理大臣の自邸を建築家が手掛けた事例として先駆的なものは吉田茂邸です[fig.12]。神奈川県大磯町にある吉田の屋敷は、もともと誰が設計したのかは不明です。吉田の首相引退後、これを改築したのが吉田五十八でした。そして後ほどお話ししますが、吉田茂の亡き後、まさに権力の動線に従って家をつくるよう、吉田五十八に依頼したのが岸信介で、それが御殿場の自邸です。日本の政治家の自邸は設計した建築家が誰であるかもおおよそ不明であり、地元の工務店に建ててもらったなどの類が圧倒的です。こうした事実は、日本における政治家と建築家との距離感をある意味ではっきりと表しているのだろうと思います。

ところで本日の講義の直前、二〇一九年一一月二九日に、中曽根康弘が一〇一歳で亡くなりました。中曽根は何かとパフォーマンスで有名であった政治家です。昭和最後の総理大臣と言ってもいい彼は、昭和という時代を締めくくるにふさわしい、建築についての見解を持っ

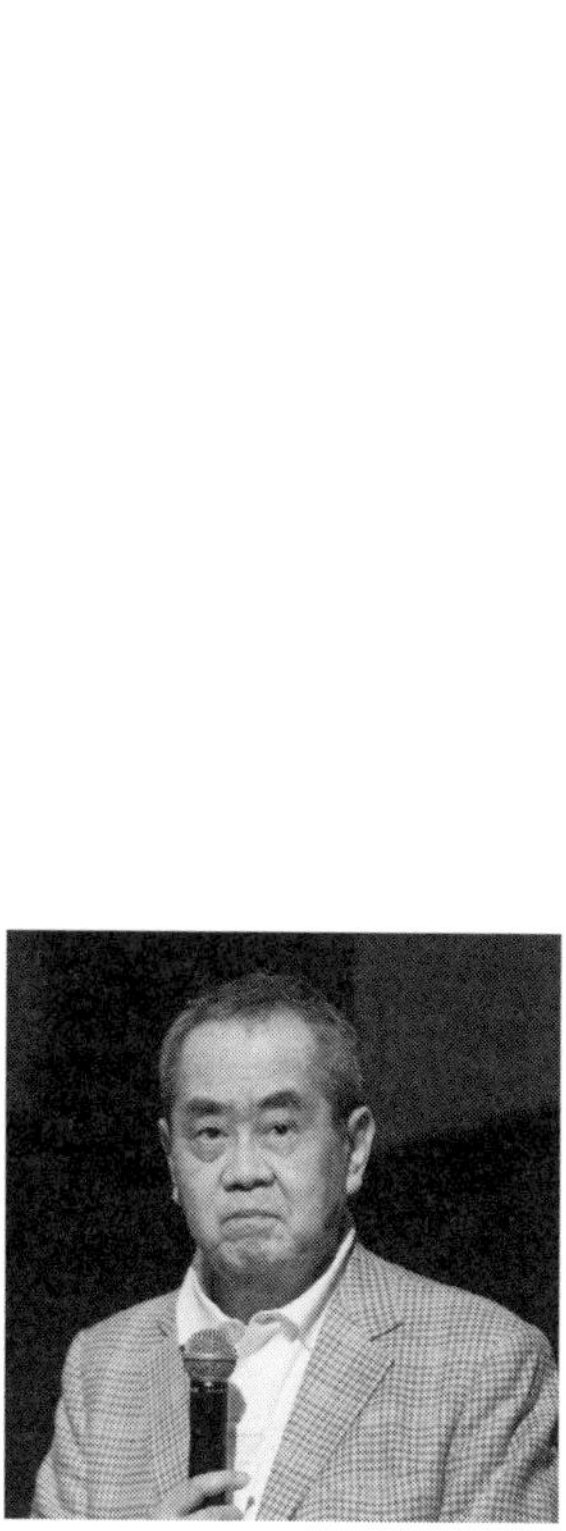

みくりや・たかし
政治学者。専門は、近現代日本政治史、オーラル・ヒストリー。一九五一年生まれ。一九七五年東京大学法学部卒。ハーバード大学客員研究員、東京都立大学教授、政策研究大学院大学教授、東京大学教授を歴任。
著書に『政策の総合と権力——日本政治の戦前と戦後』(東京大学出版会、一九九六年、サントリー学芸賞)、『馬場恒吾の面目——危機の時代のリベラリスト』(中央公論社、一九九七年、吉野作造賞)、『明治国家をつくる——地方経営と首都計画』(藤原書店、二〇〇七年)、『権力の館を歩く』(毎日新聞社、二〇一〇年)他多数。「東日本大震災復興構想会議」議長代理、「天皇の公

ていた政治家であると私は考えています。中曽根は若い頃から、「場所」や自分が過ごす「家」に対してものすごく気を使っていた政治家でした。まず彼は、科学技術庁長官として岸内閣に初入閣した翌一九六〇（昭和三五）年に、豊島区高田に自邸を新築します。設計は知人であった建築家・芦原義信に依頼し、完成した自邸は潜水艦を思わせるような奇抜なデザインでした。やがて昭和三〇年代の半ばに、東京西多摩郡にある茅葺屋根の日本家屋日の出山荘を所有します［fig.13］。すでに一〇〇年は経った農家の苫屋を買い求めたのです。さらに芦原が建てた自邸にずっと住んでいては総理大臣になれないだろうと思い至り、一九八一（昭和五六）年、当時東京読売ジャイアンツの監督を退任したばかりの長嶋茂雄が所有していた、世田谷区上北沢の家を借りるようになりました。長嶋の家を借りることで総理大臣になれたとは言い難いでしょうが、その翌一九八二年、彼は結果的に総理大臣に就任したのです。

やはり中曽根の家といえば日の出山荘がもっとも著名です。私も何度か足を運びましたが、ここは訪ねるのが困難で、草木を手でかき分けてようやく辿り着くような場所なのです。こんな場所になぜ住まおうとしたのか。多くの人は、そこで経済人や各界の第一人者などを呼び、密談をするのだろうと想像するかと思います。しかしそこはとにかく苫屋ですから、とてもじゃないけれど人を呼ぶようなところではない。中曽根はその場所に何を求めたかというと、自分自身の時間を過ごす日常性を取り戻すことだったのです。日々多忙を極め、人に会い、自分ひとりになれる時間など到底とることができない。そうした時間をとるためには遠方に場所を移動しない限り無理だと。そうして、ひとりになるための場所として日の出山荘を買い求めたわけです。中曽根の述懐によると、あの場所は「精神的クリニック」でした。ひとりになって座禅を組み、俳句を詠み、野生動物と同居し、ときには炉端で秘書たちとお酒を飲み、雑魚寝をする生活を送っていたのです。

務の負担軽減等に関する有識者会議」座長代理を務める。サントリーホールディングス㈱取締役。二〇一八年紫綬褒章。

fig.12——神奈川県大磯町の旧吉田茂邸

さてこの日の出山荘はその後多くの人の目につくようになり、著名な邸宅となります。中曽根はこの精神的クリニックに、世界的な重要人物を招き、歓談の場としました。日米関係の構築において重要な役割をになった、ロナルド・レーガンとの「ロン・ヤス会談」がその代表的な例です。レーガンをいかに日本に招くかといったときに、レーガンはアメリカ西部イリノイ州の出身で、自分も群馬県高崎の田舎の出身であり、お互い故郷の大地のような土が恋しいだろうと考えました。そこで、土の匂いのある場所でレーガンを迎えようというきわめて単純明快な発想に従います。土を介してレーガンと関係を築くなかで、なにかうまくいく手はずが整うかもしれない。これまでは自分自身のひとりのための場所であった日の出山荘を歓談の場として開放するようになりました。その後、日の出山荘は元ソビエト連邦大統領ミハイル・ゴルバチョフや、元大韓民国大統領の全斗煥《チョンドゥファン》、歴代のアメリカ大使を招く館となっていったのです。

このように中曽根は自邸がもつ場所や動線、空間と政治の関係を強く意識していました。そうした政治家がつい最近亡くなったことで、いよいよそのような政治家が日本にはいなくなってしまったと感じざるを得ません。二〇〇七年に中曽根と政治思想も性格も対照的でライバル関係でもあった、宮澤喜一が亡くなった際の追悼番組に、中曽根御大も登場しました。追悼番組ですから、普通は故人を褒める場です。ところが中曽根は「宮澤くんは僕よりははるかに頭も良く、学校秀才であった。しかし現実の政治の世界においては私のほうが秀でていた」と言うわけですね。このような頑固なまでの自己顕示欲を持った面も彼の魅力でもありました。

ところで、中曽根のライバルだった宮澤喜一は、戦後間もなく表参道に自邸を建てました。私は「権力の館」について書いているぐらいなので、歴代の総理大臣の自邸には簡単に入ることができたのだろうと思われることも多いのですが、そんなことはまったくありません。偶然が作用して見せてくれる人はいたものの、断られることが大半で、たいそう苦労しました。宮

fig.13——日の出山荘青雲堂（東京都西多摩郡）

澤の場合は別荘は見せていただきましたが、表参道の自邸はやはり断られ、ついに入ることは叶わなかった。ただ、自邸については宮澤のご家族からお話を伺っていました。宮澤は建築様式や美しさに興味を持たず、お湯の出る蛇口など、彼が若いときに見たアメリカの先進的な住宅の設備を取り入れたり、全館暖房や耐震設備、セキュリティなど、じつに宮澤らしく合理主義的な機能を求めていたようです。そして公私をしっかりとは分けたいがために、記者が集まることが可能な広い場所を自邸に設けなかった。それでも総理大臣の座が近くなった頃には、背に腹はかえられぬと、ガレージを改装して記者懇親会を開く場所をつくったそうです。表参道の自邸は、おそらく時間が建てば取り壊されることになるでしょう。その前に一度訪れ、ご家族のお話から私が想像したものと同じであるか確かめたいと思っています。

宮澤は平成に入ってからの総理大臣ですが、私の感覚ではあくまで中曽根、宮澤、そして一九八七(昭和六二)年から八九年六月まで、昭和最後と平成の始まりに総理大臣を務めた竹下登は昭和の時代の政治家です。竹下の自邸については重要な出世物語があります。彼は総理大臣になるために、まず世田谷区代沢にある佐藤栄作の自邸に少しでも近づこうとしました。代沢の佐藤邸は、佐藤が第二次世界大戦中に運輸官僚を務めた縁で貸借した、かつて三井合名会社の重役が建てた立派な木造家屋でした。佐藤は一九五二(昭和二七)年から代沢に住まい、一九六四(昭和三九)年にはライバルの池田勇人を破って総理大臣に就任しました。そして竹下は自身にとって政界の父とも言える佐藤をこよなく尊敬していましたので、彼の振る舞いを真似ていきます。まるで農民出身の木下藤吉郎が織田家に仕え、やがて天下統一をするような話です。竹下は一九五八(昭和三三)年に衆議院議員選挙に初当選し、政界の要職をこなすにつれて、神宮前、広尾と都心を転々とし、佐藤が内閣を退いたときには、代沢の佐藤邸から三〇〇メートル先の場所に移っていました。佐藤派の会合が佐藤邸で開かれるとき、竹下はいつも隅に座って書記を務めていたそうです。そして、総理大臣になる直前、ついに佐藤栄作邸をものにすることに成功し、総理大臣として佐藤邸に住まうようになりました。それぐらい佐藤栄作邸に執着をした。

実は竹下にも子飼いの政治家がいました。それが小渕恵三です。竹下は小渕を同じく総理大臣にしたいがために、自身も住んだ佐藤邸を小渕にも住まわせようとしていました。ところが小渕はついに佐藤邸に住むことはなかった。長年群馬県の同じ選挙区で福田赳夫、中曽根康弘と争い、「谷間のラーメン屋」などと自称し、したたかさを身につけた小渕にとって、竹下のような政界の父への思いを共有する余裕はなかったのでしょう。結局、旧佐藤邸は跡を継ぐ者がいないまま竹下も出てしまい、直後にあっという間に取り壊され、いまは跡形もなく外国人専用のマンションに建て替わっています。佐藤、竹下、小渕と三代の系譜をつくろうとした昭和の藤吉郎物語にはやや涙を誘うものがあります。

ただ小渕も竹下のように、政治と建築のあり方を多少踏襲したところもありました。竹下は河口湖に別荘を所有していたのですが、小渕は竹下の別荘の真横に自身も別荘を購入しました。河口湖に二人の別荘が並んで建っていて、実は地下でつながっていたのです。地下のカラオケルームを共有したというのが竹下の自慢であり、小渕の自慢であった。二人が地下で一緒になってカラオケに興じていた。かつて日本の総理大臣はこのようにも家を使っていたのですね。

平成の政治家と権力の館

さて、小渕以降の平成はどうなるのでしょうか。『権力の館を歩く』では実は主要なお話は戦後の吉田茂から始め、竹下登で終わっています。それ以降の総理大臣、つまり平成の総理大臣については書くことができなかった。平成は三一年間続き、令和を迎えた二〇一九年に話題になったように、安倍晋三総理大臣は、歴代最長だった戦前の総理大臣・桂太郎の在任期間を超えました。日本の総理大臣としては最長の在任期間を保っている。ほかに平成で長期政権を保ったのは小泉純一郎の五年五か月です。それ以外の総理大臣は出ては消え、出ては消え、といった具合で、一年程度が圧倒的に多く、二年続いても総理大臣としては実質誰かに担がれていた状態だった人物も多いのです。昭和の吉田茂、佐藤栄作や池田勇人、中曽根康弘のような総理らしい総理が、平成の三一年間にはほとんどいない。ですから権力の館と言っても、その館に住んで総理大臣の座をゆっくりとたしなむ暇もないまま辞めたという話ばかりになる。動線が決まる前に総理を辞めているわけです。

もちろん立派な自邸を所有していた総理大臣は平成にも多くいました。例えば細川護煕は東京にも、政治家の引退後は湯河原にも邸宅を所有しています。芸術に対する造詣も深く、現在では永青文庫という美術館の館長も担っています。そして福岡を代表する企業、麻生グループ出身の麻生太郎。彼は東京の家も立派ですが、福岡の自邸はとにかく広大です。さぞ立派なのでしょうけれど、これは彼の総理大臣の任務と関係性が薄い。民主党政権においては政治家一族の鳩山由紀夫がいました。鳩山家は戦後に吉田茂と総理大臣の座を争った鳩山一郎の代から、軽井沢の鳩山別邸と、現在は記念会館となって人は住んでいませんが、文京区にある音羽御殿

（鳩山会館）の二つを所有しています。音羽御殿は一九二四（大正一三）年に一郎の自邸として建てられました。ここでは自由党の会合やソ連との国交回復に向けた会議なども行われ、使い込まれた館であったことは間違いありませんが、由紀夫が所有し始めた頃にはすでにほとんど使われていなかったのです。

以上のように、平成の総理大臣にとって館とは何だったのだろうかと問うても、なかなか考えづらい。総理大臣を五年間務めた小泉純一郎も、政治のあり方と自邸の住まい方を接続させることに興味を持つ政治家ではありませんでした。安倍晋三も同様で、自身もそういう館や家、あるいは動線を設けたり、そこで人事をうまく攻略するような楽しみを持っている政治家ではありません。それはここ数年の国会中継などで彼がいろいろな屁理屈めいた弁解をしている様子を見れば想像に容易いかと思います。首相公邸、首相官邸、自邸はきわめて事務的な使い分けをし、ゴルフなどの娯楽は求めても、とくにひとりきりになる空間を欲するようなことはない。彼にとっては祖父岸信介のような、じっくりと戦略を考え、意思決定をする政治の拠点となる自邸をもつ必要もなかった。このように平成の時代において、総理大臣は数こそ多いものの、自邸や館に対して場所性や動線、あるいは精神的クリニックとしての「家」といったような、昭和の政治家としては必須であった館への深い思いは、薄れてしまったと言えるのではないでしょうか。

ただ、総理大臣にはなっていませんが小沢一郎は唯一家に興味がない人ではありませんでした。小沢の場合は故郷を捨てた感もある生き方にも左右されている。彼の生まれ故郷である岩手県水沢の実家は現在も残っているのですが、前庭もない、目の前の道路にせり出すように建てられた家です。選挙期間に事務所として使う以外は、いずれ朽ち果てるだろうと思わせる程度の機能を留めた家となっている。故郷の実家、そして故郷での活動も見限った一方で、小沢が一九八〇年代半ばに建てた東京世田谷区深沢の自邸は、周囲はすべて高い塀で囲まれ、常緑樹が建物を囲むように一体となった要塞のような館です。この「要塞」は彼の権力意思の表象としての建築空間だったと言えるでしょう。深沢の自邸とともに彼が執着したのは、国会議事堂にある幹事長室の民主党政権時代の動線設計でした。幹事長室は衆議院議場から出た通路の一番奥にあるのですが、手前の部屋を飲み込んで拡大し、四重の居室配置としました。幹事長室の空間は一番奥の四重目に位置し、廊下に面しているドアは締め切られた状態になっています。幹事長室に入るためには一重目の事務スペース、二重目の会議室、三重目の限られた人しか出入りできない対談室を抜けないといけない、つまり限られた人しか出入りができない、要塞のような空間と化していたのです。何となく隠れ場をつくりたい、それも公権力の館の中に。これが小沢の抱く政治と建築空間の関係性の思想なのだと民主党政権時代に強く感じました。

吉田五十八による岸信介の御殿場邸

最後に、権力の館としては、安倍晋三の祖父である岸信介に触れておかなければなりません。岸が吉田五十八と計らって御殿場に自邸をつくったことは非常に象徴的です。これは吉田自身が、政治家の自邸の粋というのはこういうものであると主張したかのような自邸です[fig.14]。外観は和風山荘のような趣があり、海外からの要人の来訪も意識した日本間の接客部門と、私的な住居部門、そしてサービス部門で構成されています。機能で空間が区切られていますが、壁を開いて三つの部門を一体の連続した空間とすることもできるようになっています。接客部門の食堂は庭に面しており、ガラス戸をすべて開くと庭と一体になる。多くの来訪者があるときには、食堂から芝生までが全部パーティー会場になるわけですね。これは岸の合理的思考が反映されたプランで、吉田五十八も「いつ何が起こっても困らないようなプランをつくってある」と語っており、私邸であってもいつ公の場になるかわからないことをしっかり配慮していました。二階は寝室や浴室など、岸のプライベートな空間です。寝室の横には小さな和室も設けられており、私的な空間のあり方をしっかりと理解していたのだと思います。

もっとも印象的だったのは、二階の奥にもうひとつ部屋が設けられており、なんとそこが一部屋全部が非常に分厚い壁でつくられた、クマヒラの金庫室だったことです。おそらくそこに、彼が満州から引き揚げた際に持ち帰ったであろうさまざまな物品を溜め込んでいたのでしょう。政治家の自邸には何軒かお邪魔しましたが、金庫を部屋としてつくった人は岸だけでした。もうひとつ重要なのは、岸が御殿場の自邸の建設に着手した時期です。それは総理大臣になる前ではなく、一九六〇(昭和三五)年安保改定の混乱の末に退陣してから四年経ったときでした。岸はもう一度総理大臣になり、悲願の憲法改正を自身の手で成し遂げたかった。その気迫をもって、将来総理大臣になったときのために、あるいはなるために御殿場に館をつくったわけですね。

それだけではなく、じつは当時の御殿場市長鈴木勝巳は岸と旧知の仲でした。岸が一九三〇年代、満州国の官吏時代に担当した建設事業の資金調達を取り計らった人物こそが鈴木勝巳だったです。おそらく御殿場邸の建設でもいろいろな優遇措置があったに違いありません。さらにこの自邸が竣工したのは一九六九年で、同年東名高速道路のインターチェンジも御殿場につくられました。つまり御殿場邸と東京を車で往来するインフラが整ったのです。車でおよそ一時間もあれば御殿場まで着くのですが、岸はその一時間の間に、その日来訪する政治家や財界人をどうお迎えするか、何の話をどの順番でしようかといったことを組み立てていたに違い

fig.14——岸信介邸
(吉田五十八、一九六九年)

ない。逆に来訪する人は車の中で一時間後に会う岸と何を話そうかと思念していたのでしょう。そして御殿場邸でぶつかり合う。有意義な会談を生むためには東京からある程度の距離が必要だったのです。しかも御殿場は彼の親戚にあたる戦前の外交官、松岡洋右の別邸もありました。また御殿場は避暑地としての性格もあり、多くのゴルフ場がありましたから、娯楽も含め、すべて好条件が揃っていた土地を岸は選んだのです。これが昭和期に活躍した権力者の、館に対するひとつのあり方であったのだろうと私は思います。

拠点としての政党の館

さて、政治家の館について話しましたが、政党にも館があります。自由民主党本部会館（自由民主会館）は建設当時の一九六六（昭和四一）年の姿を留めており、現在ではもうぼろぼろの館となってしまいました[fig.15]。しかし自民党はこの館を壊す気はない。なぜか。これには会館があるがゆえに、自民党が決定的な分裂をしてこなかった因子となっている説があるからです。かつて副総裁時代の高村正彦に「政党の館」についてお話しした際に、高村は「ああ御厨さん、それでわかった。自由民主会館がどんなにボロボロになろうと、自民党は何かこの場所が自分たちの本拠地だと思っている。だから大分裂はぜったいに起こらないのでしょう」と言われていました。たしかにそうだと思えるのです。

その裏を取ったような話なのですが、民主党内閣が退陣した際、小沢一郎にインタビューする機会がありました。小沢が「政治改革はうまくいかなかった」と言ったので、何が一番うまくいかなかったのかと聞くと、「自民党が思うように内部で割れてくれなかった」と。自民党

fig.15 ― 自由民主党本部会館（一九六六年）

は内部で派閥が対立したとしても、せいぜい三〇人から五〇人ほどの脱党に留まるので、たちまち党は修復されるのです。高村の言うように、自由民主会館があるから自民党がずっとその場所で生きていくことができる。政党の館について自由民主会館から何か教訓が見出せるのではないでしょうか。

最後に隈さんに投げかけたいのですが、隈さんは政治家の家はおそらく建てられたことはないと思います。政治家の家に何らかの興味をお持ちなのか、もしくはあまり興味をお持ちでないのか。私がいまお話ししたように、現在の日本の政治家はほとんど、著名な建築家と組んで自邸を建てることはありません。これが何を意味するのか、そしてこれからの令和の時代において、政治家と館の関係はどうなるのか。建築家としてご見解を賜れれば幸いです。どうもありがとうございました。

鼎談

建築と政治

藤森照信×御厨貴×隈研吾

丹下健三と日本政府

隈研吾——藤森先生、御厨先生、ありがとうございました。お二人から投げかけていただいた大きな歴史の骨組みに基づいて、いまの時代について考えていこうと思います。御厨先生から最後に問いかけがあったように、平成以降は自邸を建てること、根本的に建築に興味を持つ政治家はほとんどいなくなったと言えそうです。そうしたなかで、今回の《国立競技場》(二〇一九)は久しぶりに建築が話題になった一連の事件でした。国立の建物としては、やはり丹下先生の《国立代々木競技場》[fig.16]が歴史的にも政治的にも重要な存在だと思います。藤森先生がかつて仰っていた話で、《国立代々木競技場》の設計の際、途中で予算が不足し、丹下先生本人が当時大蔵大臣だった田中角栄のもとに予算の増額を頼みにいったそうですね。やはり田中角栄は建築に対して強く意識を持った政治家だと思います。

藤森照信——《国立代々木競技場》では四割も予算が超過したそうです。当然超過分の予算は普通出ないわけですから、丹下さんが直接、田中角栄のもとへ向

かった。田中角栄は当時、大蔵大臣であるとともに、衆議院建設委員会で建築士法や公営住宅法など、生活インフラ整備や国土開発にかかわる提案を多くこなしてきた政治家だったのです。

また、田中は一九五〇年制定の建築士法によって定められた一級建築士試験を、第一号ではないものの、かなり早い時代に取得した政治家でもあります。丹下さんが事情を説明すると田中は、「わかった」とすぐに理解した。とはいえ、国のシンボルとなるような建築の予算を決めるにあたって、大蔵省と建設省の官僚らはつねに緊迫した、ぎりぎりのせめぎ合いのなかで予算を決めているわけです。田中大臣の一声で予算が増額されることは、そうした官僚から見ると予算決定の秩序が乱れることになりますし、面目が立たないでしょう。丹下事務所の話によると、《国立代々木競技場》以降、丹下さんのもとには国の仕事が来なくなったそうです。

田中角栄という政治家は地元新潟から東京に進出して成り上がった苦労人です。東京に一極集中したインフラや都市機能を全国に均てん化させることを確固たる政治的理念とし

fig.16──《国立代々木競技場》（一九六四年）

て掲げていたこともあり、とりわけ建築への関心は強かったようです。建築士の資格も取得するくらいですから、何より自ら設計をしたかった。これは一九六〇年代に筑波研究学園都市の開発を担当していた建設省の担当者から聞いた話ですが、このエリアに鉄筋コンクリートの低層集合住宅の計画があることを聞きつけた角栄が、自ら作成した案を持ってきて、それが実現したこともあったそうです。

さらに後、子女の田中眞紀子が中心となって二〇一三年に国立近現代建築資料館が開館しました。眞紀子さんは父親である田中角栄から《国立代々木競技場》の建設にあたって、自分が予算を調整して丹下健三につくらせた話をつねづね聞いていたのでしょう。そうした影響もあり国立近現代建築資料館の構想に至ったのではないかと思います。これは当初、国際的評価も高い丹下さんの資料を保存、継承するためのアーカイブとして構想されていました。丹下さんの資料は東京大学が引き受けて管理する方向で話が進んでいたのですが、結局はハーバード大学で管理されることとなりました。とはいえハーバードには「寄贈」したわけではなく、「寄託」となっているはずです。私としては丹下さんの資料をいつか日本に取り戻したい思いがあります。

隈——平成の政治家が建築への興味を失ったという御厨先生のお話に対して、藤森先生は建築史家としてどのようにお考えでしょうか。

藤森——これは建築家に誰がお金を出すかというパトロン、施主の問題だと思います。建築は特殊な分野で、電話が鳴らないと仕事が始まらない。画家や文学者は電話が鳴ろうと鳴るまいととりあえず目の前のキャンバスや原稿用紙に向かうものです。しかし建築家はそうはいかなく、どんなに小さなものでもお金を出す人がいないと始まらないわけです。建築家のパトロンや施主の属性について時代を遡って調べてみると面白い。明治以降の近代においては、建築家の大パトロンは多くが国でした。しかし戦後は自治体がお金を出すようになります。《国立代々木競技場》は国でしたが、丹下さんの施主も多くは東京都を含めた自治体でした。さらにその後は、大企業が建築家の主な施主となります。日建設計がいくつもの大企業の仕事を請け負っており、内容としては社屋ビルの設計が大半でした。

かつて日建設計のチーフアーキテクトであった林昌二に、そんなに社屋ばかり設計しているなかでもっとも苦労するのはどういう点でしょうかと聞いたことがあります。すると思いもよらない答えが返ってきました。施主の要求がないことほど困ることはないと言っていました。なぜなら設計の励みになる基点がないからです。要求があればそれに応えることが励みになるし、うまく応えられれば褒めてもらえる。要求がない以上、同じような建物が量産されるようになってしまいます。次第に建築家と大企業の間に距離ができてしまったのです。やがて施主は小さな企業となっていきますが、現在はそれも過ぎた状態ではないかと思っています。

隈――たしかに日本の大企業と仕事をすると、設計に対する要求は少ないのですが、チェックリストはたくさんあります。するとわれわれの提案は減点法で採点されることになるわけです。例えば木を使うとなった場合、木がどんないい効果があるかということはいっさい議論されずに、木は一〇年経つと汚れるのではないか、メインテナンスコストはどのぐらいお金がかかるかといった話しか出てこないので、気分が暗くなってきます。社屋を設計するにしても、日本企業の施主の場合、前提となる大きなビジョンがない場合がほとんどです。かたや中国の企業と仕事をすると、国営企業ですらかなり強烈なトップが存在し、彼らがわれわれ設計者にビジョンをしっかり提示するという印象はありますね。妙なアイデアが出ることもありますが、施主対建築家という緊張感のある関係が生まれます。

御厨貴――いまお話が出た丹下さんは、《国立代々木競技場》を通じて国との仕事で大変な思いをなさったようですが、東京都との関係はずっと続いていました。有楽町の《東京都庁舎》(一九五七、現存せず)[fig.17]の設計当時に副知事だった鈴木俊一さんとのつながりも深かったようです。《東京都庁舎》は竣工して間もなく手狭になったことで、丹下さんは周囲からずいぶん批判されました。やはり建築家はすごいなと思ったのですが、すぐに手狭になるような使い勝手のものをなぜ設計したのかと問われたとき、丹下さんは猛然と反論をしました。この建物のなかに無作法にたくさんの人やものを入れることが間違いなのであると。収まるべき人やものの量、秩序を定めたうえで自分の建築が成り立っていると主張したのは見事なものです。みな、あっ気にとられたらしい。

藤森――普通はそこまで言えないですよね。丹下さんが都知事と特別な関係にあったことは事実です。丹下さんはシャイな方でした。

fig.17――《旧東京都庁舎》(丹下健三、一九五七年、現存せず)

東京大学で初めて教壇に立ったとき、研究室からなかなか出てこなかったそうです。それを見かねた岸田日出刀さんが、丹下さんに助手の浅田孝を付けたのですが、浅田とともに教室に入ると、丹下さんは本当に壇上で震えてしまった。そのぐらい繊細な方だったのです。それにもかかわらず、鈴木俊一さんが一九九一年の都知事選挙に出馬した際には弁士として選挙カーに上がりました。現在の《東京都庁舎》を想定してのことでした。

丹下さんは仕事のためなら何でもやる方でした。そして仕事以外のことにまるで興味を示さず、別荘とか美術とか食べ物とか、そうしたものに興味がなく、建築一筋だった。そのような丹下さんですから、おそらく東京で仕事をするためには鈴木俊一さんと付き合わなければいけないと思ったのでしょうね。基本的に丹下さんは政治家との関係をうまく築けない方でしたから。鈴木さんはもともと内務省の役人で、穏やかな性格の、いわゆる政治家の気質ではない方だった。それで付き合えると考えたのではないかと思います。

明治時代から戦後にかけての建築家

藤森――いま政治家が建築に興味を持たない以上、建築と政治の関係は切れつつあると言えます。これは難しい問題です。かつて太平洋戦争時、日本美術及工芸統制協会・日本美術報国会という団体が組織されました。国家は総力戦体制を目指し、日本画、彫刻、工芸、映画、演劇といった分野の作家に戦争を翼賛する作品制作を強制的に仕向けた。ところがそこに建築は含まれなかったのです。

さらに一九三一（昭和六）年、大阪城公園内に陸軍第四師団司令部の庁舎がつくられました。これがロマネスク様式でつくられた。それにしても鬼畜米英などと掲げていたわけですから、城郭のような建物をつくればよかったのではないかと思ってしまいます。じつはその結果、建築界の人間は戦後の軍事裁判で誰も訴追されなかったのです。

戦時中に東京帝国大学総長を務めた内田祥三先生は公職追放に遭っていますが、日本における戦争と建築家の関係とは対照的に、アドルフ・ヒトラーは建築家、アルベルト・シュペーアを側近として使い、《全国党大会広場》(一九三八)や一九三六年のベルリンオリンピックのための《ドイツ・スタジアム》(一九三六)など、ナチスプロパガンダとしての建築を設計させていました。

隈――それは要するに、近代以降の日本においては、政治がある特定の建築様式を求めるといったことがなかったと言えるでしょうか。

藤森――基本的に近代日本の政治家は建築に対する見識を持っていなかったのでしょう。例外は私の知る限りでは明治初期の政治家だけです。擬洋風建築は明治一〇年前後に興隆した、在来の日本建築と西洋建築の意匠的特徴を融合した様式です。そのときに政治家は近代という新しい時代の始まりを示すためには大きくわかりやすいもの、つまり建築を使うのがもっとも好都合だと主張した。彼らは「土木県令」と呼ばれていました。

　政治家として外交手腕を発揮した井上馨は、かつて江戸幕府が列強国と締結した不平等条約の改正のために建築表現を使いました。改正に向けて彼は列強国の外交団と昼間に会談し、夜は鹿鳴館で舞踏会を開催する。いわゆる鹿鳴館外交ですね。そのためにも井上馨は鹿鳴館や帝国ホテルの建設に尽力しました。パリやベルリンに劣らない首都を建設しようと「官庁集中計画」を進め、煉瓦を用いた街をつくっていった。彼はこのように建物や器を変えることを重要視していたのです。

隈――明治時代には明らかにそういう思想がありました。僕が《GINZA KABUKIZA》を設計した際に歌舞伎座の建築様式をずいぶん調べましたが、一八八九(明治二二)年につくられた第一期歌舞伎座は外観が洋館でした。当時パリのオペラ座のような建物を指標に洋館として歌舞伎座をつくったのですね。

藤森――明治政府としてはヨーロッパでもっとも格式の高いオペラ座を日本でも展開したいと考えたのでしょう。その際に歌舞伎をオペラのように近代社会に似つかわしい形式や内容へ改めようとする演劇改良運動が起こりました。洋館の風貌をした歌舞伎座の建設もその一環です。ほかにも江戸までの歌舞伎に重要な要素であった血や性にまつわる筋立てや、裕福な女性のための唯一の性の場としての劇場も新しい時代には好ましくないものとされ、貴人にふさわしい道徳的なものや美しい洋館に変えられたわけです。これが国策としての歌舞伎の洋風化でした。

隈——ところが一九一一(明治四四)年に渋沢栄一をはじめ名だたる実業家が発起人となり、本格的な西洋式演劇劇場である《帝国劇場》が丸の内に建てられ[fig.18]、立地も近かったため、同年に慌てて歌舞伎座が改修されます。屋根を唐破風に取り替え、銅板葺の庇を採用し、ものすごく上手な改修です。この時期の政府は建築様式の政治性について非常に敏感だった。

御厨——明治時代に西洋から建築の概念が輸入され、擬洋風建築が一世を風靡しましたが、関東大震災の後、後藤新平の下でやとわれ、復興に尽力した建築家はその後罷免されてしまいます。後藤への反感や復興建築へのスキャンダルなどが重なって、いわば「後藤なるもの」への一斉反発が建築家の運命をも左右したわけです。そこで帝国陸軍は罷免された建築家のまなざしを満州に向けさせました。その際の殺し文句が「満州には政党政治がありません」というものでした。つまり日本は政党政治のもとで成り立っているため、政権が政友会と民政党という二大政党のどちらかに変わると、建築家が何かを提案し、事が進んでいても一旦止められてしまう。しかし満州には政権交代がないので、歳月をかけて理想の建築を実現することができる。ですから多くの建築家が一斉に満州新都市建設の構想である「満州国大同都市計画」の実現のために向かったのです。要は陸軍の傘下において満州で建築をつくる。そして敗戦後は満州で成果を挙げて意気揚々と引き揚げてきた建築家は、焼け野原になった本土の復興計画を当然のように担おうしました。ところが、そのときすでに軍隊は解体され、彼らにとって後ろ盾となる組織がなくなってしまい、彼らの出番はなくなってしまった。そして名もない建築家がつくる東京が出来上がっていきます。建築家は満州で幅を利かせた時代だったのです。

藤森——満州国大同都市計画の中枢を担ったのは内田祥三先生でした。内田先生は東京帝国大学の職もあり多忙だったため、その下で後に都市工学の第一人者となる高山英華さんらが参画しました。一九六四年の東京オリンピックの建設事業でもこれを取り仕切る岸田日出刀さんの下で高山さんがこれを支えました。さらに岸田さんのバックアップによって丹下さんが《国立代々木競技場》の設計を進めたのです。岸田さんは

fig.18——初代《帝国劇場》(一九一一年、現存せず)

もともと弟子である丹下さんに一任しようという気持ちだったそうですが、《国立競技場》(一九五八)の設計を建設省の官僚がやりたがり、なかなか退かなかった。そこで岸田さんは議員に手をまわし国会の場でその官僚に対し、《国立競技場》の計画が一向に進んでいないようだが何か事情があるのかと質問しました。さすがにこうした問答の末、やっと丹下さんに発注がされたそうです。とにかく官僚との付き合いは大変だったようですね。

隈——丹下先生の《国立代々木競技場》の工期はわずか一年半でした。そして完成したのはなんとオリンピック開会式のおよそ一か月前のことです。《国立競技場》は工期が三年あって開会式の八か月前のオープンとなりましたが、それですら切迫した状況でした。

満州人脈の建築家の挫折の話が興味深かったのですが、満州というと陸軍との関連が深い。逆に戦後の建築界は海軍出身の人が多いですよね。その一人である芦原義信先生の授業を、僕は東京大学で受けましたが、彼は授業で戦時中にご自身が南洋でつくった格納庫の話をよくされました。

藤森——日本設計の代表取締役となる池田武邦さんも海軍出身でした。彼らは海軍出身であることをとても誇りに思っていた。

隈——そうですよね。東京工業大学の清家清先生も海軍でした。形態のデザインよりもエンジニアリングを重視することが海軍特有の建築思想だったのだと思います。芦原先生も清家先生も、デザインはあっさりしていましたし、芦原先生は丹下先生のヒロイックなデザインに対してしばしば批判していました。丹下先生には嫌われたとも言っていました。そうした海軍的な建築家が戦後日本の建築界を牽引していったので、ある種非建築的な思想が日本に根付いた。もしかすると海軍の合理主義は、日本人特有の建築デザインに対するネガティブな感情につながっているのかもしれません。

自然と建築の日本的な関係

隈——吉田茂についてはいかがでしょうか。吉田茂もまた、吉田五十八に設計を依頼しています。そして吉田の自邸である「大磯御殿」は新築ではなく改修だったのですよね。彼はイギリスの元首相ウィンストン・チャーチルに影響を受けたところもあり、和製チャーチルなどと呼ばれていました。チャーチルの残した言葉に「建築をあなたがつくると、建築が逆にあなたをつくる(shape)」というものがあります。チャーチルの祖先が建てたブレナム宮殿(一七二二)は、イギリスで王族以外が所有する唯一の宮殿と呼ばれ、バロックを代表するとてつもない建築です。チャーチルはそこで生まれているので、あのような警句を吐いたのではないかと思います。チャーチルのファミリーは、新興の成り上がりだったので、あのような宮殿を建てたとも言われています。そのようなある種建築至上主義的な思想は吉田茂にはなかったのでしょうか。

御厨——そうですね、吉田茂は極端にわがままで、自邸を改造する際もさまざまな要求を吉田五十八に持ちかけた人でした。たとえば竣工後に風呂場が気に入らないと言い、すぐに改装させるのです。つくった方からすると、また変えるのですかという話なのですが、抵抗すると吉田はすぐに解雇した。じつは大磯御殿には、吉田五十八が設計者となる以前に何人もの建築家や施工業者が関わっていたのですが、彼らのつくるものが吉田茂は気に入らず、全員解雇されてしまいました。ではなぜ吉田五十八を気に入ったのか。吉田五十八の手記によると、とにかく吉田茂は反対のことを言う人で、吉田が気に入りそうなものとつねに逆のもの

を提案していたそうです。吉田の好みに合わせたのではなく、彼から反対の言葉を出させないようにした。

また大磯御殿には私から見ても風変わりな骨董品がいろいろと置かれていました。蒋介石から贈られた、電飾が華やかに輝く屏風は群を抜いて奇抜で、吉田茂はこれを好んで食堂に置いていたのですが、まったく調和していない。そこに吉田五十八が行くたびに、その屏風をしまわせていたそうです。吉田五十八が帰ると、再び引っ張り出して、その繰り返しだったと聞きました。いろいろと設計したものに対して口を出すにもかかわらず、本当の審美眼は吉田茂には備わっていなかったと言えるでしょう。彼にあったのはわがままを通す徹底的な要求です。もっとも有名な話では、彼は二階の居間から富士山を見ることをたいそう好んで、ずっと見ていたのです。あるとき富士山が見える横に何かが建ち始めた。富士山が綺麗に見えなくなったわけです。そこですぐさま執事にあれをなんとかしなさい、ちょん切れ、などと言ったそうです。いくらなんでもそれはできないでしょう。結局それ以来、二階から富士山を見ることはなくなったそうです。

隈――丹下先生も富士山が見えることにこだわり、事務所は代々富士山の見える場所を選んでおられましたね。チャーチル流に言うと、「富士山に励まされ、富士山につくられた」ということかもしれない。また《国立代々木競技場》も二つの建物の間から富士山を望むことにこだわっていた。日本の精神構造として、建築単体よりも、その向こう側に景色を見せることのほうが重要であると言えるでしょうか。

藤森――そうした件について、私は齢を重ねていろいろ思うところがあります。建築とは何か、ずっと考え続けているなかで変化がありました。これは建築と庭のどちらが日本人にとって大事かという問いなのです。通常は建築の工事が終わった後に庭をつくるものですよね。予算の大半は建築部分で使い、庭は余った予算で手掛けることが多い。ところが庭師と話したときに、藤森さん、龍安寺で建築を見ますか、と聞かれました。思い返せば龍安寺で建築をまじまじと見ることはなく、だいたい庭園を見ている。建物である旧西源院方丈も重要文化財に指定された名作なのです。しかし誰もこの建物を見ずに石庭を見ている。日本人は本当は建築よりも庭のほうが好きなのではないだろうかと考えてしまいます。

また、西本願寺には書院の奥に国宝である北能舞台があります。その横にある黒書院から庭が見える。立

派な庭ではないのですが、庭を眺めているうちに、建築から庭を通ってすーっと浄土へ行くような不思議な感覚を覚えたことがあります。あのような経験は初めてでした。日本の庭園は時代によって様式がいくつかあり、平安時代から鎌倉時代にかけて築造された浄土庭園があります。浄土庭園は池があって中島が浮かび、松が生えているような庭園ですね。宇治の平等院や平泉の毛越寺《もうつうじ》の浄土庭園はもっとも有名ですが、浄土庭園は仏教の極楽浄土の世界をこの世に体現した空間なのです。庭を眺めていると、やはりすーっと気持ちが抜けていくような感覚になる。この感覚はヨーロッパの建築ではなかなか得られないものではないかと思いますね。

隈――その感覚はとてもよくわかります。《国立競技場》のザハ・ハディド案が炎上したのは、ザハの建築がどうという話ではなく、敷地である神宮外苑の森のほうが主役であるべきなのに、建築が主役然としていることに主役たる建築に反発を感じる人が多かったからではないかと思うのです。建築よりも明治神宮の「森」に対する人々の思いが強かったのかもしれません。

藤森――建築は人が自然につながる架け橋のような存在だと考えることが日本的な観念なのかもしれません。ヨーロッパの場合は教会を見ていればわかりますが、建築の上部の空間に「天」があり、神様がいます。ここに日本とヨーロッパの違いがあり、日常的にも人々は無意識に建築との関係を構築しているとも言えますよね。

御厨――自然との関係で言えば、明治期の国会開設以降、一九三六（昭和一一）年に現在の国会議事堂が建つまで、議事堂の建物は「仮国会議事堂」として建てられていたのですが、二回ほど焼失しています。それでも毎回性懲りもなく木造で建てていた。最初の仮議事堂［fig.19］は完成後わずか二か月ほどで漏電で燃えてしまいました。鹿鳴館など立派な建物をつくった例もありましたが仮国会議事堂に関しては仮の状態であることに反対する人もいなく、本格的な議事堂を建設して東洋一の議会を開こうといった発想もとくになかった。ずっと木造でつくり続け、燃えてはつくる、燃えてはつくるの繰り返しをよくやっていたものだと思いますね。

隈――歌舞伎座も同様で、火災や地震、戦災が繰り返

fig.19――第一回仮議事堂（一八九〇年、現存せず）

されて、そのたびごとに落ち込むことなくどんどん建て替えられていきました。藤森さんが言われた微分的な建築とは、そのように建築すらも粒子だと考えて、焼失してもまたつくればいいという観念も孕んでいるのではないかと思います。

独裁的な振る舞いで建築をつくること

質問1――今日のお話のポイントは、日本の政治家と建築家とのつながりがとくに平成以降弱くなっていったことだと思います。これは世界的に見てもそうなのか、もしくは日本だけなのか。アジア諸国やヨーロッパ諸国の事情についてもお聞かせいただけますか。

隈――独裁的な政治家は一般的に建築に興味を持つ傾向がある。例えば中国では習近平は建築に対して独自の美学思想を展開しています。中国は二〇一四年にAPEC（アジア太平洋経済協力会議）で「一帯一路」というスローガンを提示し、大陸間の広域経済圏におけるインフラの強化を掲げましたが、このような政策の背後には国の歴史と現代とを接続しようという一種の歴史主義があり、都市計画や建築デザインにおいても、習近平の政策の背後には歴史主義があると言われています。その分野では精華大学のある名誉教授に大きな影響力があるそうです。「習近平講話」では、レム・コールハース（OMA）による《中国中央電視台（CCTV）本部ビル》（二〇〇八）[fig.20]を名指しで批判し、「奇々怪々な建築はつくってはならない、奇妙さだけを狙った建築形態は中国には適さない」などと、建築についてかなり踏み込んだ発言をしていますが、背後にあるのは歴史主義で、意外に思われるかもしれませんが、建築の保存に関しても習近平は力を入れています。

藤森――「奇々怪々」問題に関して磯崎新さんからも聞きましたが、近年は磯崎さんも中国での仕事においては、あまり目立つものをつくるなといった要求が多いそうです。そこは中国共産党一党体制の国ですから、総書記の講話内容を遵守しようとする空気があるのでしょうね。

隈――習近平の建築政策の中心は「環境と建築保存」でしょう。近年の僕の中国での仕事でも、プロジェクトの可否を決定する行政の委員会でプロジェクトについて説明すると、委員の先生方が決まって「環境と建築保存」について注文を出してきます。近年凄まじい速度で開発を進める中国が

fig.20――《中国中央電視台（CCTV）本部ビル》（二〇〇八年）

「保存」を重視するとは想像し難いかもしれませんが、「環境」と合わせて現在大きな潮流なのです。「環境」については、例えば窓面積の規定が非常に厳しく、総ガラス張りなど熱環境の効率が悪いものは採用されず、工事の途中でも窓の縮小を要求されることがあります。それほど中国は基準を徹底しています。環境と建築保存について、これ以上世界から後ろ指をさされたくないという意識を習近平は強く持っているのでしょう。

また、フランスの元大統領フランソワ・ミッテランも建築に対して非常に意識の高い政治家でした。彼は一九八一年に「パリ大改造計画」を推進しました。その一環である「大ルーヴル計画」のなかでルーヴル美術館メインエントランスの《ルーヴル・ピラミッド》の設計にI・M・ペイを登用し、地下のロビーも増築させました。後にフランスでは、ミッテラン時代の政策は「モニュメンタル・エラー＝歴史的な大間違い、またはモニュメンタルな建築の過剰供給」などと掛詞で批判されることとなりましたが、ミッテランは圧倒的な建築至上主義者であり、建築デザインの重要性を理解していたわけです。

庭・建築・日本

質問2――庭についての議論のなかで、日本人は庭が好きだというお話がありました。みなさんがランドスケープや造園に対してどのようにお考えなのかお聞きしたいです。今後、人口減少にともない空き地が増えていくと思いますが、これから緑地やランドスケープはどうあるべきでしょうか。

隈――藤森先生は細川護熙さんと親しくされており、細川さんが所有する湯河原の陶芸工房の庭に《一夜亭》(二〇〇三)という茶室を手がけられていますね。今の質問に対して、細川さんというユニークな政治家と建築デザインとの関係といった面からも何かお考えを聞かせていただけるでしょうか。

藤森――細川さんは眼のある方で、茶室の周囲の木の植え方にずいぶんこだわりを持っておられました。私は建築家として主体である建築＝茶室が存在感を持つように《一夜亭》をつくりました。後に伺ったとき、茶室の付近に小さな木が新たに植えられていました。細川さんは相当注意深く庭師に管理を任せているようで、手を入れたのがわからないように手を入れるよう

指示していました。結果的に素晴らしい風景が生まれていいます。手が入っているのか一見わからないけれど、不愉快にならない不思議な均衡が保たれている。

隈——細川さんは熊本県知事時代の一九八八年に熊本アートポリスをスタートさせ、建築が地方の行政にとって大きな武器になることをある意味世界に示しました。ミッテランによるパリ大改造を目標にしたグラン・プロジェが一九八五年から八九年なので、ほぼ同時期です。細川さんは建築同様、庭にも造詣が深いのですね。椿山荘をつくった山縣有朋もまた、庭好きな政治家でした。山縣の下で実際に庭を手がけた七代目小川治兵衛（一八六〇—一九三三）が広めた植治流の庭のデザインは、ある意味で明治以降の日本の庭のデフォルトになったとも言えます。このように庭を好む政治家は日本に多くいましたが、そうした庭に対する興味を都市計画にまで発展させるような大きい都市ヴィジョンを持っていた政治家は、日本にはなかなかいない。

細川さんのアートポリスも、アーバンデザインというより建築群ですからね。ヨーロッパの庭園はアーバンデザインへも拡張可能ですが、日本庭園はアーバンデザインとはまったく別の方法論に基づいていて、拡張不可能という日本的事情があるかもしれない。

藤森——私も庭にはとても興味を持っています。一方、ランドスケープはアメリカで生まれた概念ですが、どこか人工的な感じがして、あまり好きではありません。庭もまた日本古来の要素で、石や土、木、水で構成されています。これらの要素を扱うことが技術的に難しいとは思えない。石を積みすぎると倒れる、水はしっかり塞がないと漏れるなどといったことは当たり前に誰もが知っていることですよね。庭のデザインはわざわざ専門家を呼ばなくとも、建築家自身でつくればいいのではないでしょうか。山縣有朋ですら椿山荘を自分自身でつくったと言っています。ところが日本の建築家は緑地に手を入れる際、近年はランドスケープデザイナーを登用することが多い。これが現代の建築家への不満ですね。

隈――ハーバード大学のデザイン大学院（GSD）に建築と都市計画に加え、ランドスケープの専門分野が設けられているように、ランドスケープという概念がアメリカ的であり建築的ですね。建築の原理を庭に応用したような感じです。ランドスケープデザイナーに頼むと、妙に人工的で建築的な庭をつくられてしまうことが多いので、僕も藤森さんが言うように自分で手がけることが多いですね。

建築・都市・政治

質問3――今日のお話では政治家の自邸に宿る政治的な意図をめぐるお話が印象的でした。都市計画など、さらに大きいスケールにおける政治との関係についてお聞かせください。

隈――歌舞伎座から都市と政治について考えると、有楽町の《歌舞伎座》を設計した吉田五十八は東京と、《新歌舞伎座》を設計した村野藤吾は大阪という場所と深く関係しているような気がしています。東京は政治的な都市であり、吉田は総理大臣の自邸も手がけました。それに対し、大阪は商業都市としての面が強く、村野はそのなかで《そごう大阪店》（一九三二、現存せず）など、商業ビルを数多く設計されました。村野藤吾は最後まで大阪の建築家でした。都市の性格と建築、建築家との間にはやはり何か関係があると思います。

質問4――吉田五十八は伊東忠太に続いて一九六四（昭和三九）年に文化勲章を受章されていますが、一方で建築学会賞は受賞されていません。このことからもやはり建築界の評価と政治家や芸術分野からの評価との間にギャップがあるのではないかと考えています。戦後に浜口隆一は『ヒューマニズムの建築』（雄鶏社、一九四七）で日本における戦前の建築の歩みを批判し、戦後はヒューマニズムや機能主義を基調として近代建築の史的必然性を説きました。また長谷川堯は『神殿か獄舎か』（相模書房、一九七二）で辰野金吾や丹下健三、磯崎新の建築を国家権力に応えた視覚的モニュメント＝神殿と称して批判をされました。以上の言説からも、建築界としては意識的に国家と距離を取ろうとする構えが基調をなしていたのではないかと思います。日本における建築と政治の距離について、どのようにお考えでしょうか。

藤森——私は戦後すぐの生まれですので、戦後の建築界の空気を何となく感じていた世代です。例えば丹下健三や前川國男、坂倉準三は茶室の設計をしていません。一方、その下の世代である磯崎新や原広司、谷口吉生は設計している。では茶室を設計しないことが何を意味しているかというと、そこには自分たち建築家が社会や時代の象徴をつくるのが任務であるとする強い気持ちが現れているのです。茶室はそうした象徴とは真逆の私的で趣味的なものだと言える。誰が明言したわけではないのですが、このような時代ごとの空気感で設計の対象となるものが変わってきたことは事実ではないでしょうか。

御厨——現在の《総理大臣官邸》(二〇〇二)[fig.21]は竣工して二〇年近くが経ちますが、政府は誰に設計を依頼するか非常に困ったのです。結局、総理大臣官邸の設計委員会を組織してその内部で設計を進めました。さまざまな分野の代表で構成し、要はとにかく公平に進めようとしたのです。その結果どうなったかと言いますと、極めて個性のない建物が出来上がった。どの部屋も同じような白い壁が立っています。また大広間に入って気づいたのですが、《総理大臣官邸》には時計がない。委員会方式で設計したので、みなが時計は誰かが提案し、置かれるものだと考えていた。ところがだれも提案しなかったことに完成して初めて気がついたのです。これは不便で、会議中に自分の腕時計を確認すると時間を気にしているなと思われてしまう。しかし、いまから時計を置こうとすると誰かが責任を取らされることになるので、委員会を構成した人たちがリタイアするまできっと時計が置かれることはないでしょうね。

隈——今日のお話から、日本社会全体が建築と縁が薄いのではないかという疑問が出たように思います。庭には趣向を凝らすけれど、建築に趣味がないとか、要望を言わないというのが日本的で、その傾向は平成以降ますます強くなっているようだというわけです。要するに、日本という場所は政治家も建築とかかわることを避けているし、建築家もまた政治とかかわることを避けるように見えます。

先ほどの質問にもあったように、政治と近すぎるように見えた吉田五十八が日本建築学会賞を一度もとらなかったのも、その

fig.21——《総理大臣官邸》(二〇〇二年)

ような理由からかもしれません。同じく、政治と近いように見えた黒川紀章も、長らく学会賞をとることができず、受賞したのは彼のピークの遥か後の一九九〇年の広島市現代美術館で、彼の代表作でもありません。建築学会賞は政治とはなるべく距離をとった純粋な文化的な賞だという意識が建築界で共有されていたのだと思います。

しかし、政治家のそのような態度と反して、実際には戦後政治は建設業界に支えられてきたわけだし、戦後の日本自体が建築をどんどん建てることによってまわってきたとも言えるわけです。同様に、戦後の建築界の重要な作品はほとんど公共建築であり、それは当然政治と無縁のものではありません。

逆の見方をすれば、戦後日本において政治と建設業とが、そのようにあまりに近かったから、両者は共に、遠いふり、知らんぷりをする必要があったということかもしれません。しかしその知らんぷりによって、かえって匿名的でレベルの低い建築が大量につくられるという日本的事態が生まれたとも言えるわけです。御厨先生が例に挙げられた総理官邸も、実際には「誰か」が設計しているわけですが、匿名のふりによって責任の所在がわからなくなってしまうという、実に日本的なことが起こっているわけです。その意味で今日の国立競技場で設計チームの一員というかたちではありますが、僕の名前が出ているということは今までにない新しい現象だと言えると思います。

また藤森先生からご指摘があった、僕の微分という方法論も、政治と建築との関係を考える上で、たいへんおもしろい視点だと感じました。今後の歴史家から、さらに弁証法から微分へなどといったかたちで僕の方法が相対化されるのではないかと思います。

原広司先生がかつて僕の個展で「隈は小さいものの価値を発見した」というスピーチをされました。原先生は、微分幾何学で革命的成果をあげた一九世紀の数学者ベルンハルト・リーマンが自身の教授就任演説の一節「一九世紀の科学は大きさをめざして進歩してきたが、これからは小さなものに目を向けなければならない」という話から始めて、リーマンの、小さなものへの視点、拡大主義批判と僕の方法とをつなげてくれました。僕はそれを聞いて自分自身が何をやってきたのか、これから何をしなければいけないかがわかったという気持ちになりました。今日のディスカッションから、リーマンの方法が政治や経済にも応用できるような予感を得ることができました。

回想

弁証法から微分へ

隈研吾

国立競技場をデザインしながら、一九六四年と二〇二〇年の違いは何だろうかと、考え続けた。それは同時に、一九六四年のシンボルとなった国立代々木競技場を設計した丹下健三と、僕という建築家の違いである。

丹下健三が弁証法の人であるのに対し、隈は微分の人であると、藤森照信先生は総括した。この整理のおもしろいところは、丹下も隈も対立の一方に与することはせず、対立の克服を目指していたと見ている点である。

これは建築や建築家というものの本質に通じる深い話である。政治でいえば、右と左の対立があるとき、普通、人はそのどちらかに与する。対立は選挙というある種の暴力的手段によって、強引に解決される。対立を調整して乗り越えようという人は、少数の天才的政治家に限られる。

しかし、建築において、人々の趣味、嗜好が対立しているとき、そのどちらかに与して建築をデザインすることは、それほどたやすくない。なぜなら建築は基本的にみんなのものであり、みんなが使い、みんなの眼にさらされるからである。公共建築であれば、余計にみんなのものであるが、個人住宅といえども、それは街の中にさらされているので、ある意味でみんなのものである。

ではアート、例えば絵画はどうかというと、絵画はみんなのものである必要はない。自分のテイストにあった絵画と、一人で向かい合って鑑賞するというのが、絵画と人間との基本的関係である。それが壁画のような、みんなの眼にさらされる大きなものであったとしても、絵画とは基本的に、個人的なテイストと深く結びついた個人的なものであるという了解が成立しているから、対立の克服がアーティストの目標となることはほとんどない。むしろ対立を生まない凡庸なアートは、誰からも相手にされないだろう。だから対人関係の苦手な不器用な人間は、「あの人はアーティストだから」と呼ばれる。アートは調整とは縁がない。しかし、政治ともアートとも違って、建築では対立の克服が要請される。そこに、建築というジャンル、建築家という存在の特異性がある。

そして、大きな建築ほど、公共性の高い建築ほど、この要請は強くなる。「国立」はその最たるものであろう。多くの場合、匿名でニュートラルであるという解答が、この要請に対しての答えとなる。かくして、日本の都市は、匿名性のデザインを売りにした大手設計事務所、ゼネコン設計部がデザインした建築で埋め尽くされる。

しかし、丹下健三は、匿名なもの、ニュートラルなものでは、対立は克服できないと考えた。匿名なものはけっしてニュートラルではなく、匿名なものこそが、一つの立場であり、テイストであり、権力なのである。それこそが乗り越えられなければならないというステイトメントを、僕は丹下の代々木競技場から感じる。それゆえに匿名な建築のほとんどが歴史から消え去っても、丹下の代々木競技場だけは東京の空に屹立し、輝きを放つ。

しかし、二〇二〇年における匿名の圧力の強さは、一九六四年の比ではない。SNSとタブロイド化したマスコミの相乗効果によって、わずかに突出し、わずかにニュートラルからズレただけで、炎上する。ザハ・ハディドによるコンペの入賞案も、佐野研二郎によるエンブレム入賞案も、そのようにキャンセルされた。

朝日新聞の大西若人が、隈研吾は様々な人の話を徹底的に聞くことで、炎上しない方法を発見した建築家であると整理した。聞くだけではなく、微分しているというのが藤森先生の説である。微分することには、二つの効果があると僕は感じている。ひとつは、大きさという問題の解消である。大きいもの、公共的なものほど、批判されやすく、匿名の圧力を受けやすい。小さく砕くことによって、建築をその圧力から守るというのが、第一の効果である。

第二の効果は、微分による建築の庭化である。どんなに隆起した曲面も、なだらかな平面も、われわれは同じように微分することができる。特異点と見える建築も、周囲の背景にしか見えなかった空地も、同じ手続きで微分しまくることにより、ひと続きの庭の一部として、つながっていく。

それは日本人が建築へは無関心を装っても、庭にうるさかったという今回の鼎談の話題ともつながってくる。日本の庭園デザインの基本は、植物や石ころなどの粒子へと、自然を砕くことであった。微分された小さなものとなら、日本人は安心して付き合うことができたのである。

世界は今、スマホで撮影された小さな粒子の集合体として認識される。それはインスタグラム化された世界とも呼ばれる。ほぼ同一性能の無限個のレンズによって、世界は小さな粒子へと分解されて、われわれの周りに漂っている。微分とはデザインの新しい方法であると同時に、世界認識の新しい方法でもある。

08 Future of Engineering

エンジニアリングの未来

江尻憲泰（建築構造家、日本女子大学教授）

×

佐藤淳（建築構造家、東京大学准教授）

二〇二〇年一月二五日

隈研吾――最終連続講義第八回は、「エンジニアリングの未来」がテーマです。今回は僕がよく構造設計をお願いしている建築構造家のお二人、江尻憲泰さんと佐藤淳さんをお招きしました。二人に講演いただく前に、まず僕がいま構造設計に対する考えを、先般竣工した《国立競技場》(二〇一九)[fig.1]と丹下健三先生の《国立代々木競技場》(一九六四)[fig.2]を比較しながら――大先輩である丹下先生の作品と比較するのはたいへんおこがましいですが――どちらもオリンピックのための建築であり、ある種対照的な時代の産物として比較がしやすいのでお話しします。

ご存じの通り《国立代々木競技場》は一九六四年の東京オリンピックのサブ会場として計画され、水泳とバスケットボールの競技が行われました。私がこの作品に出会ったのは一〇歳のときです。感激のあまり僕にとってはあの建築抜きにオリンピックは語れません。

この競技場を第一に特徴づけているのは「吊り屋根方式」です。第一体育館は二本の高い支柱からメインケーブルが渡されて屋根を吊り、第二体育館は一本の支柱から屋根面が吊られています。構造の特殊さによってダイナミックな造形となっているだけでなく、室内空間も圧倒的に格好よかった。アメリカのある水泳選手は、この会場

fig.1――《国立競技場》(二〇一九年)

fig.2――《国立代々木競技場》(丹下健三、一九六四年)

に足を踏み入れて「まるで天国に来たような気がした」という言葉を残しています。

この作品に関してしばしば指摘されるのは、エーロ・サーリネンが設計したイエール大学の《インガルス・ホッケーリンク》(一九五八)[fig.3]との類似性です。丹下先生のライバルでもあり、当時のアメリカを代表する建築家のこの作品も、竜骨状の構造で《国立代々木競技場》とよく似ていたからです。僕はのちに《インガルス・ホッケーリンク》を実際に見たのですが、ある意味でがっかりしたことを覚えています。丹下さんの建築のようにヒロイックな印象を受けないし、むしろ大学のキャンパスに中に普通の体育館が沈んでいるようでした。丹下先生のモニュメントをつくる力量は群を抜いていたわけです。

《国立代々木競技場》を構造的に解いたのは東京大学生産技術研究所の教授をされていた坪井善勝先生です。また坪井先生のもとで大学院生だった川口衞先生がその担当でした。丹下先生、坪井先生、そして川口先生が世界を圧倒する新しい構造システムを実現したのです。

《国立代々木競技場》が誕生するいきさつを簡単に振り返ってみましょう。東京帝国大学の建築学科には佐野利器先生がいらっしゃいます。いま、われわれが話をしているこの安田講堂の構造設計は佐野先生です。東京帝国大学の総長も務めた内田祥三先生が関東大震災後のキャンパス計画を手掛けられましたが、内田先生の下で実質的には岸田日出刀先生が安田講堂の設計をされています。岸田先生は一九六四年のオリンピックの構想に大きく関わっており、水泳競技場はなんとしても建築家が設計をするべきだと考えました。これまで国立の建物の多くは、建設省や内務省の官僚、いわば営繕の役人が設計をしていました。ところが岸田先生は自分の弟子である丹下先生

fig.3——《インガルス・ホッケーリンク》(エーロ・サーリネン、コネチカット州ニューヘブン、一九五八年)

を強く推薦して、あの《国立代々木競技場》のデザインが実現したのです。おしなべて言えば、ドイツに学んだ佐野先生は新しい計算方法を導入して鉄骨のフレーム構造を確立し、日本の構造設計の基礎をつくったのに対し、坪井先生はシェル構造という、これまでとまったく異なる構造の考え方を導入します。そこで丹下先生は坪井先生に代々木の構造を担当してほしいと強く要望して、本郷の丹下と生産技術研究所のコラボレーションが実現したのです。

僕の一番好きな《国立代々木競技場》にまつわるエピソードは、丹下先生が構造的な最適解よりも美的な直感を重んじたという話です。構造的な最適解ではメインケーブルから吊られたサブケーブルはL字に近い形態になるのですが、吊り屋根のカーブはフリーハンドの線を優先してLよりもゆるいカーブで決定したというエピソードです。全体としてみれば構造的に合理性の高い優れたソリューションなのですが、細部において丹下先生は美的な判断を優先した。僕はこの話を学生時代に聞いて大きな感銘を受けました。

《国立代々木競技場》の天に向かってそびえるようなコンクリートの構造体とケーブルの美しいカーブは、さまざまなものに喩えられます。「動物的な形態」とか「唐招提寺のような屋根」と表現する人もいれば、なかには「餃子」に似ているという人もいます(笑)。いずれにしても、スケールが大きく、モニュメンタルものを求める高度経済成長の時代精神が、この建築に表れているように思います。

そのような大きさを追究する時代精神とともに建てられた《国立代々木競技場》とは逆に、《国立競技場》はその高さを抑えることを目指しました。神宮外苑の杜に合わせてどこまで低くできるのか。ザハ・ハディドの第一次案では最高部は約七五メートルでしたが、われわれは四七・四メートルまで抑えることができました。かつて高さの獲得が目指されたのとは対照的に、われわれは五〇メートルを切ったときに大きな達成感を覚えたものです。

《国立競技場》の構造設計は大成建設で、この低さを実現するためにさまざまな挑戦を試みました。ＳＲＣの外周柱を上部で内側に倒して外苑の杜となじませるだけではなく、庇を柱からのキャンチレバーにして、柱という垂直部材の印象を弱めています。特徴的な屋根架構は鉄と木の混構造とすることで軽量化し、これも大屋根の梁セイを下げるのに役立ち、建物全体の高さを抑えるのにも役立っています。一般的に鉄と木を組み合わせる際は、鉄のフランジの中に木をはめ込むため、下から見るとフランジの鉄ばかりが目に付くのですが、ここでは十字の鉄の断面に四方から集成材をはめ込むかたちにしています。そのため鉄が主役の混構造でありながら、下から見上げれば木が主役であるように見せることができます。

耐震では「ソフトファーストストーリー制振構造」を採用しました。構造全体に免震をかけると接地する面に様々な無理が生じてしまうため、免震のかわりに一階部分（ファーストストーリー）を柔らかくすることで、地震エネルギーを吸収する考え方です。これも時代に合った「穏やかな構造システム」と言えるでしょう。そして構造の工夫で僕がもっとも感心したのは屋根のむくりです。《国立代々木競技場》の第一体育館も、観客席の下にアーチを使った曲面で全体の印象を柔らかくしているように、われわれも大屋根の長手方向の二〇〇メートルの真ん中を、三・二メートルだけ持ち上げてゆるいアーチをつけることで材料を節約し、構造的にも合理性を獲得していますが、同時にここで生まれる屋根のむくりは、屋根の印象をやわらかくしています。

全体として見ると「国立」では高さを抑えるために一つひとつの部材を小さくし、巨大な柱ではなく細い線のクラウド状の集合体にするという解法ですが、この考えのきっかけとなったのが、江尻さんや佐藤さんと一緒に取り組んできた小さなパヴィリオンの設計でした。小さなものを組み合わせてゆるくて穏やかな建築をつくるために二〇年近く試行錯誤を続けてきました。江尻さんや佐藤さんとご一緒した数々の小さなパヴィリオン作品を、お二人からご紹介いただきながら講演をお願いしたいと思います。

講演1――

小さな建築から見えてくること

江尻憲泰

小さな構造設計作品

江尻憲泰――今回は「小さな建築から見えてくること」をテーマにお話しします。私は複数の大学で教鞭を執っているほか、重要文化財の耐震補強や高速道路会社との研究開発、警視庁での事故調査などに携わっています。今日は隈先生と協働した作品をご紹介しましょう。最初にご一緒したのは《森舞台/宮城県登米町伝統芸能伝承館》(一九九六)です[fig.4]。その後、独立してからしばらくご一緒する機会がなかったのですが、二〇〇〇年頃から隈先生とさまざまなプロジェクトに携わるようになりました。今日は隈先生と取り組んだ小さな構造設計作品をご紹介したいと思います。

まず私が「小さな構造設計」と呼んでいる作品について、その定義を整理しましょう。定義の一つ目は住宅より小さく、かつ一般的に建築とは見なされない作品のことです。例えば、フォリーやインスタレーション、内外装、家具、モニュメント、仮設の作品です。二つ目は構

えじり・のりひろ
日本女子大学家政学部住居学科教授。江尻建築構造設計事務所。一九六二年東京都生まれ。一九八六年千葉大学工学部建築工学科卒業。一九八八年千葉大学大学院工学研究科修士課程修了。同年、有限会社青木繁研究室入社。一九九六年有限会社江尻建築構造設計事務所設立。二〇二〇年より現職。長岡造形大、千葉大非常勤講師。主な仕事に《アオーレ長岡》(二〇一二年)、《富岡市役所》(二〇一八年)、《清水寺本堂・舞台修復工事》、《富岡製糸場西置繭所保存修理工事》などがある。

造設計の技能を必要とする作品です。実験や解析、模型製作を通して試行錯誤した作品や、建築基準法や各種の指針を参考にして設計した作品です。そして特徴的なのが三つ目の定義です。すなわち、特殊な材料・構法・形状で実現した作品です。例えば透過性の素材や布、タイルといった材料や、組積や嵌合などの工法を用いている作品です。

隈先生と最初に制作した小さな構造設計の作品は、韓国の安養市に設置されたモニュメント作品《Paper Snake》(二〇〇五)です[fig.5]。これは紙のハニカムサンドイッチパネルの折板構造でできていますが、最初からこの材を使おうと考えていたわけではありません。いまどのような軽い材があるのかを知るために、まず航空機の部品を製造する会社でヒアリングを行いました。そこで紙のハニカム材と繊維強化プラスチック(FRP)があることを知り、これらを用いることに決めたのです。さらに隈先生から「構造を透明にしたい」と、当時としては実現できっこないと思うような依頼を受けたため、紙のハニカムを使って試行錯誤を重ねました。ポリカーボネート板やFRP板を大量の接着剤でくっつけてはその透明性を試したり、隈先生の事務所に集まって、板の上に乗って強度を試したりもしました。

さらには自分たちでネットワーク工程表やシッピングのためのリストをつくり、施工の人たちと打ち合わせを重ねながら、一から自分たちでつくり上げていきました。重機が使えない会場だったため、搬入と組み立てはすべて人力です。こうしてようやく実現した《Paper Snake》は、仮設として建てたものですがいまでもそのまま残っているそうで、自分でも驚いています。この経験は私にとってひとつのブレイクスルーとなりました。これまでは材料の強度や計算方

fig.4——《森舞台/宮城県登米町伝統芸能伝承館》(一九九六年)

fig.5——《Paper Snake》(大韓民国・安養市、二〇〇五年)

法があらかじめ決められていて、それを基に設計をすることが多かったからです。このときはつくり方そのものを自分たちで試しながら考えなければならず、私にとっても印象深いプロジェクトとなりました。

その後、特殊な素材をさまざまなかたちで応用しています。例えば、ミラノのTokyo Design Premio 2007で展示したインスタレーション《水ブロック》(二〇〇七)は、ポリエチレン製の容器を用いた組積造の作品です[fig.6]。きわめて限られた予算と時間のなかで、水のタンクをレンガのように積み上げて実現しました。これをさらに発展させたのが《Beijing Tea House》(二〇一五)です[fig.7]。ポリエチレンの大きなタンクを作成して積み上げ、伝統的なスタイルのカフェをつくりました。いまはお土産屋さんとして使われているそうです。

特殊な素材の応用例――炭素繊維複合材と竹

二〇一九年に炭素繊維複合材(炭素繊維強化プラスチック、CFRP)のより線がJIS化しました。これまでに、私はこの材を使って隈先生と多くのプロジェクトに取り組んできました。そのひとつが工場内の大きな建物を耐震補強するプロジェクトで、炭素繊維より線の外周耐震要素と内部の網状耐震要素とを組み合わせて用いた事例です。その一方で、これを小さな建築にも応用しました。東京タワーのなかで展示した《湯道》(二〇一六)という作品です[fig.8]。炭素繊維より線の強度を自分たちで実験しながら、炭素繊維より線どうしをもたれかけさせて、自立することを実現しました。トランプタワーと同じシステムでより線を左右から傾け、頂部で積んでいます。カナダのバンクーバーで制作したテーブルの作品にもこの素材を用いています。

fig.6――《水ブロック》(二〇〇七年)

fig.7――《Beijing Tea House》(二〇一五年)

一五メートル高の天井から炭素繊維より線のワイヤーを、天板を通して床まで引っ張り、それをランダムに配置することでテーブルが上下左右に動かないよう固定するのです[fig.9]。

さらに国の重要文化財である善光寺経蔵の耐震補強にも応用しています。鉄骨のブレースでは自重で文化財を傷つけてしまう恐れがありますが、炭素線維のより線は比強度が大きくたわまないため、隙間を縫うようにブレースを組んでも大丈夫なのです。しかも人力で簡単に運べる軽さなので、複雑に入り組んだ屋根の中でも使うことができました。

また、隈先生とご一緒した《富岡倉庫三号倉庫》(二〇一九)の改修プロジェクトでは、炭素線維より線を建物内に張り巡らせて耐震補強を実現しています[fig.10]。このように歴史的な建造物の補強などへの応用を重ねながら、ＪＩＳ化に至ることができました。そのほかに、二〇一八年のイタリアのミラノサローネ国際家具見本市では、螺旋状に渦巻くナノカーボンの布のオブジェが天井から吊り下げられたインスタレーションを展示しました。炭素繊維素材の剛性を用いて布の複雑な形状を実現することができました。

このような新しく開発された材だけではなく、竹を使った挑戦もしています。例えば、竹ひごのバネ構造を用いた作品《Sensing spaces》(二〇一四)[fig.11]や、東屋に取り付けられた複数の風車の軸が、屋根を支える柱の機能を兼ねる作品《Bamboo Pavilion Chelsea Flower Show》(二〇一一)です[fig.12]。この軸にはベアリングが施されていますが、これが座屈止めにもなっています。軸を柱として使うアイデアは、先ほどの善光寺の修復にも応用しています。重要文化

fig.8——《湯道》(二〇一六年)

fig.9——バンクーバーで制作したテーブル(二〇一八年)

fig.10——《富岡倉庫三号倉庫》(二〇一九年)の改修プロジェクト

fig.11——《Sensing spaces》(二〇一四年)

財の内部にある八角形の「輪蔵」と呼ばれる部分は押し回すことができる構造になっており、かつて大工さんがつくったベアリングが四〇〇年近く回り続けていました。この軸を耐震要素として使いつつ回転させる機構で耐震補強を施しました。

二〇一六年にチェコで展示した《Bamboo Nest》(二〇一六)は、竹の板をぐるぐると巻き付けることで構造体とする試みです。これをさらに応用して竹とCFRPを貼り合わせた《Bamboo Ring》(二〇一九)を、ヴィクトリア・アルバート博物館の中庭に展示しました[fig.13]。竹の板とカーボンファイバーを接着剤で組み合わせてリングをつくり、それらを組み合わせる作品です。このほかに発泡剤やアクリル、高強度繊維コンクリート、紙、透けるコンクリートといったさまざまな特殊な素材を使って作品をつくっています。

特殊な構法の応用例——組積と嵌合

さまざまな素材を用いた作品をご紹介しましたが、続いては特殊な構法についてお話ししましょう。組積や嵌合といった伝統的なシステムから、新たなデザインの建築を生み出すことに挑戦しています。

まずは組積の作品です。フランスのシャトー・ラ・コステに建てた《KOMOREBI》(二〇一七)は、伝統的な木造建築の二手先、三

fig.12——《Bamboo Pavilion Chelsea Flower Show》(二〇一一年)

fig.14——《KOMOREBI》(二〇一七年)

fig.13——《Bamboo Ring》(二〇一九年)

fig.15——《ホワイトストーン・ギャラリー台北》(二〇一七年)

手先のシステムを使って、イペ材の板を少しずつずらしながら持ち出して積み上げたパヴィリオンです[fig.14]。台湾の《ホワイトストーン・ギャラリー台北》(二〇一七)では、ヒノキ材を同じように連続して積み重ねて、階段や壁、テーブルをつくりました[fig.15]。熱海の《COEDA HOUSE》(二〇一七)は、八センチ角の棒状のヒバ材を積み上げて、一本の樹木のように扇状に広がる建築作品です[fig.16]。ここでは組積の補強として炭素繊維より線を用いています。隈先生と作品をご一緒するときに驚くのは、建物をつくるとそこに人がたくさん集まってくることです。一年間で八メートル×八メートルの空間に二八万人が訪れたというお話を聞き、ここには人を惹き付ける力があるのだなと思ってびっくりしました。

続いて嵌合の作品をご紹介しましょう。棒材を嵌合で組み上げた台湾のパヴィリオン《風檜》(二〇一五)は、地面が隆起したような形態のドーム作品です[fig.17]。東京の国際連合大学の前で展示したやぐら《Wisdom Tea house》(二〇一二)は細い棒材を嵌合で組み合わせて制作しています[fig.18]。パリでは同じ材を使って《Yure》(二〇一五)として展示をしました[fig.19]。前者は、嵌合とダボの接合、後者の基本はボルトによる接合となっています。棒材のほかに、板や石、アルミのパイプをつかった嵌合のパヴィリオンも制作しています。

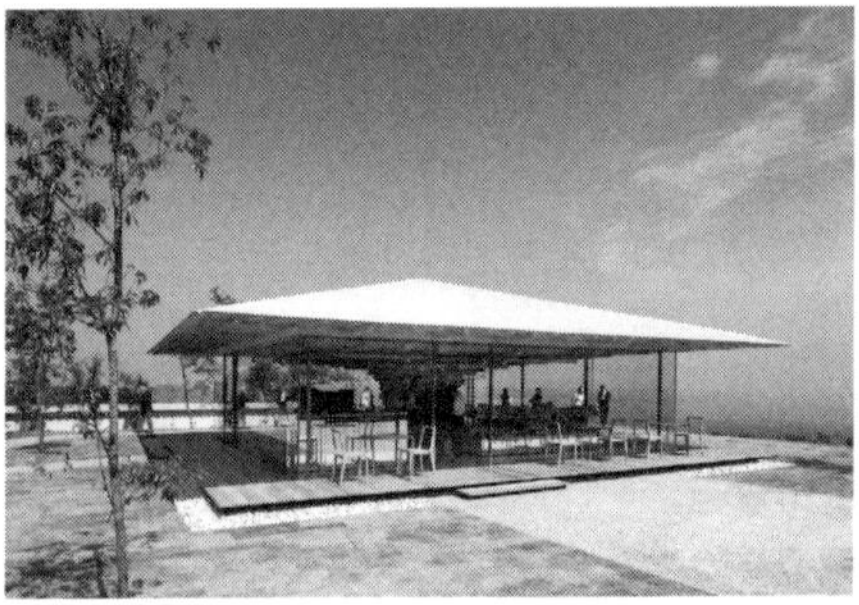
fig.16——《COEDA HOUSE》(二〇一七年)

fig.18——《Wisdom Tea house》(二〇一二年)

fig.17——《風檜》(二〇一五年)

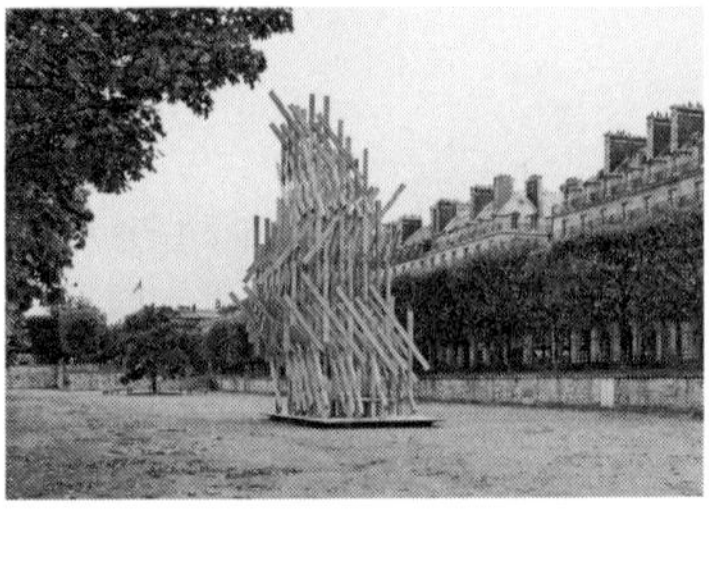
fig.19——《Yure》(二〇一五年)

試行錯誤の繰り返し、多くの人との協働作業

小さな構造設計作品の制作の際は、限られた予算のなかで自分たち自身の手で実験を繰り返していきます。例えばアルミパイプに力量計を乗せてどのくらいで変形するのかを試したり、合板に腰掛けたり竹にぶら下がったり——。自分自身で体感しながら構造や素材の性質を試しています。ガリレオが一六三八年に出版した『新科学対話』のなかには片持ち梁の挿図がありますが、どのように構造を計算したらよいのかがわからない時代に、梁の性質を試した実験の例です。私たちもこの図が示すように原初的なところからプロジェクトを進めていて、ガリレオの姿に自分たちの実験を重ね合わせているように感じています。

そして数多くの作品を制作するなかで、じつに多くの人と協働してきました。堂島リバービエンナーレに出品した《泡でつつむ》(二〇一一)では、構造となる発泡ウレタンを回転させながら網に吹き付けてドームを制作しました[fig.20]。ここでも本当に多くの人に集まってもらって作品が実現しました。また佐渡で取り組んだ竹のパヴィリオンをつくるプロジェクトでは、現地の方々と竹を切り出して紐で結んで制作しています。インドやイタリアといった海外でも、現地の学生さんと協働しながらさまざまなパヴィリオンに挑戦しています。

先ほど紹介したシャトー・ラ・コステの《KOMOREBI》は、当初大きなリングの中を歩くことで、リングが揺れるような作品を想定していました。われわれのところで行ったモデルでは、解析上はモックアップレベルで実現可能だったのですが、フランスの職人さんとの意思疎通の難しさもあり、結果的に大きく異なる形態に落ち着きました。この作品は、多くの試行錯誤を重ねて、実現までに約五年を要しています。

fig.20——《泡でつつむ》(二〇一一年)

小さな構造設計作品の意義

最後に、小さな構造設計作品の制作の意義をまとめましょう。一つ目は、技能や職能の向上です。実際の制作に携わることで、参加者は構造的な感覚が身に付く経験を得ます。二つ目は、エンジニアリングから発想される形状の創出から、デザインの可能性を広げられることです。三つ目は、特殊な素材利用や新しい構造システムの実現といった構造技術の開発の側面です。そして四つ目は制作に参加することで建築や構造の楽しさ、おもしろさを直接実感することができる点です。小さな作品だからといって侮ることはできません。

ところで鉄筋コンクリートの建物は世界中に数多く存在しています。その起源は一九世紀後半にジョゼフ＝ルイ・ランボーがフィロセメントでつくったボートや、ジョゼフ・モニエが金属とセメントでつくった鉢植えだと言われています。歴史的にも小さなものが大きな構築物に展開していったように、私たちの小さなプロジェクトもそのための実験であると言えるでしょう。

さて、今日ご紹介した隈先生との協働作品は、二〇〇五年から二〇一九年までのあいだに完成した作品を数えてみたところ、私は六三のプロジェクトに参加していました。実現に至らなかった例も合わせると、おそらく八〇ほどあります。そのなかにはチタンの風船や和紙の構造に挑戦したものも含まれています。ひょっとしたら、そのなかから将来ブレイクスルーするものがあるかもしれません。小さな構造設計作品には、そんな可能性が秘められているのだと思います。

講演 2 ― 透明な構造デザインで生み出す

佐藤淳

半透明な構造のナチュラルな空間

佐藤淳――私は東京大学の秋山宏・桑村仁研究室で、鉄骨の構造についてエネルギー吸収の理論を学び、その後、木村俊彦先生の構造設計事務所勤務から独立後の現在に至って、力学や幾何学を駆使して構造デザインを生み出すことに取り組んでいます。私の関心は座屈や材料の塑性化をコントロールして材を細くし、半透明な構造デザインをすることです。半透明な構造が環境を透過するフィルターとして働き、木漏れ日のような自然に近い空間をつくれるのではないかと考えています。今日はこうした関心を抱くきっかけとなった隈先生とのプロジェクトを紹介しながら、これからの構造デザインの可能性についてお話しします。

最初に取り上げるのは、隈先生との木組シリーズ第一弾《GCプロソミュージアム・リサーチセンター》(二〇一〇)[fig.21]です。かつて飛騨の大工によって考案された「地獄組み」や「千鳥格子」と呼ばれる、二次元の格子を組む木組みの技術に着想を得ています。ここでは地獄組

さとう・じゅん
東京大学大学院新領域創成科学研究科准教授。専門は構造設計。一九七〇年生まれ。東京大学大学院修了後、木村俊彦構造設計事務所勤務を経て佐藤淳構造設計事務所設立。二〇一四年より現職。国内外の著名な建築家と協働し構造設計を手がける。主な作品に《公立はこだて未来大学研究棟》(二〇〇五年)、《地域資源活用総合交流促進施設》(二〇〇九年)、《サニーヒルズジャパン》(二〇一三年)など。著書に『佐藤淳構造設計事務所のアイテム』(INAX出版、二〇一〇年)ほか。

みを立体化して、ジャングルジムのような木組みの建築が実現しました。このときは自分で刻み方を考案したつもりだったのですが、のちにこの立体格子が「四方十字継手」と呼ばれる木組みとして知られているものであることを知りました。

《GCプロソミュージアム・リサーチセンター》のアイデアのもとになったパヴィリオンが、隈先生とミラノサローネ国際家具見本市で展示した《Cidori》(二〇〇七)[fig.22]です。この打ち合わせのときに、隈先生から「細かな材がランダムにパラパラと集積したイメージ」と伝えられ、その言葉を頼りに三センチ角の棒材で千鳥格子の組み方を試みました。

そして木組みシリーズの第三弾が《サニーヒルズジャパン》(二〇一三)[fig.23]です。地獄組みを応用して、六センチ角の材が複雑に組まれた構造です。地獄組みは菱形格子にも組むことができ、それを立体的に紡ぐように、一か所に四本の部材が集まる木組を考案しました。

複雑な木組みを考える際は、いまはまだスタイロを削って模型をつくる必要がありますが、もし画面上で表現することができたら木組みを考案する効率が格段に上がります。そのためには、透過表現や寸法線の立体表現など、二次元での表現に奥行きを出す工夫が求められます[fig.24]。リアルなCGを描くのではなく、設計のための表現としてどのように画面上に描けばよいのか、その改善の余地はまだまだたくさんあると思います。それは将来的にはBIMの姿にも通ずるかなと感じています。寸法線を立体的に表示しただけでも格段に奥行きや面の重なりが感じられるようになりますし、画面上に多くの情報が過剰気味に表示されていても人はわりと必要な情報に目を向けられます。「それ表示する機能ありますよ」でなく共有すべき状態の立体図面としてBIM画像を見られるようになるとよいと思います。

私はつねに「エンジニアリングは省略の技だ」と主張しています。木組みが複雑化したとき、手数やチェックすべき項目が減らないと、より複雑で工夫を凝らした構造が実現できないから

fig.21——《GCプロソミュージアム・リサーチセンター》(二〇一〇年)

fig.22——《Cidori》(二〇〇七年)

fig.23——《サニーヒルズジャパン》(二〇一三年)

です。《GCプロソミュージアム・リサーチセンター》のときに座屈実験をして解析モデルの要領を把握していたので、《サニーヒルズジャパン》では実験の必要はありませんでした。エンジニアリングの「省略の技」が活かされています。

あらためて《サニーヒルズジャパン》の外形に注目してみましょう。表面がモコモコとした形状になっていますが、外形は力学的な最適化手法を使って決定しています。木組みの刻みは複雑ですが、組まれたモジュールを見ると同じ形状が集積されたボクセル形式なので、目標の外形に組み上げるのが容易な、フィードバックのしやすいシステムです。そのおかげでモコモコとした有機的な形状でありながら最適化された形状になっています。

木組みシリーズ第四弾は、梼原町の《雲の上の図書館／YURURIゆすはら》(二〇一八)[fig.25]です。耐火のため鉄骨のラーメン構造ですが、鉄骨の柱梁のフレームの中に方杖状に四本交差の木組「四叉菱格子」を挿入したかたちになっています。このプロジェクトでは四つの材が一点で交わる斜め格子の木組みを考案しました。格子に組むことで座屈強度が増して材を絞ることができ、木組みの透明性を上げることができます。交差角はやや自由に決められますが、単純化のために角度は統一することとしました。材のピッチをバーコードのようにランダムに並べることで、角度は同じでありながら樹木が並んでいるような自然な風景を目指しました。樹木の形を模倣するのではなく、単純な幾何学から独特な樹状のナチュラルさを表現することができそうだ、ということに気づいた作品です。

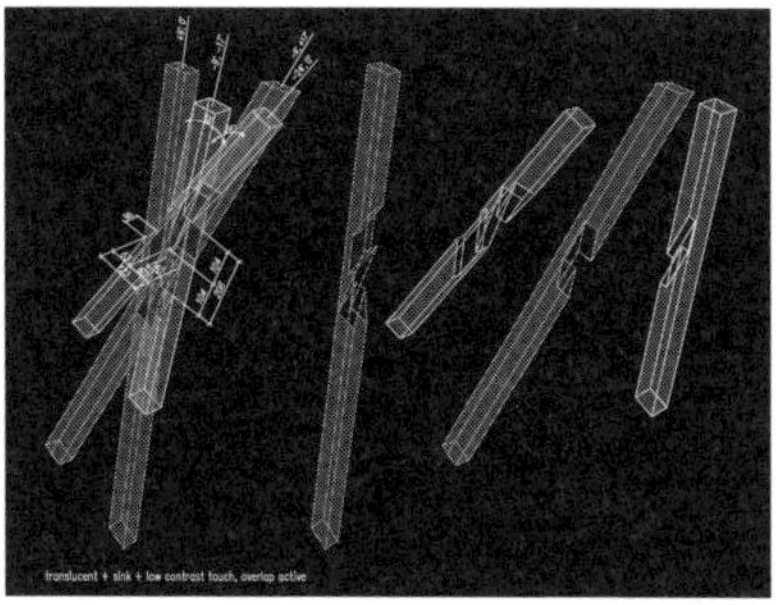

fig.24——二次元での表現に奥行きを出す工夫

fig.25——《雲の上の図書館／YURURIゆすはら》(二〇一八年)

木漏れ日のナチュラルさの追求

では、そもそも自然界の「ナチュラルさ」とは一体どのようなものなのでしょうか。二次元スペクトル解析で画像を分析する方法を用いて、まず木漏れ日のナチュラルさの解析を始めました。一次元の波が「1／fゆらぎ」の特徴を持つと、「ナチュラル」や「快適」に感じられると言われています。これを二次元に拡張して画像に適用することを思いついたのです。

日本語には木漏れ日のほかにも「さざなみ」や「せせらぎ」といった、ナチュラルさを表現する魅力的な言葉があります。まずは光に着目して解析を試みました。木漏れ日の写真をスペクトルにするとこのような画像になります[fig.26]。さざなみや木漏れ日、わた雲、すすき野原といったさまざまな風景の画像を解析すると、おおよそ異なったスペクトルが現れます。これと自分が構造設計した建物の画像のスペクトルと比較します。すると、スタンフォード大学でのワークショップでガラスを用いてつくったパヴィリオンのスペクトルは、ちょうど木漏れ日のスペクトルととても似ていることがわかりました。

まだ《サニーヒルズジャパン》の木組のスペクトルとまったく同じ自然界のスペクトルは見つけられていませんが、すすき野原やわた雲とやや似通っていることがわかります。こうした自然界のナチュラルさに近似した性質を持っていると言うことができそうです。例えば、単純に円形を並べていくことで木漏れ日のスペクトルに近づけることができます。この考え方を応用して、幾何学的な模様でも目標のナチュラルさを持つように光環境の最適化が行えるのです。

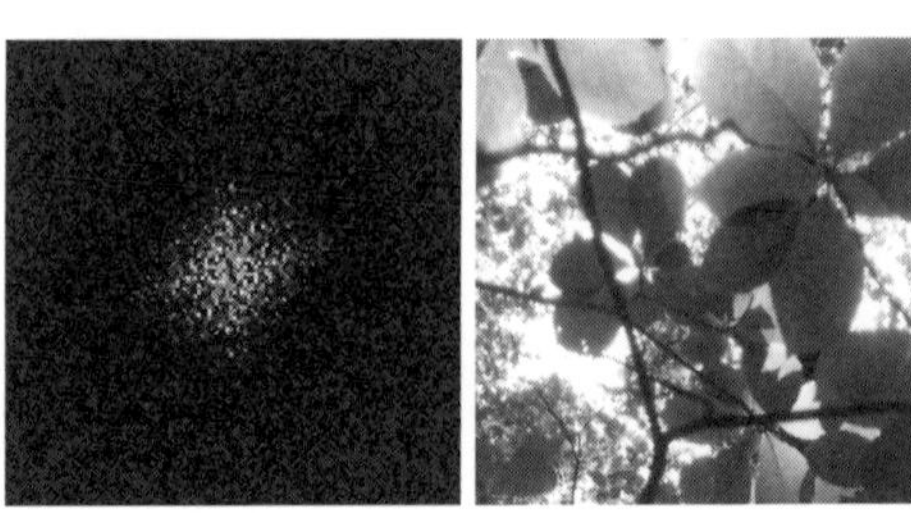

fig.26——木漏れ日の写真のスペクトル

手動形態解析からのアプローチ

他方で力学的な最適化があります。私が力学的な最適化に取り組んだ初期の事例は、隈さんとご一緒した《下関市川棚温泉交流センター 川棚の杜》（二〇〇九）[fig.27]です。モコモコとした山並みのような曲面が連なる多面体の構造の建築です。ソフトウェアをつくって、この多面体の凸凹具合に形態解析を施すことで、力学的に最適化した強い形態を導きました[fig.28]。自動的に形状を探索する方法もありますが、私が普段実践しているのはマウスを使って自分で形を探っていく「手動形態解析」です。

このプロジェクトの基になったのは、合板で作った多面体のパヴィリオン《森の教室》（設計・施工＝慶應義塾大学大学院ＣＥＯ先端デザインスクール、二〇〇五）[fig.29]と、短い木材をレシプロカル形式で曲面を構成するパヴィリオン《森の休憩所》（設計＝慶應義塾大学大学院、二〇〇六）[fig.30]です。隈さんが「多面体のを大きくしたものをつくれないかな」といって実現したのが下関市川棚温泉交流センターでした。当時私が最適化のソフトウェアを制作していたので、これを活用して実際の建築スケールに適用したのです。最適化のソフトウェアやアルゴリズムで適用できる形状は、自由曲面や積層、樹状、多段スラブ、林立する柱など多岐にわたります。さらにこの最適化の手法は、材料の安全率（検定比）のほかに、座屈強度や地震時の吸収エネルギーなども指標になります。形状の操作によって、吸収エネルギーの分布状態が変化する様子を把握して、最適化の目標をどのように設定すべきかを探っていきます。さらに座屈の研究も発展の余地があります。より詳細に分析することで座屈に強い形を形態解析で求める

fig.28――力学的に最適化した多面体の凸凹具合

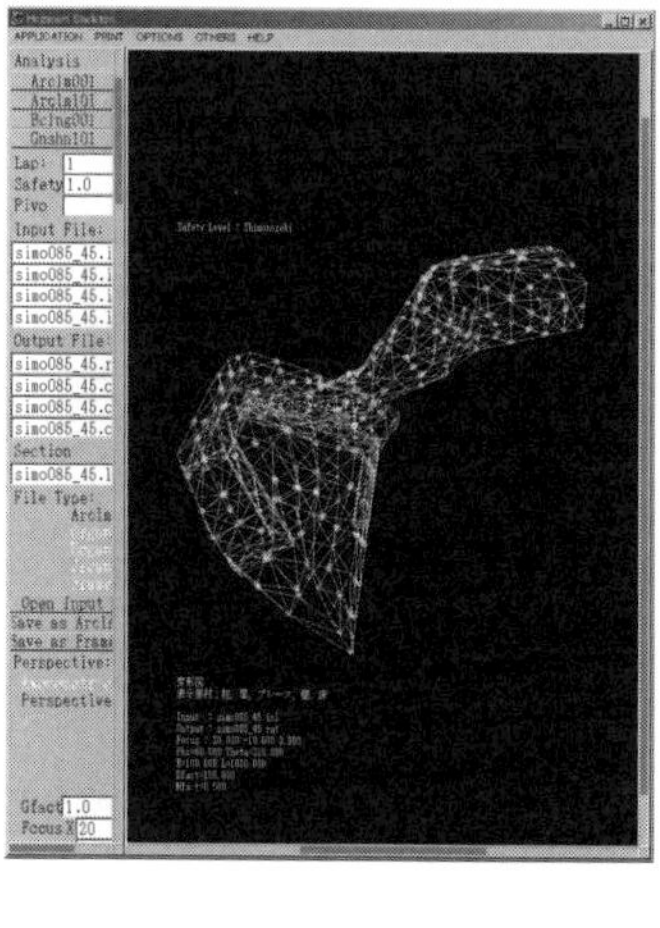

fig.27――《下関市川棚温泉交流センター 川棚の杜》（二〇〇九年）

ことができるのです。

さらに付け加えれば、アーチやドームの全体形を最適化するのと同時に、局所的に最適化することでさらに性能を上げることができます。薄板に水玉模様などの凸凹の「えくぼ」や「うねり」を設けることで強度を増すことができ、なかでもとりわけ花柄模様は効果が高いことが大学院生の研究で明らかになっているため、例えばジャスミンの花柄模様をあしらった自由曲面のドームをデザインすることができるのです[fig.31]。そして同時に、シェルの構造を軽量化することができます。現在では、こうした最適化手法を月面や火星基地の金属のシェル構造に応用するプロジェクトも始まっています。

マルチな最適化とデジタルファブリケーション

さて、先ほどの光環境の最適化と力学的な最適化を組み合わせることで、マルチな最適化を施すことができます。二〇一七年にハーバード大学で行ったワークショップでは、透明のPET樹脂をウォータジェットでくり抜いた雪の結晶のようなピースを組み上げるパヴィリオンを制作しました[fig.32]。力学的な最適化を施しつつ、ピースの並べ方によって木漏れ日のようなスペクトルを目指すプロジェクトでした。力学的な最適化と光環境の最適化、将来的にはこれらを同時に進めるソフトウェアのコンポーネントを構築することも実現可能だと考えています。

ナチュラルな模様の構造を幾何学的に生み出すために、デジタルファブリケーションの技術も活用しています。そのひとつが、四つの端を持つモジュールをケーブルで繋げた、テンセグリティ構造のファサードシステムのプロジェクトです。現状では金属の3Dプリンティングに

fig.29——《森の教室》(二〇〇五年)

fig.30——《森の休憩所》(二〇〇六年)

fig.31——花柄模様の薄版

は時間がかかりすぎるため、プラスチックで3Dプリンティングした型にステンレスを流し込んで一・五メートルほどのモジュールをつくります。こうした自由な形状のモジュールをテンセグリティにパラパラと散りばめることで、木漏れ日のような空間が内部に溢れるファサードを試みています。

《JRA馬事公苑ツリーハウス》(設計=山下設計、大成建設環境本部、ツリーハウスクリエーション、佐藤淳構造設計事務所、オンデザイン、二〇一九)は木組みとデジタルファブリケーションを組み合わせたプロジェクトです[fig.33]。カマキリの卵のような非対称な曲面に、厚さ六〇ミリのパネルを「下見板張り」のよう並べる木組みの構造となっています。パネルの形状は一枚一枚パラメトリックに生成して、3Dプリンタで実際に組めることを確認します。パネルはCNC(コンピュータ数値制御)フライスで大まかに切削したのち、大工さんが仕上げるという手順です。約四〇〇枚のパネルを刻むのに四か月ほどかかりました。デジタルファブリケーションを駆使したパラメトリックデザインの実現にはまだまだ多くの手間はかかりますが、けっして途方もないものではなくなってきたと言えるでしょう。ところで、CNCフライスの性能が高まると大工さんに取って代わってしまうのではないかと思われるかもしれませんが、このプロジェクトを通じてむしろ大工の緻密な刻みの技をさらに引き出すことができると感じました。

隈さんとの木組みシリーズ第五弾は、バンクーバーで計画中の超高層ビル《ケイブド・タワー》の足元にパーゴラをつくるプロジェクトです[fig.34]。波形に並んだ柱を斜材で扇状に紡ぎ、射影写像によって材の密度を操作します。接合の数もパラメータとなっている幾何学の操作により、形態を最適化することになります。このために交差角とひねり角が自由な相欠きの刻み方を考案しました。CNCなどの加工技術の発達により、複雑な刻み方も現実的になってきました。このような木組みを考案しながら、CNCに必要な機能を見つける研究も始めてい

fig.32——PET樹脂による雪の結晶のようなピース

fig.33——《JRA馬事公苑ツリーハウス》(二〇一九年)

fig.34——バンクーバーのパーゴラの部分模型(二〇一七年)

ます。

「死なない構造」

自由な形状がつくれるようになると、よりナチュラルな空間をつくることができます。それを具現化したのが、トビケラの巣をモチーフにした《極薄和紙の巣》(二〇一九)[fig.35]です。これは21_21 DESIGN SIGHTで企画された展覧会「虫展」(二〇一九)の出展作品で、隈先生と養老孟司さんから私と江尻さん、アラン・バーデンさんの構造家三人それぞれに、「トビケラの巣」を構造的に解いた作品をつくるというテーマが与えられました。どんな形でもなにを使ってもよいということで、私は世界で最も薄い「ひだか和紙」を使うことにしました。薄い和紙をピンと張って、吉野でつくられた三ミリのヒノキとケヤキの骨組みを引き締めます。ベンディング・アクティブの応用法のひとつで、しなやかに反った骨組みは、あらかじめ引き締められると硬さを発揮するのです。材の端部の束ね方や長さを少し変えるだけで、それぞれのモジュールは異なる形状を形づくることができます。トポロジー的には同じでありながら見た目の異なる形状ができるので、学生たちがそのトポロジーのアイデアを基につくったモジュールを分類していきます。こうして軽量なアザミの葉のようなモジュールを寄せ集めて、力学的な最適化も施して「トビケラの巣」が実現しました。

この作品は、足元の基礎として拾ってきた石を結び、自然素材を使った手作り感の溢れる構築物になりましたが、じつは以上のように最新技術を結集しています。非常に軽量で、万が一壊れるときはモシャっと、危険ではない壊れ方をします。さらに、染色家の佐藤千香子さんに

fig.35——トビケラの巣をモチーフにした《極薄和紙の巣》(二〇一九年)

草木染めをしていただいた和紙が折り重なって、木漏れ日のような空間が生まれました。まだこのプロジェクトのスペクトルの分析ができてないので、実際にはどのようなナチュラルさを持っているのかはこれから見てみようと思っていますが、木漏れ日に近い性質を持っているのではないかと予想しています。

このように生物の構造や機能を観察してものづくりに活かす、バイオミメティクス(生物模倣)と呼ばれる研究分野があります。一九五〇年代に提唱された分野ですが、近年あらためて見直されつつあります。今回の作品制作では力学的な関連性はないものの、そのような研究とも通ずるものを感じました。

さて、これまでの隈さんとのプロジェクトのように、この作品もいずれ建築スケールで実現できそうだと期待しています。加工技術と形状最適化技術を駆使して十分なボリュームを持たせると、架構は非常に細い材でも構成することができます。非常に細い材でできた透過性のある構造が、ナチュラルな空間を生み出しながら災害時に壊れても「死なない構造」に発展する可能性を秘めています。ワークショップスケールの架構を探索する意味は、そのような構造を追求することでもあるのです。そしてこの技術を応用して、いつか月面でも暮らせるようになるといいなと思っています。

鼎談

二〇二〇年以降の構造

佐藤淳×江尻憲泰×隈研吾

技術の融合と建築の民主化

隈研吾――江尻さん、佐藤さん、ありがとうございました。エンジニアリングに関するお話は、数学や幾何学などが出てきてやや難易度が高かったかもしれませんが、平たく言い換えれば、現代の技術が過去の技術と比較したときにどのような性質を持ち、なにを目指しているのか、というお話だったと言えます。

冒頭でお話ししたように、一九二〇年代は佐野利器先生のフレームで一般解をつくる時代、一九六〇年代は坪井善勝先生のシェル構造でモニュメントをつくる時代と、まとめることができます。それ以前は、驚くべきことに梁という考え方も明確ではありませんでした。関東大震災で壊れた建物を調査したことで、梁のない構造の多くが壊れている事実を佐野先生たちが発見したのです。それまでは、床のスラブを支える梁の意味について、確立された考え方はなかった。一九二五年以降になって、ようやく柱と梁のフレームで構造をきちんと計算をしないと、大きな地震に耐えることができないと考えられるようなったのです。いまでも地震の少ないブラジルなどに行くと、梁のない建物を

いくらでも見ることができます。ちょうどル・コルビュジエのドミノシステムのような薄いスラブと柱だけできていて、建築が軽く綺麗に見えます。なぜ日本でそれができないのかというと、一九二三年の関東大震災の被害があったからなんですね。

丹下先生は柱と梁のシステムによらない建築を探そうとしました。そこで坪井先生とともにシェル構造のような曲面を用いた、ヒロイックで美しい構造システムを生み出したのです。一九二三年のこの《安田講堂》のフレームの時代から一九六四年の《国立代々木競技場》のシェルの時代まで、約四〇年の月日が経過しています。それからさらに約六〇年が経った現在、そのあいだもさまざまな構造上の変化がありました。そのひとつがコンピュータ技術の発展です。動的に複雑な計算ができるようになり、フレームではなく小さな点の集合体として構造を解くことができるようになったのです。フレーム、有限要素法、個別要素法、粒子法というように計算能力に応じて方法も変化しました。

材料の面ではどうでしょうか。一九二三年も一九六四年も基本的にはコンクリートと鉄が構造的な唯一の選択肢でした。お二人の講演からも明らかなように、

いまや素材の選択肢は格段に増えています。ただ建築基準法が追いついていないため、実際の建築をつくるうえではまだ多くの制約が残されています。その意味で、僕らが数多く取り組んできたパヴィリオンは、建築基準法の外の自由な場で、新しい構造システムを試みる実験だったと言えるでしょう。

では二〇二〇年以降の構造はどこに向かうのでしょうか。今日のお二人のお話にはたくさんのヒントがありました。それらは建築に限らず技術や社会の未来にもかかわってくるものです。ここからの討議の時間は、みなさんとそんなお話をしたいと思います。

江尻憲泰――講演のなかでご紹介したように、いまやじつに多様な素材が現れ始めています。それらを上手に使っていくことができれば、世の中がより良くなっていくのではないでしょうか。建築基準法上、竹は実際の構造で使うことはできませんが、強度の面では木よりも強い性質を持っていることが知られています。応用の方法を考案すれば、いずれ竹の構造体を具現化できるでしょう。

他方、炭素繊維の活用の面では日本は後れをとっています。日本では世界の七〇パーセントの炭素繊維の原料を生産していますが、それらのほとんどは海外に輸出されています。日本で製品化しているのは、ほんの一〇パーセント程度です。世界では炭素繊維の製品を活用して、大きな構造体をつくり出しています。ひとつの材料にこだわらず、さまざまな素材の活用を視野に入れるべきでしょう。

佐藤先生の講演のなかで、薄板に水玉模様などの凸凹の「えくぼ」や「うねり」を設けることで構造上の強度が増すというお話がありました。金沢工業大学には炭素繊維複合材を研究する最先端の機関（革新複合素材開発センター、ICC）があり、そこでも炭素繊維の板にエンボスをつける研究を行っています。お話を聞いて、力学的な最適化の技術と新しい素材の融合の可能性を強く感じました。

隈――今回のテーマ「エンジニアリングの未来」を議論するうえで、技術の融合の可能性を考えるのと同時に、エンジニアリングによる「建築の民主化」の側面も指摘できるでしょう。建築とは専門家や建設会社だけがつくるもので、多くの人にとっては参加することのできない世界だと思われています。これに対し、かつてバックミンスター・フラーは地球環境という視点を取り入れ「建築はみんなで参加してつくれるようになるべきだ」と主張しました。特権的な存在が建築をつくるのではなく、みんなが日曜大工のようにつくれるべきだとフラーは考えて、学生たちと一緒に「フラードーム」をつくったわけです。この考え方に興味を持ったのは僕の恩師である内田祥哉先生です。内田先生はフラーとも親交があり、フラーを東京大学に呼んで講演会を開いたりもしました。僕は内田先生の「建築の民主化」という思想に強い刺激を受けました。

東京大学のなかで内田先生は丹下先生とは異なる流れをつくったと言えます。丹下先生は建築家という特権的な存在が美しい造形を生み出す、ヨーロッパの伝統的な建築家像を日本に持ってくるべきだと考えた。これに対し、内田先生は特権的な建築家像を否定するために、プレファブの研究に取り組みました。建築家によるヒロイックな建築と、民主的建築という二つの思想が流れているのです。

僕は自分の事務所を構えたときから「建築の民主化」に興味があって、数多くのパヴィリオン制作に取り組んできました。おそらくこれまでに一〇〇以上のパヴィリオンをつくったでしょう。そのほとんどは設計料が出ません。でもその実験から得られた多くのヒントが、実際の建築設計に活かされています。「建築の民主化」といっても、本当にみんなが建築をつくれるようになるかはわからない。けれど、「民主化したい」という願望から、じつに多くの実り、新しい時代の建築のヒントが得られるのです。

建築の錬金術師

隈——僕は学生時代に内田先生と原広司先生から多くのことを学びました。パヴィリオンを制作するときに思い出すのは、原先生の錬金術のお話です。錬金術によって金という物質をつくり出すことはできなかったわけですが、錬金術では、いろいろな材料の組み合わせの実験や処理のしかたが徹底的に試され、その試行錯誤から現代に通ずる科学の種が数多く発見されました。おそらく錬金術師は「金なんてつくれるわけがない」と思っていたと原先生は言うのです(笑)。それでも夢を追いかけて実験を続けたことで科学が発展した。だから試行錯誤こそが大事なんだ、と原先生からしばしば聞かされたものです。

パヴィリオンの制作には、錬金術のように、新しい建築の種がたくさん秘められています。その意味で、僕らは錬金術師と言えるのかもしれません。パヴィリオンはお金を失う一方ですが(笑)、ドリーマーとしての姿勢は錬金術師のそれと通じているでしょう。佐藤先生も学生たちとさまざまなプロジェクトに取り組んでいらっしゃいます。建築の民主化についてどのようにお考えですか。

佐藤淳――先ほどの講演のなかで「エンジニアリングは省略の技だ」と話しました。例えば江尻さんがあれほど多くのプロジェクトを実現できるのは、技術や知識を培って手間を省いているからですよね。

隈先生のお話にあったように、佐野利器先生の時代は、まだ柱と梁のフレームを解くこと自体が研究の対象でした。フレームの解き方がまだ明らかでなかった時代は、地震に遭ったラーメン構造の建物はなぜ一階ではなく二階や三階が壊れやすいのか、まだ明らかではなかった。柱と梁の計算ができるようになって初めて、それは建物がS字に揺れているからだと理解できたのです。先人たちが思案した物理学の計算の蓄積のおかげで、私たちは基礎的な計算を省略できるようになった。だからこそ、みんなでつくれる建築を考案できるようになり、経験の浅い学生や若い建築家たちと一緒に、限られた時間のなかで複雑な建築やパヴィリオンを実現できるようにもなったのです。

隈――それは学校という組織のひとつの効用と言えるでしょう。学校はいわばボランタリー経済のようなもので成立しています。僕が学んだ原研究室で、とても印象的だった出来事があります。設計の手伝いではなく工事の手伝いをさせられたときのことです。原先生が設計されていた住宅の施工が難しく、工務店の人が逃げてしまったので、学生たちが呼び出されたのです。「お前たちはこれから工事をする」と。僕らは山の中の現場に連れて行かれて、コンクリートを練るところから工事を始めました。ミキサー車も帰ってしまったので手で練らなくてはならない。朝の六時に起床して、工事は夜の一二時まで続きました。いまなら「ブラック研究室」と言われかねません。当時はそれが許された時代でした。でも原先生ご自身が夜中まで一番大変な仕事をされている。学生としては「俺たちがやらないわけにいかない」と勇んでいました。そんな時代と比べるわけにはいきませんが、いまでも学生は興味を持ってパヴィリオンの制作に挑戦してくれています。学校という組織、すなわちアカデミーにはそんなボランタリーな、経済と研究の中間だからこそ成し遂げられるものがあるのではないでしょうか。パヴィリオンはその代表です。

江尻——かつて坪井先生もコンクリートを打設するために、学生を派遣して竹竿で突かせたという話を聞いたことがあります。学生たちの現場での物との格闘は伝統と言えるのかもしれませんね。私はいくつかの大学で教えているので、なにか制作するときは多くの学生が集まってきてくれます。実物大の構造をつくっては壊す。そしてまた同じ大きさの構造つくっては壊す——。そんな試行錯誤を繰り返し体験できるので、学生たちにとっても多くの学びを得る場になっています。いままでにつくったことのないものの挙動は、コンピュータのなかだけではわかりません。ですから、私自身も体感しながら実験をしているのです。

佐藤——原先生の工事のお話は、不可能だと思われることが実現できることを学生たちに身をもって教えた例ではないでしょうか。工務店の業務としては成り立たないけれど、頑張ればけっして不可能ではない。そのことを体感してもらいたかったのだと思います。一見すると実現できそうもないことを、技術や知恵を駆使して学生たちと実現する。私たちが取り組むパヴィリオンも、そのような意味があると言えるでしょう。

隈さんとの木組みシリーズも、実物も見た方から「あれほどの複雑な木組みをよく刻んでもらえましたね」としばしば言われます。ところが、大工さんたちに提案すると、楽しんで取り組んでくれます。若い大工さんたちは、神社などがそうであるように、何百何千という木材を刻むことに慣れています。技術の発展と職人の技とを組み合わせることで、現代において実現できる木組みを具体的に示していると言えますね。

隈——そういえば、《サニーヒルズジャパン》のときはなかなか工務店が見つかりませんでしたね。受託してくれそうな工務店が見つかっても、彼らはどう木組をつくっていいのかわからなかった。僕らがスタイロフォームで原寸大の模型をつくり、刻み方を説明して初めて本気で考えてくれました。

佐藤——複雑な木組のプロジェクトでは、たいてい元請けの工務店のほうが躊躇してしまいます。むしろ大工さんたちは立体を把握する能力に長けているので、

「このくらいは刻めるな」ということを感覚的に理解してくれます。元請けの工務店の人たちよりも大工さんのほうが話が通じましたね。

隈——日本の元請けはどうしてもスケジュールやお金の管理をするマネージャーとして動かざるをえません。実際に現場でモノをつくる職人さんたちには、さまざまな経験や知識が蓄積されています。彼らは日本の宝です。外国に行くとそのことを痛感します。海外で展示するパヴィリオンのほとんどは、日本で下準備をして現場に持ち込みますが、海外でこれについてくることのできる職人は本当に少ないんですよ。

でも僕が感心したのはイタリアの職人さんです。大理石を組むパヴィリオンを江尻さんとイタリアで制作したことがありますが、このときの石の加工は、日本の石屋さんではまず実現できないレベルの仕事でした。イタリアの職人は木を刻むように石を扱うことができる。彼らにとって石は木よりも扱いやすい材料なんですね。

江尻——現地の職人さんは、六ミリほどの薄い石の小口にダボを入れていました。あの技術には私も驚きましたね。

異分野が交流する建築教育

隈——もうひとつ、学校における日本の建築教育の特長も指摘したいと思います。例えば日本の建築学科では、意匠設計の研究室のすぐ隣に構造エンジニアの研究室があります。海外の場合——とくにアメリカでは——建築学科はデザイナーの養成のための機関であると考えられており、エンジニアは建築教育の外にいることが多いのです。ところが日本では構造の先生や設備の先生がすぐ隣で活動している。わからないことがあれば、その先生たちにすぐ質問することができる。これが日本の建築教育の素晴らしいところだと、世界からあらためて注目され始めています。

しかしこうした日本の建築教育の体制は、かつて時代遅れだと揶揄されていました。というのも、アメリカで建築教育が始められた学校はマサチューセッツ工科大学(MIT)だと言われますが、デザイナーとエンジニアは一緒に教育されていました。その後、近代化のなかで建築のデザインに特化したハーバード大学やイエール大学が、近代的な教育のシステムとして称揚されるようになったのです。ところがいま、デザイナーとエンジニアがともに学ぶ日本の建築教育が逆に見直されているわけです。

僕は東京大学の前に慶應義塾大学で一〇年間教鞭を執っていました。その当時制作した印象的なパヴィリオンがあります。僕が在籍していた理工学部システムデザイン工学科には、ロケットや情報処理などあらゆる先端技術の専門家が揃っていました。複雑な数式が並ぶような分野の論文発表会にも出席しなくてはならず、なかなか大変な思いをしましたが、僕はそこで初めて形状記憶合金というものに出会ったのです。

形状記憶合金は一定の温度になると元の形に戻る性質があり、ワイシャツのカラーやブラジャーのワイヤーなどに応用されています。論文発表会でその話を聞いてすぐ構造家の新谷眞人さんに持ちかけたらのってくれて、気温に応じて変形する形状記憶合金のドームを制作しました。

ひとつの学校のなかにさまざまなエンジニアがいることが建築教育に役立っているのです。その恩恵を受けながら、僕は他分野との交流を積極的に行ってきました。そこで、今後どのような分野とのコラボレーションに可能性を感じているのか。お二人に異分野と協働するアイデアをお聞きしたいと思います。

佐藤——私が所属する東京大学の新領域創成科学研究科では分野横断型のプログラムが立ち上がっています。そのひとつが、センシングが専門の割澤伸一先生との授業です。割澤先生によれば、指先に付けた小さなセンサーで血圧をリアルタイムに計測することができるそうです。そこからさらに人間のリラックスの度合いや気分がわかる。そうしたことから、大学院生たちが人間の感覚のセンサリングとインタラクションを起こすような構築物をつくれないかと考えています。

ほかには、先の講演で申し上げた木漏れ日のスペクトルの分析と、ナノ粒子を使った構造色——CDの裏面やタマムシの羽に見られるような、構造が生み出す光学現象——のコントロールを試みるワークショップをアメリカで行っています。

江尻——私は炭素繊維やチタン、磁石などの専門家の方々から、それぞれの素材の性質を教えてもらうことがあります。例えば、炭素繊維の不燃性や、チタンの性質(半永久といってよいほどの耐久性と鋼以上の強度)は建築の構造設計に活かすことができそうです。とりわけ興味深かったのは、隈先生とのパヴィリオン《八〇〇年後の方丈庵》(二〇一二)[fig.36]で木材を固定するために使用した超強力な磁石です。

隈——僕が最初にその磁石の存在を知ったのはイタリアの石屋さんです。石は一般的にセメントかボルトで留めますが、いずれも外すのは困難です。ところがその石屋は磁石を使って石を固定しようとしていた。引っ越すときに、その石を剥がして持っていけばいいというのが彼のアイデアでした。にわかには信じられなかったのですが、手で引き剥がそうにも微動だにしない強力磁石でした。じつは、その磁石は日本で開発された「ネオジム磁石」と呼ばれる新しい技術でした。いずれ構造のジョイントとして応用できる日を迎えるかもしれません。

fig.36——《八〇〇年後の方丈庵》(二〇一二年)

構造をめぐるコミュニケーション

隈——さて、ここからは会場より質問を受け付けたいと思います。

会場1——隈先生のお話のなかで「民主化」というキーワードが出ました。そこで構造家のお二人の先生にお聞きしたいと思います。一般の人にとって構造の性質を理解することはなかなか難しいと感じています。

例えば「ガラス＝割れやすい」といったイメージがあるくらいで、民主化という意味では構造の分野には高い壁があります。一般の人に構造の性質をどのように伝えたらよいと思いますか。

佐藤――耐震や免震など、地震に対処する構造上の技術はかなり成熟しています。それゆえ中で暮らしている人は、建物がいつ壊れるのかを感じにくくなっているとも言えます。台風が迫ってきたらガラスにテープを張って補強するようなことがなくなって、日常生活のなかで身近な材料が持つ性質をイメージできなくなっています。だからものが壊れると人のせいにしてしまう。よくわからないからガラスを叩くのも怖いと思ってしまう。現在の窓ガラスはかなり強度があり、相当強く叩いても簡単には割れません。ものが壊れるときを知っているかどうかで、安全性に対する意識は変わるだろうと思います。

江尻――私は素材や構法システムを普及させて多くの人々が安全に使えるように、基準や規定をつくる仕事にも携わりました。ところがひとたび基準を設けると、根拠となる数値の意味は忘れられてしまいます。基準通りに設計されたものが本当に安全かどうかはわかりません。本当の民主化という意味では、まずものづくりに携わる人が素材に対する感覚を研ぎ澄ませることが大事だと思います。

会場2――建築学科の大学生です。大学での演習の授業を通して、少子高齢化が進む社会での建築の役割を考えることがあります。先生方は人と人とのコミュニケーションにおける建築や構造の役割をどのように考えていますか。

佐藤――新領域創成科学研究科の岡部明子先生とアルゼンチンで取り組んだプロジェクトがあります。スラムの近くに土砂崩れが頻発する斜面があったため、現地で入手できる細い鉄骨や木材の板を使って、地元の人たちと一緒に山留め壁を手づくりしました。日本からの学生や現地の職人だけでなく、子どもたちも壁をカラフルにペイントしてくれたのです。小規模なパヴィリオン制作やワークショップは、現場で手に入る簡単な材料を使って、集まった人たちとできることをその場で考えます。そんな経験がアルゼンチンでも活かされたのかなと感じました。こうした建築を通して市民や社会とつながることができるのかなと思います。

江尻――なによりも思いを込めてつくり込むこと。それが市民とのつながりを生み、たしかなことを伝えられるきっかけとなるのではないかと思います。

隈――構造という分野は、ある意味デザイン以上に市民との深い関係があります。災害など命の危機に直面したとき、構造設計と市民の距離がとても近くなるのです。今回ご紹介いただいたパヴィリオンのプロジェクトも、奇抜な外形だけでなく、構造そのものを市民のみなさんに理解してもらう端緒となることを願っています。パヴィリオンの制作は一見すると学生たちと協働する楽しそうなプロジェクトに思えますが、その背後には人間や環境といったより複雑で深遠な問題があるのです。パヴィリオンをつくることで、未来の社会のことを考えているのです。

回想

LABOという場所

隈研吾

「あなたの転機は何ですか」という質問をよく受ける。この最終連続講義でもサハラへの旅をはじめとして様々な人生の転機について触れたが、建築の設計を始めてからは、二つの大きな転機があった。ひとつは一九九〇年、バブル経済がはじけて東京の仕事がすべてキャンセルされ、地方をまわり始めて、地方の職人、素材に出会えたという転機。もうひとつは、一九九八年に、慶應義塾大学に呼ばれて研究室を持ち、大学という場所で、本格的に若い人たちを教え始めたという転機である。

学校で教えることで、若い人から刺激をもらえるようになったと答える先生は多いが、僕の答えは違う。この二つ目の転機によって、僕は実験する場所を手に入れることができた。建築設計事務所という企業は、クライアントという存在から設計料というお金を頂いて、経済的にまわっている。このシステムの中にいる限り、実験はそう簡単には行えない。「そんな遊びをさせるために金を払っているんじゃない」というクライアントの罵声がすぐ聞こえてきそうだからである。しかし、アカデミアは、経済と遊びの中間の曖昧な場所に位置しているので、いろいろな実験を、学生と一緒に行うことができる。僕の恩師である内田祥哉先生は、学生たちと一緒にプレハブ建築のプロトタイプの開発を続けていて、研究室のなかには、いろいろな模型やモックアップがたくさん並んでいた。まさに雰囲気がLABOであった。僕はアトリエと呼ぶよりLABOという言葉の方が好きで、LABOという名前で、自分の作品展を開いたほどである。

もう一人の恩師である原広司先生は、世界のはしっこで調査旅行を繰り返した。これも辺境の集落という材料を使って行う、一種の実験であり、実経済の外側に位置する学生という存在を抜きにしては集落旅行は成立しない。僕は二人の恩師から、実験というものの自由と可能性を具体的に教えてもらうことができたのである。

実験のいいところは、失敗が許されるということである。失敗があるからこその実験であり、失敗の原因を追究するところから、研究が深化し、科学が発展する。失敗が許されなければ、科学そのものが存在しえない。実際には経済においても、実社会においても、失敗が許されるからこそ、様々な発明、発展がある。失敗が許されない社会は、未来のない社会、すでに死んでいる社会である。

しかし残念ながら、戦後の日本は社会の成熟が進み、サラリーマン化が行きつくところまでいってしまっていて、失敗は徹底的に嫌われ、排除される社会になってしまった。自分で実経済の中に設計事務所を立ち上げ、失敗できない息苦しさにあえいでいた僕にとって、アカデミアは夢のような場所、実験を許してもらえる天国であった。

大学ではパヴィリオンという小さな建築をつくる実験を繰り返した。僕らのつくるパヴィリオンは、そもそも構造上、建築基準法にあてはまらない、その外側にある違法な物体である。建築基準法は、コンクリート造、鉄骨造、組積造という既成の材料を用い、既成の構造システムでつくられた建築だけを対象にしている。簡単にいえば、それ以外の建築を建ててはいけないということになっている。プラスチックやアルミの建築と呼ばれるものですら、実際には、コンクリートや鉄といった既成の構造システムの上に貼り付けられたお化粧であるから許されているのである。

この制度のなかでつくっていると、退屈な建築しかできない。新しい建築に見えても、コンクリートのフレーム構造という枠組みの中で、たかが表面数センチのお化粧の中で暴れているのである。

この退屈で表層的な世界を超えるには、建築基準法の外の世界で、すなわち実際に人が使ったり住

んだりしない建築――すなわちパヴィリオンの世界――で新しい材料や構造システムの実験にチャレンジするしかないのである。江尻憲泰先生、佐藤淳先生は、その実験につきあってくれた奇特な相棒ということになる。

そこで行われた実験が、そしてそこで手に入れた新技術、新デザインが、実際に建つ建築の中で役に立つことはもちろんある。例えばカーボンファイバーはJIS（日本産業規格）の建築構造の応用についていえば、当初僕らが実験を始めた頃、カーボンファイバーの建築構造の規格外の材料であったが、実験を重ねるうちにJISの材料としても認定され、また実際の建築物――例えばCOEDA（二〇一七）や富岡倉庫（二〇一九）――でもカーボンファイバーを耐震のために使うことができるようになった。小さな木片を組み合わせていくデザインの実験は、国立競技場（二〇一九）の様々なデザインのベースにもなった。

しかし、それにも増して大きいと僕が考えるのは、これらのパヴィリオン・プロジェクトに携わった学生が、そこで自由に目覚め、それが彼らのその後の人生のなかで育ち、大きくなることである。彼らパヴィリオン・ベイビーが、煮詰まってしまった日本の建築界、日本の社会を再び若返らせ、再び元気にしてくれることが、僕の夢である。僕らのつくってきたパヴィリオンの本当の意味は、そこにあるのだと思う。

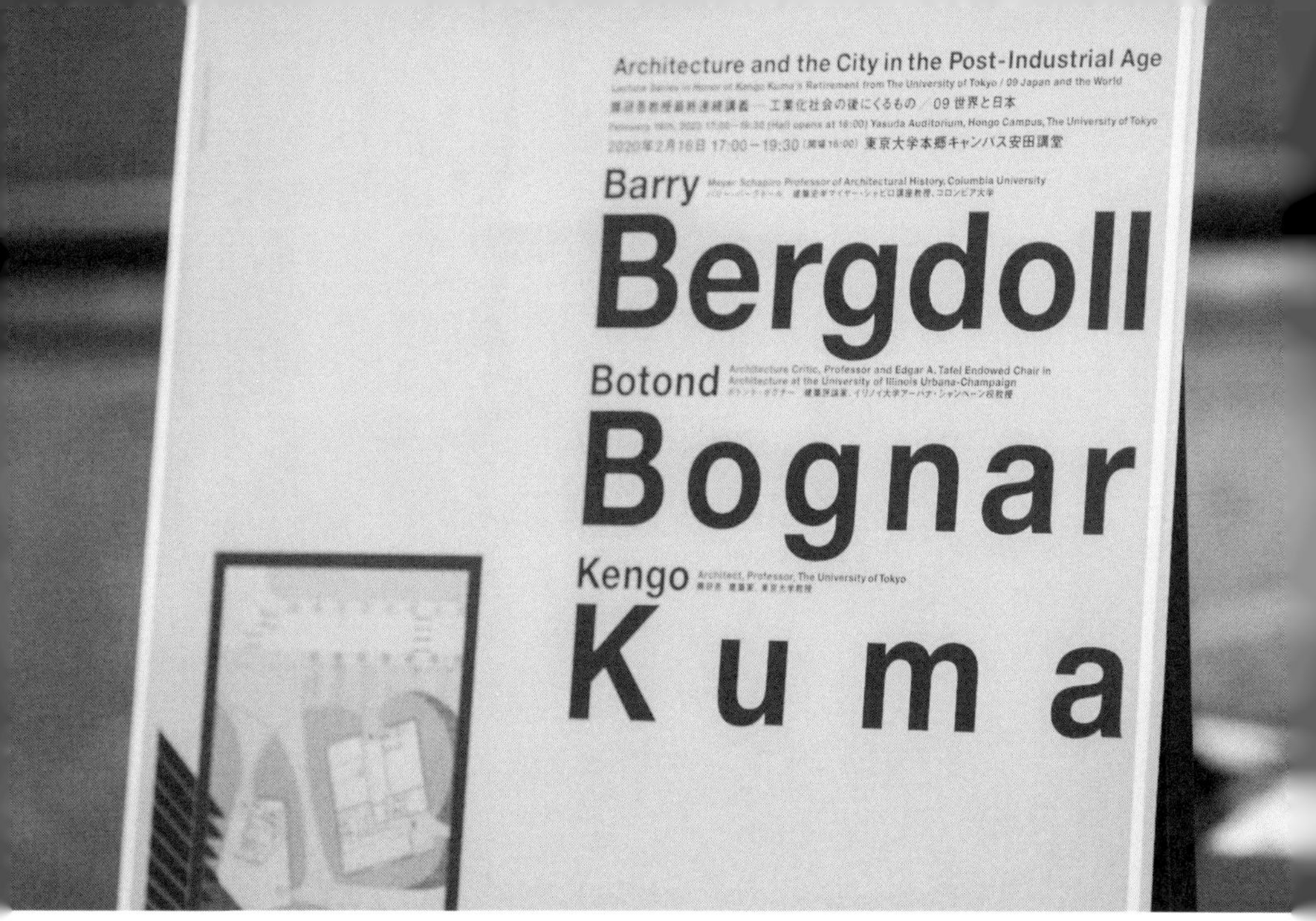

09 Japan and the World

世界と日本

バリー・バーグドール
（建築史家、コロンビア大学建築史学マイヤー・シャピロ講座教授）

×

ボトンド・ボグナール
（建築評論家、イリノイ大学アーバナ・シャンペーン校建築学部エドガー・A・タフェル講座教授）

二〇二〇年二月一六日

隈研吾――本日は二人のゲストをお招きしました。現代日本建築研究の第一人者であるバリー・バーグドール先生とボトンド・ボグナール先生です。今回は、これまでプロジェクトで一緒に仕事をしてきたお二人と、なぜ日本の建築が国外で元気なのかについてお話しします。ご講演の前に、僕自身の国外のプロジェクトを紹介します。

＊＊＊

国外の建築プロジェクト

隈――最初は、僕が国外で最初に手がけた重要なプロジェクトです。竹でつくった中国の建築《竹屋（Great (Bamboo) Wall）》（二〇〇二）[fig.1]です。中国で初めて担当した建築プロジェクトで、万里の長城にほど近い場所にあります。このプロジェクト以前には、僕は中国に対してあまり良いイメージを持っていませんでした。中国の都市には、一風変わった高層ビルや奇妙なデザインがあふれ始めていたからです。当時、北京大学で教鞭をとっていた友人である張永和先生が、僕をプロジェクトに招待してくれました。彼の考えでは、これは普通の中国のプロジェクトとは異なり、アジアの理念や美を世界に知らせたいのだという話でした。そこでこのプロジェクトを引き受けました。

万里の長城の景観を残しながら、この地域の材料である竹をできる限り使おうという姿勢で取り組みました。建物のシルエットは簡素にしながら、特別なテクスチャーとディテールをつくりだそうとしました。建物の中心にはヴォイドを設けています。建物の中心にヴォイドを設けるのは、僕のもっとも重要なデザインの方法です。シルエットに代わって、ディテール、マ

fig.1――《竹屋（Great (Bamboo) Wall）（二〇〇二年）

fig.2――《ブザンソン芸術文化センター》（二〇一二年）

テリアル、そしてヴォイドに解を求めています。

次は、フランスでの初めてのプロジェクトの《ブザンソン芸術文化センター》(二〇一二)[fig.2]です。ブザンソンはスイスとの国境に近い都市です。敷地はドゥ川のほとりにあり、古い建物をそのまま保存し、現地の材料を使いました。そして建物のボリュームの中央に音楽ホールを挿入しました。大きなヴォリュームをつくるのではなく、現地の材料による小さな粒子でつくります。「粒子化」という、僕のもっとも重要なデザイン手法です。そして、外と内の中間の空間である縁側も提案しました。小さな水路もデザインしています。この縁側と水路と歩道が、この建築のもっとも重要な部分です。その脇に中央に貫通させたヴォイドは都市と自然をつなぐ場になっています。ヴォイドの内部も同じように隙間を使った中間領域、すなわち縁側空間であり、自然光の効果も重要です。これを「こもれ日効果」と呼んでいます。ここには自然光が粒子のように入ってきます。

フランスで二番目に手がけたのは、《マルセイユ現代美術センター》(二〇一三)[fig.3]です。このブザンソンとマルセイユのプロジェクトはコンペで勝ち取ったものです。マルセイユのプロジェクトでも現地の材料を使いました。外壁はすべてエナメルガラスで覆っています。これも粒子化の手法です。この建築についてインターネットで検索すると、アンドレ・マルローのいう「壁のない美術館」の事例だという説明が見つかります。確かに重い壁のかわりに、粒子が主役になっています。

二〇一〇年にパリに事務所をかまえてから、フランス国内でいくつかプロジェクトを手がけました。最新作は建設中の《サンドニ・プレイエル駅》(二〇二三完成予定)[fig.4]です。駅ビルを庭園にしようと考えました。この屋上庭園が都市の公共の場となります。サンドニは緑の少ない地域なので、中心部に緑のスペースを設けました。ここで使う木材は、落書きなどの問題に

fig.3——《マルセイユ現代美術センター》(二〇一三年)

fig.4——《サンドニ・プレイエル駅》(二〇二三年完成予定)

も対応するため、メンテナンスのしやすい処理を施しました。

スコットランドにある《ヴィクトリア＆アルバート・ミュージアム ダンディ》[fig.5・fig.6]は二〇一八年に完成しました。この敷地の近くにはオークニー諸島の崖の美しい景観があります。クライアントはスコットランド政府で、建築の一部を川の中にはり出すように建てることを求めていました。とても挑戦的な敷地です。僕たちはこの挑戦に対して「海崖としての建築」を提案しました。

ランダムであること、ラフであることが私たちにとって重要でした。プレキャストコンクリートを建材として使い、きびしいこの環境にあったゴツゴツした表面にし、配置もランダムです。これまでのプロジェクトと同じように、川と都市を接続するヴォイドを貫通させました。このアイデアは日本の神社の鳥居からヒントを得ています。

室内は都市の洞窟という印象を人々に与えます。地元の木材である樫の木を使っています[fig.6]。ざらざらとしたラフな質感があって、ディテールで木の粒子を表現しています。僕はこのコンペのインタビュー時に、「都市のリビングルーム」という言葉を使いました。それは今でもこの建物のニックネームとして使われています。

おそらく皆さんがあまりご存知でないプロジェクトに、《グラナダ・パフォーミングアーツ・センター》（未完）[fig.7]があります。グラナダというまちの名前は、スペイン語のざくろ（pomegranada）に由来すると言われています。ザクロの実の構造にヒントを得て、このプロジェクトの設計を始めました。アルハンブラ宮殿とざくろの幾何学から学んだ、ハニカム構造を採用しています。この構造を外からも内からも感じることができるようにしました。残念ながら、

fig.5——《ヴィクトリア＆アルバート・ミュージアム ダンディ》（二〇一八年）

fig.6——《ヴィクトリア＆アルバート・ミュージアム ダンディ》の内部

fig.7——《グラナダ・パフォーミングアーツ・センター》（未完）

このコンペの後、スペイン経済が悪化してしまい、建設はストップしています。
アメリカでの最初のプロジェクトはオレゴン州のポートランドの日本庭園でした[fig.8]。この庭園は、その質の高さからアメリカでは高い人気があります。クライアントには、この庭園のエントランスに文化施設をつくってほしいと依頼されました。そこで僕のアプローチは、村(village)をつくることでした。居心地のよい村のスケール感がヒントになりました。ジグザグしたプランニングも、日本の伝統的な民家に由来しており、それがポートランドの森林に溶け込んでいます。このコンプレックスの中央にヴォイドをつくりました。僕はつねに建築が地形から切り離された彫刻物にならないように心がけています。建築物は丘と溶け合い、中央のヴォイドがこのプロジェクトの中心です。

欧州での新しいプロジェクトは、トルコの古都エスキシェヒルの《オドゥンパザル近代美術館》(二〇一九)[fig.9]です。エスキシェヒルの旧市街には古い木造二階、三階建ての建築物が多く、その街並みに溶け込むような美術館をつくりたいと考えました。ここでも木材を建材に使っています。シルクロードの宝物を収蔵する正倉院をデザインのヒントにして、建物のボリュームを小さな箱の集合体とし、そこに調和をつくりだしています。トルコの古い木造建築物に対する僕の敬意とシルクロードの仲間への共感を込めています。

木材を使った建築プロジェクトをオーストラリアでも完成させました。シドニーのダーリング・ハーバー地区にある《ダーリング・エクスチェンジ》(二〇一九)[fig.10]です。ここで基礎となったアイデアは、周囲の高層ビルとの対比です。オーストラリアには多くの高層マンションがあります。これはアジア系や中華系の移民がたくさん入ってきているからです。それらコン

fig.8——《ポートランド日本庭園 カルチュラル・ヴィレッジ》(二〇一七年)

fig.9——《オドゥンパザル近代美術館》(二〇一九年)

fig.10——《ダーリング・エクスチェンジ》(二〇一九年)

クリートのタワーと対照的な建物をつくりたいと考えました。

　ヨーロッパの最新プロジェクトはデンマークの《ハンス・クリスチャン・アンデルセン美術館》(未完)[fig.11]です。有名な童話作家であるアンデルセンを記念して、彼の生まれたオーデンセ市の中心地につくられる文化施設です。小さなスケールのまちに溶け込むような建築物をデザインしました。庭園を主役にして、まちとの境界線をつくらないようにしました。まちが建築に溶け込み、建築がまちに溶け込んでいるというわけです。

　同じデンマークのコペンハーゲンの臨海部に計画された《デンマーク・ウォーターカルチャーセンター》(未完)[fig.12]という文化施設があります。このふたつのプロジェクトもコンペで選ばれたものです。この地域でつくられたレンガを使って、新しいランドスケープをつくろうというものです。

パヴィリオンのプロジェクト

隈――以上のような大きなプロジェクトのほかに、東京大学の学生たちと小さなパヴィリオン・プロジェクトをやってきました。これは僕の実践において非常に重要な表現の場所です。クライアントの意向や様々な制約がない自由な場所で、僕たちのコンセプトや哲学を簡潔に表現しています。
　《カサ・アンブレラ》(二〇〇八)[fig.13]はミラノ・トリエンナーレの展覧会に出展したものです。カーサ(Casa)を傘でつくろうと考えました。一五人の学生が五時間ほどで組み立てました。何

fig.11――《ハンス・クリスチャン・アンデルセン美術館》(二〇二一年完成予定)

fig.12――《デンマーク・ウォーターカルチャーセンター》(二〇二三年完成予定)

fig.13――《カサ・アンブレラ》(二〇〇八年)

らかの自然災害が起きたときに、自分たちで仮設住宅をつくることができるというアイデアです。バックミンスター・フラーのフラー・ドームから着想を得ています。フラー・ドームはフレーム構造なのに対して、こちらは「粒子」の構造システムです。この小さな傘の構造体でパヴィリオン全体を支持できるのは、膜の張力によるものです。膜をテンション材、フレームをコンプレッション材として合わせて使った一種のテンセグリティ構造です。

次に《ウォーター・ブランチ・ハウス》(二〇〇八)[fig.14]を紹介します。このプロジェクトのキュレーターは、当時ＭｏＭＡにいたバリー・バークドール先生でした。彼は「Home Delivery」という非常にユニークな主題の展示を企画し、僕を招待してくれました。この主題に対して、僕はプラスチック製のタンク(ポリタンク)を使うアイデアで答えました。このポリタンクを仮設構造体として用います。中に水を入れることによって、ユニットの重さを調整できます。僕はこの発想が気に入りました。バーグドール先生が編集した展示カタログには、この展示のためにデザインした最終形が載っています。僕たちは、水を入れたタンクのユニットを組み合わせて、建物の壁面をつくることができました。

ＭｏＭＡでの展示終了後、同じポリタンクによって実際に小さな家をつくってみました。太陽熱温水器[fig.15]を用意して、水を温め壁と床のなかを循環させインフラに頼らない自律した家を目指しました。東京大学の学生がこの建設をしました。パイプをつないでユニットを組み立てると、壁と床の中を水が流れます。最後に外側をレインコートのように覆います。《カサ・アンブレラ》と同様、たった一つのユニットでこの家のすべて——キッチン、ベッド、バスタブ……すべてのエレメント——をつくることができます。僕はこれを「新しいメタボリズム」であると考えています。かつてのメタボリズムでは大きなカプセルを一つのユニットとしていましたが、この建物では小さなセル(細胞)がユニットになっています。

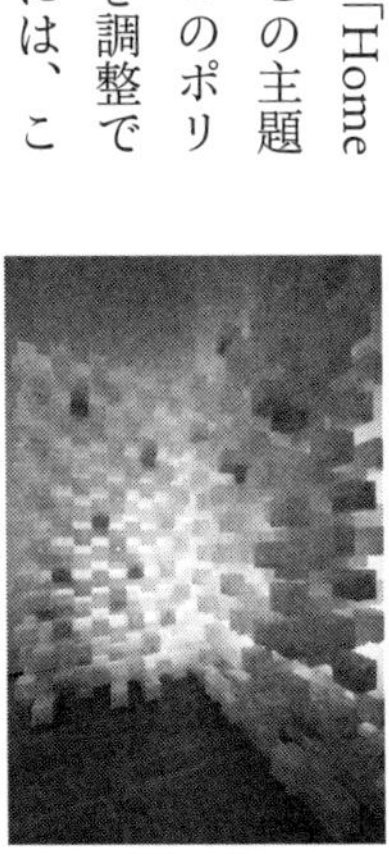

fig.14——《ウォーター・ブランチ・ハウス》(二〇〇八年)

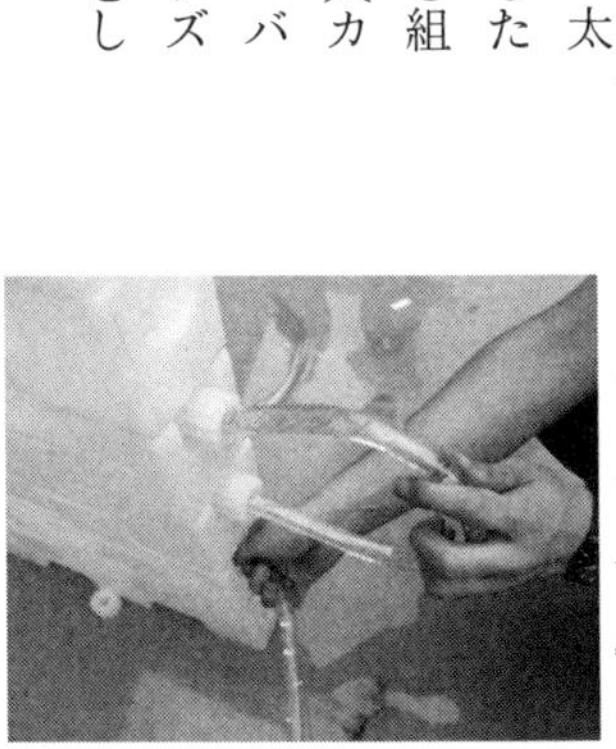

fig.15——ユニットが連結して水が循環する《ウォーター・ブランチ・ハウス》

二〇一九年に東京大学の学生たちと参加したロンドンのデザイン・フェスティバルで、ヴィクトリア&アルバート博物館に展示した《Bamboo Ring》[fig.16]では、竹を使いました。竹と炭素繊維のシートを接着しています。竹単体では構造体を支える強度が十分ではないので、竹と炭素繊維を組み合わせました。竹と炭素繊維のユニットの断面を見ると、どのようにつくられているかがわかります。イギリスでの展示後には、ミラノ・サローネでもこのパヴィリオンを建設する予定です。

これらの他にも学生たちと協働したパヴィリオンには、オーストラリアのキャンベラの《NAMAKO》(二〇一八)[fig.17]や東京の《URO—CO》(二〇一九)があります。

小さなプロジェクトでは、ミュージアムや大学との協働によって僕たちの理念を世界に直接伝えることが目的です。とくに海外ではミュージアムが市民と建築とをつないでいます。僕たちはミュージアムと協働することで、これらのパヴィリオンを展示しています。東京大学での在任期は、学生たちと共にこれらのパヴィリオンをつくるには、完璧に理想的な環境でした。日本国外での大きなプロジェクトとパヴィリオンのような小さなプロジェクトは、車の両輪のような関係にあり、どちらも欠かすことができません。

また、建築教育において、パヴィリオンが重要であることを僕は東大で実証してきました。過去十年間、僕は学生たちと一緒にパヴィリオンをつくってきました。パヴィリオンをつくることは、学生たちとの協働の成果です。これはただ単に一方的に教えるのとは異なる、新しい建築教育のかたちだと思っています。コンピュテーショナル・デザインとファブリケーションをつなぐために、パヴィリオンはもっとも有力な手段でした。

fig.16——《Bamboo Ring》(二〇一九年)

fig.17——《NAMAKO》(二〇一八年)

講演 1

東京とニューヨークの交流——吉村順三から隈研吾まで

バリー・バーグドール

隈研吾とMoMA

バリー・バーグドール——本日は隈研吾先生の最終連続講義に講師として招待いただき、とても光栄に思います。まだ大学を退職される時期のようには思えないほど、隈先生は近年でもたいへん創造的な建築を世に出し続けています。例えば持続可能な素材や、日本の伝統的な素材、様式、構法などを用いた建築……。これらは今日われわれが直面する地球環境問題や持続可能な社会の希求、そして本日の私の講演のテーマ、一九五〇年代における建築を通した日米間の交流と強く接続しうると私は考えています。

私が隈先生と初めて個人的にお会いしたのは二〇〇七年のことでした。しかし、一九八五年から八六年度に隈先生が客員研究員としてコロンビア大学建築学部に在籍されていた同年に、私は建築学部の隣の建物にある美術史学科で教え始めていたので、じつは非常に近い距離にいたのです。時を経て、私は二〇〇七年にニューヨーク近代美術館（MoMA）の建築・デザ

Barry Bergdoll
建築史家。コロンビア大学建築史学マイヤー・シャピロ講座教授。専門は一九世紀・二〇世紀の建築史、建築理論、建築批評。二〇〇七年から二〇一四年ニューヨーク近代美術館建築・デザイン部門チーフキュレーター、二〇一三年まで同部門フィリップ・ジョンソン・チーフキュレーターを務める。MoMAでの主な企画展に"Mies in Berlin"(2001)、"Home Delivery: Fabricating the Modern Dwelling"(2008)、"Frank Lloyd Wright at 150: Unpacking the Archive"(2017)などがある。

イン部門の主任キュレーターに就任しました。そこで初めて担当した大規模な展覧会「Home Delivery: Fabricating the Modern Dwelling」（二〇〇八）[fig.18]では、隈先生に《Water Branch House》というインスタレーションを展示していただき、展覧会についても多く助言をいただきました。さらに私の在任中、隈先生による《GCプロソミュージアム・リサーチセンター》（二〇一〇）と《浅草文化観光センター》（二〇一二）の模型がＭｏＭＡの永久収蔵品に加えられたことは、私自身たいへん誇りに思っています。

本日の講演に際して隈先生の二冊の著作、『自然な建築』（岩波新書、二〇〇八）と『小さな建築』（岩波新書、二〇一三）を再読しました。ともにロンドンのAA Publicationから二〇一五年に翻訳が出ている、繊細でありつつもたいへんインパクトのある本です。ご自身のプロジェクトと関連させながら、建築とその場所の関係性や今日の地球にあるべき建築のスケールについて著されています。《Water Branch House》は軽量プラスチック容器を用いた緊急災害時のための仮設住宅のインスタレーションです。これが彼にとっては住宅と経済の問題に意識を向けるきっかけとなった重要なプロジェクトであり、このようなインスタレーションを制作する場所として美術館展示があることは、現代の建築文化においても大きな意義があると本書に書かれており、展覧会の企画者として嬉しく思いました。

モダンアーキテクチャー展

私は現在、建築史家として建築を中心に扱った展覧会の歴史を研究しています。現代でこそ多くの美術館で建築展が催されていますが、ＭｏＭＡは、一般への理解が難しい建築を芸術と

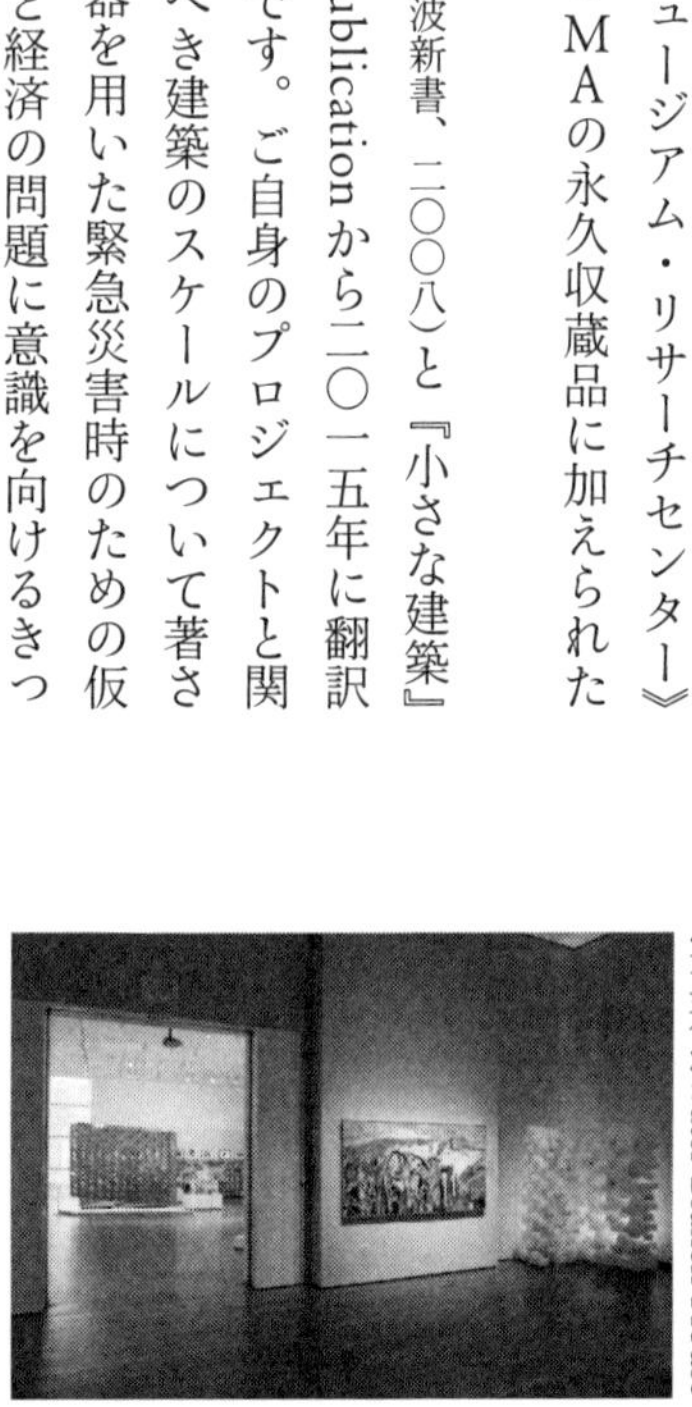

fig.18――「Home Delivery: Fabricating the Modern Dwelling」展（ＭｏＭＡ、二〇〇八年）写真右がWater Branch House

して昇華させ、収蔵や展示を熱心に取り組んできた世界で最も古い機関です。ＭｏＭＡ建築・デザイン部門の歴史を通して、アメリカにおける日本建築の認識や受容の歴史についてお話しします。

ＭｏＭＡが初めて開催した建築展は、一九三二年の「Modern Architecture: International Exhibition」です[fig.19]。展覧会のキュレーターを務めたのは建築史家のヘンリー＝ラッセル・ヒッチコック(一九〇三–八七)と建築家のフィリップ・ジョンソン(一九〇六–二〇〇五)で、本展によって「インターナショナル・スタイル」という概念が誕生しました。国家的(National)な建築ではなく国際的(International)な建築、つまり土地に左右されない抽象性と近代技術を取り入れた作品が展示されました。ル・コルビュジエの《サヴォア邸》(一九三一)やミース・ファン・デル・ローエの《トゥーゲンハット邸》(一九三〇)など、近代建築運動の中心的建築家の作品が写真や模型、図面で展示され、アメリカにモダニズム建築を浸透させるという大役を担いました。日本からは上野伊三郎(一八九二–一九七二)の《スターバー》(一九三〇)[fig.20]と山田守の《電気試験所大阪出張所》(一九三〇)[fig.21]が展示作品として採用されています。日本の伝統的な様式にとらわれることなく、近代ドイツの表現主義から大きく影響を受けた自由な造形を持つ二作品がヒッチコックとジョンソンの目に留まったのです。「Modern Architecture」を機にＭｏＭＡは建築部門を正式に設け、世界的に注目され始めました。

fig.19 ——「Modern Architecture: International Exhibition」展(ＭｏＭＡ、一九三二年)

fig.20 ——《スターバー》(上野伊三郎、京都、一九三〇年)

fig.21 ——《電気試験所大阪出張所》(山田守、一九三〇年)

日本が与えた影響——アメリカの住宅文化の刷新

　MoMAの建物は、装飾のない平滑なボックス状の形態、鉄骨のフレームによってつくられた大きな開口を持つファサードを持ち、インターナショナル・スタイルの基本原理を忠実に守った形態です。インターナショナル・スタイルの権化であるMoMAですが、一九三〇年代後半になると対極的な地域主義（Regionalism）や地域固有の伝統的な素材への関心を見せます。例えば、MoMA十周年の記念作品集『Art in Our Time』（一九三九）に掲載されたジョン・ヤン（一九一〇–九四）によるオレゴン州ポートランドの住宅《オーブリー・R・ワッツェック・ハウス》（一九三七）[fig.22]はアメリカ西部の主要生産木材であるモミを用いた木造住宅で、オレゴンの大地や風景に溶け込みながらも、インターナショナル・スタイルを踏襲した実験的な建築です。日本の浮世絵のような独特の遠近感を持った写真が掲載され、注目を集めました。

　若き日のフランク・ロイド・ライト（一八六七–一九五九）は一八九三年のシカゴ万国博覧会で展示された日本館の《鳳凰殿》[fig.23]を見て、木造の日本建築が持つ空間に触発され、その後の建築のスタイルに大きく影響を受けています。ライトは従来のインターナショナル・スタイルとは異なる実験的で複雑性を持ち合わせた建築家でしたが、MoMAは一九四〇年夏に同館最大規模の建築展となる「Frank Lloyd Wright, American Architect」を開催しました。

　じつはこの展覧会は同時期に開かれたニューヨーク万国博覧会と密接に関連しています。一九四〇年は第二次世界大戦の兆しが見え始めた時期であり、ニューヨーク万博では保守的な構想が展示されていました。「The Town of Tomorrow」（明日の街）と題された展示では、アメリカ人の好みであるニューイングランド初期コロニアル様式の住宅の模倣品や、ノスタルジックな

fig.22——《オーブリー・R・ワッツェック・ハウス》（J・ヤン、オレゴン州ポートランド、一九三七年）

fig.23——シカゴ万国博覧会の日本館《鳳凰殿》（一八九三年）

イメージを前面に出したアメリカの木造住宅の提案などが並び、MoMAとしては、こうした保守的で新しい創造性のない姿勢が我慢ならないものだったのです。

ニューヨーク万博に抵抗するように、ライトは「Frank Lloyd Wright, American Architect」で「プレーリー・ハウス」や「テキスタイル・ブロック」に続く彼のスタイルである「ユーソニアン・ハウス」の住宅の実寸大モデルの建設を提案しました[fig.24]。優れたデザインでありながら、構造と装飾が一体となった簡易的なエレメントを用いることで、素人の施工者や住民自身でさえ自ら建てることができるものでした。結局「ユーソニアン・ハウス」の住宅モデルの展示は、ニューヨーク市建設局に工事を阻まれて実現しませんでしたが、本展では東京の《帝国ホテル》(一九二三)の図版やテキスタイル・ブロック住宅の資料などが展示され、ライトの回顧展ともいえる展覧会となったのです。本展の図録は、ライトが著者のひとりと論争になったために出版されることはありませんでしたが、図録に掲載される予定であった論考が、近年にMoMAのアーカイブから出てきました。それは建築史家のグラント・カーペンター・マンソン(一九〇四―九七)による、日本に建てられたライトの建築についての論考です。日本がアメリカの建築に与えた影響と《帝国ホテル》が日本の若い設計者たちに与えた影響について書かれていました。ライトが日本での旅や浮世絵の収集などを通して語った言葉を引用し、

> 日本の芸術はじつに有機的な性質を有し、大地と密接につながり、その土地固有の生活と仕事によって生み出されたものであることがわかった。したがって、それは私にはどのような西洋の古今の文明よりも現代的に見える。

と語ったうえで、一八九三年のシカゴ万国博覧会の日本館がもたらした影響を指摘していま

fig.24——最初のユーソニアンハウス《ジェイコブス邸》(F・L・ライト、ウィスコンシン州マディソン、一九三六年)

す。

では当時の先進「シカゴ派」は一八九三年の日本館から、どんな教訓を得ただろうか。それはまさに日本の住宅に宿る光や空気に満ちあふれる空間から見出された、新しい欧米の建築の基本公式にほかならないだろう。

これこそが「日本の住宅建築はアメリカの建築に革新をもたらすきっかけとなった」という物語の始まりでした。日本の建築展が各地で開催されていきます。近年では二〇一六年にMoMAキュレーターのペドロ・ガダーニョによって企画された展示「A Japanese Constellation: Toyo Ito, SANAA, and Beyond」が多くの来客を呼び、論評も多く展開され国内外で注目を集めました[fig.25]。二〇一七年にロンドンのバービカン・アート・ギャラリーで開催された「The Japanese House: Architecture and Life after 1945」でも、多くのアメリカ人建築家が訪れました。

A・ドレスクラー「Japanese Exhibition House」
——日本建築への関心の高まり

MoMAは一九三〇年代から五〇年代にかけてアメリカ中流階級の住宅文化の刷新を大きな目的に据えていました。一九四一年からは館内の庭園にて、気鋭の建築家が設計した実寸大の住宅モデルの展示を展開していきます。バックミンスター・フラー(一八九五–一九八三)による戦時応急住宅《Dymaxion Deployment Units》(一九四一)[fig.26]に始まり、バウハウス出身

fig.25——「A Japanese Constellation: Toyo Ito, SANAA, and Beyond」展(MoMA、二〇一六年)

の建築家マルセル・ブロイヤー（一九〇二―八一）が設計した住宅《House with a Museum Garden》（一九四九）[fig.27]、カリフォルニアのモダニスト、グレゴリー・アイン（一九〇八―八八）による住宅《Exhibition House》（一九五〇）[fig.28]と続きます。そして最後の展示となった、吉村順三による《松風荘》（一九五四）[fig.29]は圧倒的な人気を誇りました。

一九五一年から八六年まで建築部門の主任キュレーターを務めたアーサー・ドレクスラー（一九二五―八七）は積極的に日本の建築を展示に取り入れます。一九五四年に「Japanese Exhibition House」を開催し、そこでは日本建築を民俗学的な対象ではなく、現代建築の新しい方向性を示すものとして紹介しました。《松風荘》は京都の書院造りから着想を得た住宅であり、「Japanese Exhibition House」の展示のひとつでもありました。ドレスクラーは一九五五年にMoMAから出版された『The Architecture of Japan』の前書きに「日本建築の伝統と西洋の現代的建築物の関連性はよく知られている」(p. 6)と書いています。当時アメリカでは日本の建築への関心が高まっており、伝統的な素材を現代に用いる手法として日本の木造建築を参照する動きもありました。

「The Japanese Exhibition House」はジョン・D・ロックフェラー三世と妻のブランシェット・フェリー・ロックフェラーの協力のもと、第二次世界大戦後の日米関係を再構築するべく文化外交の一環として行われた歴史的な展覧会です。第二次世界大戦中は文化の中枢としてアメリカの内政や連合国軍の動きに大きく影響をもたらしたMoMAですが、戦後は学生や文化人の

fig.26 ――《Dymaxion Deployment Units》（B・フラー、一九四一年）

fig.27 ――《House with a Museum Garden》（M・ブロイヤー、一九四九年）

fig.28 ――《Exhibition House》（G・アイン、一九五〇年）

fig.29 ――《松風荘》（吉村順三、一九五四年）

交流や、日米友好関係を促進する拠点となり、アメリカの一般市民が持つ軍事的侵略者としての日本のイメージを転換させる原動力となりました。

そのきっかけとなったのは一九五一年に建築家アントニン・レーモンド（一八八八―一九七六）の協力のもと開催された展覧会「Japanese Household Objects」です[fig.30]。日本の洗練された生活用品を展示し、日常に文化的嗜好性を持つ日本を描く取り組みでした。一九五四年には、日本の書道がもつ抽象的な美しさを紹介した展覧会「Japanese Calligraphy」や、北大路魯山人の陶芸を展示した「Japanese Pottery by Kitaoji Rosanjin」が開かれ、同年吉村順三の《松風荘》の展示が大成功を収めたのです。本展の開催にあたってロックフェラー三世夫妻がジョン・フォスター・ダレス米国国務長官とダグラス・マッカーサー最高司令官の指導のもと、一九五一年に対日講和使節団の文化・科学部門一員として日本を訪れ「US-Japan Cultural Relation」（日米文化関係）の報告書を作成しました。これは後に日米間の文化交流を支える重要な道筋となります。

一方本展キュレーターのドレクスラーは、かつて陸軍エンジニアとして従軍しており、日本での滞在経験がありました。その間に伝統的な日本の建築、とくに木組みの可能性に強い関心を持ち、工学的にも創意工夫に富む建築であると認識していました。兵役を終え同館キュレーターに就任したばかりのドレクスラーは、ロックフェラー三世とともに一九五三年に日本を再訪します。ロックフェラー三世夫妻は当初コロニアル期のアメリカの街並みを再現したヴァージニア州の野外博物館「コロニアル・ウィリアムズバーグ」などを参照し、古い日本の木造民家を解体してMoMAに移築し展示することを企図していました。ドレスクラーは関東から伊勢、京都、奈良の木造建築を視察するなかで、とくに二条城書院や桂離宮、園城寺光浄院客殿など一七世紀の武士の住宅を実見して書院造りに惹かれていました。ロックフェラー三世夫妻

fig.30――「Japanese Household Objects」展（MoMA、一九五一年）

と協議の末、MoMAの庭園での展示は書院造りの建築を日本の若手建築家に設計させることを決め、レーモンドの推薦もあり吉村順三が選ばれるに至りました。

先ほどライトが日本の建築から影響を受けたと言いましたが、吉村は、自身が建築家を目指すきっかけとなったのはライトの《帝国ホテル》を見たことであったと述べています。

中学三年の頃、帝国ホテルが出来たので、ある日、おばあさんに食事につれていかれたことがありますが、それが、本当に建築というものに感動した最初でした。それはやはり空間の威力ですね!!(……)建築ってすばらしいなあと思いまして、それがきっと建築家になった第一原因だと思います。(吉村順三『火と水と木の詩』新潮社、二〇〇八、二九頁)

タウトやドレクスラー、ヴァルター・グロピウス(一八八三―一九六九)など、欧米の重要な建築家たちが桂離宮を訪れ、その体験したことのない空間の原理に対し、吉村と同様の感銘を受けたのかもしれません。桂離宮は一九五〇年代には欧米のモダニズムの建築家、そして日本でも丹下健三ら著名な建築家にとって巡礼地のような重要な建築でした。ドレクスラーは桂離宮について、以下のように述べています。

桂離宮の庭を歩くと、ル・コルビュジエによる自由な平面やミース・ファン・デル・ローエによるユニバーサル・スペースの追求においてはまだ部分的にしか実現されなかった空間を存分に体験することができる。それは今日大きな可能性を持ったポスト・パースペクティブの空間である。

桂離宮はいかなる場所においても、どの角度から見ても同じかたちに見えない。まるで万華鏡やガラスのかけらのように、なかを移動するたびに木や池、建物が次々と新しい風景を生んでいる。(……)はかなさや偶発性を愛でる一方で、桂離宮には意図的な計画性がエネルギーとなり本質的に矛盾するものを調和させている姿に、日本的な感性が宿っているのかもしれない。(Arthur Drexler, *The Architecture of Japan*, New York: The Museum of Modern Art, 1955, p. 186)

ドレクスラーが見た桂離宮に宿る矛盾の調和や日本的な感性とは、単なる美的な啓示ではありません。第二次世界大戦という世界規模の残虐行為の後に芸術や建築の創造など可能なのか考えられていたなかで、文化における日本特有のジレンマという問題を乗り越えることができるものだと感じました。

日本の文化は、西洋以上に工業化によって劇的に変化した。日本において工業化は、伝統と西洋といった文化的価値観の対立によってさらに複雑な問題となっていった。こうして日本では、日本的なものと、多かれ少なかれ西洋的なものという二つの生き方を意識的に受け入れることによって、大部分が解決されてきたのである。(Ibid., p. 74)

彼はこの二項対立が共存の均衡を保つことができるのかを考えました。

当時の日本では一部の建築家はかつての伝統的な価値観を完全に放棄したわけではなかったが、日本の近代建築は全体としておそらく必然的に、西洋的な方向を受け入れて発展していったのは事実であろう。伝統的な価値観が若手建築家の共感を集めるようになったのは最近のことだ。(Ibid., p. 6)

展覧会に訪れた多くの人々は、靴を脱いで《松風荘》の畳の上に座り、西洋のモダニズム建築と日本の建築の深い関係性を思ったのかどうかは定かではありません。しかし二〇世紀の欧米のモダニズム建築が発明したものは、「日本の建築においては八世紀頃からすでに存在していた」ものだったのです。

R・ヴェンチューリによる日本建築批判

一九四八年にMoMAで「What is Happening to Modern Architecture?」と題したシンポジウムが開かれ、東海岸のモダニストであるヒッチコックらと、カリフォルニアのベイ・リージョン様式を評価した建築史家ルイス・マンフォード(一八九五―一九九〇)が論戦を繰り広げました。そうしたなかでMoMAの庭園に建てられた《松風荘》は、いまだにモダニズムと伝統の二項対立で議論している美術館に対して、二項対立や矛盾を共存させるような佇まいを見せ、アメリカの戦後の建築の変容を促すものでした。また「Japanese Exhibition Houses」は、戦後日本の建築における伝統と近代化をめぐる議論にも一石を投じる展示であったとも言えるでしょう。

ロックフェラー一族はMoMAでの仕事のほか、いくつかの国家的プロジェクトに吉村順三を起用しました。前川國男、坂倉準三との共同設計である《国際文化会館》(一九五五)[fig.31]、ニューヨーク州北部《ポカンティコ・ヒルの茶室》(一九六二)[fig.32]、そしてロックフェラー家が寄付したニューヨークの土地にジャパン・ソサエティの新しい本部ビル《ジャパン・ハウス》(一九七一)[fig.33]の設計です。著名なロックフェラー邸《ポカンティコヒルの家》(一九七四)の設計も吉村の仕事ですね。

アメリカにおける吉村順三の活動は戦後の日米間関係を活気づけ、アメリカの建築史を刷新する奮闘でもあり、一九五〇年代から六〇年代前半にかけて活躍した若手建築家に多大な影響を与えました。そうしたなかで、当時若手建築家であったロバート・ヴェンチューリ(一九二五-二〇一八)は、モダニズムと日本の住宅をめぐる状況に対し批判的な言説を残しています。建築史に多大な影響を与えた著作『建築の多様性と対立性』(鹿島出版会、一九八二/原著=一九六六)において、明確な単純形態を奨励し、断片や多様性、対立性、即興を拒むモダニズムと、当時のアメリカを魅了した日本の住宅を同等に見なしながら、以下のように記しています。

> 私は、パヴィリオンと住宅との、ことに日本のパヴィリオンとアメリカの最近の住宅建築との類似関係には疑問をもっている。アメリカの最近の住宅建築家たちは、住むことにまつわる真の多様性と対立——視覚経験上の多様さとか空間的・技術的可能性——を無視している。強引な単純化は、行き過ぎた単純化を招く。(……)より少ないことは《レス・イズ・ボア》退屈なことなのである。(『建築の多様性と対立性』伊藤公文訳、鹿島出版会、一九八二年、三八-三九頁)

fig.31——《国際文化会館》(吉村順三・前川國男・坂倉準三、東京、一九五五年)

fig.32——《ポカンティコ・ヒルの茶室》(吉村順三、ニューヨーク、一九六二年)

fig.33——《ジャパン・ハウス》(吉村順三、ニューヨーク、一九七一年)

ＭｏＭＡの庭園に建つ《松風荘》の構造、空間区分、変換可能性、そして内と外の複雑な関係性は、けっして「行き過ぎた単純化」ではありません。ヴェンチューリはモダニズムにおける行き過ぎた単純化のスケープゴートとして日本の住宅を援用しました。しかし本書で彼は、アメリカのモダニストは日本の伝統的なデザインに傾倒しているものの、桂離宮については構造上合理的ではない木と竹の異質な構成をしており独特の「対立性」を見出している。さらには桂離宮からマニエリスムやバロック建築に宿る「対立性」や「機能の二重性」について解釈を広げ、ついには桂離宮をはじめ槇文彦による「群造形（グループ・フォーム）」の設計思想を、建築における「多様性」や「対立性」、「複雑な全体」を獲得する源として、また自身の設計思想の源として置いています。

「Japanese Exhibition House」以降の日本の建築——隈研吾まで

ドレクスラーは、吉村順三や桂離宮への批判以降、日本の建築に対して情熱を傾けることが少なくなったのです。本日は一九六〇年代以降、日本におけるメタボリズムの興隆や大規模な都市再生に対し、ＭｏＭＡがどのような批評を持っていたのか、詳細をたどる時間はありません。ドレクスラーは自身がキュレーターとして最後に担当した一九七九年の展覧会「Transformations in Modern Architecture」において、日本の建築への情熱について一度だけ立ち戻りました［fig.34］。ここで彼は、日本の建築家が一過性や折衷主義を優先して本質的な実りのある建築への探求を放棄してしまった状況について警告を発し、本展の図録『Transformations in Modern Architecture』(New York: The Museum of Modern Architecture, 1979)で、

fig.34——「Transformations in Modern Architecture」展（ＭｏＭＡ、一九七九年）

以下のように述べています。

地域主義的なヴァナキュラー建築は、真摯な批評の対象となるはずだと期待されるかもしれない。しかしそれどころか、そのヴァナキュラー建築の重要性がもっとも明らかな国においてさえ、ほとんど見過ごされてきた。かつて西洋のモダニズムの源流のひとつとされており、現在のモダニストも思想の糧としている日本の建築における今後の展望については、ほとんど注目されていない。

日本の建築界がポストモダニズムに傾倒していた一九八〇年代の間に、MoMAの建築ギャラリーから日本の建築は姿を消してしまいました。そうしたなかで、建築史家のテレンス・ライリー（一九五四－）は一九八〇年代後半から日本への関心を新たに高めます。彼はMoMAの主任キュレーターに就任し、最初に企画した展覧会「Preview: The Tokyo International Forum by Rafael Viñoly Architects」（一九九三）にて、ラファエル・ヴィニョーリ（一九四四－）が設計した《東京国際フォーラム》（一九九六）の計画案を取り上げました[fig.35]。その後、伊東豊雄や妹島和世の作品をニューヨークで初めて紹介した展覧会「Light Construction」（一九九五－九六）、そして坂茂の《カーテンウォールの家》（一九九五）を大々的に取り上げた展覧会「The Un-Private House」（一九九九）などを企画し、日本の建築作品がMoMAに帰ってきたのです。一九九〇年代の日本の建築は、類型化された従来の建築への挑戦的な姿勢、先進的なエンジニアリングといった非常にラディカルなイメージを獲得し、もはや近代と伝統の調和についての論争など過去のものとなっていました。

私がMoMAに着任した二〇〇七年一月、建築をめぐる状況に目を向けたとき、そこには橋渡しなければならない大きな溝があるように感じました。それはパラメトリック・デザインやコンピューテーショナル・デザインへの過信と、戦後のミッドセンチュリー・モダンへのノスタルジーとの間に存在する大きな断絶です。また私は一九五五年の吉村順三の住宅が持っていた驚くべき集客力や数多くの批評に感銘を受けていました。そこで就任直後に「Home Delivery」展を企画し、「住宅設計とは、インテリア雑誌のページを飾るような週末住宅を建てることができる資本を持った一パーセントの人々のためだけにある」という概念を壊すような、新しい住宅の創造を目指したのです。ＭｏＭＡの敷地周辺の空き地を使って展示をし、住宅の工業生産の可能性を問うといった大胆な賭けでした。

企画にあたって、プレファブリケーションの二〇世紀的なあり方とデジタル化された現代における新しい可能性の両面を探求するべく、住宅産業のプレファブリケーションに持続的に挑戦してきたスカンジナビアと日本を訪れました。どちらの旅でも、二〇世紀的な型にはまったままで新規性のある産業になかなか出会えませんでしたが、私の求めていた実験的な試みは製造現場から少し離れたところに見つかりました。じつは隈先生の建築にもっとも刺激的な可能性を見出し、私のかつての教え子である建築史家ケン・タダシ・オオシマを介して隈研吾建築都市事務所を訪ねました。そして隈先生には「Home Delivery」展で《Water Branch House》を展示していただくことになりました。モジュールを取り入れたデザイン思考を持ちながら、災害救済や資源的な素材といった社会的ニーズを結びつけた本作は、建築を単なる新しいかたち遊びに還元してしまった、かつてのコンピューテーショナル・デザイン熱狂時代から一〇年経った今、さらに時宜を得た提案ではないかと思います。ドレスクラーが第二次世界大戦という惨禍の後の時代で建築の可能性について考えたように、隈先生の建築思考もまた二〇一一年の大震災、津波、そしてチェルノブイリから福島に至る一連の原子力発電所事故などの大災害

fig.35 ——「Preview: The Tokyo International Forum by Rafael Viñoly Architects」（一九九三年）

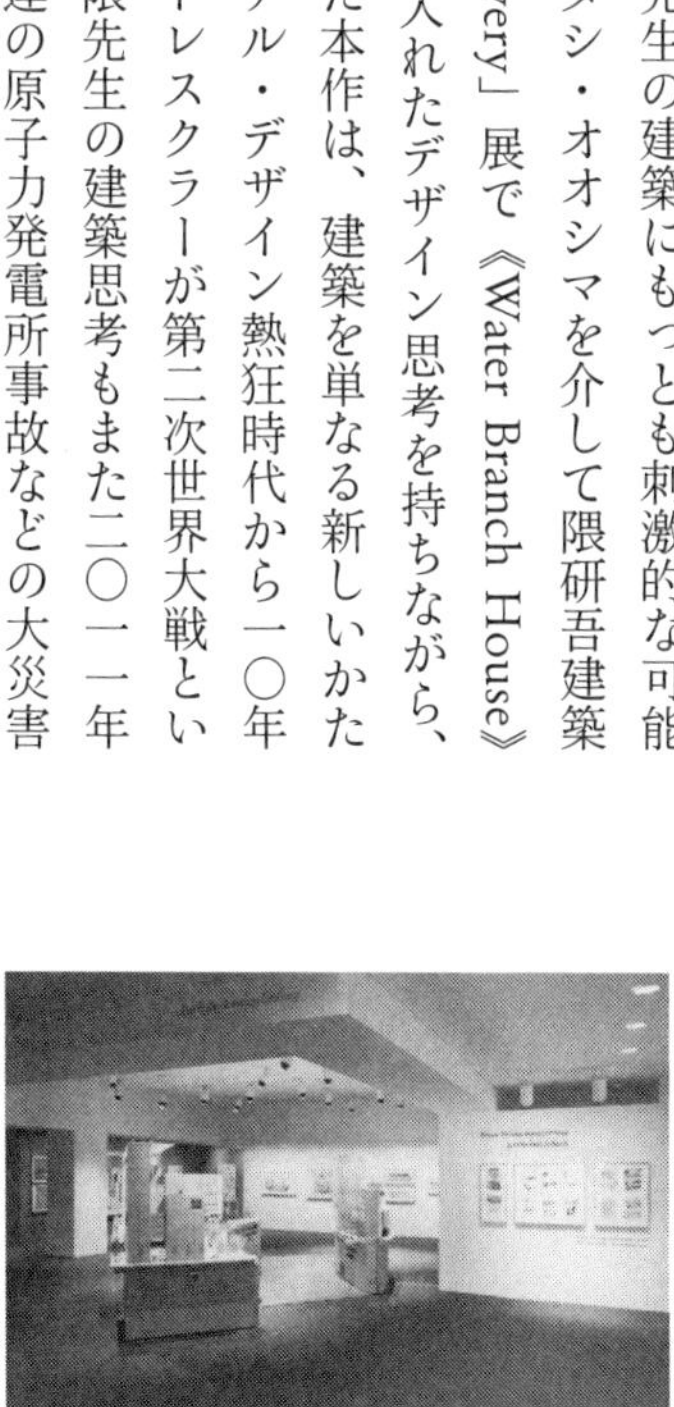

の後の世界のあり方に何らかの指針を与えるものでしょう。

最後に隈先生が継続的に実践されている現代の茶室空間に触れたいと思います。日本の茶室には、奉仕される空間(サーブド・スペース＝来客が共有する座敷)と奉仕する空間(サーバント・スペース＝裏手にある水屋)という空間概念が存在します。これらの二重性について、隈先生は次のように述べています。

主人の空間と使用人の空間というヒエラルキーが西欧の建築を支えていた。主人のための空間は建築の中心を占め、天井も高く、デザインの密度も高い。そのまわりを天井も低く、閉鎖的な使用人の空間が取り囲むという階層的な構成である。

(……)ところが茶室には、その序列がない。客の空間とサービスするための空間は、主従、大小の関係にない。客のための空間はより狭く、より暗い。サービスのための水屋は、機能性を確保するため、そこまで暗くできない。ヒエラルキーは逆転し、序列は反転する。客と主人の空間は、道教が世界原理の説明に用いた陰陽のダイアグラムのごとく、お互いに攻めあい、えぐりあいながら、回転する。(『小さな建築』岩波新書、二〇一三年、一九二―一九三頁)

茶室と水屋とが絡み合う回転型の構造が、突如として面白く見え始めたのである。序列でも均質でもなく、回転し続けること、茶碗という小さな器の中の液体を軸として、主人と客という二つの主体が回転し続ける状態が面白いと思った。(前掲書、一九六―一九七頁)

そして、フランクフルト美術工芸博物館で展示されたふくらむ茶室《Tee Haus》(二〇〇七)

[fig.36]の実験についての文章に触れ、私の講義は終わりにしたいと思います。

フランクフルトのふくらむ茶室では、この回転の原理をつきつめて、ピーナッツ型の平面形状へと到達した。ピーナッツの殻の中に共存する二つの実のように、座敷と水屋とが対等に共存する。人はときに主人を演じ、あるときは客を演じる。役割を決定するのは、偶然であり、時間である。主人と客の二つの空間は微妙にくびれながらもつながっている。一体化しながら別物であり、対等でありながら異質である。回転の原理を導入することによって、さらにお互いの役割を回転させる「時間」というファクターを導入することによって「小さい建築」が突如として、世界と結びつき、世界を巻き込んで回転を始める。(……)「小さな建築」が大きな世界と接続され、身体というちっぽけなものが、再び世界と結ばれる。「小さい」がゆえに世界と結ばれる。そのことだけを僕は伝えたかった。(前掲書、一九七頁)

fig.36——《Tee Haus》(フランクフルト、二〇〇七年)

講演 2

物質の詩学と物質性のイデオロギー

――隈研吾と村野藤吾の矛盾をはらむ建築

ボトンド・ボグナール

「様式の上」と「反オブジェクト」

ボトンド・ボグナール――本日のレクチャーでは、隈研吾先生の建築を、伝説的な建築家村野藤吾の建築と比較しながら再考したいと思います。隈先生は村野に薫陶を受け、彼の作品について視点の鋭い論考をいくつか書かれています。そして隈先生と村野の建築には類似する点が見られる。両者を比較的に捉えることで、隈先生自身の建築の独自性もまた浮かび上がってくるでしょう。両氏は時代や場所を横断しながら、あるいはそれらに翻弄されることなく、著しく多様性に富んだ規模、種類、様式の建築をつくってきました。

この二人の建築家に関心を持つ人は、まず両者の莫大な作品の数とその仕事の幅広さに驚くのではないでしょうか。村野による《宇部市渡辺翁記念会館》（一九三七）[fig.37]、《新歌舞伎座》（一九五八）[fig.38]、隈先生による《赤城神社》（二〇一〇）[fig.39]、《Z58》（二〇〇六）[fig.40]……。これらは様式に分類されない建築であり、二人は特定の様式に傾倒することをしない建築家なの

Botond Bognar
建築評論家、イリノイ大学アーバナ・シャンペーン校建築学部エドガー・A・タフェル講座教授。専門は現代日本建築と都市計画。主な著書に、*Togo Murano: Master Architect of Japan* (Rizzoli, 1996)、*Guide to Contemporary Japanese Architecture*（第二版、丸善出版、二〇一一年）等がある。

です。村野は「様式の上にあれ」と言い、隈先生は次のように様式についての思考を語っています。

> 私は特定の技法や手法に束縛されることなく、自由に建築をつくりたいのです。(……)様式を定義するよりも、私が望むのは、人間の身体で経験することができるある種の場所、ある種の条件をつくりだすことです。(Luigi Alini, *Kengo Kuma: Works and Projects*, Milan: Electa Architecture, 2006, p.102)

また二人は自身の建築のリファレンスとしてしばし数寄屋造りを置いています。数寄屋造は歴史的な様式でありつつも、書院造りのように原理主義的ではなく、つくり手の趣向に委ねられるところの多い特異な建築です。一方で隈先生も村野も、素材に対しては強い関心を示しています。可能な限り幅広い素材が用いられ、クラフツマンシップが生きた二人の建築は、やはり目を見張るものがある。これほど多くの素材と向き合ってきた建築家は、日本国内、そしておそらく世界でも類を見ないでしょう。二人の建築家をつなぐ類似性とは、様式に縛られない建築への取り組み、人間の空間体験に影響を及ぼす素材への強い関心、そしてクラフツマンシップと連携し、細部までこだわり抜いたディテールを生み出す一連の方法論だと要約することができるでしょう。

それでも、二人の思想、各々の建築そのものには大きな違いがあります。村野は長いキャリアのなかで、さまざまな様式や素材、色彩

fig.37——《宇部市渡辺翁記念会館》(村野藤吾、一九三七年)

fig.38——《新歌舞伎座》(村野藤吾、一九五八年)

fig.39——《赤城神社》(二〇一〇年)

fig.40——《Z58》(上海、二〇〇六年)

を組み合わせることによって「様式の上」を創造しました。彼が重きを置いていたのは、強い視覚的効果をもたらし、感情に訴えかける豊饒な建築をつくることでした。「大事な問題は、建築作品がいかに人々に影響を与えられるかということだ」(Hiroyuki Suzuki, Reyner Banham & Katsuhiro Kobayashi, *Contemporary Architecture of Japan 1958–1984*, New York: Rizzoli, 1985, p.30)という言説からもその姿勢が窺えます。逆に言えば、「様式の上」が反動的な折衷主義を過剰に推し進めるものとなっているのではないかと、しばし非難されたこともありました。しかし村野の建築は、そうした折衷主義に収まるものではなく、ある意味で時代を先んじていたのです。村野はゴシック、古典主義などさまざまな様式のボキャブラリーや多様なモチーフを自由に操作して装飾的な意匠を生み、並外れた想像力の結晶といえる建築を次々に創造しました。そこにはやはりさまざまな素材が表面仕上げとして用いられています。モダニズムが興隆した時代において、言わばアール・デコやアール・ヌーヴォーに近い装飾表現を持ち続けていた。隈先生の言葉を借りると「身を切るような強度を持った魅惑的な美」を生み出していました。

一方で隈先生は、「素材は仕上げではない」と述べていますが、この言葉は少し補足する必要があるでしょう。隈先生が目指しているのは、人間とそれを取り巻く環境や世界との間に、親密でありながらも活発な関係を築く建築をつくることです。彼の建築は単なる感情的な動機によって支えられているのではなく、現象学で表現されるような実存的あるいは存在論的な関心に支えられています。建築を、人間と周囲の環境との間に関係性をつくるものとして存在させるためには、できる限り建築が「オブジェクト」の領域から離れる必要がある。しかしオブジェクトそのものである建築にそれは不可能に近いことだと認識しながら隈先生は「反オブジェクト」という思想を唱えます。『反オブジェクト——建築を溶かし、砕く』(筑摩書房、二〇〇〇)は、現代社会の状況をはじめ、建築史や哲学に関する莫大な思想が反映された著作であり、文中で次のように記しています。

オブジェクトとは、周囲の環境から切断された、物質の存在形式である。すべての建築は環境の中に人間がうちたてた特異点であり、当然、オブジェクトに違いないではないかといわれれば、あえてそれを否定しようとは思わない。切断は建築の宿命である。しかしその切断を自ら望むのか、あるいは、切断を可能な限り回避しようとするのか。その違いは、建築にとって決定的であり、その建築を体験するものに対して、決定的な差異として出現するように、僕には思える。（『反オブジェクト』筑摩書房、二〇〇〇年、六頁）

自身に内在する矛盾と向き合い、そうした切断を緩和させるべく隈先生は独自の設計戦略を展開しました。一九九〇年代半ば以降、彼の建築はミニマリズムともいえる特殊な姿を現しました。例えば、《亀老山展望台》（一九九四）や《北上川・運河交流館 水の洞窟》（一九九九）は、建築を地中に埋めながら、周囲の環境との調和を図り、それは言わば「建築を消す」ことを意味していました。

二人の建築家の持つ物質の詩学

両氏にとって素材は特別な要素でありますが、隈先生にとって土はとくに重要な素材なのではないかと思います。ほかにも鋼鉄、アルミ、ガラス、天然樹脂、石、粘土、タイル、葦、植物、紙、竹、茅、布、そして木……。こうした素材によって、伝統の表現のみならず現代に再構築したヴァナキュラーを創造している。なかでも重要なのは、場所や地域の建築文化を持続、発展させるため、必要量を超えて存在する素材や建物を探し出して、自身の建築に利用していることです。そして、これらの素材を「粒子」として使う、あるいは建築の構成要素の一部を「砕く」ことによってより小さなパーツに細分化させています。これこそが建築をよりオブジェクトではない状態にするための方法です。さまざまなルーバーシステム、密に配置された羽目板、細かく編まれたスクリーンや透かし細工などの要素は、彼の建築を構成する重要な要素で、そこには軽やかさが宿っています。光や空間を透過しながら、彼の建築に幻想的な躍動感をもたらし、建築物の境界を曖昧にしているのです。隈先生が「粒子化」と名づけた建築のあり方は、たとえ大規模な構築物の場合でも、威圧的な存在感を和らげることで均衡を保っている。その結果、彼の作品は壊れやすくはかなげな印象になる。まるで周囲の自然、あるいは都市の景色のなかに静かに消えていってしまうようです。村野が自らの建築の存在をオブジェクトとして際立たせたのに対し、隈先生が求めている建築はその真逆で、建築を環境に溶け込ませ、消えてなくなってしまうようなあり方なのです。このように隈先生は「できるだけ注意深くその土地の声を聞く」ことから設計を始めます。一方で村野の、視覚的で豊饒な建築は「直感」に基づいた設計とも言えます。同時代の建築家が理念を持ってモダニズムを表現していたのに対し、村野は強固な理念を持たなかった。「粒子化」という理念を持った隈研吾、直感的な村野藤吾、どちらも詩的な魅力を備えています。隈先生の建築は過剰なフォルム・メイキングや派手な技術から距離を置き、つねに静謐をたたえています。建築に宿るさまざまなものごとは、悠々とした威厳を放ちながらも各々のペースで起こり、遅れて人間の身体に知覚されることで初めて明らかになる。私はこうした隈先生の建築に対して「スロータイム・アーキテクチャー」という言葉を考案しました。

同じような特徴は村野の建築にもあるかもしれませんが、それはものの物質性や構造というよりも、むしろ表面の操作によって実現されています。建築史家の浜口隆一が述べたように、村野はつねに「構造スケルトンの造形的な扱いよりも、仕上げの視覚的効果のほうにより関心を持っていた。（……）彼は明らかに構造よりも材質感のほうにより魅了されていた」（Ryuichi Hamaguchi, "Togo Murano," *The Japan Architect* 01, 1964, p. 37）のです。このように、村野は構法あるいは技術には関心がなく、その建築には詩的な着想の源としての構造システムは存在しない。一方で隈先生は、使われる素材の構造的な本質を結集して、物質の詩学を呼び起こします。隈先生の建築では、例えばレースのように編まれたファサードの格子スクリーンが耐力構造システムとして機能するように設計されていることがある。

「現在主義者」と「継続主義者」

村野は一九五〇年代後半から八四年に亡くなる直前まで衰えることなく建築に向き合い、間違いなく日本の建築界において重要な立ち位置を占めていました。しかし同世代で、世界に名を馳せ、国内では官界に対しても権威を持ち、日本を代表する建築家と位置付けられていたのは、丹下健三をはじめとするモダニストたちでした。丹下らはアメリカで興隆したインターナショナル・スタイルの理念と相性の良い建築家でしたが、村野はそうした世界の主流に反する路線を象徴する存在であったのです。数寄屋造りという特異性、官に対する民、工業化に対するクラフツマンシップ……。彼が公の路線から脱却する反中心的な立ち位置に自らを置いていたのは、非常に意図的な振る舞いでした。彼は自らを、本歌の一句二句を自作の歌に取り入れる作歌法である「本歌取」に例えていましたが、この役割を全うすることを見事に成功させたのです。

こうした村野の反中心的立ち位置について考えたとき、現代の加速する建築界のなかで、隈研吾の立ち位置はどこにあるのでしょうか。あるいは現代において、中心あるいは主流など存在するのだろうかと問うこともできるでしょう。「中心」はすでに歴史的には滅ぼされてしまったと言われますが、はたしてそうなのでしょうか。村野は自らの建築に明確な理念を持ちませんでしたが、隈先生にとって理想とは何でしょうか。「私は建築を消し去りたい」――これが理念であり、建築を消すことで、建築を救おうとしているのでしょうか。

官に対する民であった村野は熱心な『資本論』の読者でした。マルクスが「商品は命がけの跳躍をする」と述べています。公的で中心性を帯びた建築は言わば自動的に取り引きされ、そこに価値体系の概念を見出す必要はなかった。しかし村野の反中心的な建築は、商品のように価値体系を帯び、つねに跳躍する場に立たされていたのです。隈先生もまた、建築は商品化のプロセスとは無縁でいられないと認識しているので、つくる建築も「命がけの跳躍をする」覚悟で、綱渡りをしています。しかし隈先生は必ずしも商品化を受け入れるのではなく、むしろ建築が商品化することを阻止しようと試みているようにも思うのです。粒子化された曖昧な建築からは、画像データやオブジェクトに変換され大量消費される見世物になってしまうことへの抵抗が見えるのです。

理念では建築という商品を跳躍させることはできない。それゆえに村野は、いかなる特定の様式に傾倒せずに絶えず変化に満ち、批判的であり、豊穣なデザインをつくり続けてきました。そうした建築に対する唯物的な眼差しをもって、自らを「現在主義者」だと表明しました。隈先生はソリッドな境界や建築をオブジェクトたらしめる厳格な定義、過去の伝統と今の現代性など総じて「明確な分離」に対し異議を唱える「継続主義者」であるように思えます。「継続」を保つために、ものとものの間で橋渡しをする。それは隈先生自身の言葉からも明らかです。

私は伝統的技法から最新技術まですべてのものを活かした建築に到達したいと望んでいます。(……)つまり、私は自分の作品を通じて伝統と革新、そしてローカルとグローバルを橋渡ししようと試みているのです。(Alini, op.cit., 2006, p.102)

村野の豊饒の詩学、そして隈先生の静穏で控えめなミニマリズムの詩学は、ともに異なる時代における「抵抗の表れ」だと言えます。

フランスの哲学者、ポール・リクール(一九一三－二〇〇五)が「Civilisation universelle et cultures nationales(文明と国民文化)」と題した論文で提起した物事に宿るパラドックスについて、

現代的であると同時に原点に立ち返るためには、どうしたらよいだろうか。古い活動の止まった文明を生き返らせ、普遍的な文明に貢献するためには、どうしたらよいだろうか。(*Esprit*, Oct., 1961, pp.439-453)

と問いかけています。隈先生の建築は、もうすぐその問いに対する答えを示してくれるような気がします。

鼎談

建築のグローバリゼーション

バリー・バーグドール × ボトンド・ボグナール × 隈研吾

村野藤吾と吉村順三

隈研吾——素晴らしい講演をありがとうございました。今日、吉村順三と村野藤吾についての話を聞くとは思っていませんでした。じつは一九七〇年代に大学で建築を学んでいたとき、私は吉村順三と村野藤吾に興味を持っていました。先ほどバーグドール先生が一九五四年は吉村順三がニューヨークのＭｏＭＡで日本の住宅建築をつくった重要な年だったと話してくれましたが、私はこの年に生まれました。一九六四年、私は一〇歳のとき、一回目の東京オリンピックの開催中に初めて丹下健三の建築を見て、非常に感銘を受けたのです。

しかし一九七三年に東京大学で建築を勉強し始めた頃、正直なところ一九七〇年代の丹下健三の建築には失望していました。一九七〇年に大阪万博のお祭り広場の大屋根を見たときは、がっかりしたものです。一九七〇年代に彼はサウジアラビアやシンガポールでもいくつか建物を設計しましたが、どれも退屈に見えました。一九七〇年代後半、僕が大学で学んでいた頃、槇文彦、磯崎新、黒川紀章という丹下先生の三人の重

要な弟子は活躍していましたが、私は彼らの作品にも共感できませんでした。
　その代わりに、私は村野藤吾と吉村順三の一九七〇年代の建築に大いに刺激を受けたのです。それらの建築は茶室や旅館で一見すると伝統的な印象でしたが、私はそこに空間の新しいあり方の興味深いヒントがあると感じていました。その頃、私は村野と吉村のさまざまな建築を見に行きました。特に印象に残っているのは、村野が設計した広島の《世界平和記念聖堂》(一九五四)[fig.41]を友人と訪れたときのことです。私は丹下の《広島平和記念資料館》(一九五五)[fig.42]などの建築については知っていましたが、村野の教会のことはあまり知りませんでした。それは驚

fig.41 ——《世界平和記念聖堂》(村野藤吾、一九五四年)

fig.42 ——《広島平和記念資料館》(丹下健三、一九五五年)

くほど見事な建築でした。コンクリートレンガと金属の対比、そしてコンクリートレンガとコンクリート打放しの組み合わせ方は本当に素晴らしく、私の期待をはるかに上回るものでした。そして村野が設計した《千代田生命本社ビル》(一九六六、現・目黒区総合庁舎)[fig.43]にもとても感銘を受けました。東急東横線で大学に通う途中、毎日この建物のそばを通っていましたが、プレキャストコンクリート壁の繊細なラインの美しさに魅せられ、彼の建築のディテールに興味を持ちました。

吉村順三に関しては、私が好きな旅館、京都の俵屋に彼が設計した新館(一九六五)があります。彼は自然素材を使っていますが、そのディテールはじつに挑戦的かつ現代的で、私はこの建物から多くのことを学びました。それから軽井沢にある吉村の別荘(一九六二)——森のなかに浮かんでいるような住宅です——を訪ねたときの森の中の浮遊感は、今でも覚えています。この建物からも多くのことを学びました。私は丹下健三の建築との出会いをきっかけに建築について考え始め、そして一九七〇年代には村野と吉村の建築に触発されましたが、なぜ自分が彼らの建築に興味を持ったのか、当時はよくわかっていませんでした。でも、今になってようやくその理由がわかりました——この二人の建築家の想像力はモダニズムを超越するものだったからなのです。

ボトンド・ボグナール——私は、村野藤吾を高く評価する隈先生の見解を知る前から、隈先生の建築と村野の建築の興味深い関係に気づいていました。しかしおもしろいことに、村野を称賛する現代の日本人建築家は隈先生だけではありません。一九九七年に私が村野の建築に関する本を書いたとき、槇文彦が彼を称賛する序文を書いてくれました。彼が村野を高く評価するのは、意外なことかもしれません。なぜなら槇は才気あふれるモダニストとみなされているからです。それでも彼は明らかに村野の建築が象徴する人間らしい温かみを認めており、隈先生の建築と同じように、一九八〇年代以降、槇の建築も村野と似た特徴を示すようになりました。素材の選択や使い方とディテールの考え方、そしてそのほかのさまざまな多彩さはじつに魅力的です。

また一方で、まだ一〇歳の子どもだった隈先生が丹下健三の建築に感銘を受けたというのも、とても興味深いことです——でもそれは当然だと思います。なぜ

fig.43——《千代田生命本社ビル》(村野藤吾、一九六六年、現・目黒区総合庁舎)

なら彼が設計した《国立代々木競技場》(一九六四)は二〇世紀、そしてそれ以降の建築を象徴するランドマークであり続けているからです。しかし結果的に、隈先生も槇やその他の建築家と同じように、特に繊細で独創的な素材や質感の用い方、新しい空間の関係性の構築、敷地あるいは環境に対する配慮などを通じて、より幅広く豊かな建築の経験をもたらすことによって、モダニズムのパラダイムを超える優れた設計を展開しました。それとともに、私にとって素材の多様さと巧みな使い方に秀でた隈先生の建築のもっとも印象的な特徴は「静けさ」だということを付け加えたいと思います。それは、今日誰もが大事な性質を見落としたまま派手なかたちづくりやイメージづくりを競い合っているなかで、めったに見られない特徴です。

日本建築の世界的需要

バリー・バーグドール――どちらかというと歴史家の考察に近いかもしれませんが、私のまとめで特に強調したかったことは、まさにこのように素材の再発見と伝統的建築の経験の素質の穏やかな統合が表面化した一九五〇年代初頭から一九六〇年代の瞬間に特に興味があるということです。それは伝統的な一七世紀の日本の建築の層構成《レイヤリング》および変容性と、モダニズムの遺産である透明性への傾倒の出会いのようなものでしょう。「ガラスの箱」の建築という欧米の理想、それと日本建築の構成のみならず、木造の枠組みと可動間仕切りの素材からつくりだされるあらゆる空間的性質が統合されたときに何が起こるか、そしてそれらがどのように一体化されるかということへの関心です。だからこそ、一九五〇年代の吉村が人々に大いに示唆を与える人物だったのでしょう。今のアメリカでは、吉村は日本の建築に関心がある人たち以外にはそれほど知られていません。ある意味で、この人物が何者だったのかを理解するために、アメリカで吉村の回顧展を開催する必要があると思います。一九八〇年代以前にアメリカにあのような建築の遺産を残した日本人建築家はほかに考えられませんが、それでも彼はアメリカよりもここ日本でのほうが、はるかに知名度が高いと思います。

隈――そうですね、それは非常に興味深い視点です。吉村順三はかつてアメリカでもよく知られており、評価されていました。一方で、村野藤吾はまったく評価されていませんでした。

一九七〇年代以降、日本において村野と丹下はライバルでした。二人ともたくさんの建物を建てていたし、多数のプロジェクトを手がけていました。丹下は公共（建築）を象徴する存在で、彼のクライアントは中央政府や県、市などの公共部門でした。その一方で、村野のクライアントは民間企業で、多くの商業プロジェクトを手がけていました。丹下は東京大学出身で、村野は私立の早稲田大学出身です。ボグナール先生も講義でお話しされていましたが、彼ら二人は対照的な人物だったのです。それでも村野はとても尊敬されていましたが、村野はヨーロッパやアメリカではまったく知られていませんでした。今日、お二人の関心がモダニズムの中心にいた丹下ではなく、その周縁の建築家に向かっている点で、よく似ていることがわかりましたが、まったく違う二人の人物についてどのように考えていらっしゃいますか。

ボグナール——村野藤吾と吉村順三の両氏とも、表立った主流、あるいは中心に闘いを挑むことによって日本の建築を豊かにしてきましたが、彼らの建築のジャンルは大きく異なる感性から派生したものであるという点には同意します。この差異については、いつかさらに詳しく検討する必要があると思います。

　しかし、「世界と日本」というテーマに近づけるためにも、今は隈先生と村野に関するもうひとつの論点に話を戻したいと思います。村野は三五〇件以上の竣工プロジェクトがあるにもかかわらず、海外ではひとつも建てず、国際的な舞台で日本を代表することもありませんでしたが、その一方で、隈先生の事務所が手がける膨大な数のプロジェクトのおよそ五〇パーセントは海外で竣工しています。その意味では、過去一〇〇年ほどの間で日本を代表する建築がどのように、そしてどのような状況下で発展してきたかを考察することが有効かもしれません。

　東京大学と丹下健三は長い間、公式の日本代表としての役割を果たしてきました。それから、あなたが——東大出身というだけでなく、丹下と同じように東大で教えてもいますが——《国立競技場》（二〇一九）を設計し、意義深い、しかし異なるやり方で日本の代表としての役割を果たしています。もし東京大学が今でも日本の公立大学の最高峰であり、そして隈先生自身が早稲田大学出身の村野の称賛者であるだけでなく、彼の建築のような特性が現れている建築を推し進めてきたならば、日本建築の代表としての丹下と隈先生のやり方、ひいては日本そのものにも著しい変化が認められると思います。私が見るところ、隈先生の作品のなかで二つの立ち位置が独自なかたちで組み合わさっていると感じます。その背景には中心からの著しい離脱、あるいは実際には中心そのものの消失、そして世界に向けた表向きの代表的な日本の建築の消失が見られます。

　先ほどバーグドール先生が言及したように、明治時代以降、繰り返す波のように何度も日本の建築が海外に重要な影響を与えてきたことを述べておきたいと思います。一九八五年に私が初めて日本建築に関する本(Botond Bognar, *Contemporary Japanese Architecture: Its Development and Challenge*, New York: Van Nostrand Reinhold)を出版したときのことを覚えています。一九七八年に「Japanese New Wave」展がアメリカを巡回した後で、誰もが日本の建築について話をしていました。アメリカ全体が夢中になっていました。私は新しい日本の建築について話してほしいとたくさんの講演会に呼ばれましたが、

全部に行くことができなかったほどです。その後、この世界的な関心は次第に薄れていきましたが、バブル時代には再びさらなる高まりを見せ、建築家のピーター・クック(一九三六―)は「今日の建築についてもっとも重要な情報を得たかったら、日本に行くべきだ」と言ったのです。

　そして再び長い間日本の建築への関心は失われていましたが、その後また関心は高まり、現在では日本の建築は再び評価され、人気が高まっています。多くの建築家が海外に事務所を置いて仕事をしており、ほぼ完全に海外を拠点に活動する建築家も多くなっています。彼らはかつてないほど大きなスケールで、世界に向けて日本建築の代表者としての役割を果たしています。伊東豊雄やＳＡＮＡＡはもちろんまだ日本でも建てていますが、今ではほとんどの作品は海外にあります。同じように、長い間国内だけで仕事をしてきた代表的な日本の建築家、安藤忠雄も、今では作品の大部分を海外でつくっています。これはじつに興味深いことです。

　この国際的な舞台への新しい関心、そして著しい転換を誘発したものは何

だったのでしょうか。バブル景気の間、日本には実質的に無限の財力と建設プロジェクトがありました。日本の建築家はかつてないほどたくさんの建築を生み出し、多くの建築家が世界的な名声を確立しました。丹下、槇、安藤はこの時期およびその後プリツカー賞を受賞しました。しかしバブルは崩壊し、日本では仕事がなくなり、海外市場、特に中国、中東、旧共産主義国の東欧諸国などの新興市場での機会を利用する必要性が高まりました。そして先ほど申し上げたように、この頃になると日本の建築家はこれらの市場に参入するために有利な立場にありました。だからこそ、バブル時代の終焉は少なくとも日本の建築家が大々的に海外で建てるようになった理由のひとつだったのではないかと思います。そしてこの時期、一九九〇年代半ばに隈研吾が建築界に登場しました。つまり、隈先生はポストバブル建築家と言えるかもしれませんね。海外での仕事が急増するなかで、あなたはこの変化を顕著に表しています。

エンジニアリングと建築実践の密接な関係

バーグドール――私は日本の建築を研究する歴史家などではなく、素人の観察者にすぎないので、私のコメントはどちらかというとお二人への質問のようなかたちになるかもしれません。二〇一六年にＭｏＭＡの同僚のペドロ・ガダーニョが企画した「A Japanese Constellation」展に対するリアクションのひとつとして、構造エンジニアのガイ・ノーデンセンが企画したシンポジウムが開かれました。このイベントの成果は、日本の構造エンジニアと日本の建築、とくに日本におけるエンジニアリングと建築実践の密接な関係（それはすでに教育の場でも存在していますが）を論じた一冊の本にまとめられました（*Structured Lineages: Learning from Japanese Structural Design*, New York: The Museum of Modern Art, 2019）。彼は、多くの日本の建築家が構造的に実験しながら形態の探究に取り組むやり方は、少なくともアメリカの、またその他の多くの場所の慣習とも明らかに異なると考えました。あるいはその観点から見ると、ドイツだけは日本に近いやり方をしているかもしれません。そのことはボグナール先生がお話しされたことと関連があるでしょうか。

ボグナール――ええ、日本の長い伝統として、建築家と施工会社は互いに強い協力関係のもとで仕事をしますが、そこには構造エンジニアも含まれています。このクリエイティブなコラボレーションは時間がかかりますが、コロンビア大学のあなたの同僚、ケネス・フランプトン(一九三〇－)に「日本では建設不可能なものはない」と言わしめたほどの成果を生み出します。彼らが維持する優れた品質とクラフツマンシップ、あるいは「産業クラフツマンシップ」と呼ぶべきものは、ほかに類を見ません。しかし、日本の建築家が海外で建築をつくるときにしばしば対処しなければならない問題は、まさにその土地の施工の品質なのです。

私は、例えば台湾、中国、そしてアメリカなどで、伊東豊雄、安藤忠雄、隈先生の建築を見てきましたが、そのなかには日本の設計の高い水準に地元の施工技術が追いついていない例が数多くありました。そのような状況で何ができるでしょうか。それに対処するひとつの方法は、施工者を教育し、工事を厳密に監理し、あるいは隈先生が通常行うように、現場監理に加えて、地元の施工会社の能力を認識したうえで可能な限り設計を調整することです。隈先生は弱みを強みに変えることを目指しているように見えます。それでも低い品質のほうが目立ってしまうことも多いのです。

隈――設計とエンジニアリングの関係は、今日の鼎談にとって特に重要なテーマだと思います。まずアメリカと日本の教育システムの違いから見てみましょう。ご存知のように、日本、例えば東京大学の教員にはエンジニアも設計者もいます。東京大学の教育体制ではエンジニアは大きな力を持っていて、私たちは学生時代から協働しています。一九六四年に竣工した丹下健三の《国立代々木競技場》では、丹下は東京大学の坪井善勝教授と協働してあの吊り構造を考案しました。二つの大学の二人の教授の協働は、建築史ではほかに類を見ない事例だと思います。でもそれ以後このような幸せな関係はなくなりつつあると感じています。今日、バーグドール先生は日本のプレハブ住宅産業の質の悪さについて言及されていましたね。

バーグドール――質の悪さというほどではありませんが、私は新しい事例を探していたときに、同じような型式を繰り返すやり方に気づいたのです。大規模な住宅の製造現場には革新性を見出すことができなかったし、私が高く評価していた設計者とこれらの住宅の大量生産の間には何の関連性もないように思えました。

皮肉なことに、日本のプレハブ住宅メーカーには、自動車メーカーと提携しているところもあります。自動車メーカーはつねにイノベーションを続けていますが、プレハブ建築の製造現場ではほとんどイノベー

ションは起こっていないことは、工場を少し見ただけでわかりました。

ボグナール――一九六〇年代のメタボリストは、施工会社が担う工業生産に大いに依存しており、かなりのレベルまで革新をもたらすことができました。一九七二年に竣工した黒川紀章の《中銀カプセルタワー》を見ると、その施工は自動車製造と非常に似ていました。これらのカプセルは自動車と同じように完全に既製品で、トヨタの高級車と同じぐらいの値段でした。このユニットは、パイオニアかソニーのステレオやその他のさまざまな小物など、カスタマイズされたディテールも含めて注文できます。ユニットはすべて革新的で標準化されたプレファブリケーションのうえに成り立っていました。メタボリストは互換性の重要さを認識していたので、高度な標準化が必要だったのです。

しかし当時の日本の工業化は、両刃の剣でした。急激で見境のない無制御な工業化は、結果として騒音や交通渋滞、大気や河川の汚染や公害などの甚大な環境問題をもたらしました。一九七〇年代前半に私が初めて東京に来たとき、高濃度の一酸化炭素、二酸化炭素、

酸化窒素などの発生や騒音レベル示す大きな電光掲示板が設置されており、今のパンデミックの状況下と同じように、皆がマスクをしていました。逆説的に言えば、メタボリズムの失墜の原因のひとつは、建築をさらに工業化することによって工業化の負の側面を緩和しようとしたことだとも言えるわけです。メタボリズム建築とともに工業化時代は過ぎ去りましたが、製造や施工のイノベーションは必ずしも完全に過去のものとなったとは限らないということは付言しておきたいと思います。当時ほどイノベーティブではないかもしれませんが、現在も重要な取り組みをしています。

エンジニアと建築家の夢

隈——一九六四年は工業化がピークに達した時期であり、学術界ではエンジニアリングとデザインは幸せな関係にありました。しかし水俣病をはじめ、工業化による多くの弊害が起こった後、その幸福な関係は失われてしまいました。一九六〇年代以前には大学が科学やエンジニアリングを先導していましたが、一九六四年以降は大企業がエンジニアリングを先導するようになりました。

建築におけるプレファブリケーション、いわゆるプレハブ住宅でも同じことが起こりました。一九六〇年代には、私の師であった東京大学の内田祥哉先生と彼の教え子たちが、プレファブリケーションを先導していました。彼らは多くのアイデアを持ち、さまざまな挑戦や発明を行っていました。しかし一九七〇年代以降、大企業がプレファブリケーションを先導するようになる。言うまでもなく、大企業はマーケティングに基づいて商品をつくり、それを商売をしていたにすぎません。だからバーグドール先生は日本のプレファブリケーションはもうおもしろくないと感じられたのでしょう。私もファブリケーションについては、同じように感じています。それはある意味で成熟してしまったエンジニアリングであり、新たな発案や挑戦の余地がありません。

　私たちのパヴィリオン・プロジェクトは、大学や学術界が挑戦する機会を取り戻すことを目標にしています。これらのプレハブのパヴィリオンのエンジニアリングは、実用的でないかもしれません。ドリーム・プロジェクトのようなものです。実際に《カサ・アンブレラ》に住むのは私たちにとってそう簡単なことではありません。「Home Delivery: Fabricating

the. Modern Dwelling」展のためにつくった《Water Branch House》に住むのもあまり現実的ではありません。でもそれらはある意味で、エンジニアと建築家の大きな夢なのです。私は成熟したエンジニアリングを前に立ち止まるのではなく、夢に立ち戻りたいのです。

バーグドール――私が「Home Delivery」展で――この展覧会は隈先生の研究と私の歴史家としての関心が出会う大事な場所なので何度も言及していますが――取り組もうとしたもうひとつのことがあります。

展覧会が具体的になり始めるにつれて印象的だったことのひとつは、いろいろな製造業者に私が展示する予定の歴史的展示物のポートフォリオを見せると、彼らは必ず「どうしてこれらのものを見せるのですか？過去の失敗例ですよ？」と言ったのです。そして、歴史家として、人々にとって歴史とは概して成功の歴史だということを理解するようになりました。しかし過去の失敗例が驚くほど示唆に富んでいるときもあります。ほかにも展示されるものの多くは歴史的なものですが、これらのものがつくられたばかりの頃のことを振り返れば、何も成果に結びついたものばかりではありません。でもそれらが何をしようとしていたのかを考えてみると、その失敗は今日考えなければならない多くのことを示唆していたのです。

ボグナール先生は開会の挨拶でバックミンスター・フラーの名前を挙げましたし、私もＭｏＭＡの庭園で短期間バックミンスター・フラーのあまり知られていないプロジェクト「Dymaxion House」を少しお見せしたので、それについて話しましょう。「Dymaxion House」は、うまくいかなかった、ちょっとクレイジーな実験のように思われることが多いのですが、じつはプレファブリケーションの最大の挑戦のひとつであり、先駆的なプロジェクトだったのです。それは構築物を建設した後に給排水・空調設備の設置や配置しなくても済むように、工業的に製造されたシステムに建物の構造要素と設備を一体的に組み込むための挑戦でした。フラーはすでにこの問題を提示していたのです。つまり私が言いたいのは、失敗の歴史はじつは未来に向けた示唆の歴史であることが多いということです。

ボグナール――このディスカッションでは、一九八〇年代以降に日本でバブル経済と同時に起こった非常に大きな社会の変化についても取り上げるべきではないでしょうか。日本は工業化時代を捨て去って脱工業化時代に進み、それとともに、完全に新しいデジタル技術に依存しつつ急速に発達する現在の情報社会へとシフトしていきました。この過程において、エンジニアの役割とともに、建物を考案し、施工し、運営する方法も劇的に変化しました。レーザー装置だけではなくGPSを使って、以前は想像できなかったような非常に複雑な構築物を建設している工事現場に行ったこともあります。

今日の多くの建築物は、私に、大きなコンピュータを連想させます。制御室に降りていくと、白衣を着た大勢の技術者がモニターに向かって座り、建物のあらゆる機能を制御しているのです。私は建築のこれらの側面における進歩や革新を否定するつもりはありませんが、建築が改善された点がこれだけなら、村野、槇、そして隈先生が提唱する豊かな人間性という経験的な本質にはまだ至っていないと思います。このような建築の従来の本質を再定義することもまた革新であり、私はそのなかで構造エンジニアが創造的な役割をどのように果たしていくかも含めて引き続き見守っていきたいと考えています。

バーグドール――先ほど日本のプレファブリケーションについて、イノベーションが起こっていないと言及しましたが、それを踏まえて、今お話しされたことへの返答を考えていました。伝統と革新の問題にも直結していますが、現在起こっている特に興味深いことのひとつに、構造用木材分野で膨大な実験が行われており、それが木材の本質を変えつつあるということがあります。木材はつねに意味論的に伝統の象徴と言えるものですが、実際には必要に迫られてイノベーションと実験が起こっているもっとも重要なフィールドになりつつあります。再生可能資源だからということだけでなく、法律が変わりつつあり、過去には考えも及ばなかった探求、すなわち高層建築の可能性の探求を奨励しているからです。

ボグナール――そうですね。構造用木材実験はまさに、建築家とエンジニアが、伝統と革新、あるいは過去と未来が最高のかたちで重ね合わさった非常に革新的な解決策を推し進めることができる、新しい技術領域のひとつです。日本では、そのような新しい木造建築の事例はどんどん増えています。隈研吾、坂茂、松永安光、内藤廣、三分一博志などの建築家は、幅広くさまざまな革新的な方法で木材を使っています。しかしこれらの新し

い木造建築物、特に高層建築は、構造材としての木材の新しい製造方法に依存しています。ここでは、木材はもはや自然のままの状態では使われておらず、コンピュータ制御された機械を用いて最高の精度で大々的に処理され、ラミネート、クロスラミネート、接着などの技術的加工が行われています。このようにして木材製品は、今では従来の構造的に強いほかの材料と同等、あるいは場合によってはそれらを超える耐荷重性を有します。

バーグドール先生が言うとおり、木材は新しいファブリケーションあるいはプレファブリケーションの技術のおかげで、主要な建材のひとつとして復活しつつあります。

建築界における教育とグローバリズム

隈――最後にアジアの問題を提起したいと思います。先ほどバーグドール先生が言及したように、吉村は一九五〇年代と六〇年代にはアメリカで広く知られていました。私が今日のレクチャーを中国で設計した《竹屋 Great (Bamboo) Wall》の写真から始めた理由は、それが私の最初の中国でのプロジェクトだったことに加えて、世界的に有名になった最初のプロジェクトだったからです。私にとって、中国はとても重要なオーディエンスです。中国とアメリカのオーディエンスはどのような違いがあるでしょうか。また、一九九〇年代以降、中国は急速に成長しています。建築界で、中国の存在感はますます強くなっています。日本、中国、欧米はある意味で三つの極と言えるでしょう。お二人は建築における中国の意味をどのように考えていらっしゃいますか。

ボグナール——中国について日本と関連させながら話すには、私たちははるか昔まで歴史を遡らなければなりません。歴史的に日本は中国から多くを学びました。しかし今では、その流れは逆転しているようです。中国は日本だけから学んでいると言っているわけではありませんが、建築生産においては、日本人は中国で非常に重要な役割を果たしています。中国が外国からの助けを借りて実現した建築の近代化は、非常に目覚ましいものです。

　しかし日本における近代化の過程でそうであったように、中国では今、現代の建築文化を発展させる一方で、自らのルーツ、長年にわたる建築文化と再びつながろうとする傾向が強まっています。私の日本建築の授業を受けている中国人の学生たちは、日本がどのように現代性と過去の経験から生み出されたローカル・アイデンティティのギャップを埋めることができたのかという点にもっとも興味を持っています。現代の中国は近代化の衝撃に耐えてきた多くのほかの文化と同様に、建築でも彼らにとってより意味のあるものを求めています。この大きなギャップを埋めることに成功したと言える日本はまさにひとつの良いお手本であり、中国はそこから多くのことを学ぶことができるでしょう。そして中国における隈先生の作品は、この点に関してもっとも良い例のひとつだと言っても過言ではありません。

　中国の新世代の建築家の活動を見ると、この学びが大きな成果を挙げていることを証明していると思われます。私は日本の現代建築を現場に見に行って研究を続けていますが、最近は建築を見るために、日本よりも中国に行くことが多くなってきました。またそれとともに、中国人が自ら設計した中国建築の新しい方向性を代表する建築を見に行くことにも力を入れています。

バーグドール——隈先生の質問に対してあまり

専門的な意見は言えませんが、長期的に見るとアメリカと日本の政治的関係と、アメリカと中国の政治的関係は大きく異なっていたと思います。中国の改革開放(一九七八)後、アメリカの対中意識は大きく変化し、そしてここ数か月の変化も非常に増幅したかたちで受け止められています。

政治的観点から言えば、アメリカには中国に対する根本的な不信がありますが、それはロックフェラーと吉村の関係とはまったく異なるものです。第二次世界大戦終結後の日米間の信頼と友情は、素晴らしい二〇世紀の物語です。敵国どうしだった二つの国が急転換を図り、互いに称賛し合い交流する関係を築いたのです。過去七五年の米中関係の歴史においては、これに相当する出来事はないと思います。

隈――日米と米中関係の根本的な差異というのは、非常に興味深い指摘ですね。ここでセン・クアン先生からお話をいただきたいと思います。セン先生は現在東京大学で教えていますが、エンジニアリングと設計の関係に特に関心をお持ちで、ハーヴァード大学で開かれる構造エンジニアの展覧会――日本のエンジニアに関する非常に興味深い展覧会ですが――を企画しています。彼は香港出身で、東京大学とハーヴァード大学で教えているので、日本、中国、欧米の三つの極の関係をよく知っています。セン先生、これらの問題についてコメントをいただけますか。

セン・クアン――ありがとうございます。この数分間でずいぶん多くの問題が壇上で論じられました。私はハーヴァード大学でこの数年間日本の二〇世紀の建築に関する授業を受け持っていますが、とても人気があります。昨年と今年、ともに六〇－七〇人の学生が聴講しています。建築学科では歴史の選択科目でこれほど多くの学生が集まるのは珍しいことです。学生の出身地域を統計学的に見ると、もちろんアメリカ、ヨーロッパ、南米が多いのですが、毎年五〇パーセント程度はアジアの学生が占めています。その比率は、ほとんどが中国や韓国の学生で、日本の学生は一人か二人か、という程度ですね。実際、授業で日本の二〇世紀建築を学んだ学生の多くは、卒業後その知恵と経験を母国に持ち帰ることを目的としています。

学ぶという点では、建築家の専門職の始まりを中国と日本の場合で比べてみると、日本、中国、欧米の三者の間には非常に興味深い話があります。明治時代初期にジョサイア・コンドルがロンドンから東京にやってきたとき、辰野金吾などの工部大学校(現・東京大学)

の学生の助けを借りて効率よく建築教育の体制と建築の専門職を確立することができました。しかし中国ではそれらの発展はずっと長い時間がかかりました。

　中国のいわゆる第一世代の建築家は、一九一〇年代から二〇年代に現れました。ペンシルヴェニア大学などのアメリカの建築学校で学んだ建築家が多かったのはたしかですが、実際、重要な第一世代のなかには日本で学んでいた人たちもいました。そして日本は戦後も含めた長期間にわたって中国の近代建築の発展を支持し、広げ続けてきましたし、改革開放の後、日本のゼネコンが中国本土で工事を請け負うようになってから、再びその傾向を強めました。一九八〇年代には上海で最初のカーテンウォールの高層ビルが建設されました。このことに現れる物語は非常に複雑で、今お話ししたことよりもさらに詳細に説明する必要があります。

ボグナール――先ほどお話ししたように、これは非常に興味深い問題だと思います。まさに、建築は建築学生の教育から始まります。私は大学で教え始めてから三〇、四〇年ぐらいになります。最初はアメリカ人の学生が中心でしたが、日本の学生も一定数いました。彼らは槇文彦、谷口吉生、芦原義信、竹山実など、戦後アメリカに渡って学び、学んだものを日本に持ち帰り、日本を代表する建築家になった多くの先駆者たちの後に続いたのです。現在では、おそらく日本国内でも同じぐらいのこと、あるいはそれ以上のことを学べるので、日本の学生は全般的にいなくなってしまいました。

　一九八〇年代頃から、私が教えているイリノイ大学アーバナ・シャンペーン校では建築を学び、学んだことを母国に持ち帰ろうという意欲的な中国、インド、韓国の学生たちが新たに増えています。彼らは一生懸命勉強しますし、とても才能があります。中国の学生を教えるのはとても楽しいです。数年前に私は設計スタジオを教えましたが、中国とインドの学生が数人、ほかにスペイン、ドイツ、ウクライナ、チリからの学生もいて、一六人中アメリカの学生は三人しかいませんでした。

　このことは、建築のグローバリゼーションが学術界から始まるということを思い出させてくれましたし、今日の複雑で多様な、相互に関連し合う世界の学生たちを教育することは、建築が実践され、創造されている世界のあらゆる場所において、将来の建築文化の質を高めるうえでもっとも重要な任務のひとつであるということを浮き彫りにする、興味深い出来事でした。

回想

東大建築の批判的遺伝子

隈研吾

「世界と日本」というテーマで、日本の現代建築に精通した二人をお呼びしたのだが、われわれの議論は、最終的に「東京大学」という「場所」あるいは「装置」の本質、その歴史的な意味、その変遷という深みにまで到達し、きわめて刺激的なトークとなった。

バーグドールもボグナールも、基本的に、隈を丹下健三に象徴される戦後モダニズムの正統に対する批判者として位置付けた。その議論の展開に際し、バーグドールは吉村順三、ボグナールは村野藤吾という補助線を用いたところが新鮮であり、またなるほどと納得した。その二人の建築家に対して、理由ははっきりしなかったが、なぜか昔から、あるシンパシーを感じていたからである。

バーグドールの整理によれば、戦後のアメリカは、吉村順三の木組みの美のなかに、一種のモダニズムに通じる「エンジニアリング」を発見し、吉村を通じて、日本を受容し、戦争で完全に破壊された日米関係が、修復され、和解に到達した。エンジニアリングを媒介として、工業化時代のアメリカと日本が和解できたという話は説得力があった。バーグドールは僕のWater Branch House（二〇〇八）の中に、吉村に通じる「エンジニアリング」を発見し、彼がキュレートし、MoMAでは異色の建築展として話題を集めたHome Delivery展に、それを展示したというのである。すっかり成熟しきってしまった日本の住宅業界、プレハブ業界に失望した彼が、Water Branch Houseのなかに、ナイーブなエンジニアリングを見出してくれたわけである。

一方ボグナールは、村野藤吾の「折衷主義」と見なされてきた豊饒さの中に、モダニズムの原理主義、工業的な規格主義、均質主義に対する批判を見出し、村野と僕のなかに、工業化に対抗する、多様性、物質性が潜んでいることを指摘した。モダニズムの基本的方法論である、「切断」に対して、僕の方法が「継続（continuation）」であるという整理も納得がいった。僕は建築をとり囲む様々なモノやコトの継続を通じて、多様性が自然に生まれることを日々意識しているからである。

バーグドールとボグナールの限論のいわんとするところを一言でいえば、隈建築は、丹下的な戦後モダニズムに対するアンチテーゼだということである。正確にいえば、戦後モダニズムに対するアンチテーゼではなく、丹下が完成させたことによって戦後モダニズムが陥った退屈に対するアンチテーゼだと、僕は考えている。

ではそのアンチテーゼが東京大学という場所で起こったということを、どう解釈したらいいのだろうか。それは僕の個人的問題として片づけるにはもったいない、興味深い設問である。東京大学とはどういう場所になったのだろうか。そして今後どういう場所になっていくのだろうか。現代において国家とは何か、公共とは何なのかという問題ともつながる、きわめて興味深い設問である。

ボグナールは丹下のクライアントが国家、公共であったのに対し、早稲田大学出身の村野のクライアントが財界であり、民間会社であったという、ある種言い古された図式に言及しながら、中心対反中心という図式自体が、現代において意味を失っているのではないかと指摘した。僕はそれに対して半分同意しながらも、一方で、東京大学の建築学科という場所自体が、そんなに素直なかたちで、中心であり続けたわけではなかったことを付け加えたい。

そもそも東京大学建築学科、正確には工部大学校造家学科がスタートしたとき、日本で建築を教えられる人間が見当たらず、ジョサイア・コンドルというイギリス人が初代教授として招かれた。富国強兵を掲げた明治政府が、その目標にふさわしい建築教育を行うための教員として、コンドルは不適切だったように僕は感じる。コンドルの師は、産業革命の非人間性に対して異を唱えて中世への回帰を主張したウィリアム・バージェスであり、コンドルは、師に影響を受け、産業革命を超えるものを探して、日本に憧れて抱き、日本行きを志願したのであった。いわばコンドルは一九世紀のヒッピーだったのである。彼の存在自体が富国強兵に対するアンチテーゼであった。

このヒッピーの日本熱は、日本で教え始めてからいよいよ高まり、日本舞踊花柳流の舞踊家と結婚し、江戸風の自由奔放な日本画で知られる河鍋暁斎に師事した。わずか十年余りで、大学の職を辞したのは、政府の意向と彼の教育とにズレがあったからだとも指摘されている。

そのコンドルの遺伝子が、東京大学の建築学科に受け継がれているのを僕は感じる。今回の議論では、丹下健三は戦後モダニズムの「中心」「正統」として、隈の敵役として扱われているが、丹下自体が、戦前の東大を支配した構造設計中心主義、もっと端的にいってしまえば、均質なフレームをリピートする、ラーメン構造至上主義に対するアンチテーゼとして登場したことは重要である。東大建築学科という場所には、そのような批判的遺伝子が埋蔵されているのである。それが「建築」というある種アーティスティックなジャンルに由来するものであるのか、それとも「東大」という場所にも、そのように遺伝子が埋蔵されているかについては、さらに議論したいテーマである。

今回の議論でもうひとつ興味深かったのは、国際関係と建築の評価の相関に関する議論であった。戦後のＭｏＭＡに主導された、日本建築評価が、ロックフェラー家を中心とするアメリカのメインストリームによる、「日本の和解」を目指していたという指摘は、日本のモダニズム建築の成り立ちの説明として、説得力があった。「日米の和解」は、冷戦下において求められたわけであり、その意味で日本の戦後モダニズムのエンジンは米ソ対立だったということになる。とするならば、米中対立の新時代は、どのようなかたちで、建築デザインに影響を与えるのか。中国の「竹の家」(二〇〇二)から高まっていった、隈建築の海外での評価は、この新しい国際情勢と、どのように関連しているのか。さらなる議論を重ねたくなった。

10 Computational Design and Craft

コンピュテーショナルデザインとクラフト

マリオ・カルポ（建築史家、ロンドン大学バートレット建築スクール教授）

×

廣瀬通孝（VR研究者、東京大学名誉教授）

二〇二〇年七月一八日（オンライン、東京-ロンドン）

隈研吾――この最終連続講義は全一〇回の構成で、第九回まで順調に進んでいました。しかし、新型コロナウイルス感染症（COVID-19）の影響が拡大し、二〇二〇年三月に予定されていた一〇回目の講義は七月に変更し、Zoom上での開催となりました。おかげで忘れられない講義となりそうです。

今回は「コンピュテーショナルデザインとクラフト」と題し、二人のゲストにご登壇いただきます。ひとりは、マリオ・カルポ先生です。カルポ先生は、ロンドン大学バートレット校で建築史を教えておられ、ルネサンス期における書物や図面、記述法など建築のメディウムを専門とされています。『アルファベット そして アルゴリズム――表記法による建築―ルネサンスからデジタル革命へ』（美濃部幸郎訳、鹿島出版会、二〇一四／原著＝二〇一一）は、コンピュテーショナルデザインが人類のものづくりの歴史においてどのような位置づけにあるのか、非常にクリアに書かれた名著です。今後建築においてますます大きな分野となるコンピュテーションの展望についてお話をうかがうべく、お呼びしました。

もうひとりは、東京大学名誉教授の廣瀬通孝先生です。じつは廣瀬先生と私と同い年で、中学一年生から同窓であり、五〇年来の友人です。廣瀬先生は日本におけるバーチャル・リアリティ（VR）研究の第一人者であり、世界的に活躍されてきました。

＊＊＊

コンピュテーショナルデザインを始めた頃

隈――僕がコンピュテーショナルデザインに興味を持ったのは、一九九〇年代初頭でした。一九八五－八六年、僕はコロンビア大学建築学部に客員研究員として留学しており、当時親しくしていた建築家のグレッグ・リンやスタン・アレン、ハニー・ラシッドが、九〇年代になって急にぐにゃぐにゃした建築をデザインし始めたのです。例えば一九九四年にグレッグ・リンが描いた《カーディフ・ベイ・オペラハウス》のコンペ案［fig.1］のような自由な曲線です。カルポ先生はこのような「ぐにゃぐにゃした形」が盛んにつくられた一九九〇年代を「コンピュテーショナルデザインの第一期」と呼んでいます。こうした曲線を多用した建築の台頭を目の当たりにし、新しい時代の到来を感じましたし、今後コンピュテーションが建築デザインにおいて非常に大きな役割を果たすことは間違いないと思いました。一方で「どうして無理にこうした曲線を使わなければならないのだろう」という違和感を覚えました。

この時代の流れに反応して僕が発表したのが、《オートマチック・ガーデン》（一九九四）［fig.2］というプロジェクトです。二台のロボットを使って砂の上に石庭の砂紋を描くというプロジェクトです。ロボットにはセンサーが装備されており、話しかけるとその声に反応しながら描く線を変化させます。廣瀬先生にプログラミングにおいてご協力いただきました。九〇年代当時、僕がめざしていたコンピュテーショナルデザインとは、このようなテクノロジーによる生成のシステム自体をデザインすることで、ぐにゃぐにゃした形態を無理につくることではなかったのです。

このプロジェクトの延長線上にあるのが、二〇〇五年の日本国際博覧会（愛知万博）の構想です［fig.3］。一九九六年に愛知万博の基本構想委員会の座長に指名され、廣瀬先生とは会場構成委員会で協働しました。コンピュータの学者を会場構成委員会に召集するというのは、当時かなり異例のことでした。

愛知万博は森のなかが会場だったので、なるべく森に手を入れないようにするため、脱パヴィ

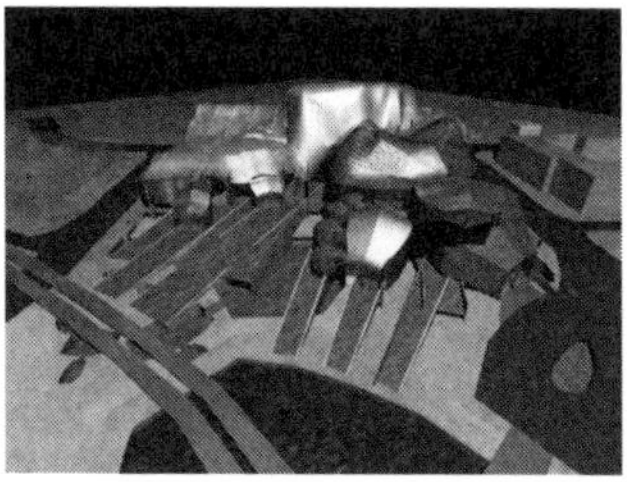

fig.1——グレッグ・リンによる《カーディフ・ベイ・オペラハウス》のコンペ案

fig.2——《オートマチック・ガーデン》（一九九四年）

リオンの展示を構想したのです。森のなかの空間でVRの技術を使い展示体験空間を仮想的につくることで、建築物のヴォリュームを削減しようというものでした。パヴィリオンを乱立させる従来の万博を「パヴィリオン型」とし、その反対の概念として「領域型」を提案したのです。後年、廣瀬先生は領域型の愛知万博の展示を「ポケモンGO」の先駆けだったと指摘されていました。しかし「ポケモンGO」より一〇年以上も先駆けたわれわれの提案は周辺に理解されず、基本構想で終わってしまいました。結局愛知万博は従来のパヴィリオン型の万博として実施されました。悔しい思いもしましたが、今までに見たことのないVRによる展示空間の構想は、僕にとって忘れられない経験でした。

fig.3 —— 日本国際博覧会(愛知万博)の構想

クラフト(手でつくること)を始めた頃

このように、僕は一九九〇年代から建築におけるコンピュテーショナルデザインに取り組んできましたが、同時に、手でものを組み立てて、手で建築をつくるという、一見対照的とも思える試みも始めました。記念すべき第一作は《那須芦野・石の美術館 STONE PLAZA》(二〇〇〇)[fig.4]です。栃木県那須町の古い石蔵を再生させて石の美術館をつくりたいという依頼から発足したプロジェクトでした。クライアントの石材屋さんは「お金がないので、ゼネコンに図面を渡して発注するという方法ではなく、自分の石材屋で働く二人の職人と手づくりでつくりたい」と言うのです。最初はとても困惑したのですが、その二人の職人さんと協働して小さな美術館をつくりました。

石の積み方をスタディしドローイングを作成して検討していきました。3Dモデリングのツールとして現在普及しているRhinoceros（ライノセラス）やGrasshopper（グラスホッパー）のようなソフトを使っていませんが、このときのドローイングには、僕がデザインの際に大切にしている「粒子」が表れているように感じます。「粒子的な建築」と僕は自分の建築を呼称していますが、これはカルポ先生が最初に使った言葉です。《石の美術館》は柱やフレームのようなストラクチャーの存在が見えません。かわりに、粒子的な芦野石が積み上がることだけで構成された建築なのです。

古い石蔵の周囲に、職人さんが一つひとつ手で石を積んでつくっていたため、職人さんが別の仕事で忙しくなるたびに作業がストップしてしまいました。そのため、結果的には竣工まで六年もの時間がかかりましたが、僕にとっては忘れられない建築になりました。

これはカルポ先生の言葉をお借りすると、「コンピュテーショナルデザインの第二期」に相当する方法でしょう。第一期がぐにゃぐにゃした形のコンピュテーショナルデザインであれば、第二期は図面を描いてそれをただ翻訳するのではなく、ものをどのようにつくるかという原点に立ち戻り、コンピューテーションしながら、小さなユニット＝粒子を組み合わせて建築をつくる段階です。今振り返ると、その第二期における僕にとっての第一作が《石の美術館》だったと思います。

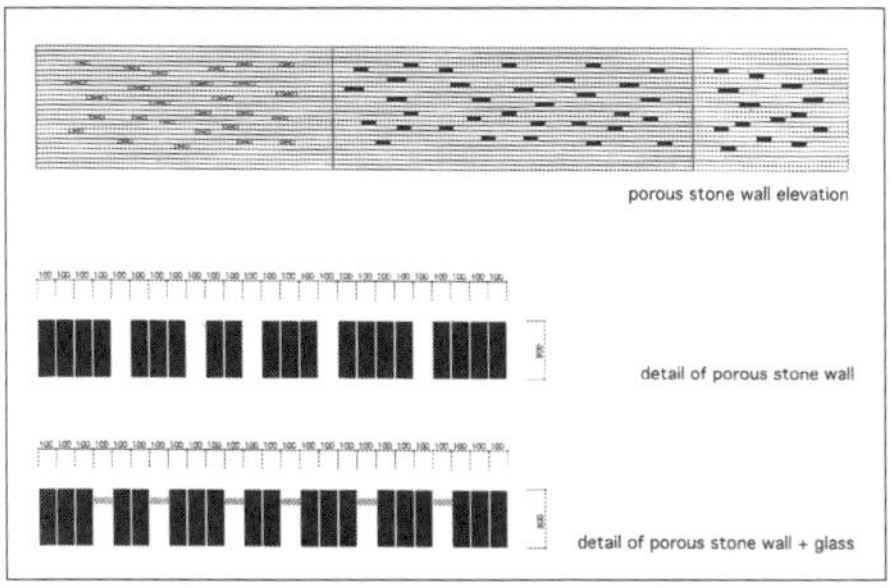

fig.4——《那須芦野・石の美術館 STONE PLAZA》（二〇〇〇年）

コンピュテーショナルデザインとクラフトの実践

その後は「コンピュテーショナルデザインの第二期」的な作品が増え

ていきました。というのも、学生を集めてパヴィリオンをつくる機会が増え、基本的に手でつくるしかなかったので、半ば必然的にカルポ先生のいう第二期的な方法となりました。二〇〇五年に制作した《織部の茶室》[fig.5]もすべて学生が組み立てたパヴィリオンで、コンピュータを使って全体のデザインや構造のスタディを行い、施工は手作業で行いました。当時の《織部の茶室》は素材としてプラスチック・ダンボールを使いましたが、二〇二〇年は木を使った《織部の茶室》をアテネの学生とともに制作しました。

二〇〇七年のミラノ・サローネというイベントのためにつくった《Cidori》[fig.6]も、同じく小さな粒子を手で組み立ててつくる方法に基づいて設計したパヴィリオンです。ジョイントは、飛騨高山の伝統である「千鳥」という組み木をヒントにして開発しました。伝統的なジョイントシステムを手作業で組み立てるのですが、コンピュータを介在させ、全体の形態や構造を検討しています。

その後、《Cidori》を発展させるかたちで、六センチメートル角の小断面木材を組み木のようにジョイントさせ、高さ約一〇メートルの中規模建築《GC プロソミュージアム・リサーチセンター》(二〇一〇)[fig.7]をつくりました。ここでも小さな粒子を組み立てることで大き

fig.5——《織部の茶室》(セラミックパークMINO、二〇〇五年)と《Cocoon》(アテネ、二〇二〇年)

fig.7——《GC プロソミュージアム・リサーチセンター》(愛知県、二〇一〇年)

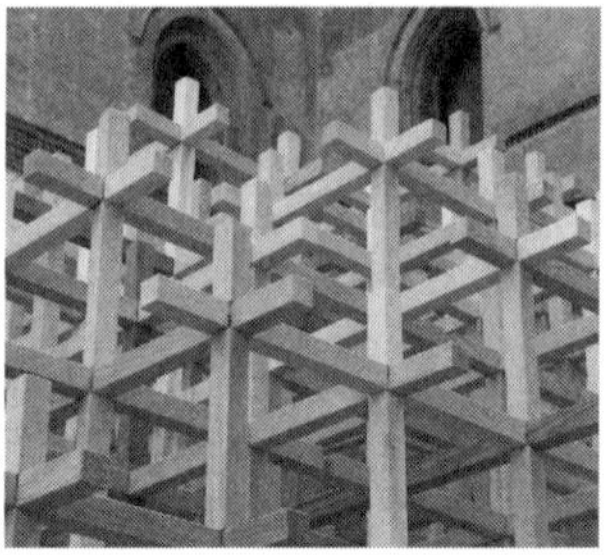

fig.6——《Cidori》(二〇〇七年)

fig.8——《カザルグランデ・パダナ セラミッククラウド》(レッジオ・エミリア、二〇一〇年)

な全体をつくっています。これらは、従来の構造の検討とはまったく異なるコンピュータの使い方をすることで、出来上がったのです。

二〇一〇年にはイタリアのセラミックタイルのメーカーであるカザルグランデ・パダナ社の依頼で《カザルグランデ・パダナ セラミッククラウド》[fig.8]というモニュメントを制作しました。タイルはコンクリートの上に貼るものですが、タイル自体を構造的な粒子として扱って、全体を粒子の集合として組み立てていきました。

《スターバックスコーヒー 太宰府天満宮表参道店》(二〇一一)[fig.9]もグラスホッパーを駆使して形態を検討しています。ここでの粒子である棒状の木は、デザインと同時に構造にも大きく影響するので、絶えず構造設計のエンジニアとデータを共有しながらスタディをしました。粒子の大きさ、角度、ピッチを決定するのに、グラスホッパーが大きな役割を果たしています。

さらにその延長線上にあるのが、二〇一三年の《サニーヒルズジャパン》[fig.10]です。三階建ての建物をグラスホッパーで検討しながらつくった建築で、細い木の粒子が中層建築の構造にもなっています。

ロンドンのロイヤル・アカデミーで二〇一四年に制作したインスタレーション《Sensing spaces》[fig.11]では、曲げた細い竹ひごを組み合わせ、下から香りのついた液体を染み込ませることで、香りの空間をつくりました。ここで目指したのは、最小限の物質で最大限の感覚を生み出すことでした。この非常に複雑な形態と構造も、グラスホッ

fig.9——《スターバックスコーヒー 太宰府天満宮表参道店》(二〇一一年)

fig.10——《サニーヒルズジャパン》(二〇一三年)

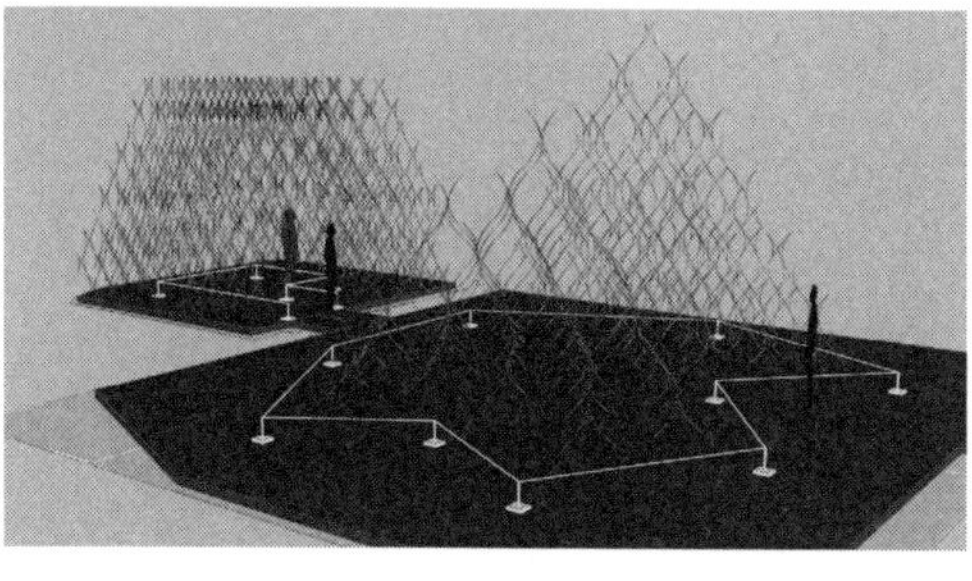
fig.11——《Sensing spaces》(二〇一四年)

パーで検討しています。場所によって竹ひごの密度が異なるので、香りも場所によって濃淡ができる仕掛けです。これも、ロンドンの学生たちと手づくりで組み上げました。

二〇一八年に完成した美術館《ヴィクトリア&アルバート・ミュージアム ダンディ》[fig.12]も、スケールはまったく異なりますが、同様にグラスホッパーを使って粒子の組み立て方を検討しています。この建物は、インテリアでも木を粒子とし、木のパネルがすべて角度を変えながら集合体になって空間を構成するという非常に複雑なものだったので、最終的な現場ではCATIA（カティア）という飛行機の設計用に開発された三次元CADソフトを使って検討しました。

そのカティアをつくっているダッソー・システムズとインスタレーション《Breath/ng》（二〇一八）[fig.13]を共同制作し、ミラノ・サローネに出展しました。ここでは空気中の大気汚染物質を吸収する機能を持った布を使いました。表面積を大きくすればするほど汚染物質を吸収するので、なるべくたくさんのひだをつくるように形態を検討しています。そしてカーボンファイバーを素材として3Dプリンターでつくったジョイントで布同士を結合しています。このプロジェクトでは、3Dモデリングによるスタディにとどまらず、実際のファブリケーションにおいても、コンピュテーショナル・ツールが活躍しているのです。

オーストラリア・シドニーに建てたコミュニティセンター《ダーリング・エクスチェンジ》（二〇一九）[fig.14]は非常に複雑な形をしています。この細い線が絡まったような曲線も、グラスホッパーで検討を重ねデザインしています。

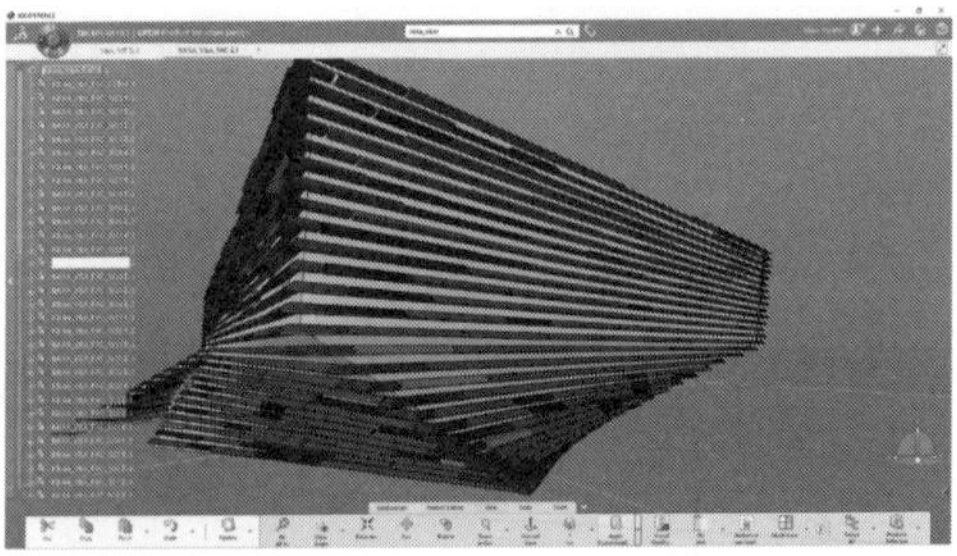
fig.12——《ヴィクトリア&アルバート・ミュージアム ダンディ》（二〇一八年）

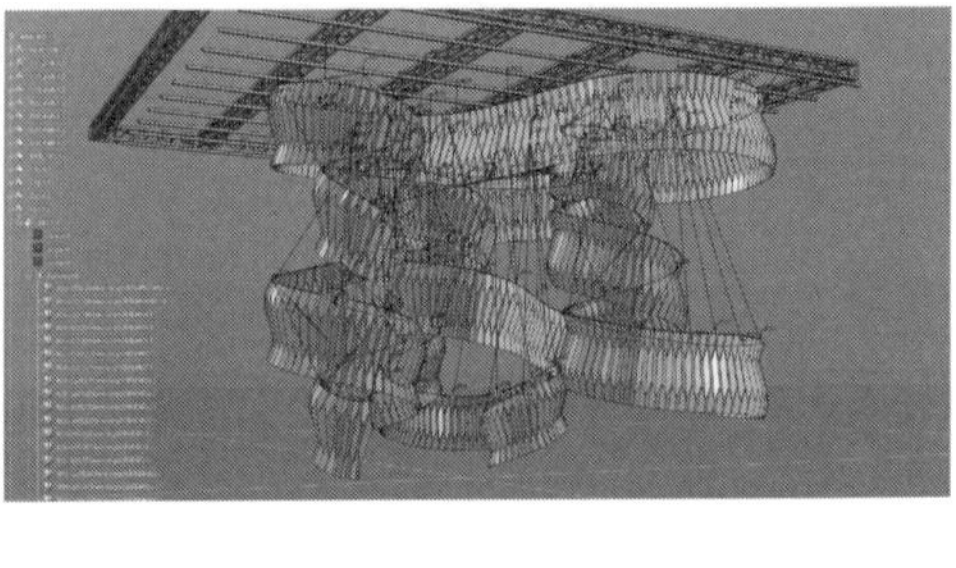
fig.13——《Breath/ng》（二〇一八年）

最後に、素朴な材料と、非常に高度なコンピュテーショナルデザインを組み合わせた作品を紹介します。スリランカを代表する建築家、ジェフリー・バワの生誕一〇〇年の記念パヴィリオン《KITHUL-AMI》(二〇二〇)[fig.15]です。現地の伝統工芸品に用いられる「キツル」という植物の細長い花弁とスチールメッシュを材料としました。バワの作風は、スリランカの自然を生かした柔らかなものだったので、この作品も彼へのオマージュとしてデザインしています。グラスホッパーにあるバネのプラグイン「カンガルー」を使ってリボンのような複雑な立体形状を検討し、流動的な形を生成しました。

僕が一九九〇年代半ばから現在までの約二五年間で取り組んできた「コンピュテーショナルデザインとクラフト」を紹介しました。これからマリオ・カルポ先生のレクチャーに移りたいと思います。

fig.14——《ダーリング・エクスチェンジ》(二〇一九年)

fig.15——《KITHUL-AMI》(ベントータ、二〇二〇年)

講演1

アルベルティによる設計と施工の分離

マリオ・カルポ

マリオ・カルポ——隈先生、本日はお招きいただきありがとうございます。私からは、中世から近代にかけてクラフトが歩んだ歴史と、現代のコンピュテーショナルデザインの台頭について、各時代のパラダイムシフトとともにお話しします。

はじめに、クラフトマン＝職人という存在に触れましょう。理想的な職人とはいつの時代も、研ぎ澄まされた感覚と思考をもって、さまざまな建築や工芸品をつくり出す人々でありました。手でつくるということは、人間の身体のすべての動きを決定づける有機的な論理に従うことでもあり、私たちはまったく同じ動作を一回以上繰り返すことはおおよそ不可能です。手でつくるあらゆるものは、毎回形が異なるわけですが、そうした一つひとつの変動性こそがクラフトの醍醐味なのです。だからこそ時代を超えて多くの最高傑作《マスターピース》が生み出されてきました。

例えばフランスのシャルトル大聖堂は建築の最高傑作《マスターピース》のひとつと言えるでしょう[fig.16]。しかしこれはいわゆる建築家が設計したものではありません。中世の時代には建築家という職能も、設計や設計者という概念も存在しなかったからです。こうした建築物は職人集団によって建てられました。正面左側の尖塔はゴシック様式、右側の尖塔はロマネスク様式でつくられて

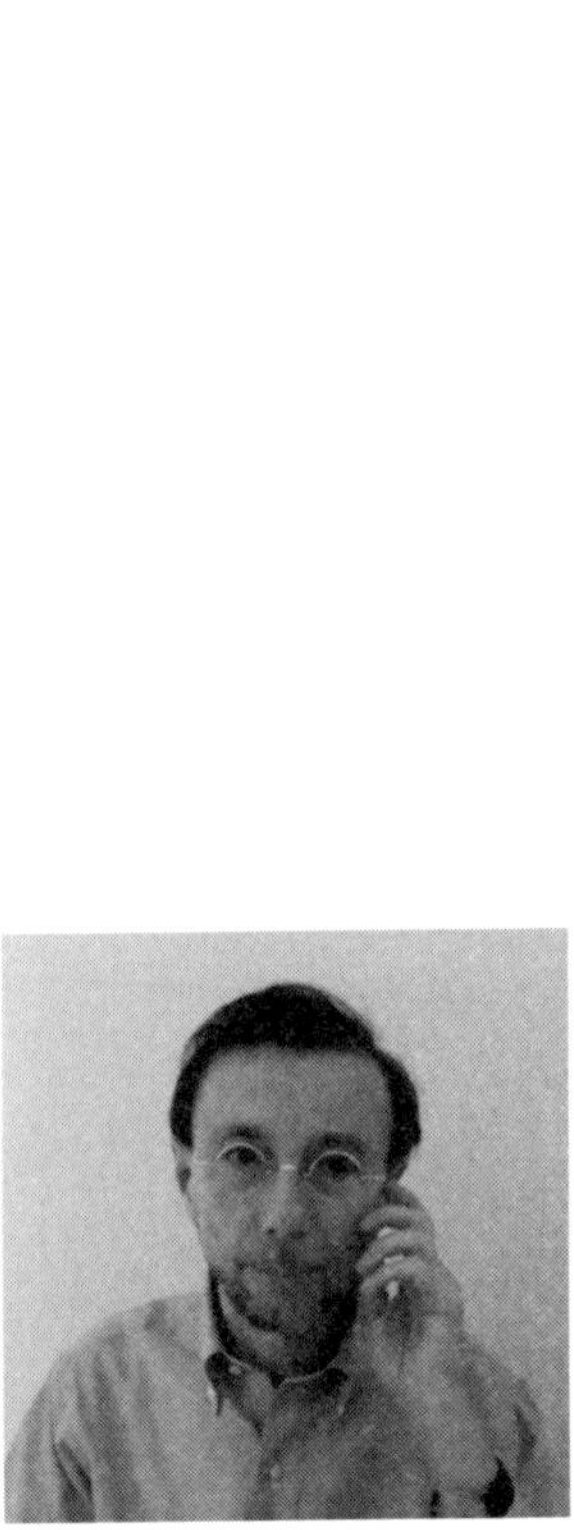

Mario Carpo
ロンドン大学バートレット建築スクール教授（建築史）。建築理論、文化史、メディアや情報テクノロジーの歴史。主な著書に、*Architecture in the Age of Printing: Orality, Writing, Typography, and Printed Images in the History of Architectural Theory* (MIT Press, 2001)、『アルファベットそしてアルゴリズム——表記法による建築—ルネサンスからデジタル革命へ』(鹿島出版会、二〇一四年)、*The Second Digital Turn: Design Beyond Intelligence* (MIT press, 2017)など。

おり、この左右の違いは職人のものづくりの軌跡です。シャルトル大聖堂は現在も同じ場所に立ち、建築の最高傑作《マスターピース》として広く知られています。

しかし、こうした「職人の手による建築」は中世の終わりに大きな転換を迎えます。イタリアの人文学者レオン・バッティスタ・アルベルティが著書『建築論』（一四八五）のなかで、「建設とデザイン（lineamenta）は区別するべきである」と提言したのです。建築家は博学な知性と想像力を持って建物のアイデアを探究し、何度も計画を吟味して、最終的に青焼き図面と言う表記ツールを作成する。それらを施工者が受け取り、彼らはデザイン上の意見を言うことなく、図面に記述されているすべての指示を実行する。他方で建築家は実際の建設の過程には介入することはない。

設計と表記法《ノーテーション》に基づくアルベルティの建築理論においては、高度な知性を伴ったものづくりは愚直な実行に置換されるのみとなり、知的な職人のものづくりの排除が目指されました。もっとも、こうしたアルベルティの夢の実行は中世の末期においては道半ばでありながらも、時代を経て絶えず技術や文化に浸透し続けていきました。そして一九世紀、産業革命のなかで確立された機械的な生産や産業的な工場システム、賃金労働によって、その夢はようやく実現し、アルベルティの描いた理論を超えて現実のものとなったのです。中世末期に生まれた設計者と施工者の分離は必然性を持ち続け、やがて近代性そのものの背骨となり、今日の設計に通底する考え方になったと言えるでしょう。

fig.16——シャルトル大聖堂

テイラーの科学的管理法と労働者

やがてアルベルティの人文主義思想は二〇世紀初頭、ある重要なタームに接続されます。それはアメリカの技術者であるフレデリック・テイラーが提唱した、科学的見地に基づく工業生産の技術論理であり、彼の著作『科学的管理法の原理』（一九一一）は今なお多くの経営者に影響を与えています。彼が「科学的管理法」と名づけた計画のもとでは、技術者（知的な人間）は労働の諸要素を分解し労働者一人ひとりに詳細な指示書を与え、労働者はストップウオッチによる時間管理のもと無駄な行動を省きながら指示書を忠実に守らなくてはならない、と定義されました。この指示書には、一つひとつの動作の詳細な説明と、休憩時間を含めた労働時間の分刻みのスケジュールを細かく定めたタイムシートも含まれていました。テイラーにとって労働者は、「牡牛のような知性しか持ち合わせていない」存在、自分で判断を下すことができない無能な存在、そして科学的見地のもとで「自動人形」のようになるべき存在だったのです。今日私たちが使う「ロボット」の語源はチェコ語で奴隷労働を意味する「Robota」です。「Robota」は『科学的管理法の原理』と同時代に書かれたカレル・チャペックによる戯曲『R.U.R.』（一九二〇）にて初めて登場しました。

テイラーと同時代、動作研究の先駆者であるフランク・バンカー・ギルブレスは、労働における効率的動作という観点から科学的管理法を研究していました。テイラーやギルブレスによって確立された科学的管理法はやがて、工場での大量生産で用いられた組立ライン方式の技術的論理に統合されました。労働者は機械的な組立ラインに拘束され、固定された動作だけを自動的に繰り返すように訓練されるのです。最も著名な事例は、アメリカの自動車メーカーであるフォード社が一九一三年に始動したベルトコンベアによる移動式組立ラインによる大量生産です[fig.17]。パーツの規格化と生産の分業を徹底させ、ラインで作業する労働者の身体動作を標準化させることで、フォード社は一種類の自動車を低コストで効率的に大量生産することに成功しました。そこで大量生産された自動車モデル「T型フォード」は、今日でも「規格化された大量生産の象徴」として知られています。ヘンリー・フォードの有名な言葉を引用しましょう——「T型フォードを買う顧客は好きな色を選べる——それが黒である限りは」。

デジタルファブリケーションという革命

さて、こうした機械による大量生産の幕開けから一〇〇年が経ちますが、現代のコンピューテーショナルによるものづくりについて考えたいと思います。今日コンピュテーションが行っていることは、同じ機械とはいえフォード式大量生産とは真逆のことと言えます。

初めに今日のデジタルファブリケーションについて触れましょう。デジタルのものづくりでは、近代の核となった大量生産、スケールの経済性、規格化は適用されず、いわゆる機械の金型はほとんど必要としていません。ダイカストによる金型鋳造やプレス加工などの機械の金型を用いてものづくりを行う場合、初期投資を償却するために、同じ型を繰り返し使いできるだけ多くの複製品をつくりたいと考えるでしょう。同じ機械の金型を使い続け、同じ複製品をより多くつくるほど、より多くの複製品に初期投資のコストが分散されるので、一つひとつの単価を抑えることができるからです。しかし3Dプリンティングでものをつくる場合、ある形の同じ複製品をどれだけたくさんつくっても、あるいはすべて違う形のものを一〇〇万個つくっ

fig.17——ベルトコンベアによる移動式組立ラインによる大量生産

ても、一つひとつのコストは変わらない。この原理は経済学の分野で「フラットな限界費用」などと言われています。これは私たち設計者にとってはさらに身近な観点であり「多くのバリエーションをつくってもコストが増加することもないため、もはや規格化によってコスト削減を目指す必要はない」ことを意味します。「デジタル大量生産」あるいは「規格化されない連続性」としばしば呼ばれていますが、従来のコスト問題を度外視して、異なるパーツを同じ単価で連続的に複製することができる。まさにかつての産業革命とは正反対の革命と言えるでしょう。

　コンピュテーションによるプロダクトの大部分はパーツで構成されていますが、ロボットを使ってパーツの組み立てを行うことができます。今日のロボットによる組立は二〇世紀の機械的な労働者による移動式組立ラインとはまったく異なる運動の原理と法則に従っています。前述の通り一〇〇年前の科学的技術論提唱者らは、人間の労働者は反復によってより速く正確なひとつの動作を学習し生産効率を上げていくと主張しました。しかしロボットアームは人間の腕と異なり、複数の動作も単一の動作も同じ時間とコストで行うことが可能なのです[fig.18]。なぜならロボットは訓練なしでスクリプトに即応することができるからです。スクリプトが変わって別の動作をするよう指示されたとしても、ロボットは初回からうまく行うでしょうし、反復したところで動作の質や速度が向上することもない。つまりロボットアームを使えば同じコストで、同じパーツ、異なるパーツまた不整形なパーツのすべてを、均等な構成にも不規則な構成にも従って組み立てることができるのです。

　そして、現在のロボットは、最初からすべてスクリプトを設定する必要もありません。知性的な職人が臨機応変に自ら設計の判断をするように、ロボットもセンサーや人工知能を用いることで、その都度状況に合わせて動作を適応させ、自分自身を再構成することが可能なのです。

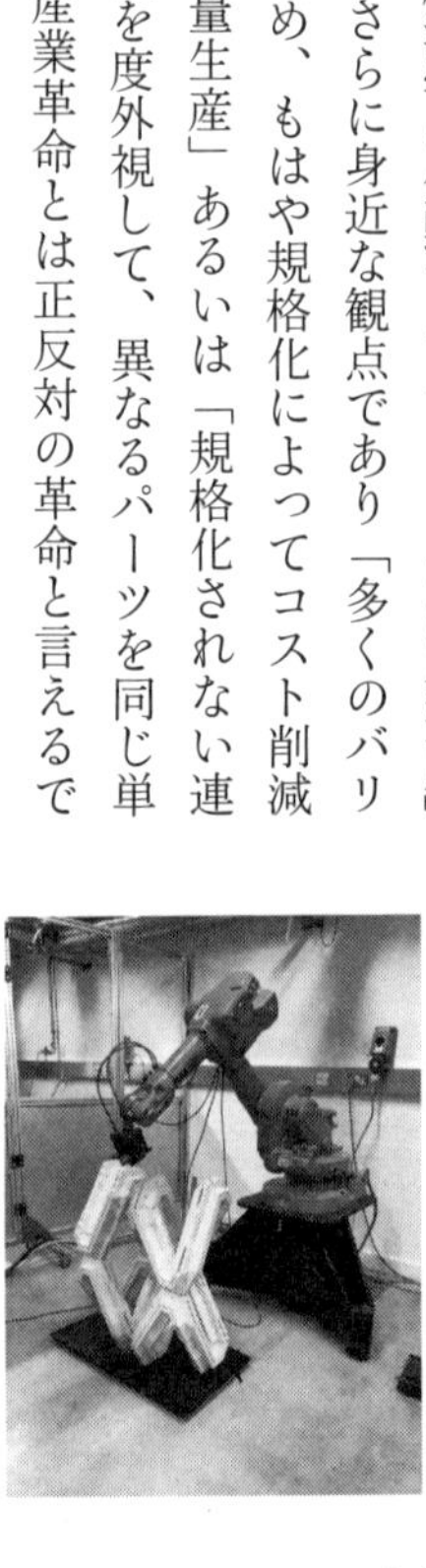

fig.18——ロボットアームによる生産

コンピュテーション、デジタルファブリケーションによって、アルベルティの表記法《ノーテーション》による職能の分離、そして産業革命の基盤となった大量生産の技術的論理は完全に転換したと言えるでしょう。ロボティクス、コンピュテーション、人工知能は、工業化社会以前の職人のように知性的な働きをし、加えて超人的なスピードと物理的強度を備えています。今日の建築家やデザイナーは、このような超人的な職人と連携する新しい技術的論理を持ってものをつくることができるのです。

コンピュテーションによる粒子的建築

新たな表記法《ノーテーション》として台頭したCADは、「パラメトリシズム」、より正確には「デジタル・ストリームライニング」と呼ばれる滑らかに連続する曲線が強みでした［fig.19］。CADは、もともと自動車や飛行機、船舶の設計のために開発されたスプライン・モデリングのソフトウェアから派生したツールです。それら乗り物は空中や水中を移動するため、流体力学上合理的な流線形を必要とします。しかし建物は当然飛行も航海もすることはないので、今日では多くの建築家が、建物を流線型にする特別な理由はないと考えるようになりました。

実際、今日のコンピュテーショナル・デザイナーはCADのデジタル・ストリームライニングをほとんど見限っており、コンピュータが本来最も得意とする膨大な量のデータ管理を目的としてコンピュテーショナル・ツールを使っています。何十億、何兆もの極めて小さい粒子のようなパーツを個別に表記し、計算することが容易にできる。そうした粒子の集積であるオブジェクトを設計施工するといった建築設計が確立されつつあります。今日の若いコンピュテー

fig.19——デジタル・ストリーム・ライニングの建築

ショナル・デザイナーは、こうした方法を「コンピュテーションの離散主義」と称しています。隈先生はそれ以前から「粒子化」という概念を提唱し、自身の建築理論に用いられていました。そして無数の粒子でできた新しいオブジェクトは近代技術がつくってきた建築とは対をなすものであるとして、「反オブジェクト」と定義されました。

　近代科学は複雑性を管理することはできませんでしたが、世界を合理的で単純化された数学関数の表記法《ノーテーション》とりわけ連続関数に変換することに長けています。一八世紀の生物学者カール・フォン・リンネや哲学者、一七世紀の数学者のゴットフリート・ライプニッツが「自然は飛躍しない（natura non facit saltum）」と提唱し、自然は漸進的に変形するものだと定義しました。しかし、実際のところ自然はつねに点から点へ飛躍しています。近代科学はそうした飛躍を証明することができなかったため、現実と科学の空白を埋め、点と点を半ば強引に線で結ぶようにして数多くの方法論を生み出してきました。たとえ線を記述できても、結局近代科学は点を数えることはできなかった。他方今日のコンピュータはどんな量の点も数えることができるので、強引に線を引く必要はありません。

　コンピュテーショナルデザインにおける「粒子化」と隈先生の「粒子化」は異なる道筋を辿ってきましたが、非常に似た結論に達しています。建築を学ぶ世界中のコンピュテーショナル・デザイナーによる実験的な作品と、過去二〇年間に隈先生によって建てられた建築やインスタレーションが、奇妙に似かよっていることも偶然ではありません。それは、両者の理論的かつ技術的な前提条件が非常に似ているからなのです。

テイラーが傾注した鉄筋コンクリート

冒頭でお話ししたフレデリック・テイラーに再び言及します。テイラーは『科学的管理法の原理』を出版する以前から『コンクリートおよび鉄筋コンクリートの実用的な設計と計算に関する手引き書（*A Treatise on Concrete, Plain and Reinforced: Materials, Construction, and Design of Concrete and Reinforced Concrete*）』（一九〇五）の著者として知られていました。本著の大部分は、すでにヨーロッパで使われていた計算方法に由来するものだったので、鉄筋コンクリートの技術的な歴史において重要な文献とは言えません。さらに本著はテイラーが名目上の著者であるものの、実際は別の人物が研究、執筆をしたものです。実際テイラーは土木技師ではなく機械技師だったので、コンクリートに対する技術的あるいは建築的な関心は持っていなかったと考えられます。

では、テイラーはなぜ当時コンクリートに傾注していたのか。それは、彼が「科学的管理法」という革命的な理論を実装するうえで、コンクリート、とりわけ鉄筋コンクリートは最適な素材であることに気づいたからに違いありません。当時鉄筋コンクリートは建築の領域では新しい素材でした。前例も少なく、当然熟練の職人による伝統も存在していませんでした。鉄筋コンクリートは純粋な科学の産物であり、単純梁の水平方向の引張力を計算するにも数学的な叡智が必要でした。鉄骨造はあらかじめ工場で鉄骨が製造することが可能でしたが、当時鉄筋コンクリート造は建設現場で完全に手作業で製造する方法しかなかったのです。

鉄筋の設計は、エンジニアがマイクロメートル単位の精度で計算し、鉄筋のディテールをすべて正確な縮尺で設計図に、ときには実寸大で型紙に描き、職工に渡す必要がありました。現場で手を動かす労働者の役割はその設計図を実行すること——ある意味でその図面を「複製する」ことでした。そこで何らかの逸脱や矛盾があった場合、大惨事につながることは明白でした。こうした技術環境においては労働者の動作に主体性はないほうが効率的であり、受け身、自動的な実行、そして腕っぷしの強さだけが求められました。つまりテイラーにとって鉄筋コンクリートは、新しい工業化時代の理想的な賃金労働者――愚鈍で粗暴な堕落した馬鹿者――にとって申し分のない材料だったのです。総じてテイラーの理念は「知的な人間の労働を排除するために仕事を設計し直すこと」、そして「技能を排除するために社会を設計し直すこと」に他なりませんでした。

　中世の終わりに、人文主義者のレオン・バッティスタ・アルベルティは、すべての人間の仕事が設計と表記法《ノーテーション》によって実行される未来の世界を夢想しました。二〇世紀初頭に、鉄筋コンクリートで建物をつくるときは、労働者は設計と表記法《ノーテーション》に従って作業しなければならず、それを回避する方法はないと初めて気づいたのがフレデリック・テイラーでした。隈先生は自著『隈研吾／マテリアル・ストラクチュアのディテール』（二〇〇〇）[fig.20]のなかで、審美的、技術的、哲学的な根拠をもとにコンクリートに対する強い反感を書かれています。先にお話しした通り、コンクリートの技術は近代において知的な労働が設計と実行の分離に置き換えられる世界を具現化し、反映したものだったわけです。それだけでもたいへんな素材であることは明白ですが、今日ではコンクリートが地球環境に悪影響を及ぼすことも知られています。しかし私たちは、このようなコンクリートも、かつて疎外された人間の労働力も使うことなく建築をつくることが可能だと同時にわかり始めています。隈先生の作品はそれを示唆するものであると私は思います。

　コンピュテーションとクラフト――古くから受け継がれてきた手による電子技術とものづくりの連携。これはまだ遠い未来のものであると、多くの人が主張していました。しかし徐々に

fig.20――『隈研吾／マテリアル・ストラクチュアのディテール』（隈研吾建築都市設計事務所編、彰国社、二〇〇三年）

蝕む地球環境の悪化や気候変動、そして誰も予想しなかった新型コロナウイルスによるパンデミック危機により、工業化社会がもたらした機械による製造はいよいよ崩壊の一途を辿ることとなりました。船舶、飛行機、電車、地下鉄によって蔓延したパンデミックはまぎれもない工業化時代の産物です。しかしパンデミックはインターネットには影響を及ぼしませんでした。すべての工場や空港が閉鎖されたとき、世界中の職人は仕事を続けましたし、インターネットも機能し続けました。そうした出来事がパンデミックの間も私たちを勇気づけてくれたのです。コンピュテーションとクラフトの連携はもはや未来のものではありません。二〇二〇年、それは私たちの現在となりました。世界的なパンデミックが起こらなくともコンピュテーションとクラフトを証明することができたらよかったと切実に思います。

講演2

VR技術とは何か

廣瀬通孝

隈研吾――カルポ先生、ありがとうございました。このコロナ禍において最終講義を行うことの意味を教えていただいたような気がして、たいへん感動しました。カルポ先生は、コンピュテーショナルデザインは単なる有機的な曲線をつくるためのものではない、ということを初めて明確に論じられた方ではないでしょうか。私はカルポ先生の言葉に、今まで何度も勇気づけられてきました。カルポ先生の言う「デジタル・ストリームライニング」の建築に対して私が抱いていた違和感の根源が何なのかを教わりました。

次は廣瀬先生の講義です。最初に申し上げましたが、廣瀬さんと私は中学一年生のときに同じクラスになって以来の友人です。当時から私たちは絵やデザインが好きで、ともに建築家を目指していました。ところが、同じ東京大学工学部に入学したので、同じ建築学科に入るのかなと思っていたら、突然「私は情報工学に進む」と言われたのでした(笑)。その後、廣瀬先生はVR(virtual reality)の研究に進まれます。しかしながら、VRと建築は、リアリティに対してどのようにアプローチするか、という共通のテーマを持っています。そのため、専攻が分かれてからも、さまざまなプロジェクトで協働したり、議論する機会

ひろせ・みちたか
東京大学名誉教授、東京大学先端科学技術研究センター サービスVRプロジェクトリーダー。
東京大学大学院情報理工学系研究科教授、バーチャルリアリティ教育研究センター機構長などを歴任。専門はシステム工学、ヒューマン・インタフェース、バーチャル・リアリティ。主な著書に『バーチャル・リアリティ』(産業図書、一九九三年)など。

がたくさんありました。私たちは五四年間、継続的に対話をしてきた仲でもあります。それでは、廣瀬さんから今回のテーマに対してお話しいただければと思います。

廣瀬通孝——本日はお招きいただきありがとうございます。最終講義を一〇回もできるなんて、たいへん名誉なことですよね。私自身五〇年来の親交のある隈先生の最終講義という場でお話ができることを、とても嬉しく感じています。

先ほどマリオ・カルポ先生の講義を聞いて驚いたのは、テイラー・システムについてお話しされたことでした。じつは、私は機械工学の出身で、そこでの所属講座のルーツは工場管理だったのです。ですから、テイラーの話は私の大学での講義の最初に出てきます。もっとも最近の私はもっぱらVRの先生ですが。

さて、その「VR」ですが、その言葉の起源は存外古く、一九八九年に初めて登場します。コンピュータがつくり出したシミュレーション環境のなかで、現実と見まがうばかりの体験を可能にする情報技術のことです。VRのおもしろいところは、それまでは、数字や文字列を扱い、数値計算などのデータ処理を行うばかりだったコンピュータが、「空間」を取り扱えるようになったという点です。そのような意味で、VRは従来とはやや違うタイプの情報技術です。一度情報技術の道に進んだ私が結局VRの研究に進んだのも、先ほど隈先生がお話しされたように、建築や絵画に関心があったからなのかもしれません。

VRの技術が登場してから約三〇年が経ち、現在は第二次のブームと言われています。第二世代に移行したわけです。第一世代と比較して何が違うかと言えば、まず初めにコストの低下と性能の大幅な向上を挙げなければなりません。例えばかつてのVRゴーグルは数百万円と高価でありながら、画面の分解能は今よりかなり低く、モザイク画像一歩手前、とでも言えばよいでしょうか。とにかく、おもちゃみたいだったわけです。現在では、数万円のゴーグルにハイビジョンクオリティの映像が映ります。比べ物にならないぐらいの飛躍です。

人体の中身を覗いたり、遠く離れた場所や過去の体験を味わうことができるVRは、一言で表すなら「体験を合成できるメディア」です。字面だけで表現できる知識を伝えるだけなら、何もVRのような装置を使う必要はありませんが、それだけでは伝えられない知識は多いのです。自転車の乗り方、壁の塗り方、木の削り方、などなど、実習を伴わない教育訓練のほうが少ないと思います。それゆえ、体験型の教育訓練システムとしてVRが活用できると注目されています。例えば、昨今話題のPCR検査のプロセスも、専門外の医師でも習得できるようなVRシステムが開発されています。最近私の研究グループでも、空港内の航空会社のカウンターでの接客対応の訓練を想定したVRシミュレータを開発しています。

VR技術は元を辿るとフライトシミュレータから進歩してきました。パイロットの技能もはなはだ体験的です。一九〇三年、ライト兄弟が世界初の有人動力飛行に成功しますが、驚くべきことにその二五年ぐらい後にはフライトシミュレータが開発されています。そして第二次世界大戦前後にかけて軍事技術の拡張はコンピュータによるシミュレーションを生み、それが現在のVR技術へとつながっています。「シミュレート（simulate）」とは「真似る」という意味ですが、例えばコンピュータゲームも、最初のうちはカーレースなどをコンピュータで真似ることから始まっています。ところが、昨今話題のeスポーツなどは、単純に何かを真似ているわけではありません。シミュレーション独自のゲーム世界がつくられています。そういう世界の中でプロのプレーヤーの登場やライブストリーミング配信、イベント観戦などが行われています。「真似ること」を超越したその先がシミュレーションの向かうところなのかもしれません。

同じようなことが、建築とVR技術との関係にも見いだせます。建築における最も身近なV

R応用はCADではないでしょうか。第一ステップとして、これからつくろうとする建物がどのように見えるか真似るためのツールとしてVRが使われるわけです。実際、日本における商用VRシステムの初期のものとして、松下電工(現パナソニック)が一九九〇年に発表したシステムキッチンのVRショールーム「VIVA《ヴィバ》」が有名です。これはあくまでも従来のシステムキッチンをVR技術によって再現しているわけです。その次の段階では、現実には存在しない新しい建築空間をVRでつくってみようという方向へ向かっていくことになると思います。

コンピュータと機械の融合

僕のバックグラウンドは機械工学なのですが、ここでも同じようなことが起こりました。まず機械の設計プロセスにコンピュータが介入し、機械CADの分野が成立します。それがもう一段階進み、コンピュータでなければデザインできない機械が登場します。レーダーから探知されにくい飛行機であるステルス機は、レーダー反射断面積などの複雑な計算の結果、ものすごく複雑な曲面構成をしており、コンピュータがなければ設計不可能です。シミュレーションが独り歩きを始めます。これがこれまで申し上げてきたことです。

しかし、機械工学の分野では、もっと大きな変化が起こります。これはメカトロニクス・ロボティクスという分野の成立です。機械の中にコンピュータが組み込まれていくのです。例えばカーナビゲーションは自動車の中にコンピュータが取り付けられ、それがリアルタイムに機械の動作、ドライブを助けます。そしてさらにそれが進むと、コンピュータがないともはや動作すらしない新しい機械へと進化していきます。カーナビのレベルではそのコンピュータが壊れても本体の自動車の走行に支障はありませんが、例えば二足歩行のロボットや自動運転の自動車においては、コンピュータが壊れてしまうと、そもそも本体が動作しなくなってしまいます。現在では、このようなコンピュータと機械が不可分に融合した新しい機械が登場し始めています。

設計段階でのシミュレーションはオフライン的な機械と情報の関係とすれば、リアルとバーチャルはオンライン的な関係ということになるわけです。この流れは機械工学の分野のみならず、建築の分野へも波及することでしょう。情報があって初めて機能する建築空間が登場してくるのではないかと思います。

デジタルパブリックアートの実践

これまでのいくつかの実践例をご紹介します。まずはデジタルパブリックアートプロジェクトからです。「パブリックアート」と呼ばれる公共空間に置かれた芸術作品のジャンルがあります。これは、博物館や美術館にわざわざ足を運んだ人によって鑑賞される芸術作品ではありません。不特定多数の人から常時見られるために、作品としては相当頑健である必要があり、人々への受け入れやすさが求められるなど、評価基準が通常の芸術作品とは異なります。「デジタルパブリックアート」とは、VRなどのデジタル技術を活用したパブリックアートのことを指します。ちょうど二〇一〇年頃は、モバイルやウェアラブルデバイス、IoTなど、部屋の中で用いられていたコンピュータを公共空間に持ち出そうということが唱えられ、技術的にもそれが可能になっていった時代でした。私の研究室でも現在は絵本作家としても活動されて

fig.21——「空気の港」（二〇〇九年）

fig.22——《出発の星座》（二〇〇九年）

いるメディア・アーティストの岩井俊雄さんたちと協働し、コンピュータ技術研究の予算を使って、デジタルパブリックアートの研究プロジェクトを組織することができました。

とくに「空気の港」(二〇〇九)[fig.21]という展示会は、羽田空港から依頼を受け、場所を提供してもらって取り組みました。私たちの研究プロジェクトの最終発表会という意味もあったと記憶します。当時はちょうど羽田空港に新国際線ターミナルが新設された頃で、国内線の第一、第二旅客ターミナルの空間を存分に使ったデジタルパブリックアートを東京大学の学生たちと一緒につくっていたのです。

例えば、《出発の星座》[fig.22]という作品は、「粒子型ディスプレイ技術」を生かして、ターミナルの天井にまばらに散りばめたLEDが網膜の残像によりさまざまな模様を投影できるようにしたものです。実際に飛行機が飛び立つと、飛行機のシルエットが天井を動いていくビジュアルが映し出されました。とても大きなディスプレイがつくられたわけです。

空港には長いエスカレータがありますが、乗降口には大抵「Please watch your step(足元にご注意ください)」という注意書きや音声アナウンスがあります。それをヒントに制作したのが《Please Watch Your Step》[fig.23]です。ある空間にだけ音を伝達できる超指向性スピーカーをエスカレータの途中に設置し、「Please watch your sky」「Please watch your heart」「Please watch your time」といった自らを考えるようなメッセージが、エスカレータの乗客がある空間を通過した時だけ聞かせ、ハッとさせるというものでした。

《自針と分針》[fig.24]は、あらかじめ針のない文字盤だけの時計を模擬したディスプレイを設置し、針がないことを不思議に思って近づいてきた人の姿が、突然画像的に切り出されてその時計の針になって表示されるという作品です。パブリックアートの難点は通り過ぎる人に気づかれにくいことですが、空港では誰もが時計を見るため、この作品は数少ない気づかれるパブ

Please watch your steps
Please Watch your ___.

fig.23 ——《Please Watch Your Step》

fig.24 ——《自針と分針》(二〇〇九年)

リックアートであり、たいへん好評でした。デジタルパブリックアートの制作を通して、遊びのような実験から、デジタル技術を使った新しい空間演出の可能性を実感しました。

この「空気の港」では、個々の作品の是非はともかくとして、空港ロビーという空間に組み込まれたコンピュータが結構おもしろい働きをすることを実感したわけです。

複合現実の可能性

このようにリアルとバーチャルが混ざり合った新たな空間を構築するための技術を「MR（複合現実（Mixed Reality））」と呼びます。複合現実には、より便利な生活やおもしろい体験を生み出す可能性が大いにあります。「ポケモンGO」は、まさに複合現実の世界への入口を広く世間に知らしめたアプリケーションとして有名です。偶然にも、ポケモンGOが初めてリリースされた二〇一六年は、VRの第二次ブームが始まった記念すべき年でもあります。ポケモンGOは、技術的にはそれほど革命的なものではありませんが、こうしたシステムが多くの人を動かし、社会現象になるほどの大きな力を持っていることを示したという意味で、歴史的存在だったと言えましょう。

隈先生が先ほど紹介されていた、二〇〇五年愛知万博における領域型展示の構想は、ウェアラブルコンピュータを用いた、建物をつくらない展示空間をつくる試みでした。ポケモンGOの先祖と言ってもいいかもしれません。しかし、当時のウェアラブルコンピュータは性能の面で十分満足できるようなものではなく、具体的なシステムの実装においてはいろいろな試行錯誤をしたのをよく覚えています。

そうした苦い経験を経て、その後は性能面が大幅に改善したこともあり、大学の研究室でAR（拡張現実）を使った様々なプロジェクトは引き続き進めていました。ARはMRのひとつのカテゴリで、ほぼ一緒の文脈でここでは述べています。その末裔のひとつがタブレット端末を使用し、今の風景に昔の風景を重ねて見ることができるアプリケーションである「思い出のぞき窓」の開発です。街は保存することができず次々と姿を変えていくものですが、このアプリを通して過去の街並みをデジタルで保存し、端末をかざして鑑賞することができます。

もうひとつの事例として、冷温感覚を提示する耳当ての形をしたウェアラブルデバイス「Thermotaxis」[fig.25]をご紹介しておきましょう。場所に応じて耳当ての温度が変わる仕組みで、人は温度が高い方に心地良さを感じて集まる傾向にあるので、こうしたウェアラブルデバイスを使うことで、ある位置に人を集めることが可能となるのです。つまり、こうした技術には、壁や道といった物理的な建築物をつくらなくても人間を誘導できる可能性があるのです。

もっと産業的応用が見える試みもあります。近畿日本鉄道と協働で行った、駅におけるAR技術応用のプロジェクトです。乗客が電車に乗るとき、エスカレータを使ってプラットホームに行きますが、降りる際に立ち止まられると、無用な混雑が生じて鉄道会社は困ってしまいます。そこで、「立ち止まらないでください」の張り紙などで環境を汚すことなしに、プロジェクションマッピングなどの技術を用い、エスカレータ周辺に溜まる人を円滑に動かせないかという研究を始めました。こうした試みは、ホームドアのような物理的構造物を設置することなく、乗客と電車の接触をソフトに防止できる行動誘発技術へと進化するでしょう。愛知万博ではまだ構想の範囲にとどまり実現はほど遠かったMR／ARの技術でしたが、現在では着実に成長し実用化に向かっています。

fig.25——ウェアラブルデバイス「Thermotaxis」（二〇〇九年）

特効薬としてのＶＲ

新型コロナウイルスは、人と人との物理的接触のコストを非常に高くしました。私はＶＲを今日のそうした矛盾的問題の解消に利用できる特効薬のひとつと考えています。これまで、なかなか普及しなかったテレビ会議もコロナ禍で一気に普及しました。どうしても出社しなければならない状況はまだあるとしても、一度テレビ会議に慣れると、育児と仕事の両立が可能になる、通勤などの移動の手間を大幅に省くことができる。通訳チャネルを組み込みやすくなり、国際会議のハードルが下がるなど、ここまで普及したことで多くの利点も見つかりました。

もしも、コロナ禍が一〇年前だったらどうでしょう。こういう技術がまったくない状況でコロナ禍と向き合わなければならない状況を想像するとぞっとします。遠隔地にいる人間と、あたかもその場で対面しているかのような臨場感をつくる技術を「テレプレゼンス（TelePresence）」と言いますが、今後さらにこうした技術が進歩していくでしょう。

これから議論となるのは、コロナ禍を経て、社会がどんな安定解に落ち着くかでしょう。そもそも近代以前、人間は小さなコミュニティのなかで生活し、必要最小限の情報が社会の制御のためにループしているという状況でした。その単純かつ小さな社会は規模の経済性を求めてだんだん肥大化していきます。近代になると、個人同時を結びつける外力はより強くなり、会社や政府といった巨大な組織を使って、強く個人を結束し、社会を維持するために、個人の外部の情報ループもどんどん強力なものになっていきます。都市のオフィスや工場に人々が集まって、経済活動を行うという状況が加速されていきます。カルポ先生がお話しされていたテイラー・システムなどは二〇世紀の大量生産時代の落とし子的存在であり、まさにそれを体現したものでしょう。

しかし、一時的にでもオフィス勤務から在宅勤務へと多くの人が移行した現在のような状況下では、人間は再び、プライバシーのなかで閉じた状態を保っていると言えます。この時、外力による社会的情報のループが非常に小さくなり、個人が自律的に協調しながら社会的ループを再生産しています。こうした状態を、「自律分散型システム」と呼びますが、まさに「自律協調社会」とでも呼べる、自律分散型の共存世界がこれからの社会デザインかなと思っていますし、デジタルがそれを可能にするわけです。

数学の複素数（$z=x+yi$、x=実数部、y=虚数部、$x=\sqrt{-1}$）をご存知でしょうか。リアルとバーチャルはそれぞれその実数部と虚数部のようなもので、両者を個別に扱い、どのように調停をつけるかといった話ではないのです。xとyが合わさってzというひとつの数に一緒になる、そうした考え方が重要なのだと思います。

もし複素数を知らなければ、$z^2=-1$という式を解くことはできません。実数の世界だけなら二乗して負の数にはならないのです。けれども、複素数の世界では$z=\pm i$という解が得られます。つまり複素解が存在することによって、実数だけの世界では存在しない解を見つけることができるのです。建築というリアルなものと、コンピュータというバーチャルなものが組み合わさった際に生まれる最大の効果が、ここにあると思います。

現実世界においては解くことができない問題は山のように存在します。もっと複素数的に考えなければなりません。現実世界では、できることが限定的ですが、サイバーワールドまで含めて考えれば、できることが拡がるわけです。今日はいくつか建築空間とコンピュータとの関わりをご紹介しましたが、これからみんなで知恵を絞っていけば、より新しいコンピュテーショナルデザインやコンストラクション、エンジニアリングの世界が拓けていくでしょう。

鼎談

箱の外に出ること

マリオ・カルポ × 廣瀬通孝 × 隈研吾

コロナ禍の都市・建築

隈研吾――廣瀬先生と僕がこれまで取り組んできたことのひとつは「箱から出よう」ということだったのだと思います。私たちは箱の乗り物に乗って箱の職場へ向かい仕事をすることを繰り返しています。生活のほとんどの場面が「箱」のなかに詰め込まれている状態です。しかし「箱」の外に出てみると、何か異なった種類の豊かさを得ることができるのではないか。そして「箱」とはまさにカルポ先生がお話しされた近代の工業化社会そのものではないでしょうか。本日の講義では、この「箱」の社会が終わりつつあることが大きなテーマでした。廣瀬先生が最後に指摘されていましたが、住まい、仕事、国家といった社会のコミュニティがコロナ禍の後どのような安定解に着地するかは興味深いですね。

マリオ・カルポ――私も廣瀬先生の講義を、最後の部分がとくに素晴らしいと思いながら聞いていました。コロナ禍で私たちは二〇二〇年七月現在、すでに四か月間旅行もできず、家から出ることさえはばかられる日々を過ごしています。そうしたなかでも通信技術を

駆使しながら、なるべく多くのことが滞りのないよう行われています。働き方や生活のあり方がこれを期に変化している現状は、都市の未来そして建築の未来にとっても非常に大きな意味を持っています。

私たちが当たり前に享受している現代の都市は、近代によってつくられたものです。世界規模の経済性を実現するためには機能を分離することは必然でした。都市を地域や地区といった区分の概念を最初に考え建築や都市計画に明文化したのは、ル・コルビュジエです。漠然としたものでしたが、当時の社会背景や技術を考慮すると理にかなっていました。生活圏から離れた仕事場、映画や買い物などの娯楽の場所など、都市は目的によって区分された場所が集まり、私たちはつねにその間を移動し続けなければなりません。仕事に行き、家に帰り、買い物や劇場街に出かけるために、交通機関を利用する必要があるわけです。

ヨーロッパでは、二〇二〇年三月半ばに交通システムはすべて停止しました。一夜にして私たちは、もうどこにも行けなくなってしまったと気づいたのです。今私はロンドンの家から話していますが、目の前の画面スクリーンの後ろにシティ・オブ・ロンドンの高層ビル群が見えます。国際的な金融機関や保険会社のオフィスであり、三月半ば以降ビルの中は空っぽです。照明がついていても、そのなかには照明や暖房・空調を管理する作業員以外は誰もいない。ここしばらくは街のなかで銀行や保険会社の社員をひとりも見かけていません。

それでも世界の金融市場は機能し続け、銀行は営業を続け、保険市場は一分たりとも閉鎖しませんでした。オフィスはもう必要ないことに私たちは気づいたのです。しかしイギリス政府は八月から国民にオフィスに戻ることを義務づけると発表しました。たとえ理論上はオフィスに戻ることができても、あるいは戻るように義務づけられたとしても、私たちは在宅で仕事ができることを学び、企業はオフィスがなくても仕事ができることを学んだ今となっては、ほとんどのオフィスは永遠に空っぽのままでしょう。

通信技術を使いどこでも仕事をすることができるようになった現代、世界のインフラシステム全体は時代遅れであることが、大きく証明されました。では、企業がもはや必要としないオフィスをどうしたらいいでしょうか。Zoomの画面スクリーンで行っているこの最終講義は一五〇〇人もの人が聴講している言わばサイバースペースのなかの大学です。学校教育がオンラインでも可能だとわかった今、キャンパスが再開しても一部の授業はZoomでやるほうがうまくいくだろうと思います。私は多くの大学の建物は大きすぎたのだと思うのです。

ところで、Zoomのような通信技術は二〇年前からすでにありました。一九九〇年代半ばにもオンラインでの教育は可能であったはずなのですが、うまくいかない、こうした方法は好きではないと言い続けたために定着することはなかったのです。Zoomは原始的なツールですので、廣瀬先生が説明されたように、近い将来私たちは画面スクリーンを超えてバーチャル・リアリティのなかで交流することになるでしょう。お気づきの方も多いと思いますが画面スクリーンはじつに厄介で、スクリーンの前に五時間も座っていようものなら、話し手も聞き手も誰もが困憊します。対して、VRのなかで人々が自由に動き回り、現実さながら物が自分に向かってやってくるとしたら……。廣瀬先生にお聞きしたいのですが、画面スクリーンよりも優れたVR技術はいつになれば気軽に使うことができるようになるのでしょうか。それによってどんな体験が得られるのでしょうか。先生が現在研究されていることも含め、ぜひ教えていただきたいです。

廣瀬通孝――東京大学工学部一号館の中に「東京大学バーチャルリアリティ教育センター」という研究施設が二〇一八年一一月に設立され、私は初代センター長を務めました。施設の内装設計を隈先生に担当していただいたのですが、壁をつくらず薄いスクリーンだけで空間を定義するというデザインで、いろいろな場所に映像が投影できるようになっています。ただ、カルポ先生がおっしゃったように、やはり画面スクリーンでの通信だけでは不十分だと思っています。

現在製品化されているVR技術のなかでもヘッド・マウント・ディスプレイ（HMD）は可能性があると思っています。HMDはハイビジョンも搭載され、以前より安価になり、コストパフォーマンスがずいぶん上がりました。一〇〇度台の視野角のHMDも台頭しているので、そのうちZoomの画面を平面ではなく三六〇度見回すことができるようにもなるでしょうね。そうしたVR体験ができる場所が家の中に少なくとも一か所ぐらいある時代が来てもいいのではないでしょうか。自動車一台分ぐらいの価値を持っていると思います。そして建築全体が映像投影装置になるという話もあるかもしれません。巨大なディスプレイを街のビルでも見かけますが、やがて壁がディスプレイになるかもしれない。

隈――なるほど、「箱」のなかでのVRもいろいろな可能性を持っているのですね。僕はやはり「箱」の外でどう人間が住めるかを前向きに考えたいです。「箱」のオフィスはもはや不要とわかったのであれば、都市を公園のような外部空間の集積としてつくっていくのはどうでしょうか。ポケモンGOが普及したとき、皆が外を歩いていましたよね。HMDを装着して外に出るということも考えられます。

廣瀬――「箱」の外についてはもう少していねいな議論が必要だと思います。コロナ禍において、なるべく外に出ることを控え、室内で過ごそうとする考え方が強くなってくるからです。逆に家のなかにいながら外の広大な空間をVRで体験するシナリオのほうが今は歓迎されやすいかもしれません。

とはいえやはり外に出たいという欲求も他方で尊重すべきですよね。ポケモンGOの場合は、VRの世界を実際に外を歩いて体験するものです。

一〇年ほど前MR（複合現実）やAR（拡張現実）が新鮮なメディア体験を与える技術としてもてはやされるようになりました。ARを体験しようとすると多くの場合は外の実世界空間に出ていく必要があるわけです

が、ウイルスが蔓延するなかで積極的に外へ出ることは少し考えにくい。そうすると今度は室内で完全な仮想空間が体験できるVRの株が再び上がるのではないでしょうか。以前テレビ朝日の番組「タモリ倶楽部」で、「偶然写った『グー鉄』を探せ」というコーナーがおもしろく、示唆的でした。これは鉄道ファンが集まり、グーグルのストリートビューを開いて、偶然写った鉄道をみんなで探すという内容です。まるで仮想旅行のようでした。

　物理的に外へ出るのが難しくとも、VRによって仮想的に外へ出ることはいくらでも可能になる。そうすると、物理的なオフィスには何の意味があるのかというカルポ先生の問題提起はますますリアリティを帯びてくるでしょう。隈先生は箱から出ろと言い、私は箱に籠れと言っているように聞こえるかもしれません。一見、正反対の意見のようですが、オフィスという二〇世紀の箱を何とかしないといけないという意味では、同じことを言っているのかもしれません。

前近代への回帰？

隈——前近代の日本の住居は閉じた箱ではなかった。

道と住居は格子スクリーンのような半透明の装置で区切られていたり、庇や縁側のように道にはみ出している曖昧な領域もありました。前近代的な日本の住居や都市の形態は「箱」を解体した先の姿を描く参照になるかもしれません。

　少し話を拡げると、カルポ先生はコンピュテーションによって、ものづくりを含めたあらゆる領域は前近代的なあり方に回帰するとお話しされていました。私もそこには共感しており、前近代的な日本の住居や都市の開かれたものがあいまいにつながったあり方が、コンピュテーションの恐るべき計算速度によって蘇ることは十分起こりうる。

カルポ——そうですね、私は日本に住んだことがないので日本の都市に実感はないのですが、近代の工業化以前、職人の街のあり方はヨーロッパと日本で、それほど大差はなかっただろうと思います。というのも産業革命以前、世界中の職人たちは皆同じような方法で

仕事をしていたからです。これに関連して、私がここ二週間ほどロンドンで行っていた奇妙な事例観察についてお話ししましょう。

今から二週間前、まだオフィスや学校は閉鎖されていましたが、政府はバー、レストラン、カフェの部分的な再開を認めました。そこで奇妙なことが起こったのです。シティ・オブ・ロンドンは人々が出勤しないので高層ビルは空っぽのまま、日中は依然として誰もいない。しかし、パブ、カフェ、一部のナイトクラブが夕方に開店すると、日没とともに街は活気を帯びていくのです。まるでヴェネチアを訪れる観光客のように、一日中家で仕事をしていた人たちがナイトクラブに集まってくる。もはや観光以外の商業活動がなくなってしまった商業都市のアムステルダム、あるいはヴェネチアを訪れる観光客のような構図が、奇妙なことにシティ・オブ・ロンドンで起こっていたわけです。

シティ・オブ・ロンドンを観光名所に変えるのは難しいかもしれませんが、いずれにせよ大量生産・大量輸送を基本とする近代以降の都市は、現在いろいろな意味で陳腐化しています。そうであるなら、職人の街のような、生産、小売、移動が有機的に結合された工業化以前の都市構造が現実的に見えてくるでしょう。近い将来、エレクトロニクス技術を利用して、家で仕事をし、徒歩圏内で買い物をするといった小規模の経済圏で構成された都市ができるはずです。そうすれば近代的な産業インフラよりも前近代、中世の職人技術のほうが現代の技術と関連性が高いと思われます。

しかし依然として多くの国家や企業は従来の都市を望んでいますし、人々はあまりにも急速な事態の変化に対しては抵抗があるでしょう。なぜなら、例えば多額の資金を投入してつくった都市の高層ビルや大学の建物は既得権益や巨額の利益と切り離すことは難しく、それらを何とか活用しなくてはならないからです。そうした大きな箱は必要ないと気づき始めているにもかかわらず、今でも同じような「箱」が多く建てられている。だからこそ我々建築家にとって、「箱」を再利用してあるべき形に変換することが大きな課題なので

す。

　私たちは現在、おそらくこれからも家で過ごす時間が増えるので、今よりも大きな家が必要になる。より大きな家が必要となる一方でオフィスは小さくてもよい、あるいはまったくオフィスは必要ない可能性を考えると、ひとまず既存の空間を見直す必要があります。また、廣瀬先生が説明されたように、情報通信技術は物理的な輸送よりも安価で利点も多く、CO_2排出量をとっても地球環境に優れていることはすでに裏づけられています。ときには外へ出かけたくなることもありますが、それを率先することは経済効率や環境の観点からよいものとは言えない。私たち設計者はそうした事実に周りの人々よりも大胆に反応しなくてはなりません。それが私たちの仕事です。

隈――カルポ先生のお話は非常に重要な指摘です。一方こうした議論で一番重要なことは、使い物にならない現状の大都市をつくり替えるという姿勢です。しかしすべてを壊してまた別の種類のものをつくる、あるいは緑のなかに新しく副都心をつくって大規模な人の流動を新たに生むといった、スクラップ・アンド・ビルドの発想の延長になってしまっては意味がありません。そうではないリノベーション的な方法を探る必要があります。

足し算的なものづくりと都市を考える

隈――カルポ先生は足し算的な(Additive)という言葉をしばしば使われますね。「足し算的」は、アルベルティ以前の時代の方法論を意味します。対照的に、すべてをゼロの状態にして、そこから完璧なものをつくるというのがアルベルティ的、近代的な方法です。僕がめざしている粒子的な建築も、粒子のような部材やユニットを少しずつ足していき、ゆるやかな全体構築をする点では足し算的と言えます。ＶＲの領域においても、情報を徐々に足していくことで変換させることが前提にあるのではないでしょうか。足し算的な方法はコロナ禍後の世界で非常におもしろい可能性を持っていると思います。

廣瀬――足し算的な方法はソフトウエア開発における「アジャイル型」と呼ばれる手法と近いですね。あらかじめ全工程を立ててそれを実行する「ウォーターフォール型」に対し、アジャイル型は開発する最中に発生する状況の変化に応じて対応する手法です。ゼロの状態から大きな話を始めるのではなく、できること

から少しずつやっていくことの重要性はつねに実感します。ソフトウエアを組み替えるように、自律分散的な方法で小さいコミュニティを都市のなかにつくっていくことはリアルとバーチャルの両世界で目指すべきところではないでしょうか。

カルポ――そうですね、一概には言えない難しい問題ですが、社会や技術は機敏に変化し、設計はそうした変化を予測して対応する仕事なのです。クライアントよりも早く変化の軌跡を理解するのが私たちの任務です。しかし、コロナ禍以前までオンライン通信技術が普及しなかったように、現状維持を望む人々の抵抗は依然として強い。例えば教育の場でオンラインの授業など、情報通信技術を用いることに多くの反対が寄せられており、同じ空間にいなければ授業は成り立たないと主張する人はたいへん多いです。そうした主張がすべて間違いであるわけではないため、物理的に対面する必要性と、交通手段がないなかでも情報通信を利用することのバランスを見極める必要があるのです。それをアーキテクチャとして設計することが私たちの仕事です。

ところで私は大学を卒業してから故郷に戻り、半年間ほど建築家として活動しました。私の故郷はフランスとスイスの国境に位置するイタリアの街で中世末期の重要な商業都市です。建築家としての最初の仕事は、一四世紀に建てられた屋外市場にある商家の修復でした。冬の積雪に備えてポルティコやアーケードがつくられた、アルプス地方の商業都市の典型的な構造でした。そうした商家はかつて一階に仕事場や小売店舗があり、地下に倉庫、そして帳簿をつけたりするバックオフィスは文字通り家の奥にありました。家族は二階に住み、奉公人は三階の工房で働きながら生活していました。これが産業革命以前の商家の生活です。

産業革命が起こると、スケールの経済性を最大限高めるために、生産の分離、集中、移動が加速します。それまで同じ屋根の下にあった活動体は解体され、小売店舗、工場、倉庫、裕福な家庭の住宅地、貧しい家庭の住宅地はそれぞれ遠く離れた別の

地に再配置されました。そうした近代都市をつくった社会の綻びが見えてきた今、産業革命が分離させてしまった諸要素を再統合するべきであり、設計者である私たちは積極的に推進すべきでしょう。

ヴェネチアのように中世の商業都市構造が残っている場所は多くあります。こうした都市は機能をはっきり分離してしまった近代都市と異なり比較的柔軟性があるのです。そのインフラの外殻に現在のデジタル技術を足し算的に導入していくと、知的なものづくりの場を復活させることが可能だと考えています。例えば街角にファブラボを設置すれば各人がコンピュテーショナルツールを使い、ものづくりをすることができます。メーカーたちは大きな工場を持たなくとも、必要なときに、必要な場所で、必要な分だけものづくりをすることができるのです。都市の解体とゼロからの再生は莫大なコストがかかり環境にも負荷が大きいことは自明です。デジタル技術を都市に足すアプローチは確かにひとつのいいやり方だと思います。

隈——カルポ先生はコンピュテーショナルデザインの未来を研究されながらも、そのルーツはイタリアの前近代的な街で過ごした経験にあるのですね。僕の生家も横浜にある戦前に建てられた木造の小さい家で、中庭をへだてて祖父が町医者をやっていました。それが粒子的で足し算的な建築のベースになっています。イタリアもそうですが、ヨーロッパの旧市街は組積造の建物が多いです。組積造もいわば小さなユニットの組み合わせであり、足し算的につくられている。日本の木造も足し算的な建物だと思います。

廣瀬――情報技術は足し算的な概念との相性が非常にいいと思います。足し算を重ねると、ものは複雑になりエントロピーが増大します。他方で工業製品は均質、没個性であることが強みでもあるのです。エントロピーも小さく、ものごとを楽にできるからですね。足し算的に自分の手で何かを変えて個性化するのは容易ではありません。しかしコンピュータで記録や管理をすることは、足し算的な方法の助けになります。

生産の分業化と近代都市の形成がもたらしたゾーニングという概念に対して、カルポ先生は相当警鐘を鳴らしているでしょう。そこで私は図書館を連想しました。図書館は通常、図書分類法に従って、哲学、歴史、社会科学、自然科学、工学……といった類目で配架されています。ところがある図書館はそうした分類を人力で行わないシステムを導入しています。その図書館では、本棚の近くに気持ちの良いソファが置かれていて、好きな場所で本を読み、読み終わったところで、近くの本棚に本を返すようになっています。本の内容と現在位置はすべてコンピュータによって一括管理されているので、分類ごとの本棚がなくとも、行方不明になることはありません。人によって、本を読むのに気持ちの良い場所があると思うのですが（例えば、明るい場所がいいか、暗い場所がいいか、狭いほうがいいか、開けた場所がいいかなど）、そういう個人個人の嗜好にあった本がそこに集まることになるわけです。

空間的嗜好の似た人は同じ場所に集まるだろうから、そこに集められた本は、それなりに分類された本になるでしょう。気の合った人たちの好む本、という分類がそこでは成立しているのです。

このように、従来の分類はコンピュータに任せて、空間はもっと別の分類に踏み出すこともできるのです。こういう自由なゾーニングはコンピュータなしには不可能です。

カルポ――私はしばしば図書分類の話を、機械基盤に支えられた近代の世界と、コンピュテーショナルな世界との違いをお

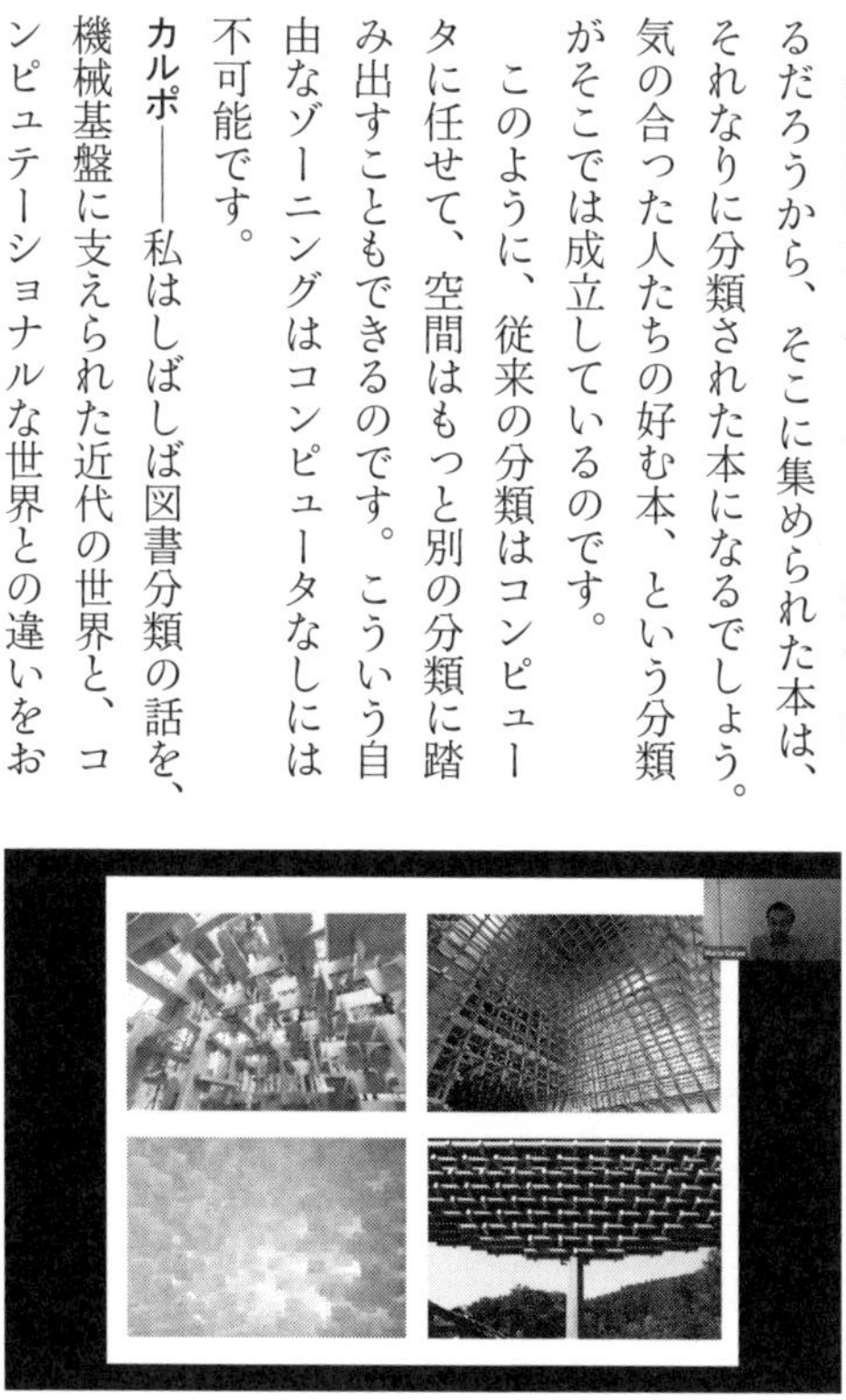

話しする際に引用します。近代は、物を分類し特定の場所に置かなければならない世界です。従来の図書館では、本が特定の書架に配置されていないと、探している本は二度と見つからない可能性もある。

しかしコンピュテーションの世界では即時に検索することができるので、分類する必要はありません。図書館にあるすべての本にRFIDチップが埋め込まれれば、本の情報を遠隔で読み取ることが可能となり、決まった場所に決まったものを置く必要はなく、すべてを適当に山積みにしておけばいいのです。そこにHMDを装着すると、視野のなかで赤く点滅しているところに探している本が見つかるシステムも考えられますね。そうするともはや分類する必要はありません。検索すればいいからです。

図書館はひとつの例ですが、このことを都市に置き換えてみましょう。雑多でつねに大混乱を起こしているなかでも、コンピュータで検索すれば必要なものはすべて見つかるのです。

メタボリズムが持たなかった柔軟性

隈——ここからは聴講者から寄せられた質問をいくつか紹介したいと思います。

まずカルポ先生への質問で、メタボリズムはまさに足し算的な方法と言えるのではないかというものです。メタボリズムは一九六〇年代に黒川紀章、菊竹清訓らが出したアイデアで、小さなスケールのユニットを交換し、増減することで建築が変化していくという思想でした。増殖や変化に着目した点は時代を先駆けていた運動だと思います。メタボリズムは近代の工業化社会とどういう関係にあるのか、カルポ先生の所感をぜひお聞きしたいです。

カルポ——そうですね、メタボリズムは、開放性と柔軟性を前提とした運動でした。しかし彼らが用いた構法《テクトニクス》に問題があったと考えています。つまり鉄筋コンクリートはまったく柔軟性がないため、実際は何も変えることができなかったのです。ル・コルビュジエのアイデアのように、ボトルラックのような巨大なインフラを構築し、「ボトル」をプラグイン／プラグアウトするアイデアは、柔軟性という観点では非常に限定的なものでした。なぜなら現実的に鉄筋コンクリート造の構造物は、一度建ててしまうとダイナマイトで破壊でもしない限り、永遠に存続するからです。また鉄筋コンクリートの技術はまとまったひとつの構造しかつくることができません。メタボリストらが選んだツールは、高度経済成長時代の精神を反映し、近代に抵抗しようとしていたものの、つくられた建築は柔軟とは言いがたいものでした。

　一方モジュール化された部材の組立を基本とする鉄骨造はキットのように分解して組み立てることができます。鉄筋コンクリートにはない柔軟性が見えますね。そして今日私たちはコンピュテーションによって木材を柔軟に扱えるようになりました。かつて建築材料には等方性や均質性、連続性が求められ、それに対応できるように鋼材や鉄筋コンクリートが発明されました。自然素材である木材は均質に扱うのが難しいため、鋼材や鉄筋コンクリートに置き換えられてしまうことが多かったのです。しかし今日コンピュテーションによって木材の不規則性や変動性を計算することが可能となり、個別の木材の変動性を考慮しながら柔軟に、合理的に使うことができるようになったのです。素材を柔軟に使うことができるようになったことはひとつのパラダイムシフトです。

隈——今のお話はとてもおもしろい。じつは近代のテクノロジーは材料を合理的に扱うことがもっとも苦手でした。材料の差異、木材であればスギとヒノキの違いや、スギの赤身と白太の違いを計算するなどまったくのお手上げだったのです。今はコンピュテーションによって微妙な差異が計算可能になったので、木が突然建築の材料として返り咲いた気運を感じています。

　また、カルポ先生の講義で興味深かったことは、テイラーがコンクリートに傾注していたお話です。「科学的管理法」を熱心に研究したテイラーにとって鉄筋コンクリートは手の内で柔軟に管理できる材料だったのではないでしょうか。他方木材はご指摘の通り自然由来のものですから柔軟に管理することが難しかった。

　そしてメタボリズムは彼らが好んだ「カプセル」という言葉からわかるように、ある意味で粒子的なものに着目していたのでしょう。しかし、部屋やカプセルといったメタボリズムの粒子は何しろ大きすぎたために、取り換え不可能だったわけです。大きさの問題はメタボリズム運動の着地点にすごく関係してくると思います。

コンピュテーショナルの実用性とコンピュータの未来

隈――コンピュテーショナル・ツールはどのように設計に影響しているのかという質問がありました。Grasshopper（グラスホッパー）は設計の初期段階で役割を果たしているのか、それともコンセプトを合理化するためのツールとしての役割が主なのか。これについて自分の設計活動を振り返ってみると使い始めの頃のグラスホッパーはある意味で設計の合理化、「楽をする」ためのツールであったことは確かです。

しかし、講演で紹介した《Cidori》のように木の骨組みの粒子を組み合わせて構造物をつくる際、粒子が集まった全体の輪郭をどう決定するかというプロセスにおいて、グラスホッパーはたいへん有効でした。木組みの粒子は繰り返し組んでいくと寸法やピッチ、角度のわずかな違いによってまったく異なった全体へと到達するので、雲のような輪郭にも雲の濃度にもいろいろなバリエーションができる。そうしたスタディをグラスホッパーを使ってオンタイムで構造家に送ることができ、フィードバックもオンタイムなので構造家とのコミュニケーションが潤滑に進みました。「楽をする」ツールから、円滑な設計のコミュニケーション・ツールへと化けてきたのが、一九九〇年代の半ばから後半にかけて起きたことでした。それによってデザインとエンジニアリングがひとつのプラットフォームの上に乗っかった。

さらにグラスホッパーにＣＡＴＩＡ(カティア)などといった計算能力の高いプラグインシステムが組み込まれることによって巨大な建築も、粒子の角度や大きさなど多くの要素をパラメータで調整し、全体の形態のスタディが容易になりました。今となっては建築形態の検討にコンピュテーショナル・ツールはなくてはならない存在です。

廣瀬先生に僕からもお聞きしたいことがあります。現在も量子コンピュータやバイオコンピュータの研究が鋭意進められています。ＶＲが建築や都市のあり方を大きく変えているように、そうした次世代のコンピュータはどのような影響を与えるか、お聞きしたいと思います。

廣瀬――量子コンピュータが開発されると、今まで一〇〇可能であったものが一万、一〇〇万と可能になるという、まずは純粋に量的な変化があるのです。その量があまりにも多くなれば質的な変化も起こるでしょう。ひと言でいえば、ものすごくエントロピーの高い状態、複雑系の世界へと突入していくことになるでしょうね。逆にそういう世界も怖くなるというか。

隈先生の粒子的建築でも、粒子同士の拗れから、最終的に予期しない形態が見えてくることもあると思うのですが、コンピュータの世界も似ています。似ているというよりも、情報はもともとそうなのかもしれません。陳腐な言い方ですが、これから情報学は生物学に近い領域になるかもしれないと考えています。従来のコンピュータが分子レベルのシリコンだとしましょう。すると、バイオコンピュータは高分子レベルのシリコンです。高分子は自由に化学反応ができるので、それは生体高分子、すなわち遺伝子のようなものです。メタボリズムの極致、まさに自律的な新陳代謝ですよね。コンピュータも生体のような新陳代謝をするようになるのかもしれません。新陳代謝とは、ちょっと考えると実は難しい言葉です。どんなものになるか、あらかじめ設計できないからです。論理矛盾が出てくるかもしれません。

一般的認識でいえば、コンピュータが処理できる情報は白黒はっきりしたものでなければなりません。論理矛盾のあるものなどは、もってのほかでしょう。し

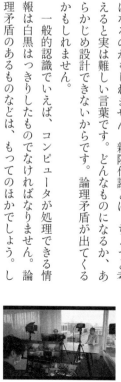

かし、遺伝情報ひとつとっても、生体の世界は複雑です。遺伝子の本質は自己を複製することですが、その一方で、変異の自由度が残されています。一〇〇パーセント複製されないのです。そしてそれによって生物は進化します。複製と変異は対立する概念です。

この矛盾を克服しつつ、生物は生きています。生体化するコンピュータとはまさにこういう領域に足を踏み入れようとしているわけです。これは先ほどのゾーニングの話とも一脈通じる話題です。ますます量的に拡張する情報の世界は怖く見えるかもしれませんが、強引に規格化した「二〇世紀的世界」よりは、生物としての私たちにとってなじみがあるかもしれません。

隈――最後はカルポ先生に質問です。カルポ先生からはコンピュテーショナルのお話はもちろんのこと、クラフトについてもこれからの展望とともにたいへん有意義なお話をしていただきました。コロナ禍においてもクラフトマンは仕事をし続けることができましたが、クラフトが社会で果たす役割は今後どうなるか。日本は年々職人の数が減っており、もう社会的な問題になっていますが、職人、クラフトマンがもう一回よみがえる展望についてお聞きしたいと思います。

カルポ――以下は論理的な仮説ですが、まさに今日の講義の核心です。パンデミック危機の第一波の三か月間、何が機能し続けたのでしょうか。職人は仕事を続け、街角のパン屋はパンを焼き続け、漁師は漁を続け、インターネットは機能し続けていました。インターネットのおかげで、例えばお店に行けない日は、食べ物を注文して家に配達してもらうことができました。職人やインターネットは機能し続け、私たちの生活を維持してくれたのです。

機能しなかったもの、破綻してしまったものは、工場や空港でした。グローバルな輸送インフラも同様でした。例えば、中国には医療従事者が着用していた個人用防護具（ＰＰＥ）を製造する巨大な工場があります。当然、それまでは自国で製造しなくても中国産のＰＰＥを何千マイルも離れた場所から輸送してもらうほうが安いと認識していました。

しかし今回のように飛行機が飛ばなくなると、その計画は頓挫します。そこで何が起こったかというと、ほんの数日の間に、ヨーロッパ、アメリカのすべての建築学科の同僚が、ファブラボや研究室設備を使ってＰＰＥの製造に貢献したのです。必要な技術やロボット、３Ｄプリンターなどが身近に利用できる環境を整えたのですね。ザハ・ハディド設計の家具を下請けでつくっていた私の友人は、週末のうちに自身の工房を改変し、月曜日には必要としている病院のためにＰＰＥの製造を始め、自転車で届けていました。これはデジタル・ツールがまさに平時から理念としていたことで、必要なときに必要なものを、必要な場所で必要に応じてつくっていたに他なりません。各地で製造するので、配達に飛行機は必要なく自転車で十分でした。つまり、私たちが長年実践、研究を続けてきたコンピュテーションとものづくりの連携は、私たちの未来というだけでなく、少なくともこの三、四か月の間、私たちの現在でもあったのです。

　コンピュテーショナルなものづくりは、ひとつの可能性のある未来というだけでなく、もはや私たちの唯一の未来になるでしょう。ようやく今、私たちはそのように確信していますが、できれば苦しみを伴わない方法で学べたほうがよかったとは感じています。しかし少なくとも、私たちは大惨事からの学びを十分に生かすことは可能です。失敗する運命にあった、あるいはすでに失敗してしまったシステムを再始動することはやめ、それに代わるものを検討し、提供するべきなのです。これが私の願いです。

隈――最終連続講義のエンディングを飾る素晴らしい回答をありがとうございました。マリオ・カルポ先生、廣瀬通孝先生、聴講者の皆さんとともに未来についてあれこれ議論し、パンデミック危機という未曾有の時期にもかかわらず明るい展望がたくさん見えたのは非常に喜ばしいことですね。これこそチャンスであるというかたちで締めくくれたことは本当に嬉しいです。一〇年間に渡る東京大学での教授としての生活これで終わりを迎えます。じつは今後、僕は積水ハウスとの共同研究機関「国際建築教育拠点（SEKISUI HOUSE - KUMA LAB）」を、工学部一号館に拠点を構え、建築学におけるデジタルテクノロジーとファブリケーションの活用研究を行います。これからも未来にむけた建築の研究を続けていきたい、そのように考えています。ありがとうございました。

回想
方法の発見

隈研吾

多くの人は、僕の建築を、マテリアルという側面からのみ見て、隈研吾イコール「コンクリートから木へ」というラベルを貼る。しかし、僕の建築の半分は物質でできているが、もう半分は数学でできている。新しい数学に支えられているからこそ、コンクリートを脱出、木をはじめとする自然素材へと回帰することができるからである。新しい数学にはずっと関心があり、その新しい数学のベースとなったコンピュータは、長い間、僕の一番の関心事であった。

最終回の二人は、その新しい数学と僕の関係を語る上で、外すことができない。

廣瀬先生とは、中学一年のときに鎌倉の学校で同じクラスになってから、半世紀、ずっと一緒に走り、考え、刺激し合う関係にある。「一緒に建築家になろう」と語り合い、大学まで同じ道を歩んでいたつもりだったが、突然に、「機械工学科でコンピュータをやる」と告げられた。それでも結果的に見れば、廣瀬が専門とするバーチャルリアリティは、ある種の空間デザインであり、併走関係は変わらない。二人で建築家になるよりは、刺激的で生産的な鏡像関係を維持できた。

廣瀬と袂を分かったのは一九七〇年代頭だったか、九〇年代の頭、僕はコロンビア大学でコンピュテーショナルデザインと出会い、大きな衝撃を受けた。バーナード・チュミがコロンビアのディーンになり、ペーパーレス・スタジオを提唱し、建築教育の方法も、デザインの方向も、一変したのである。その波を受け、ニューヨークのコロンビア大学の周辺にいた友人の建築家たちが（グレッグ・リン、ハニ・ラシッド、ジェシー・ライザー）が一斉にぐにゃぐにゃした造型（通称ブロッブ＝水滴）

に走り出したのを見て、僕は強い違和感を覚えた。一種のフラワーチルドレンであった僕は、PCによって、縦型の階層的社会が終わり、水平的で分散的な社会が到来することを夢みていた。しかし、当時コロンビア大学から始まったブロッブは、単なる形態の流行であり、二〇世紀的な形態中心主義の極致のように感じられたのである。

日本に帰ってからの僕は、ニューヨークの友人とは別の道を進むと、心に決めた。コンピュータを使いながら、形態という陥穽に落ちることなく、建築のプロセスに踏み込むことはできないだろうか。モノをつくるプロセス、モノとデザイナーとユーザーの関係、モノと社会との関係を、コンピュータで変えていくことはできないだろうか。そういう困難な課題に、自らを追い込んだ。

最初のアウトプットは、枯山水の庭に砂態手で模様をつけるプロセスを、声に反応するコンピュータで置換させた作庭ロボット（一九九四、fig.2参照）である。コンピュータを用いて、作者という絶対性を壊そうという、ヒッピー的プロジェクトであり、この種のプロジェクトは「デジタル・ガーデニング」（『SD』一九九七年一一月号）にまとめられて、その巻頭に友人でブロッブ派のグレッグ・リンが、「点描画法」という絶妙なテキストを寄せた。

この流れの次なる転機は、一見デジタルとは対照的な「石の美術館」（二〇〇〇、fig.4参照）であった。石の職人がひとつずつ手で石を積んでつくるという前近代的でプリミティブなプロセスを選択し、ユニットのアセンブルという新しい手法を発見した。そしてユニットのアセンブルという方法には、コンピュータが不可欠なことも、同時に発見した。ユニットの大きさ、ギャップ、ジオメトリーという三つのパラメータからなる方程式を解くために、コンピュータが活躍した。原始的な石の積木のプロジェクトが、思いもかけず、コンピュータの新しい使い方を呼び出したのである。

この方法は、一九九八年に慶應義塾大学で教え始め、さらに進化した。僕は「上から」一方的に学生に教えるというのが大の苦手で、学生と一緒にパヴィリオンをつくるという教育方法を思いつ

いた。コンピュータでスタディを繰り返しながら、手を使って、学生とともにパヴィリオンをつくる。デジタル・パヴィリオン・ファブリケーションとでも呼ぶべきこの方法は、慶應から東大に移って、さらなる進化をとげた。グラスホッパーやカティアなどの三次元ソフトウェアが登場し、構造エンジニアとのコラボもよりスムーズにシームレスに行われるようになって、KUMA LABOは、大学の建築教育に、新風を吹き込むことができた。

大学の建築学科には、通常、二つのタイプの教育が存在する。「手書き派」は、手を使って昔ながらのやり方で図面を描くことによって、スケール感が養われ、建築が「上手」になる、「深く」なると主張する。一方の「コンピュテーショナル派」は、BIMを始めとするソフトウェアを大学教育に取り入れて、情報社会に適合できる学生を育てろと主張する。

僕が東大に持ち込んだ、デジタル・パヴィリオン・ファブリケーションは、そのどちらの考えとも異なっている。それは、手書きではなく、手づくり(ロボットも含む)であることを重要視し、社会と建築との関係、社会と建築家との関係を根底から見直そうとする。

今回のもうひとりのゲストであるマリオ・カルポ先生との出会いがきっかけとなって、この方法に自信を持った。僕が違和感を覚えた一九九〇年代前半のブロッブを、カルポ先生は第一期コンピューテーショナルデザインと呼び、ものづくりの方法、建築と社会との関係にまで踏み込んだ九〇年代後半以降を第二期コンピュテーショナルデザインと呼んで、僕の方法を、歴史的にマッピングしてくれたのである。

世界を自律分散化し、水平化し、民主化するPCという道具によって、建築はルネサンス以前の足し算的世界に立ち返ることができると、カルポ先生は主張する。僕は学生とその「足し算」の夢を共有しながら、パヴィリオンをつくり続けている。

あとがき

一〇回の対話は、二つの時代をまたいだ。対談前から「二つの時代」をテーマにしようということは考えていて、「工業社会と脱工業社会」という二つの対極的時代のなかで、建築はどう変わるのか、建築家はどう変わるのかについて話し合おうというフレームワークであった。二つの時代のハザマを生きた隈研吾という建築家を通じて、二つの時代をあぶりだす企画であった。

しかし、現実は、時として予測を超えた過激さを呈する。対話シリーズの中途で新型コロナウィルス感染症(COVID-19)が発生し、最終回はオンラインで発信というかたちをとり、文字通りに対話は二つの時代をまたぐことになった。ここでいう二つの時代とは、コロナ前、コロナ後という二つの時代である。それは、当初考えていた工業社会、脱工業社会という区分よりも、もっと大きな区分であり、もっと本質的な時代区分であるように感じられる。人類は森に住んでいた時代から、ひたすら集中と都市化を目指して、コロナという折り返し点に向かって、坂道をのぼり続け、いま分散へ、自然へと向かって、新しい下りの坂道を降り始めたのではないか。それが、現在の僕の実感である。工業社会、脱工業社会という区分は、コロナ前、コロナ後という、大きな時代区分のミニチュアのようにも見える。恐ろしく長い射程を有する二つの時代の折り返し点に居合わせることができただけで、僕はつくづく建築家として恵まれていたと感じ、そんな折り返し点をまたいで行われた最終講義も、つくづく不思議なめぐりあわせと言わなければならないであろう。

時代の折り返し点についての議論は、このあとがきで語りつくせるものではないが、時代の変わり目に、アカデミアが、そして東京大学がどんな役割を果たせるかについて、少しだけ考えてみたい。

＊

「世界と日本」について論じた第九回で、ボトンド・ボグナールは、中心対周縁という、ある意味で懐かしい議論を再提示した。それは東京大学の建築学科での最終講義なら、どうしても提起したくなるテーマである。そこで引き合いに出されたのは、丹下健三と村野藤吾という二人の建築家であった。一九六四年の第一回東京オリンピックの主会場のひとつとなった国立代々木競技場を設計した、東京大学教授丹下健三と、二〇二〇年に予定されていた第二回東京オリンピックの主会場、国立競技場の設計に携わった東京大学教授隈研吾を、ボグナールは対極的な存在、対極な作風と整理した。ボグナールによれば、隈は丹下のライバルであった村野藤吾の現代版であった。丹下が東京大学出身であり、公共建築を中心として活躍したのに対し、村野は早稲田大学出身で民間がメインのクライアントであり、丹下的なる中心的なもの、モダニズム的なるものに対してのアンチテーゼが村野であったと、ボグナーは整理する。では、二〇二〇年の隈のどこがどのように村野的であり、なぜ村野的になったのか。

ボグナールは、中心というものが、すでに消滅し、中心対周縁という対比構造自体、すでに存在しない可能性をほのめかした。僕はそれに半分だけ同意する。コンクリートと鉄という素材を駆使するのが「中心」であり、木や自然素材を用いるのが「周縁」であるという時代から、すでに遠いところに僕らは来ている。木を使うことで地球温暖化を止めようというのは、先進国政府のほとんどが推し進める、「中心」の政策である。

モダンデザイン自体の定義は曖昧化し、拡散してしまった。デザインにおいて、中心と周縁を議論することと自体が意味がないように思え、その意味で僕はボグナール論に同意できる。

しかし同時に、第九回の回想のなかで述べたように、東京大学の建築学科という場所自体に、反中心的な遺伝子が潜んでいると、僕は感じている。とくに丹下とともに国立競技場を設計とした構造家坪井善勝が所属した東京大学生産技術研究所には、その遺伝子が根づいている。

＊

生産技術研究所は、戦時下の一九四二年に、軍需産業を支える実務型の技術者を養成するため、外部から招いた教員を中心にして組織された、第二工学部をその前身とする。一九四九年に生産技術研究所へと改組されたが、そもそもの、実社会との交流に基づく実務型の教育方針は維持され、「中心」「正統」としての本郷の工学部に対するアンチテーゼ、批判者としての役割を保ち続けた。出身者の顔ぶれ、彼らが日本で果たした役割を見ると、その反中心的性格が浮き彫りになる。その場所が坪井善勝のようなユニークなエンジニアを生んだのである。

僕が師事し、大学院時代に学び、ともにサハラの調査旅行をした原広司も、その生産技術研究所の教員であり、原の研究室が行っていた辺境の集落調査は、まさに「反中心的」「反正統的」な研究テーマであった。当時、その生産技術研究所においてすら、辺境の集落調査は異端的で、非学術的で不真面目な研究であると見なされていて、原はいつも「風当たりが強くて、しんどい」と、学生相手に愚痴をこぼしていたのである。

その原が師事し、僕自身も卒業論文の指導を受けたのが、「コンクリートから木造へ」の第三回にお招きした内田祥哉である。内田祥哉は、「中心」であるはずの本郷の教員ではあったが、僕が内田研究室で卒業論文を書いたのは、内田祥哉のなかに、「反中心」的な批判精神を見つけたからであった。

内田祥哉の父親は、佐野利器とともに、ラーメン構造至上主義を推進し、東京大学の教授であっただけではなく、総長を務め(一九四三―四五)、本郷キャンパスのほとんどの建物を「内田ゴシック」と呼ばれた独特の様式で設計した内田祥三である。この「中心」そのものといっていい父親を持ち、自身も本郷で教えながら、内田祥哉本人には、独特のリベラルな空気感が漂っていた。そのベースにあるのは、丹下健三に対する対抗心であったと、僕は感じた。丹下は、一九四九年の広島平和記念公園及び記念館のコンペでの一等当選以来、戦後モダニズムの不動のエースとして、戦後の日本建築界の先頭を走り続けた。そのダイナミックで象徴的デザインは、他の建築家の追随を許さないものであった。

一方、内田祥哉は、一人のヒロイックで特権的な建築による、ヒロイックな建築の対極をめざしていた。みんながデザインに参加でき、みんながつくりあげていく、開かれた民主的な建築システムの構築が、内田祥哉の目標だった。丹下の根に、佐野、内田祥三がリードするラーメン構造至上主義に対する批判があったように、内田祥哉の根にも、丹下がリードするヒロイックなモダニズムに対する、強烈な批判が息づいていたのである。その「反中心的」衝動は、まず内田をプレハブ建築の研究に向かわせ、日本のプレハブ住宅の基礎が、内田研究室でつくられた。それが一段落とすると、日本の在来木造こそが、何よりも開かれた民主的建築システムであったことを内田は再発見して、在来木造復活に舵を切ったのである。

原広司は当時、意匠系教育の中心であった丹下研究室に進まずに、内田研究室に進み、生産技術研究所で教え始めてから、集落の研究という、丹下のヒロイズムとは真逆の方向に進んだ。根っこにあるのも、この内田遺伝子である。僕もまた、その遺伝子に導かれて、内田研究室で卒業論文を書き、原研究室でアフリカの集落をテーマにして修士論文を書いたのである。さらに僕がデザインに携わった国立競技場の国産材小径木を多用したデザインも、内田祥哉が反丹下、反ヒロイズムをめざして研究を重ねてきた、日本の在来木造の小径木主義と深くつながっている。国立競技場のような「中心」においてさえ、僕はコンクリートの対極ともいえる、庶民的な小径木を貫き通したのである。

＊

ではなぜ東京大学建築学科では「反中心」的遺伝子が、生き続け、更新され続けたのだろうか。後にいうヒッピーのようなお雇い外国人ジョサイア・コンドルが最初の種子を蒔いたからだけでは説明することのできない構造的理由が存在する。

ひとつは、建築学科という存在と、東京大学という国家中心的機関との間に生じるダイナミズムである。

明治時代の東京大学が富国強兵の一翼を担ったのは言うまでもないが、その後も国家を担う中心的人材の育成だけが、東京大学に期待されていたわけではない。建築学科は、たとえば、法学部、経済学部、他の工学部のように、国家のために貢献し、お役に立てる学問だろうか。建設する技術や構造設計ならば、確かに貢献しているようにも感じられる。しかし、建築意匠の部分、すなわちデザインの部分の教育が、国家に貢献しているかとなると、悪い実例や反証をたちまち挙げることができる。そもそもデザインやアートのような、自由を重視する領域、自由こそが価値である領域と、国の中心的人材の養成という目標との間に矛盾があった。その矛盾、捻じれによって、建築学科のなかに、「反中心」的遺伝子が生まれ、育った。

そしてこの捻じれは、そもそも東京大学のものだけとも思えない。日本のほとんどの大学で、そして世界の多くの大学で、建築学科は工学部のなかの一領域として出発した。工学というものの持つ性格と、建築デザインという領域が有する性格が、根っこのところで矛盾し、捻じれていた。僕は世界の様々な建築学科で教えたり、講演したりしてきたが、どの建築学科も、一様に「反中心的」捻じれを共有しているのを肌で感じた。

さらに、建築学科というものは、その自由さにおいて、大学とか国家といった制度的なるものと対立しているだけではなく、時間に対する意識、いわば歴史観において、制度的なるものに対立していると、僕は感じる。

コンドルと明治政府との対立の基本的な原因も、時間に対する意識の差にあった。明治政府は西欧で主流であった古代ギリシア由来の古典主義様式を用いて都市を飾り立てることが、日本を素早く西欧化するためには必要であると考えていた。しかしコンドルは、そのようなインスタントの西欧化には疑問を持ち、日本らしい様式を探求することが、長いタイムスパンで見たときに、日本のためになると考えたのである。

制度的なるものは、往々にして、短期的な利益を優先し、短い時間軸を前提として、様々な決定を行っていく。制度というものを成立させているものが、基本的には短期的な確認、更新システムだからである。国家成立の基盤は、選挙という短期的更新システムであるし、株式会社を支えているのも、一会計年度という短い時間のなかでの業績を評価する、株主総会システムである。そのように、国家にしろ、企業にしろ、あらゆる制度的なるものは、短いカレンダーを気にして、とても短い時間の上をびくびくと生きている。一方、建築のデザインをする人間の多くは、コンドルが、過去に向かっても長く、未来に向かっても長い日本の歴史全体を考えながらデザインしていたように、もっと長い時間軸の上を生きている。建築は一度建ちあがったならば、それは好むと好まざるとにかかわらず、長い時間の審判を、じっとじっと待つしかないからである。建築というのは、制度ではなく、物そのものである。地球という恐ろしく長い時間に所属する、長く生き続ける実在である。

僕も自分の事務所を始めた頃は、短い時間のことだけを考えて生きていた。できあがった作品が、次の号の建築雑誌に載るのか載らないのか、仲間や友人からどう思われ、どう見られるかが、気になってしかたがなかった。事務所の経営が、次の月までまわるか、まわらないかも、もちろん心配だった。

しかし、歳をとってくると、長い時間のほうに、頭が向かうようになった。自分自身の一生というものすら、長い時間の軸のなかでは、ただの一瞬であると感じられてきたのである。自分の建築は自分よりもずっと長生きをすることを考えると、短い時間に属する人や制度が、建築の後方にどんどん後退して、消えていくように感じた。

長い時間について考えることは、制度的なる人や組織にとっても、けっして無駄ではない。長い時間をしっかりと見据えての解決は、短いぶつ切りになった時間で、更新され続けていく日常の課題に対しても、多くの示唆やヒントを与えてくれる。長い時間での解から逆算することは、短い時間に対しても、思わぬ解決の糸口を提供してくれるのである。

そう考えると、国家や大学という制度的なるもののなかに、別の時間軸に属する、建築という異物が存在することは、けっして無駄なことではない。建築はその自由ゆえに、制度的なるものに対してのアンチテーゼであるだけではなく、それが長い時間を生きているゆえに、制度的なるものに対してのアンチテーゼたりえる。サステイナビリティという概念は、本来、そのようなかたちで制度的なるものを批判する道具でなければならない。

せっかちな明治政府に対抗してコンドルが夢想した「日本らしい建築」や、丹下、内田祥哉、原が描き続けていた「反中心」的スタンスは、長い時間に対する感受性よって導かれ、突き動かされていたように、僕は感じる。

＊

長い時間感覚を、若い人に引き継いでいくことが、この最終講義の目標である。長い時間と比較したとき、一人の人間が世界にかかわれる時間は、驚くほどに短い。コロナ禍によって、さらに強く、その時間の短さを僕らは感じている。最終講義をする頃には、どの教授も同じことを感じるだろう。最終講義とは、その意味で、長い時間と短い時間とが出会う、貴重な場所である。

若い世代へと引き継ぐことによってのみ、人間はかろうじて、長い時間に少しだけかかわることができ、少しだけ、安心することができるのである。

二〇二一年四月一三日

隈研吾

【最終講義運営スタッフ】

平野利樹、勝博子、出水稚子、小池美香子、片桐和也、齊川拓未、柳井良文、落合瞳子、木内俊彦、杉野園、山崎由美子、淡路広喜、川瀬智久、植木祐地、伊藤圭祐、井口直士、向後美穂、上月匠、権純碩、Satavee Kijsanayotin、Sarah Wellesley Sjafei、シャ カエイ、田中翔太、中村裕太、丹羽達也、服部充紘、福田暁子、松田出帆、三宅咲恵、山田大生、楊光耀、汪芸佳

【協賛】

株式会社アドバンテック
株式会社淺沼組
株式会社 佐藤総合計画
株式会社梓設計
文化シヤッター株式会社
セントラル硝子株式会社
株式会社中東
大日本印刷株式会社
株式会社大建設計
大光電機株式会社
大和リース株式会社
株式会社デバイス
江間忠木材株式会社
株式会社ジーシー・株式会社ジーシーデンタルプロダクツ
株式会社長谷工コーポレーション
株式会社安藤・間
株式会社三越伊勢丹プロパティ・デザイン
伊藤組土建株式会社
株式会社イトーキ
ジャパン建材株式会社
JKホールディングス株式会社
鹿島建設株式会社
北野建設株式会社
木内建設株式会社
コクヨ株式会社
株式会社熊谷組
協立工業株式会社
松井建設株式会社
株式会社松下産業
株式会社 松田平田設計
株式会社三菱地所設計
株式会社水澤工務店
株式会社モデュレックス
森田建設株式会社
株式会社 日本設計
株式会社ニッコー
日本工営株式会社
日新工業株式会社
株式会社乃村工藝社
株式会社ノザワ
NTT都市開発株式会社
株式会社大林組
大阪ガスケミカル株式会社
五洋建設株式会社
株式会社プレステージジャパン
株式会社サンゲツ
三協立山株式会社 三協アルミ社
株式会社 佐藤秀
岡 成一
積水ハウス株式会社
清水建設株式会社
住友林業株式会社
三井住友建設株式会社
大成建設株式会社
太陽エコブロックス株式会社
株式会社竹中工務店
株式会社丹青社
株式会社TJMデザイン
戸田建設株式会社
東急建設株式会社
東リ株式会社
東洋熱工業株式会社
TOTO株式会社
TSUCHIYA株式会社
株式会社ユニオン
YKK AP株式会社
潮田 洋一郎

【書籍】

編集	隈研吾、平野利樹、稲葉麻里子、柳井良文
編集協力	speelplaats　飯尾次郎、中村睦美
装幀	SAMURAI　佐藤可士和、石渡菜央
本文デザイン	米谷豪

隈研吾教授最終連続講義　工業化社会の後にくるもの

01 ｜集落から始まった

2019年4月20日17:00〜19:30　東京大学安田講堂

原広司
隈研吾
セン・クアン

ポスターデザイン　原研哉

02 ｜家族とコミュニティの未来

2019年5月25日17:00〜19:30　東京大学安田講堂

上野千鶴子
三浦展
隈研吾

ポスターデザイン　森本千絵（goen°）

03 ｜コンクリートから木へ

2019年6月1日17:00〜19:30　東京大学安田講堂

内田祥哉
深尾精一
隈研吾

ポスターデザイン　佐藤卓

04 ｜街づくりとクラフト

2019年7月14日17:00〜19:30　東京大学安田講堂

原研哉
鈴木輝隆
小林康生
挾土秀平
隈研吾

ポスターデザイン　梅原真

05 ｜緑と建築

2019年8月31日17:00〜19:30　東京大学安田講堂

進士五十八
涌井史郎（雅之）
隈研吾

ポスターデザイン　水野学（good design company）

06　アートと建築
2019年9月29日17:00〜19:30　東京大学安田講堂
高階秀爾
伊東順二
隈研吾

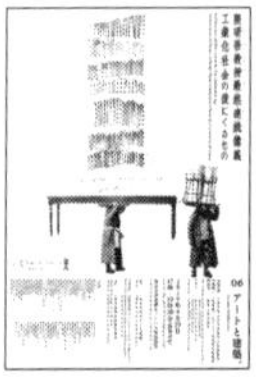

ポスターデザイン　浅葉克己

07　歴史と継承
2019年12月18日17:00〜19:30　東京大学安田講堂
藤森照信
御厨貴
隈研吾

ポスターデザイン　浜辺明弘（コンセプトデザイン　佐々木宏）

08　エンジニアリングの未来
2020年1月25日17:00〜19:30　東京大学安田講堂
江尻憲泰
佐藤淳
隈研吾

ポスターデザイン　古平正義（FLAME inc.）

09　世界と日本
2020年2月16日17:00〜19:30　東京大学安田講堂
バリー・バーグドール
ボトンド・ボグナール
隈研吾

ポスターデザイン　中島英樹

10　コンピュテーショナルデザインとクラフト
2020年7月18日17:00〜19:30　オンライン（東京－ロンドン）
マリオ・カルポ
廣瀬通孝
隈研吾

ポスターデザイン　野老朝雄

図版出典一覧

- 記載のない図版（最終講義の会場写真含む）は隈研吾建築都市設計事務所提供とする。
- 第3回〜第8回とびらの写真は平野利樹撮影。

01

fig.1〜fig.15、fig.17〜fig.20、fig.22、fig.23——東京大学生産技術研究所原研究室提供

fig.16——東京大学生産技術研究所原研究室編『住居集合論Ⅱ』鹿島出版会、2006年、126頁

fig.21——前掲書、153頁

02

fig.1——森本千絵（goen°）

fig.3——上野千鶴子『家族を容れるハコ 家族を超えるハコ』平凡社、2002年、112頁／山本理顕設計工場提供

fig.4——鈴木成文・上野千鶴子・山本理顕ほか『「51c」家族を容れるハコの戦後と現在』平凡社、2004年、117頁

fig.5——上野『家族を容れるハコ 家族を超えるハコ』111頁

fig.6——前掲書、92頁、110頁

fig.7——前掲書、90頁

fig.8——©Kawasumi・Kobayashi Kenji Photograph Office

fig.9、fig.10〜fig.12、fig.15——上野千鶴子提供

fig.13——上野『ケアの社会学——当事者主権の福祉社会へ』太田出版、2011年、357頁

fig.14——前掲書、357頁

fig.16——©堀越圭晋／エスエス東京支店

03

fig.1——『新建築』第22巻第4号（1947年4月号）、7頁

fig.2——『新建築』第22巻第8/9号（1947年8+9月号）、28頁

fig.3——『新建築』第24巻第3号（1949年3月号）

fig.4——『新建築』第22巻第8/9号（1947年8+9月号）、1頁

fig.5——『新建築』第24巻第2号（1949年2月号）、38頁

fig.6——郵政省建築部撮影

fig.7——内田祥哉編『現代建築　写真集』共立出版、1968年

fig.8——『新建築』第34巻第8号（1959年7月号）、39頁

fig.9——『新建築』第34巻第2号（1959年2月号）、19頁

fig.10——内田祥哉編『現代建築　写真集』共立出版、1968年

fig.11——村井修撮影

fig.12〜fig.15、fig.17、fig.19——内田祥哉撮影

fig.16——特別史跡閑谷学校顕彰保存会発行「閑谷学校」

fig.18——内田祥哉『在来構法の研究——木造の継手仕口について』住宅総合研究財団、1993年

fig.20、fig.22——深尾精一撮影

fig.21——中村達太郎／太田博太郎・稲垣栄三編『〔新訂〕日本建築辞彙』中央公論美術出版、2011年、421頁

fig.23——©Takumi Ota

fig.24——©峰脇英樹／アフロ

fig.25——©Masao Nishikawa

fig.26——©Daici Ano

04

fig.2——©Takumi Ota

fig.3——©Kawasumi・Kobayasi Kenji Photograph Office

fig.4、fig.5、fig.7——©Nippon Design Center, Inc.

fig.6——©Daici Ano

fig.8——©Nacása & Partners Inc. / HOUSE VISION

fig.9——与田弘志撮影

fig.10、fig.24——深尾大樹撮影

fig.11——鈴木輝隆撮影

fig.12——©Mitsumasa Fujitsuka

fig.13——春日俊雄撮影

fig.14——砺波周平撮影

fig.18〜fig.21——挟土秀平提供

fig.23——Adheesha88 / Wikimedia Common

05

fig.1、fig.2、fig.23——©Mitsumasa Fujitsuka
fig.4——©Jeremy Bittermann
fig.5——©Hufton Crow
fig.7——山村善太郎撮影
fig.8、fig.12、fig.15、fig.17、fig.18——フォトライブラリー提供
fig.9、fig.10、fig.13、fig.14——進士五十八撮影
fig.11——東京新聞2014年10月5日付
fig.16——進士五十八『日本庭園の特質——様式・空間・景観』東京農業大学出版会、1990年、271頁
fig.19——前掲書、336頁
fig.22——涌井史郎撮影

06

fig.1、fig.9——©Mitsumasa Fujitsuka
fig.2——©Roland Halbe
fig.3——©Stefan Girard
fig.4——©Nicolas Waltefaugle
fig.5、fig.6、fig.8、fig.16〜fig.19、fig.22、fig.23、fig.25、fig.26——美術出版社スライド編集部編『西洋建築』美術出版社、1970年
fig.7——アカデミア美術館所蔵
fig.11〜fig.14、fig.20、fig.21——美術出版社スライド編集部編『日本美術史』美術出版社、1963年
fig.15——©Takumi Ota
fig.24——©Takeshi Yamagishi
fig.27、fig.28——©Junji Ito
fig.29——©Daici Ano
fig.30——©金屋町楽市実行委員会
fig.31——©SS
fig.32——ル・コルビュジエ、ポール・オトレ『ムンダネウム』山名善之・桑田光平訳、筑摩書房、2009年、107頁
fig.33——663 highland / Wikipedia Commons
fig.35——©NAARO
fig.36——Jean-Christophe BENOIST / Wikipedia Commons
fig.37——©Martin Mischkulnig

07

fig.1——松竹・歌舞伎座提供
fig.2、fig.18、fig.19——日本建築学会提供
fig.3、fig.12、fig.17——毎日新聞社提供
fig.4——ignis / Wikipedia Commons
fig.5——©Kawasumi・Kobayasi Kenji Photograph Office
fig.6——KITTE提供
fig.8——DOCOMOMO Japan提供
fig.10、fig.11——©Mitsumasa Fujitsuka
fig.13〜fig.16、fig.21——フォトライブラリー提供
fig.20——Nyx Ning / Wikipedia Commons

08

fig.1——©峰脇英樹/アフロ
fig.2——岡博大撮影
fig.3——Alamy提供
fig.4——©Mitsumasa Fujitsuka
fig.7——©Koji Fujii / Nacasa & Partners Inc.
fig.9——小松マテーレ提供
fig.10, fig.16——©Kawasumi・Kobayashi Kenji Photograph Office
fig.14——©Robin Oggiano
fig.15——©Studio Millspace
fig.17——©Cheng Dean
fig.19——©AntoineBaralhe
fig.21、fig.23〜fig.35——東京大学佐藤淳研究室提供
fig.36——©Rei Niwa

09

fig.1——©Satoshi Asakawa
fig.2、fig.3——©Nicolas Waltefaugle
fig.5、fig.6——©Hufton Crow
fig.8——©Jeremy Bittermann
fig.10——©Martin Mischkulnig

fig.11――©MIR (https://www.mir.no/)
fig.18――Thomas Griesel / The Museum of Modern Art Archives, New York. IN2043.5. DIGITAL IMAGE © 2021, The Museum of Modern Art / Scala, Florence
fig.19――George H. van Anda / The Museum of Modern Art Archives, New York. IN15.3. DIGITAL IMAGE © 2021, The Museum of Modern Art / Scala, Florence
fig.20――『上野伊三郎＋リチ コレクション展――ウィーンから京都へ、建築から工芸へ』京都国立近代美術館、2009年、165頁
fig.21――H-R・ヒッチコック、P・ジョンソン『インターナショナル・スタイル』武澤秀二訳、鹿島出版会、1978年、186頁
fig.22――Walter Boychuk撮影 / *Art in Our Time: 10th Anniversary Exhibition*, The Museum of Modern Art, New York, 1939, p.305.
fig.23――Wikipedia Commons
fig.24――James Steakley / Wikipedia Commons
fig.25――Thomas Griesel / The Museum of Modern Art Archives, New York. IN2349.19. DIGITAL IMAGE © 2021, The Museum of Modern Art / Scala, Florence
fig.26――Holt / The Museum of Modern Art Archives, New York. IN151.9. DIGITAL IMAGE © 2021, The Museum of Modern Art / Scala, Florence
fig.27――Ezra Stoller / The Museum of Modern Art Archives, New York. IN405.12. DIGITAL IMAGE © 2021, The Museum of Modern Art / Scala, Florence
fig.28――Soichi Sunami / The Museum of Modern Art Archives, New York. IN447.8. DIGITAL IMAGE © 2021, The Museum of Modern Art / Scala, Florence
fig.29――Paul Berg / The Museum of Modern Art Archives, New York. IN559.38A. DIGITAL IMAGE © 2021, The Museum of Modern Art / Scala, Florence
fig.30――Soichi Sunami / The Museum of Modern Art Archives, New York. IN475.1. DIGITAL IMAGE © 2021, The Museum of Modern Art / Scala, Florence
fig.31, fig.41, fig.43――Wiiii / Wikipedia Commons
fig.32――ユニフォトプレス提供
fig.33――Jim.henderson / Wikipedia Commons
fig.34――Mali Olatunji / The Museum of Modern Art Archives, New York. IN1250.12. DIGITAL IMAGE © 2021, The Museum of Modern Art / Scala, Florence
fig.35――Mali Olatunji / The Museum of Modern Art Archives, New York. IN1655.3. DIGITAL IMAGE © 2021, The Museum of Modern Art / Scala, Florence
fig.36――©Antje Quiram
fig.37――Wiki708 / Wikipedia Commons
fig.38――©Hiromitsu Morimoto
fig.40――©Mitsumasa Fujitsuka
fig.42――フォトライブラリー提供

10 |

fig.1――Greg Lynn, Jesse Reiser and Nanako Umemoto, “Computer Animisms (Two Designs for the Cardiff Bay Opera House),” Assemblage, No. 26 (Apr., 1995), p. 25.
fig.4――©Mitsumasa Fujitsuka
fig.7、fig.10――©Daichi Ano
fig.8――©Marco Introini
fig.9――©Masao Nishikawa
fig.14――©Martin Mischkulnig
fig.16――Atlant / Wikipedia Commons
fig.17――©AFP / FORD MOTOR COMPANY
fig.18――Mario Carpo提供
fig.19――BIBIKOW WALTER / HEMIS.FR / HEMIS VIA AFP
fig.21、fig.22、fig.24、fig.25――東京大学廣瀬通孝研究室提供
fig.23――鈴木康広／東京大学廣瀬通孝研究室提供

隈研吾

1954年生。東京大学大学院建築学専攻修了。1990年隈研吾建築都市設計事務所設立。東京大学教授を経て、現在、東京大学特別教授・名誉教授。
1964年東京オリンピック時に見た丹下健三の代々木屋内競技場に衝撃を受け、幼少期より建築家を目指す。大学では、原広司、内田祥哉に師事し、大学院時代に、アフリカのサハラ砂漠を横断し、集落の調査を行い、集落の美と力にめざめる。コロンビア大学客員研究員を経て、1990年、隈研吾建築都市設計事務所を設立。これまで20か国を超す国々で建築を設計し、(日本建築学会賞、フィンランドより国際木の建築賞、イタリアより国際石の建築賞、他)、国内外で様々な賞を受けている。その土地の環境、文化に溶け込む建築を目指し、ヒューマンスケールのやさしく、やわらかなデザインを提案している。また、コンクリートや鉄に代わる新しい素材の探求を通じて、工業化社会の後の建築のあり方を追求している。

くまの根
隈研吾・東大最終講義　10の対話

2021年5月17日　初　版

[検印廃止]

編　者　隈《くま》 研吾《けんご》

発行所　一般財団法人 東京大学出版会

代表者　吉見俊哉
153-0041　東京都目黒区駒場4-5-29
http://www.utp.or.jp/
電話 03-6407-1069　Fax 03-6407-1991
振替 00160-6-59964

印刷所　株式会社平文社
製本所　牧製本印刷株式会社

ISBN978-4-13-063818-0　Printed in Japan